ドイツ新債務法と民法改正

半田吉信

ドイツ新債務法と民法改正

学術選書
32
民 法

信山社

はしがき

　日本では1896年に民法（財産法）が制定されて100年あまりが経過した。その間に1947年には民法1条（一般規定）が追加され，2004年には口語化法が制定されたが，基本的には100年前の法律と同じである。しかしその間科学技術は著しく進歩し，人々の社会，経済生活は大きく変貌を遂げた。人々の知識，観念も同様である。交通機関や遠隔通信手段の発達，外国人（会社）との取引の増大なども挙げられる。取引の分野では，インターネット取引やファイナンスリース，フランチャイズ契約，パック旅行契約などが登場し，普及している。種類債務の一般化，提携契約の普及，新種保険契約の登場，雇用関係の多様化なども挙げられる。これらの社会経済生活の変化と多様化，国民意識の変遷，法律学の進展は，我々の日常生活の規範である民法典の改正（現代化）を不可避のものとする。しかし，現在において民法を改正する場合に考慮すべき問題はこれだけに限らない。
　1804年にはフランスで近代民法典の基礎となったフランス民法典が制定された。フランス民法典の意義は，革命前の封建的諸勢力による市民のくびきを解き，総ての市民を平等に，社会的経済的活動の主体として保証するという点にあった。そのためフランス民法典は，個人が他の個人と対等な立場で契約を締結し，その責任を相互に負担するという理念に立脚している。しかし19世紀には，資本家と労働者の対立と前者による搾取，大衆消費社会の出現という問題が生じた。そこで19世紀末にはフランスのデュギーが付従契約論を著し，民法の前提する契約関係を前提としたのでは消費者の保護が図れないことを論じ，19世紀末になって民法典の制定作業が始まったドイツでも，アントン・メンガーが労働者，社会的困窮者の立場を考慮しない民法典の不当さを主張したが，やはり対等当事者間の契約の成立を前提とする，パンデクテン体系を採用したドイツ民法典が制定された。イギリスでも19世紀には資本家，労働者の対立という社会問題が生じたが，イギリスの契約法は，それまでに数百年間にわたり蓄積されてきたコモンローとそれを衡平観念のもとに是正する法理である衡平法によって支配され，少なくとも19世紀までのイギリス契約法は，むしろ中世的色彩を強く残す法体系であり，コモンローそのものは経済的社会

はしがき

的困窮者を念頭に置いたものではなかった。20世紀になると，いずれの資本主義国家も労働者，社会的困窮者，消費者の保護を目的とする法体系を発達させたが，これらの法体系は，国家による規制という側面が強く，かつ数多くの法規，条文を有するため民法典の外に位置づけられるものが多い。現在の日本の民法典もまた対等当事者間の契約関係を前提にしているし，契約責任についてはフランス，ドイツ民法に倣って過失責任主義をとっている（日民415条）。この点は，伝統的に無過失責任の立場をとっている英米契約法と対照的であり，今後の立法にあたってはこの点もまた焦点の一つとなる。

21世紀近くになってヨーロッパのEC諸国が法制面での統一もまた模索し始めた。それには二つの方法がこれまでに知られており，一つは，EC幹部会で作られた指令のEC加盟国の国内施行を義務づけるという方法であり，民法の分野では消費用品売買指令を始め，いくつかの指令の国内施行が義務づけられた（ドイツ新債務法はそれを一つの契機とする）。もう一つは，PECL，PICC，DCFRのようにEC加盟国を代表する学者が集まって作成した契約法原則である。これは法律とは異なるが，当事者がこれによって契約を締結し，また仲裁条項として使用することが行われている（ソフトロー）。

現在日本でも新しい民法典をつくる動きが顕在化している。本書は，上記のような近現代の民法典の制定の流れの中で来るべき日本の民法典がどのようなものであるべきかという問題意識から，2001年のドイツ新債務法制定後のドイツの判例，学説の流れ，2008年制定のフランスの新時効法の規定等を踏まえ，また現在までに入手しえた日本の民法典の改正作業の成果として公表されている諸提案（原案）を紹介，検討し，なおかつ筆者の考え方を加えて整理したものである。今後の益々の議論の進展と優れた民法典（債権法典）の結実を期待したい。

本書の執筆にあたっては，平成19年度全国銀行学術研究振興財団および平成21年度科学研究費補助金基盤研究C（課題番号21530074）の援助を受けた。厚く御礼申し上げたい。

2009年8月20日 ドイツボッフムにて記す

半 田 吉 信

目 次

はしがき

第Ⅰ部　ドイツ新債務法7年の歩み……………………3

はじめに（3）

第1章　時効法……………………………………(9)

第2章　一般給付障害法………………………………(21)

第1節　一般給付障害法の体系と評価………………(21)
第2節　履行遅滞………………………………………(49)
第3節　不能および行為基礎の喪失…………………(60)
第4節　担保責任法の母型としての一般給付障害法……(97)
第5節　付随義務の違反………………………………(113)
第6節　給付障害の法律効果…………………………(133)

第3章　各種の契約……………………………………(179)

第1節　一般売買法……………………………………(179)
第2節　消費用品売買…………………………………(228)
第3節　賃貸借契約……………………………………(242)
第4節　請負契約………………………………………(246)

第4章　消費者保護法…………………………………(255)

第1節　消費者保護法…………………………………(255)
第2節　約款規制法……………………………………(264)

第Ⅱ部　日本の債権法改正の論点………………………273

目　次

第 1 章　消滅時効法の改正提案とその検討 …………… (273)

第 2 章　債権法，契約法の改正提案とその検討 ……… (313)

　第 1 節　民法（債権法）改正委員会の立法提案 ……… (313)

　第 2 節　日本の債権法の改正とドイツ民法からの示唆
　　　　　………………………………………………… (365)

結　　び (391)

事項索引（巻末）

条文索引（巻末）

ドイツ新債務法と民法改正

第Ⅰ部　ドイツ新債務法7年の歩み

は じ め に

1　ドイツ新債務法の制定

　1984年に設置された債務法改正委員会は，連邦司法省から，立法者に，特に判例および実務の成果を顧慮して，一般給付障害法，売買契約および請負契約の担保責任法ならびに時効法をよりわかりやすくかつより時宜に適って制定することを許容する提案をなすという任務を与えられた。当時の司法大臣であったエンゲルハルトは，委員会の創設会議で，すでに当時表明されていたその計画への疑念に対して，民法典との決別を告げることが債務法改正委員会の目的ではないことを表明した。その目的はむしろ，民法典第二編（債務法）に総体的に帰する中心的意味を把握し，基幹部分の改正を行うことなしに可能な限りそれを強化することである。この法律の体系的な基本構造，方法論および基本的評価を維持しながら民法典の適用の80年の経験がまとめ上げられる作業が意図されているのである。判例に現れた問題がまとめられ，実務上用いうる解決がそれに加えて記述されるべきである[1]。

　1991年には債務法改正委員会の最終報告書が公表されたが，1994年に開催されたドイツ法曹大会では参加者の約90％が賛意を表明したといわれる。

　債務法現代化法の立法者は，2000年代に入ってから活動を活発化させたが，債務法改正委員会の作業を基礎とし，それと同じ路線を継承した。完全な体系の転換を意図するのではなく，ドイツ民法典の高度の抽象化の程度およびその最も重要な特質に鑑みて，その将来の可能性を維持しようとする場合に問題となる，明らかに最も密接に絡み合っている，実体的ならびに体系的な問題点の是正のみを計画した[2]。

---

　(1)　E. Lorenz (Hrsg.), Karlsruher Forum 2005: Schuldrechtsmodernisierung-Erfahrungen seit dem 1. Januar 2002, S. 14 [S. Lorenz].

第 I 部　ドイツ新債務法7年の歩み

2　改正法全体の総括

　改正法は，1980年代の債務法改正のための鑑定意見書全3巻の上梓のようなドイツ民法学界挙げての下準備があったとはいえ，1992年の最終意見書以降空白期間があり，2000年になってから急速に討議草案，改訂草案，政府草案と立て続けに改正法の審議が進められた。その限りで民法改正の方法論の策定，審議の性急さ，それらに要した時間の短さは避けられなかったわけであり，それに加えて経済界が新法への切り替えのために準備する時間も十分ではなかったといわれている。それだけでなく，改正法は経済界の要請を軽視していたとか（担保責任期間の延長や売主の前主への求償権の期間制限など），現在でもなおこの大改正が正当であったか否か議論がある[3]。

　ドイツ債務法改正に反対の立場をとったアルトメッペンは，新債務法に対して「（債務法の）水準を本質的に引き下げる」または「（改正が）法律的な毎日の仕事における継続的な質の低下をもたらす」と述べていたし[4]，ダウナー・リープも，新債務法の給付障害法の体系が，正当な請求権の構造に関する終わりがなくかつ実りのない議論を引き起こしたと主張した[5]。現在でも，「新しい給付障害法は，ドイツの民法学が中心的な問題において実りのない，概念法学的な塹壕戦に陥っていることを示す」という者もあるが[6]，改正法を肯定的に受け止めるのが一般である[7]。

　ドイツ裁判官アカデミーおよび弁護士ならびに裁判官の特別の組織における豊富な授業の経験は，この核心においてそれまでの法を維持している新しい法が実務家に対しても驚くほど早く伝えられうることを示すとされる。例えば，

（2）　E. Lorenz（Hrsg.），Karlsruher Forum 2005, S. 14 [S. Lorenz]. ドイツ債務法現代化法制定の経過とその内容の梗概に関する邦語文献として，潮見佳男・契約法理の現代化（2004）339頁以下，拙著・ドイツ債務法現代化法概説（2004）1頁以下，H.P. ヴェスターマン（小川浩三訳）「ドイツ債務法改革」ジュリ1245号（2003）151～154頁。

（3）　レービッシュ（出口・本間訳）「ドイツにおける新債務法」立命館法学312号（2007）192～193頁。

（4）　Altmeppen, Schadensersatz wegen Pflichtverletzung, DB 2001, S. 1131.

（5）　Dauner-Lieb, Drei Jahre Schuldrechtsmodernisierungsgesetz, AnwBl 2004, S. 599.

（6）　Schermaier, Dem Deutschen thut das Studium der Römer noth…, JZ 2006, S. 330.

（7）　Graf von Westphalen, ZIP 2005, S. 51.

はじめに

　グラーフ・フォン・ウェストファーレンは，3年間を顧みて立法者の立法の成功を証明し，実務が結局のところ法発見および法適用の要件について進むべき道を見出したことを示す[8]。ローレンツによれば，全体として債務法の改正による客観的変更の数について，新しい債務法の構成に対する理論的批判が当初推測させたよりも明らかに少ないことが確定されうる。特に一般給付障害法における変更は，結果的にわかりやすい。この場合客観的な変更ではなく，明らかに同時に内容上の訂正への契機を与えた，理論的な新構成が前面に現れる。しかし，この客観的な修正は，全体として決して原理の変更を意味するのではない。これに対して，売買の領域では客観的な変更が著しいが，全体的に以前から主張されてきた法政策的な請求に適ったものである。その限りにおいても原理的な変更は問題とならない。その給付障害法の体系は，正当な請求権の構造に関する終わりがなく，かつ実りのない議論を惹き起こすのではなく，正当な理解に際して実際上正しい請求権の構造のための導きの糸を提供する[9]。

　ランドー（デンマーク）は，ドイツ新債務法の給付障害法の体系がルールの迷宮を残すものであると批判したが[10]，ローレンツはこれに対して，それがルールの迷宮を残すものではなく，その逆であると述べる。それはむしろ，比較的単純な論理構造を作り出すことによって，カズイスティックな迷宮を妨げている。ドイツの法学生は，ランドーの見解に反して，気の毒な立場にあるのではなく，恵まれた立場にあるのである。彼らは，法学の学習をよりよくなすことができるのである。それは数多くの外国の教育体系に対してドイツの法学教育の特徴となるものである。すなわち，事例を学ぶのではなく，事例を解決することを学ぶのである[11]。判例・学説は，新債務法の理念を極めて実りある対話の中で驚くほど早くかつ驚くほど深く実現した。改革の実施後5年間で総ての根本的な構造上の問題が明確にされたため，特別の法的不安定の状況は確証されえない。確かに改革の準備段階で盛んに批判された法の抽象性の程度の高さもまたそれに導いた。法の抽象性の程度の高さは，前記のランドーの指摘にもかかわらず，決して迷宮ではなかったのである[12]。

---

(8)　Palandt, BGB., 67. Aufl., 2008, S. 3 [Heinrichs].
(9)　E. Lorenz (Hrsg.), Karlsruher Forum 2005, S. 36 [S.Lorenz].
(10)　Lando, Das neue Schuldrecht des Bürg. Gesetzbuchs, RabelsZ 67 (2003), S. 244.
(11)　E. Lorenz (Hrsg.), Karlsruher Forum 2005, S. 137 [S.Lorenz].

第 I 部　ドイツ新債務法 7 年の歩み

　ホンディウス（オランダ）は，新債務法について以下のように述べる。新債務法の実務上の導入が成功したのは，改正に伴なって数多くの文献が公刊されたためである。改正が外国でもよく知られるようになったのは，とりわけそれについて外国語で解説を書いたドイツの学者のおかげである。おそらくそのためにも同様にドイツ以外の学者がドイツの債務法改正について論文等を公刊したと思われる。これらの外国の学者はドイツの改正を一般的には肯定的に評価している。特にフランスの学者により，フランスではいわゆる大きな解決が提案されながら，うまくいかなかったため，大きな解決に成功したことが賞賛されている。消費者法の民法典への包摂の成功もまた，この包摂がイタリアでは部分的にのみ成功したにすぎないがゆえに，特にイタリアの学者により高く評価されている[13]。他方批判もあり，ドイツの新債務法はよりよく調和しているが，より複雑になったと主張される[14]。またそれが鑑定意見書の比較法的な作業を軽視しているという理由で，当初の連邦司法省の委員会草案（1992年）の時から批判があった[15]。比較法が後の段階で用いられ，例えば，給付障害法が意図的にヨーロッパ契約法原則 4：102 条[16]に倣ったとも述べられるが[17]，最終草案で比較法的な記述がなされていることは，将来においても比較法的な視点からの解釈が必要なことを意味するとの指摘もある[18]。

　第二に問題となるのは，債務法改正と外国の同様な改正との関係である。フ

---

(12)　E. Lorenz, Fünf Jahre neues Schulrecht im Spiegel der Rechtsprechung, NJW 2007, S. 8.
(13)　S. Patti, Diritto privato e codificazioni europee 2004, p. 91 〜 118.
(14)　J. M.Smits, Tijdschrift voor Burgerlijk Recht 2002, p. 368 〜 381.
(15)　Hondius, Juristenblad 2002, p. 1348 〜 1451.
(16)　PECL 4：102 条（原始的不能）「契約が締結されたときに，引き受けた債務の履行が不能であったか，または，当事者が契約に関わる財産を処分する権限を有しなかったという理由だけで，契約は無効とはならない。」
(17)　C.-W. Canaris, Die Reform des Rechts der Leistungsstörungen, JZ 2001, S. 505. ドイツ民法から PECL に影響を与えたものとしては，①約款規制法（4：110 条），②事情変更の原則（1：201 条），③契約締結上の過失（2：301 条，302 条），④消滅時効（Ⅲ 14 章）が挙げられるが，PECL がドイツ民法に与えた影響としては，ドイツ民法の不履行体系の構築において最終段階で PECL が考慮されたにすぎないと指摘されている（川角・中田・潮見・松岡編・ヨーロッパ私法の展開と課題（2008）310 〜 312 頁［中田邦博］参照）。
(18)　Gruber, Zur Rolle der Rechtsvergleichung nach der Schuldrechtsreform, ZVglRWiss 2002, S. 38 〜 44.

ランスでは，ヴィネ委員会はドイツのような大きな解決を提案したが，否決された[19]。コードシヴィルをできるだけ変えないで保持しようとする保守的な民法学者と消費者法の民法典への編入を支持する進歩的な消費者保護論者との衝突がそれを妨げた。オランダでは，大きな解決は13年前に新しい私法の編纂に際して導入された。この改正は少なくとも給付障害法，売買および請負契約法で実行され，解決はうまくいき，法はより容易に教えられうる。残念ながらドイツの債務法の立法者は，オランダ新民法のドイツ語への翻訳や研究論文があるにもかかわらず，これに注意を払わなかった。しかし，オランダの改革は全く成功したとはいえない。残念ながら消費用品売買指令はあまり規定されていない。例えば，製造者に対する直接訴権は規定されていない。

　2004年3月15日にパリでフランス民法典施行200年記念式典が開かれた。比較法的観点から重要なことは，コードシヴィルはドイツの民法典ほどの経済的関心がフランスの社会で持たれていないことである。シラク大統領が言ったようにコードシヴィルは労働法典，消費者法典，保険法典といった50の法典の一つにすぎない。債務法に関する規定は，200年間ほとんど改正を受けなかった。ホンディウスによれば，ドイツが消費者保護法を民法典に編入したことが重要である。それは，最も重要な契約である売買契約がドイツ民法典に規定されていないとすればひどいことになるであろうというのと同様である。しかし，それだけにとどまらない。消費者法の民法典への編入は原則の変更をもたらすことになるであろう。遠からず契約の自由は，民法の唯一の原理ではなくなるであろう。今や弱者の保護もまたドイツ私法の原理の一つになったからである。

　ローレンツは，我々はドイツの学生に事例を教えるのではなく，事例を解決することを教えるといった。これはホンディウスによれば，良い考えではない。ドイツの法律家はどうしてヨーロッパではいつも成功するとは限らないのか。

---

(19) 川角・中田・潮見・松岡編・前掲書420頁以下 [馬場啓太]，野沢正充「民法改正の国際的動向――フランス」ジュリ1362号（2008）35頁（民法改正研究会・民法改正と世界の民法典（2009）73頁[野沢]），馬場啓太「EU指令とフランス民法典」甲南法学46巻3号（2005）69頁以下参照。フランスでは2005年2月17日に，限定的なEU消費用品売買指令の国内施行を定める法律が制定された（Ordonnance n° 2005-136 du 17 fév. 2005, relative à la garanti de la conformité du bien au contrat due par le vendeur au consommateur, JO 18 fév. 2005, p. 2778（消費法典L. 211-1条以下））。

第 I 部　ドイツ新債務法 7 年の歩み

それは彼らがしばしば条文に忠実すぎるからである。これに対してイギリスの法律家は，容易に覚えられる事例をそらんじている。今日でもヨーロッパの法学生は，代表的なケースを理解，記憶し，個々の事例をそれを応用して解決するが，ドイツの学生は民法 138 条[20]，242 条[21]，823 条 2 項[22]の条文から解決しようとする[23]。

　日本でも加藤教授は，今度のドイツの債権法改正は，19 世紀最後の年の 1900 年から施行されたドイツ民法と比べると，起草担当者の力量が相当落ちていると指摘される[24]。どういった点を捉えてこのように主張しておられるのかは明らかでないが，筆者は，従来の民法典の殻を破る，21 世紀の国民のために用意された，大きな改正として評価すべき点を多く含むものだと考えている。

---

(20)　ド民 138 条(良俗違反の法律行為，暴利行為)「(1)良俗に反する法律行為は無効である。(2)特に，ある者が相手方の緊急状態，未経験，判決財産の欠缺または著しい意思の薄弱を利用して自らまたは第三者のためにある給付のためにその給付と明らかに不均衡な財産上の利益を約束または保証させる法律行為は無効である。」

(21)　ド民 242 条(信義則に従った給付)「債務者は，信義則が取引倫理を考慮して要求するように給付を実現する義務を負う。」

(22)　ド民 823 条(損害賠償義務)「(2)同じ義務（損害賠償義務）は，他人の保護を目的とする法規に違反する者に帰属する。法規の内容に従ってこれに対する違反が過失なしにも可能であるときは，賠償義務は，過失のある場合にのみ生じる。」

(23)　E. Lorenz (Hrsg.), Karlsruher Forum 2005, S. 225 〜 230 [Hondius].

(24)　加藤他編・現代民法学と実務(下) (2008) 362 頁 [加藤雅信]。

第1章　時　効　法

1　新時効法制定の経緯

　以下では，新時効法制定の経緯と直後の学説をビルの記述に依拠して素描しよう。2002年1月1日に新債務法が効力を生じたとき，すでに時効法は20年間続いた議論を経験してきた。1981年にペータースとツィンマーマンは，連邦司法省のための鑑定意見の中でそれまでの時効法の欠点を指摘し，根本的な改正の提案をしていた[1]。時効法をわかりやすくかつ調和あるものとすることが不可欠だとする点については一致が存した。30年の通常の時効は，その不相当な長さのために支障となることが多くなった[2]。また時効期間の種類の多さは，時効法をほとんど外観しえないジャングルに成長させた。時効期間の徒過は，弁護士の活動の最大のミスの原因となり，弁護士の責任を生じさせる最大の個別的な原因の一つとなった[3]。更に時効法の不統一は，一連の非難すなわち，債務法全体の統一的な評価の破壊を招いた[4]。現状に対する不満足にもかかわらず，時効はなお学説上維持されていた。他方判例は，大胆な構成と大掛かりな包摂によって，時効を自ら不満足なものと受け止めたうえでの修繕作業を行った。特に，売買および請負契約に基づく義務違反の場合にこの修繕作業を行なう判例は，矛盾しかつ偶然的という感じをいだかせる結論，ならびにあらゆる法生活の当事者の大きな不安定，すなわち，時効の目的とは正反対の状況に導いた[5]。一時的に時効の変容は，連邦司法省により設置された債務法改正委員会が1992年に立法草案を含むその最終報告を提出したと

---

(1) ハインリクスは，時効法の改革の必要は認めながら，ペータース，ツィンマーマンの改革提案を実行に移すには慎重であるべきだとした（Heinrichs, Reform des Verjährungsrecht, NJW 1982, S. 2024～2027）。
(2) Schulze/Schulte-Nölke (Hrsg.), Die Schuldrechtsreform vor dem Hintergrund des Gemeinschaftsrechts, 2001, S. 26 [Pick] など。
(3) Tesarczyk, Karsr. For., 1991, S. 16.
(4) Schulze/Schulte-Nölke (Hrsg.), a.a.O., S. 33 f. [Medicus]. もっともハースは，非難の継続的存在から完全な時効法は存在しないという結論を導いた（Haas, DRiZ 2001, S. 497）。

きに表面化した[6]。当初委員会の結論はあまり反響を呼ばなかったが，2年後ミュンスターの法曹大会でこの草案が討論された[7]。この大会では時効法上緊急な改正の必要があることについて意見の一致が存した[8]。しかし，時効の変容の様々な可能性に関する継続的な議論が待望され，債務法改正の直接の準備段階の中で動き始めた[9]。改正の直接的な原因は，2002年1月25日のEGの消費用品売買指令を国内法化する必要であった。立法者は，そのために必要な作業を債務法の一般的な改正，特にいわゆる大きな解決と結びつけた[10]。このようにして債務法改正は，ドイツ民法の歴史の中でこれまでで最大の立法上の改革となった[11]。立法者は，時効法の新形成に際して法の簡明化と法的安定性という二つの原則を中心に置いた。その目的のための手段は，まず通常の時効期間の短縮と特別の時効規定の明らかな減少である。付加的な，立法者によってしばしば強調された観点は，債権者と債務者の利益の間で相当な権衡を保たせることの必要性である[12]。進んできた道の不安定さは，債務

(5) Rabe, Vorschläge zur Überarbeitung des Schuldrechts : Verjährung, NJW 1992, S. 2396 など参照。
(6) 1992年9月15日から18日までハノーヴァーで開催された第59回ドイツ法曹大会の記録（NJW 1992, S. 2377 f.）参照。
(7) Ernst, Zum Kommissionsentwurf für eine Schuldrechtsreform, NJW 1994, S. 2177 ; Tagungsbericht vom 60. Deutschen Juristentag, NJW 1994, S. 3069 f.
(8) Ernst, NJW 1994, S. 2181.
(9) Schuze/Schulte-Nölke (Hrsg.), a.a. O., S. 101～102 [Remien] ; Krebs, Die grosse Schuldrechtsreform, DB Beilage 14 / 2000, S. 3.
(10) Däubler-Gmelin, Die Entscheidung für die sogenannte Grosse Lösung bei der Schuldrechtsreform, NJW 2001, S. 2281 ; Zimmermann, Grundregeln eines Europäischen Verjährungsrechts und die deutsche Reformdebatte, 2001, S. 217 f. など。
(11) Birr, Verjährung und Verwirkung, 2. Aufl., 2006, S. 26～27.
(12) Schulze/Schulte-Nölke (Hrsg.), a.a. O., S. 382 [Bydlinski].
(13) Krebs, DB Beilage 14 / 2000, S. 3 f. ; Schulze/Schulte-Nölke (Hrsg.), a.a. O., S. 412 f. [Eidenmüller]. 最終草案（1992年）では，契約に基づく請求権は3年，法定の請求権は10年の時効にかかるとしたうえで，その起算点は，請求権の履行期とされた（196条1項）（対価の支払いを求める請求権は，その履行期の到来する年の終了時から進行する（196条2項））。これとは別に，損害賠償請求権については，主観的起算点と客観的起算点を併有する二重期間制限の定めがあり（199条・201条），定期給付請求権の消滅時効の特則も残されていた（203条）。討議草案（2008年8月）では，契約に基づく請求権と法定の請求権を通じて3年の時効に服するとされたが，それ以外は最終草案の立場が基本的に維持された。

第1章　時効法

法現代化の立法史から読み取られうる。ペータース，ツィンマーマンが連邦司法省から委託された鑑定意見書で厳格な主観的体系（時効起算点を債権者の認識またはその可能性にかからせる立場）を提案した後に（1981年），改革の準備段階で委員会草案および討議草案は，認識とは無関係な時効の客観的起算点を基本とした[13]。もっとも連邦司法省は，激しい法政策的な議論を考慮に入れ，当初から原則的な路線の転換をしても構わないとの立場であった[14]。この立場は，客観的な時効起算点を支持する立場に対する無愛想な批判の後で，事実上表明された。改訂草案は立場を変え，主観的な起算点に依拠するが，技術的に困難に形成されたモデルを提示した[15]。政府草案では，例えば，時効の開始を概念的に新たに形成することにより大きな変更がなされた[16]。かように何度にもわたる方向転換を当時の連邦司法大臣ドイプラー・グメーリンは，例外なく良好で強力な，学説，政治および実務の助言の表現と評価した[17]。2002年1月1日以来効力を生じている時効の重要ポイントは，通常時効期間の短縮化および単純化（3年間（ド民195条））ならびに時効に関する合意の原則的自由（ド民202条）[18]および時効中断事由の多くを時効停止事由に変えたこと（ド民203条）[19]である[20]。

　新しい時効法は，賛成者と反対者を見出した。ある者は，時効法の改正を現代の民法のための模範と見[21]，新時効法の中により適正で矛盾のない解決へ

(14) Eidenmüller, Zur Effizienz der Verjährungsregeln im geplanten Schuldrechtsmodernisierungsgesetz, JZ 2001, S. 284.
(15) Leenen, Die Neuregelung der Verjährung, JZ 2001, S. 552. 2001年11月のレーゲンスブルクでのシンポジウム後討議草案の時効法は激しい批判にさらされ，2001年2月には，通常の時効期間を3年としたうえで，債権者のその請求権を基礎づける事情および債務者が誰であるかについての重過失によらない不知を進行停止事由とするとともに，売買および請負における担保責任については認識から独立した客観的な起算点を定める時効法草案が作成された。この立場は2001年3月の整理草案に継承された（拙稿「ドイツにおける消滅時効法の改正作業」千葉大学法学論集16巻3号（2001）15頁以下参照）。
(16) 政府草案（2001年5月）では，債権者の認識および重過失ある不知が消滅時効の進行の開始事由とされるとともに，売買および請負契約における担保責任の消滅時効は債権各論に移された。
(17) Däubler-Gmelin, Für eine zukunftsfähige Rechtsordnung, ZRP 2002, S. 357.
(18) ド民202条(消滅時効に関する合意の不許容)「(1)消滅時効は，故意による責任の場合は，法律行為により予め軽減されえない。(2)消滅時効は，法律行為により法定の消滅時効の開始のときから30年の消滅時効期間を超えて加重されえない。」

11

の基礎を見出し[22]，あるいは統一的で短い時効期間の恵み，書類の保管義務の軽減を評価した[23]。しかし，他のある者にとっては，改革は十分なものではなかった。特に特別時効規定の除去において立法者は中途半端なままにとどまっている[24]，改正は例のない改悪であるという批判すらあるが[25]，新しい規定は，立法者によって意図されたものでないとしても，その作用において消費者に好意的というより消費者敵対的であるという的を得た指摘もある[26]。特にツェルナーは，請求権の時効は存続する権利に対する重大な侵害となるのだから，3年間では短かすぎると批判した[27]。不法行為法における主観的時効制度と担保責任法における客観的時効制度との間の体系的な相違への固執だけを見ても，立法者は将来においても時効法が多数の法的紛争の原因となるであろうことを考慮すべきであるという理論面からの指摘もある[28]。フェルステも，瑕疵担保責任の時効を2年間とすると，買主保護のために補充的に不法行為責任が追求されるようになり，改革の目的が挫折すると主張する[29]。

---

(19) 交渉における満了停止（ド民203条），権利行使による停止（ド民204条），給付拒絶権における停止（ド民205条），不可抗力による停止（ド民206条），家族的およびそれに類似した原因に基づく停止（ド民207条），性的自己決定に対する侵害による請求権の時効停止（ド民208条），制限行為能力者における満了停止（ド民210条），相続事件における満了停止（ド民211条）。

(20) ドイツ新債務法の日本での紹介，解説として，拙著・ドイツ債務法現代化法概説（2003）55頁以下，加藤敬介「ドイツにおける新たな消滅時効法」関西大学大学院法学ジャーナル77号（2005）1頁以下，片山英一郎「ドイツ消滅時効法」早稲田大学大学院法学論集119号（2006）57頁以下，斉藤由紀「ドイツ新消滅時効法」NBL881号（2008）60頁以下。

(21) Däubler-Gmelin, ZRP 2002, S. 357.

(22) Mansel, NJW 2002, S. 99.

(23) Heldrich, Ein zeitgemässes Gesicht für unser Schuldrecht, NJW 2001, S. 2522.

(24) Dauner-Lieb/Heidel/Lepa/Ring (Hrsg.), Anwaltkommentar Schuldrecht, 2002, S. 63 [Mansel].

(25) Altmeppen, Fortschritte im modernen Verjährungsrecht, DB 2002, S. 517.

(26) Ott, Das neue Schuldrecht-Überleitungsvorschriften und Verjährung, MDR 2002, S. 1.

(27) W. Zöllner, Das neue Verjährungsrecht im deutschen BGB-Kritik eines verfehlten Regelungssystems, Besonders Vertragsrecht-aktuelle Probleme, Festschrift für H. Honsell zum 60. Geburtstag, 2002, S. 172〜173.

(28) P. Westermann (Hrsg.), Das Schuldrecht 2002, S. 217 [Pfeiffer].

(29) Foerste, Unklarheit im künftigen Schuldrecht, ZRP 2001, S. 342〜343.

エーガーマンは更に，子供が被害者となる場合について加害者の権利濫用の場合は 10 年，虐待の場合は 20 年といった損害賠償請求権の時効期間の長期化を提案する[30]。

2 新時効法に関するその後の議論

(1) まず新時効法の最も中心的な規定を以下に示そう。ド民 199 条 1 項は，「通常の消滅時効期間は，①請求権が発生し，かつ②債権者が請求権を基礎づける事情および債務者が誰であるかを知り，または重大な過失がなければそれらを知るべかりし年の終了とともに開始する」と規定する。ローレンツによれば，実務上最も重要な改革は時効法の規定がもたらした。消費用品売買指令の国内施行期限の満了が迫ってあわただしい改正の最終段階における継続的に変転する体系提案により特徴づけられた改正のこの分野が，その施行後激しい批判の埒外に置かれていることは驚くべきことである。2004 年 12 月 9 日に効力を生じた「時効規定の債務法現代化法への適合法[31]」による民法典外の時効規定の適合もまた，大騒ぎすることなしに立法過程を通過した。その結果今日では弁護士や税理士に対する損害賠償請求権も通常の（3 年の）時効に服する[32]。民法の時効規定の拡張がスムーズに認められたのは，その原因を民法典中の時効の不統一な規定が様々な理論的非難および大きな法的不安定の原因となっていたことに有している。数多くの複雑かつしばしばほとんどついていけなかった債権総論および各論中の（担保責任と債務不履行責任，不法行為責任といった）区別は，周知のように時効法の一貫性のなさに帰着されえた。この場合例えば，種類売買における異種物と物の瑕疵との区別，請負契約法におけるより近い瑕疵惹起損害とより遠い瑕疵惹起損害との区別，それと結びついた物の瑕疵概念の操作を含む，契約締結上の過失と物的瑕疵担保責任との競合関係（その論拠は，ド民旧 477 条の引渡し時から 1 年間という短い売買法上の時効の

---

(30) Egermann, Verjährung deliktischer Haftungsansprüche, ZRP 2001, S. 343.
(31) BGBl 2004 I, S. 3214.
(32) ド民 197 条 1 項 2 号は，親族，相続法上の権利について一般的に 30 年の時効に服させると規定しているが，親族，相続法上の権利もできる限り通常の消滅時効に服させようとする趣旨の法案である「相続法および消滅時効法の改正に関する法律草案（Entwurf eines Gesetzes zur Änderung des Erb- und Verjährungsrechts, BR-Drucks. 96 / 08, S. 1 f.）」が 2008 年 2 月 1 日に参議院に提出されている。

第 I 部　ドイツ新債務法 7 年の歩み

回避だけでなく，売買法における過失責任の欠如にもある），および，いわゆる独立的助言契約における特別扱いが想起されるべきである。いわゆる侵食的損害（weiterfressende Schaden）の分野における不法行為法と担保責任法との区別の展開もまた，主に時効法上動機づけられた。この問題は，統一的かつ内容上相当な時効法が，もはや競合する法制度に逃げる契機を与えない場合，大部分解決される。今や 3 年間の主観的要件のもとで開始する通常の時効に関する限り，新法は全く重要な批判を受けていない。この場合特にド民 199 条 2，3 項の客観的期間[33]の併存に関して，法的保護と法的安定との間の相当な均衡が問題になる[34]。

　ド民 195 条の 3 年の期間をもって旧法上の 30 年の時効に代えるという関係で，ド民 199 条 2 項 2 号の主観的要件およびその存在時期をどのように解するかが争われている。ドイツ民法施行法 229 条 para. 6, 4 項 1 文は，「時効期間が 2002 年 1 月 1 日から施行された民法典によれば旧民法典に従うよりも短いときは，2002 年 1 月 1 日からは短い期間が算入される」と規定する。通説は，2002 年 1 月 1 日以前に認識を取得した場合に，原則的に 2004 年 12 月 31 日に時効が満了するとする[35]。債権者が 2002 年 1 月 1 日以後認識を得たときは，認識を得た年の満了時に 3 年の時効が進行を開始する[36]。新時効法が実務に受け入れられるために重要な問題は生じなかったが，主観的な標識と時効期間

---

(33)　ド民 199 条（通常の時効期間の開始と最長期間）「(2)生命，身体，健康または自由の侵犯に基づく損害賠償請求権は，その発生および認識または重過失による不知を考慮することなしに，行為，義務違反またはその他の損害を発生させた事件から 30 年で時効にかかる。(3)その他の損害賠償請求権は，①認識または重過失による不知を考慮しないでその発生から 10 年，また②その発生および認識または重過失による不知を考慮することなしに，行為，義務違反またはその他の損害を発生させた事件から 30 年で時効にかかる。（これらのうち）より早く満了した時期が標準となる。」

(34)　E. Lorenz (Hrsg.), Karlsruher Forum 2005, S. 15～16 [S. Lorenz].

(35)　BGH. Beschl., JA 2008, S. 730（助言活動が無効であったことによる報酬の返還請求権。2000 年までに助言活動がなされたことは知っていたが，それが法律違反で無効であることを知らなかった場合でも，時効は 2002 年 1 月 1 日から進行を開始するとした）；BGH. NJW 2008, S. 2427（請負費用が過払いされた事例。注文者から検査を委託された者が 2000 年 6 月に決算書の誤りを見落としたのはその重過失で，注文者の主観的要件も満たされるとした）。

(36)　BGHZ. 171, S. 1（不当利得返還請求権。債権者が認識を最初に得たのは 2004 年中とされた）。

第 1 章　時　効　法

の開始との結合は，債務法改正前においても民法上全く知られていないものではなかった（ド民旧852条参照）[37]。

　今日のドイツの学者によれば，3年の時効の起算点が主観的なものになっているため，時効期間の短縮は一見したところほど劇的なものではなく，また3年の期間は，債権者の更なる行為，すなわち，弁護士への相談，意思形成，裁判上の主張にとって十分だとされている[38]。このように一般的時効期間が短縮されても異論がほとんど出ない論拠として，ドイツでは2001年の法改正以前にすでにあった短期消滅時効期間の制度（ド民旧197条以下）をできるだけ適用する運用が行われていたため，実際上は多くの場合に4年または2年の短期消滅時効に服する扱いがなされており，3年という短期の一般的な時効期間を定めても，実務にはそんなに大きな影響を与えなかったことが指摘されている[39]。しかし，起算点の基準としての主観的事情の導入は，短所もまたもたらしたという見解もある。一般論としてはこれらの事情（②の事情）は時効の完成によって利益を受ける債務者が挙証しなければならないが，債権者に高度な具体的責任または自己に重過失がないことの挙証責任を課すべきだという立場も考えられ[40]，議論の余地があるというのである。

(2)　ローレンツは次のように述べる。立法者は，時効の統一というより広い目

---

(37)　E. Lorenz (Hrsg.), Karlsruher Forum 2005, S. 16 [S. Lorenz].
(38)　Palandt, BGB., 67. Aufl., S. 201 [Heinrichs].
(39)　レービッシュ（出口・本間訳）・前掲論文立命館法学312号195〜196頁。ちなみに原則3年の時効期間を定めたドイツでも，金銭消費貸借における貸金返還および利息返還債務については，借主の遅滞のときから裁判上の請求，和解等，破産手続き（ド民197条1項3〜5号）における請求権の確定まで停止されるが，その発生から10年を超えて停止されえないと規定されている（ド民497条3項3文）。この規定は連邦参議院の提案によって挿入されたものである（小野秀誠「消費者消費貸借契約と貸金業法」一橋法学6巻3号（2007）1127頁参照）。ドイツでも貸金返還義務については貸主保護のために例外的な扱いが認められているわけである。
(40)　Mansel, Die Neuregelung des Verjährungsrechts, NJW 2002, S. 91. 永田誠他編・法律学的対話におけるドイツと日本（2006）226〜228頁［アルムブリュスター（永田・山下訳）］参照。PECL 14：301条では，債権者のこれらの事情に関する（重過失によらない）不知は，消滅時効の完成を妨げるだけであると規定され，その主張，立証責任は債権者の側にあるとされている（ランドー他編（潮見他監訳）・ヨーロッパ契約法原則Ⅲ（2008）153頁）。

的については中途半端なままにとどまった。この場合もまた実務上の経験はなんら報告されていないが，文献上の競合問題の議論は，すでに立法者が，売買契約法および請負契約法がこれからも通常の時効とは異なった固有の時効制度に服するとしたことが必ずしも上首尾ではなかったことを示す。帰責事由から独立した買主，注文者の請求権および法的救済，すなわち，追完，解除および減額だけでなく，損害賠償請求権もまた，固有の短い時効制度に服させることにより，改正作業が除去しようとしていた若干の限界（競合）問題が再現されうる。政府草案理由書もまた，例えば企業の売買に関して，幾分控えめに，契約締結上の過失への逃避がこれからはなくなる[41]，特に，売主の不当告知の場合，契約締結上の過失責任に依拠するか，瑕疵担保責任に依拠するかは決定的な問題ではなくなる[42]と述べる。厳密に観察すると，これは売買法上引渡しから最初の2年間のみが問題になる（ド民437，438条参照）。この時効期間の徒過後は補完的な時効制度に逃げる試みはこれからも存在しうる。この試みは，時効に関して存在するだけではない。責任の論拠と責任の充足の問題においても，担保法における売主の過失責任の導入にもかかわらず，契約締結上の過失責任（ド民280条1項，311条2，3項，241条2項）への逃避の刺激が存在する。これは特に追完履行の優先および買主が悪意である場合の売主の免責（ド民442条1項）[43]についてあてはまる。時効についていえば，通常の時効の主観的な要件のもとでの開始に鑑みて，1年の違いだけでなく，極端な場合（ド民199条2項の意味における最高度に人的な法益の侵害の場合）28年になりうる，個々の事例で明らかに程度の高い違いが問題になる。従って，侵食的瑕疵に関する従来の判例理論に判例が固執することを考えた場合，その場合に適用される通常の時効が十分な程度に短縮されるがゆえに，価値の矛盾が以前とは異なりこれからは回避されるという，政府草案の理由書[44]もまた，事態を十分に説明するものではないといえるかもしれない[45]。

---

(41) Begründung des Regierungsentwurfs, BT-Drucks. 14 / 6040, S. 242.
(42) Begründung des Regierungsentwurfs, BT-Drucks. 14 / 6040, S. 94.
(43) ド民442条1項(買主の認識)「瑕疵による買主の権利は，彼が契約締結時に瑕疵を知っている場合は排除される。買主が瑕疵を重過失により知らなかったときは，買主は，売主が瑕疵を悪意で黙秘しまたは物の性質の保証を引き受けた場合にのみこの瑕疵による権利を主張しうる。」
(44) BT-Drucks. 14 / 6040, S. 229.
(45) E. Lorenz (Hrsg.), Karlsruher Forum 2005, S. 16 〜 17 [S. Lorenz].

第 1 章　時　効　法

　従って，標準的な時効制度の問題は，依然として物または権利の瑕疵の定義に依存している。売買法上の時効期間の延長および通常の時効期間の短縮は，この場合数量的な免責を惹起しただけで，その基礎にある問題それ自体を除去したものではない。なぜならば，瑕疵担保期間を引渡し後原則2年間，建物の場合は5年間とする，ド民438条および634a条は，一義的にすべての瑕疵惹起損害の賠償を売買ないし請負契約上の担保責任制度に服せしめたからである。物の瑕疵概念の売買法および請負契約法への大幅な逃避に援護されて，これは，通常の時効の適用範囲の大幅な後退に導く。これは法政策的には批判されうるが，現行法上は受け入れられうる。従って，ド民438条を文言および体系に反して目的論的な縮減の方法で瑕疵を原因とする完全性利益の侵害に適用しようとしないときは，現行法の限界を超えることになる。カナーリスは，目的論的な縮減の論拠を主として，原則的に受け入れられうる瑕疵損害と瑕疵惹起損害の時効法上の同一取り扱いの場合，この分野でしばしば不安定な交換利益と完全性利益の限界設定を引き合いに出すことに求める[46]。不法行為に関するド民823条1項に述べられている保護法益の侵害の場合，この限界設定の問題は生じないのだから，その限りでこの規定の目的論的な縮減の余地があるというのである。しかし，売買法上の時効の開始ならびに瑕疵概念の拡大と結びついた，時効問題の改良に関する立法者の意思は，明らかにそれに反している。売買目的物の瑕疵と結びついたすべての請求権を統一的に改正された売買法に服せしめるという立法者の意向は[47]，物の瑕疵概念の拡大によって擁護されているが（有名なガソリンタンクの取り違えの事例[48]は，今日ではド民434条2項1文の据え付け上の瑕疵として担保責任法に整序されることになろう），それがこの場合考慮されるべきである。すなわち，売買目的物の引渡し後2年も経つと，売主は，売買契約に基づく物の瑕疵に関する義務についての事態をすべて知るに至り，彼がありうる担保請求権の満足のために取って置いた引き当てについて

---

(46)　E. Lorenz (Hrsg.), Karlsruher Forum 2002 : Schuldrechtsmodernisierung, S. 98 f. [Canaris].
(47)　BT-Drucks. 14 / 6040, S. 229.
(48)　BGHZ 107, S. 249（自動車修理販売会社から注文を受けたガソリン供給業者がタンクを間違えて給油したため，自動車修理販売会社がそれによりエンジンに被害を受けた顧客に支払った損害等の賠償を求めた事例。ガソリン供給業者は積極的契約侵害により責任を負うとされた。）.

第 I 部　ドイツ新債務法 7 年の歩み

十分な処分の自由を再び取得する。立法者が時効制度の統一に関して中途半端なままになっていたというのは実際上疑わしいが，立法者の判断は，繊細な，法律からは導かれない区別の意図されない再度の導入によって妨げられるべきではない（通説）。瑕疵ある物の引渡しが，類型的には常に不法行為法上保護された法益の侵害をもたらすとはいえないという事実に鑑みて，時効ルールの競合する不法行為請求権への逃避もまた廃除されるべきである（通説）。しかし，マンセルはこれに反対し，人的損害が問題にならない限り，売買および請負契約上の時効ルールが競合する不法行為上の請求権にも適用されるべきだとする[49]。しかし，かような異なった解決は，法律の明らかな前提と合致しえない[50]。

判例が侵食的瑕疵の場合にどのような道をたどるかは明らかではなく，今それを予測することはできない。新規定は不法行為上の請求権への逃避の必要を小さくするが，不法行為法における交換的利益と完全性利益の限界付けという固有の問題は判断しなかった[51]。通説は，判例が自由な請求権競合という従来の立場を遵守するだろうとしているが，もちろんあまりほめられたものではない[52]。

(3)　時効の中断事由の多くを時効の停止事由に移行させたことも一般に支持されている[53]。ド民 203 条は，当事者間の交渉の継続による時効の停止を規定する。判例は，交渉をこれまでも広く，請求権についての当事者のあらゆる意見交換の意味において理解していたが[54]，これからはそれよりも広く，例えば，瑕疵担保債務者が債権者との合意のもとで瑕疵の存在を調査し，その除去を行うという場合も含まれると解すべきだという指摘もある。また新法では，債務者による承認と裁判所または官公署による強制執行の着手または申し立てが時効の更新事由とされているが（ド民 212 条 1 項），前者には，債務者による

---

(49)　Mansel, NJW 2002, S. 95.
(50)　E. Lorenz (Hrsg.), Karlsruher Forum 2005, S. 17～18 [S. Lorenz].
(51)　Begründung des Regierunsentwurfs, BT-Drucks. 14 / 6040, S. 229.
(52)　E. Lorenz (Hrsg.), Karlsruher Forum 2005, S. 19 [S. Lorenz].
(53)　E. Lorenz (Hrsg.), Karlsruher Forum 2005, S. 16 [S. Lorenz].
(54)　BGH, NJW 2001, S. 1723（加害者がナイフで被害者の顔面を傷つけ，被害者が失明した事例（不法行為））。

第 1 章　時　効　法

分割金や利息の支払い，担保の供与，追完履行が含まれる。追完履行については，瑕疵除去活動の範囲，期間，費用といった基準から債務の承認があるかどうかが判断されるが，これらは交渉による時効の停止と競合し，話し合いによって決められた瑕疵の除去がなされるまで再開した消滅時効期間は停止される[55]。債務者が給付拒絶権を有する場合の時効停止（ド民 205 条）[56]と債務者が返済猶予を願い出た場合の時効の更新との競合においてもこれに準じた問題を生じうる[57]。更に履行行為の実行も承認に加えられるが，これは特に土地取引のように履行行為ないし譲渡手続に長時間を要する場合が問題になる。かような場合，債務者が履行行為の一部を実行しただけで，まだその全部を完成していない間は，債権者は，債務者が消滅時効の満了後直ちに消滅時効を援用することはないことを信頼することができると解されている[58]。

---

[55]　Dauner-Lieb u.a.（Hrsg.）, Anwaltskomm-BGB, Bd.1, 1. Aufl., 2005, para. 203 Rn. 32［Mansel/Budzikiewicz］.

[56]　ド民 205 条(給付拒絶権における消滅時効の停止)「債務者が債権者との合意により一時的に給付拒絶権を有する限り，消滅時効は停止する。」

[57]　Peters, JZ 2003, S. 839 ; Münch. Komm. z. BGB, Bd.1, 5. Aufl., 2006, S. 2454［Grothe］; Palandt, BGB. 67. Aufl., S. 222［Heinrichs］.

[58]　BGH. NJW 2002, S. 2873（依頼者と弁護士との間の長期間の委任契約に基づく報酬請求権が問題になった。裁判所は，被告の（一部）弁済の意思表示は，残額についての被告の承認と認め得ないではないとした）。永田他編・前掲書 283 頁［ホイプライン（永田・山下訳）］参照。

第2章　一般給付障害法

第1節　一般給付障害法の体系と評価

1　新給付障害法の概要

　ドイツ新債務法における給付障害法の特徴を挙げると，①債務不履行（不完全履行）と担保責任の二極分解の除去，②義務違反という大概念による債務不履行責任の統一，③債務不履行の法律効果の統一である。不完全履行と担保責任の二極分解の除去は，ローマ法以来の担保責任と債務不履行責任の峻別（担保責任法定責任説）の廃棄を意味する。もっとも，ドイツ新民法は，両者の完全な統一を実現しているのではなく，債権総論に定めた不履行責任（履行障害規定）を，売買，請負における瑕疵ある給付の場合の特則規定で準用するという形をとっている。第二の特徴である義務違反による履行障害法の整序は，立法に際して議論のあったところであり，立法者は，いわば最小の共通の給付障害の種類の呼称である義務違反という概念により，給付障害を根本的に簡単なものにしうると信じた[1]。ド民280条1項は[2]，不能，遅滞および不完全履行，すなわち，積極的契約侵害および売買目的物または仕事の瑕疵の場合の損害賠償についての一般給付障害法における請求権の基礎である。今日の学説によれば，給付障害（ド民275条以下）は，不履行と不完全履行という二つの給付障害のほかに，第三の障害要件として付随義務違反ないし保護義務違反（ド民241条2項）が観念されている。しかし，この義務違反という概念が伝統的な不

（1）　起草時には義務違反には給付義務の不履行という側面と債務者の行為に関連する側面の二つが混在するが，本来的に後者（特に保護義務違反）になじむ概念だという指摘もあった（Schapp, Empfielt sich die Pflichtverletzung als Generaltatbestand des Leistungsstörungsrechts? JZ 2001, S. 583〜586; H. Stoll, Notizen zur Neuordnungen des Rechts der Leistungsstörungen, JZ 2001, S. 593）。
（2）　ド民280条1項(義務違反による損害賠償)「債務者が債務関係に基づく義務に違反したときは，債権者は，これによって生じた損害の賠償を請求しうる。債務者が義務違反につき帰責事由がないときは，これはあてはまらない。」

21

能，遅滞とどのような関係を有するかについては議論があり，義務違反という包摂的な概念のもとに遅滞，不能の区別は後退するとする見解[3]とドイツの新債務法の採用した義務違反という中心的な概念は固有の包摂的な内容を有するものではなく，英米法やウィーン統一売買法の義務違反と同じではないという見解[4]が対立している。

ドイツの新法は，第一次的給付義務の運命という法律効果に従って損害賠償（ド民280条以下）と解除（ド民323条，324条，326条）を区別し，債務不履行ないし義務違反による損害賠償請求権の要件として原則として債務者の帰責事由が必要とされることを維持した（過失主義）[5]。これは統一化による単純化というよりも，その論拠をさらなる統一を許容しない事物の本質の中に見出しうる。しかし，法律効果の統一化は広い範囲で行われた。新法は，給付障害法の二極分解の除去の過程で Wandlung（解除）という稀な構成をやめ，通常の解除（Rücktritt）に置き換えた。売買においては通常の追完履行と損害賠償が導入された。更に責めに帰することのできない不能の場合の契約の清算はもはや不当利得法によるのではなく（ド民旧323条3項），統一的に解除法に従う。原始

---

(3) Palandt, BGB., 67. Aufl., S. 335 [Heinrichs]; Bamberger/Roth, Komm. z. BGB., Bd. 1, 2. Aufl., S. 1101 f. [Unberath]; Staudinger, Komm. z. BGB., para. 255～304, 2004, S. 404 f. [Otto]。

(4) E. Lorenz (Hrsg.), Karlsruher Forum 2005, S. 37 f. [S. Lorenz]; Münch. Komm. z. BGB., Bd. 2, 5. Aufl., 2007, S. 796 f. [Ernst]; Junker (Hrsg.), Juris Praxiskomm. z. BGB., Bd. 2, 1, 2004, S. 318 [Alpmann]（新法のもとでも義務違反の種類が重要である）。フーバーは，鑑定意見書（1981）において，ド民旧275条の定める履行不能という構成要件が，①実際は稀な場合にしか生じない，②不能の規律が不完全，不明確であるという理由で，それを放棄し，不履行を中心とする体系に移行すべきことを提案したが（Bundesminister der Justiz (Hrsg.), Gutachten und Vorschläge zur Überarbeitung des Schuldrechts, Bd. I (1981), S. 757 f. 下森他・西ドイツ債務法改正鑑定意見の研究（1988）121頁以下［宮本健蔵］，渡辺達徳「給付障害の基本構造に関する一考察」法学新報96巻6号（1990）178頁以下，潮見・契約責任の体系（2000年）45頁など），後日自らこの提案を撤回した（吉政知広「履行請求権の限界の判断構造と契約規範」民商130巻1号（2004）46頁以下）。ドイツの新給付障害法に関する邦語文献として，長坂純「ドイツ法における契約義務論の現況」法律論叢78巻4.5合併号（2006）187頁。

(5) ドイツ新債務法における不履行による損害賠償請求権の要件としての帰責事由の内容，意味の旧法から新法への推移については，渡辺達徳「ドイツ債務法現代化における帰責事由」判タ1116号（2003）22頁以下参照。

第2章　第1節　一般給付障害法の体系と評価

的客観的不能の法律効果としての契約の無効および原始的主観的不能の場合の担保責任もまた存しない[6]。

2　ローレンツの整理

(1)　序　説

　ローレンツによれば，一般給付障害法における客観的な変更は実際上重要であるが，わかりにくいものではない。この場合客観的には原則の変更は証明されえない。従って，新法施行後3年間になされた議論が理論的構造的な問題に関わることは驚くに値しない。内容的にはもちろん見うる限り，新給付障害法の債務者にとって不利な，ないし，債権者に有利な傾向が証明されうる。これは特に変更権を含む，債権者の権利行使に要する労力の著しい軽減および権利行使の範囲の拡張から生じる[7]。

　客観的変更の羅列は，債務法の改正の革新的性質にとってあまり説得力を持たない。以前の債務法の体系内在的な移植についてはおそらくあまり激しい議論はないであろう。最初の3年間の新債務法の経験は，まずはその体系の体験である。全体の体系の中での位置づけのない客観的な変更もまた，しばしば誤導的な標語（追完履行請求権の優位など）を与えることで満足せず，原理の追求の危険に服しようとする場合，そもそも適切には把握されえない。この新しい体系の主たる前提は，債権総論の単純化と並んで給付障害法の複線性の除去，すなわち，一般給付障害法が担保責任法の基礎として役立つことである[8]。決定的な問題は，両者が成功したかどうか，体系が実際に明確で，単純で，矛盾がないかどうかである。体系の支柱は，(a)義務違反，(b)損害の種類，(c)帰責事由の結合点である[9]。

(2)　義務違反の理論

(イ)　結果関係的給付義務における義務違反と帰責事由

　新法施行後最初の3年間にド民280条1項に基づく義務違反の中心的概念とその帰責事由との限界づけが若干の不確かさを提供した。この場合正当にも改正法試行前にすでに通説により肯定されていた行為関係的観察方法と区別され

---

[6]　www.schuldrechtsmodernisierung.com.,S.6.
[7]　E. Lorenz (Hrsg.), Karlsruher Forum 2005, S. 32 [S. Lorenz].
[8]　Begründung des Regierungsentwurfs, BT-Drucks. 14 / 6040, S. 94.
[9]　E. Lorenz (Hrsg.), Karlsruher Forum 2005, S. 37 [S. Lorenz].

る結果関係的モデルが貫徹された。それによれば，義務違反は，ド民241条[10]のなすべき義務計画からの当事者の行為のすべての客観的な乖離である。これに対して帰責事由の要件は，債務者への義務違反の帰責原因である。結果関係的給付義務の場合，これは，一旦義務を負った給付がなされないことがすべての場合にド民280条の意味での義務違反になることを意味する。従って，これはもっぱら債務者がなされるべき給付をなさず，適時になさず，または，不完全になしたことに存する[11]。義務違反は債権者が主張，立証すべきであるが，債務者の帰責事由はド民280条1項2号により推定される。義務違反の概念が，結果関係的義務の場合，不能およびド民275条1項[12]によりそれに伴って生じる第一次的給付義務の免責，すなわち，給付または債務に適した給付が実現されないという事実の中に存することについては一致がある。それ

---

(10) ド民241条（債務関係に基づく義務）「(1)債務関係に基づいて債権者は債務者に給付を請求することができる。給付は不作為の形でも存在しうる。(2)債務関係は，その内容に従い各当事者に相手方の権利，法益および利益を考慮して義務を負わせる。」

(11) Canaris, Die Reform des Rechts der Leistungsstörungen, JZ 2001, S. 512; Münch. Komm. z. BGB., Bd. 2, 5. Aufl., S. 797 f. [Ernst] など。ただし，異見もあり，例えば，コーラーは，原則的に存在する状況およびそれに導く債務者の行為の義務違反に対する債権者の完全な立証責任から出発するが，結果関係的義務違反の場合は，彼によって義務違反の要素と定義された債務者の行為に関する立証責任の転換もまた認められる（Kohler, Pflichtverletzung und Vertretenmüssen–die beweisrechtlichen Konsequenzen des neuen para. 280 Abs. 1 BGB, ZZP 118 (2005), S. 25 f.）。コーラーによれば，ド民280条1項2文の場合，原則として債権者が義務に違反した状況の発生（結果）および義務に違反した債務者またはその履行補助者の作為または不作為という意味の義務違反の事実の主張，立証責任を負うが，これは行為関係的義務違反の場合は，原則として，それ自体発生した義務違反の状況を惹起するのに一般的に適している，債務者の責任領域に属する，所与の場合に抽象的に観察に現れる出来事の主張に制限される。これに対して結果関係的給付の場合は，それを超えて，結果不発生の場合，債務者またはその履行補助者の義務に反した作為または不作為の存在に対する反論を許さない推定の観点のもとで主張，立証責任の転換が認められる。すなわち，結果関係的義務の場合，結果が生じていない限り，債務者は義務違反として彼に帰責される出来事または行為が彼の責任によらないこと，または発生した出来事が義務に反した結果の発生を惹起しなかったことを主張，立証しなければならない。しかし，この場合挙証原則は外観と結びついていないがゆえに，債務者は異常な結果の生起の可能性を指摘しても免責されない。その限りで彼は，義務に反した行為が存在しなかったことないし存在する義務に反した行為が原因でなかったことを完全に立証しなければならない。.

(12) ド民275条1項（給付義務の排除）「給付請求権は，これが債務者または誰でもにとって不可能な限り排除される。」

第2章 第1節 一般給付障害法の体系と評価

に導いたであろう理由は，ド民280条1項2文の帰責事由として推定される。従って，受け取った金銭を返還しなければならない受託者がこれを返還しえない場合，客観的な義務違反が存在する。従って寄託者は受託者が金銭の寄託における注意義務に違反したことを立証する必要はなく，その限りで受託者が免責立証をなさねばならない[13]。この場合債務者が免責立証しなければならない帰責事由が問題になる。しかもこの場合単に訴訟上の意味の立証責任ルールが問題になるだけでなく，実体法上の抗弁が問題になる[14]。その主要な帰結は，債権者が訴訟上債務者の帰責事由を立証しなくてもよいことである。政府草案理由書もまた，債務者が義務違反につき責任を負わないことを主張，立証しなければならないという[15]。しかし，ド民280条1項は事実上の保証責任ではない[16]。

帰責事由は再びこの義務違反に導いた事情に関わるものでなければならない。義務違反は債権者が立証しなければならないが，帰責事由については，ド民275条1項2文に従って原則として債務者が免責立証しなければならない（労働関係は異なる（ド民619a条参照）[17]）。後発的不能の事例を考えてみると，ド民275条1項がこの場合第一次的給付義務を免除するという事実にもかかわらず，不給付自体が義務違反になる。これは特に，給付義務の喪失が第一次的給付義務のみに関わり，それから生じる損害賠償義務には関わらないことを明らかにする，ド民275条4項から生じ，かつ，その他の点では全く一義的に歴史的な立法者の考えに一致する[18]。それに対して，不能の場合にド民275条1項によりもはや存在していない義務の不履行がすでに思考論理的に義務違反とはならないと主張する者は[19]，ド民275条4項の明文の規定を認めようとし

---

(13) BGHZ 165, S. 298＝NJW 2006, S. 986（保険代理店（被告）が保険会社（原告）のために顧客から保険料を徴収し，保険会社に移転するまで銀行に預けておいたが，銀行が倒産した事例）．

(14) S. Lorenz, Fünf Jahre neues Schuldrecht im Spiegel der Rechtsprechung, NJW 2007, S. 1～2.

(15) Begründung des Regierungsentwurfs, BT-Drucks. 14 / 6040, S. 136.

(16) 反対：W. Schur, Leistung und Sorgfalt, 2001, S. 81～84.

(17) ド民619a条(被用者の責任における立証責任)「ド民280条1項とは異なり，被用者が義務違反について責めを負う場合にのみ，彼は雇用関係に基づく義務の違反から生じる損害の賠償をしなければならない。」

(18) Begründung des regierungsentwurfs, BT-Drucks. 14 / 6040, S. 134 f. 参照．

(19) Harke, ZGS 2006, S. 10; Dauner-Lieb, AnwBl 2004, S. 600.

ないものであり，法の規定に代えて自己の命題を置くものに他ならない。しかし，その問題は概念的に決せられるべきものではなく，第一に実定法の問題である。その規定を批判しうるとしても，それを認めるべきである[20]。シュヴァープ／ヴィットによれば，立法者は，不能の場合にもすでに単なる不給付の中に義務違反を認めようとしたが[21]，行為関係的な視点の理由付けに関してド民275条1項の債務の免責のために事はそう簡単でない。このことが原始的不能の場合に（ド民311a条2項），給付義務が決して存在しなかったがゆえに，異なってみられるべきことは，このこととの矛盾となるのではなく，むしろド民311a条2項によって確認される[22]。不能の原因の問題はその場合，義務違反ではなく，帰責事由の問題となる。この見方の実際上の意味は大きい。すなわち，原則的に挙証責任を負う債権者は，帰責事由についてのみ主張，立証責任を免れるが，義務違反については主張，立証責任を免れないのだから，彼は，行為関係的な見解に従えば，どうして債務者の給付が不能なのかを立証しなければならないことになろう。しかし，法は，ド民280条1項2文により彼に属しない領域に由来するこの証明を免除する[23]。コーラーは，既述のようにもっぱら行為関係的な観察方法の枠内では原則として存続する状況の義務違反についてだけでなく，それにつきなされる債務者の行為についても債権者の完全な挙証責任から出発するが，結果関係的な義務違反の場合に，彼によって義務違反の構成部分と定義された債務者の行為についても，挙証責任の転換を肯定する[24]。

連邦最高裁も強調するように免責立証に過度の要求をしてはならない。債務者は，特別に責めに帰すべきでない損害の原因を惹起した事情を証明するには及ばない。彼が原因として観察される事情がその責めに帰すべき事情によらないこと，すなわち，全く手がかりを有しない純粋に抽象的な可能性が反駁されえないことを証明すれば足りる[25]。法の錯誤の場合でも免責立証の可能性がある[26]。売買法では，売主が原則として売買目的物の瑕疵について検査義務を負わないこと，および製造者または供給者が，その過失につき売主がド民

---

(20) E. Lorenz (Hrsg.), Karlsruher Forum 2005, S. 37～39 [S. Lorenz].
(21) Schwab/Witt, Examenswissen zum neuen Schuldrecht, 2. Aufl., 2003, S. 69 f.
(22) Canaris, Festschrift für Heldrich, 2005, S. 33 f.
(23) E. Lorenz (Hrsg.), Karlsruher Forum 2005, S. 39 [S. Lorenz].
(24) Kohler, ZZP 118 (2005), S. 38 f.

第2章 第1節 一般給付障害法の体系と評価

278条により責めを負う履行補助者ではないことが認められている[27]。

(ロ) 給付関係的でない付随義務における義務違反と帰責事由

結果関係的でない付随義務違反の場合は義務違反と帰責事由の関係が問題になる。この場合積極的な結果ではなく，完全性利益の遵守のみの義務を負うのだから，義務違反は，行為関係的概念からのみ出発されうる[28]。この場合これは債権者により立証されるべき注意義務の違反であり，それとともに通常同時に帰責事由もまた証明される[29]。ド民241条2項の保護義務および監視義務のような行為関係的義務では，なされるべき結果がなされていない場合，義務違反という行為関係的概念から出発しなければならず，それは債権者により主張，立証されるべき注意義務違反であることを連邦最高裁も確認している[30]。

(ハ) 結果関係的でない給付義務における義務違反と帰責事由

同じことは，結果関係的でない給付義務の場合，すなわち，債務者が結果ではなく，（労働ないし雇用契約の場合のように）単に活動の義務を負う債務関係においてもあてはまる[31]。しかし，そこで提示されている事例（医師の誤診，誤った税法上の鑑定）は，結局単なる活動に向けられた給付の結果関係的な（部分的）義務である[32]。この場合比較法的には，同じ考量に基づく，フランス法の結果債務と手段債務の区別が引き合いに出されうる。かくして特に医師

―――

(25) BGH, NJW 2005, S. 418（旅行代理店（被告）との間で一括旅行契約を締結した顧客が乗馬中に起こった事故の賠償（債務不履行責任）を請求した事例）; E. Lorenz (Hrsg.), Karlsruher Forum 2005, S. 39 [S. Lorenz]; Münch. Komm. z. BGB., Bd. 2, 5. Aufl., para. 280 Rn. 38 [Ernst].
(26) BGH, NJW 2005, S. 976（顧客（被告）からインターネットウェブサイトを通じてコンピューターを売主（原告）に注文したが，誤って価額が一桁安い金額に表示されていた。原告は被告にコンピューターの返還を請求した。裁判所は，表示行為の錯誤となるとした）.
(27) S. Lorenz, NJW 2007, S. 2.
(28) Canaris, JZ 2001, S. 512; E. Lorenz (Hrsg.), Karlsruher Forum 2005, S. 39～40 [S. Lorenz].
(29) E. Lorenz (Hrsg.), Karlsruher Forum 2005, S. 40 [S. Lorenz].
(30) BGH. NJW 2006, S. 2262（レストランの料理の飲食に際して歯が折れた事例）.
(31) 反対：Canaris, Karlsruher Forum 2002, S. 30 f.（なされるべき給付が活動を目的とする場合も結果関係的観察方法があてはまる）.
(32) E. Lorenz (Hrsg.), Karlsruher Forum 2005, S. 40 Anm. 116 [S. Lorenz].

の責任の分野では異なった結論が導かれうる：契約に基づいて一定の治療結果の義務を負う場合は，不履行がすでにそれ自体として客観的な義務違反が存在し，そこではド民280条1項2文の医師の過失が推定される。それに対して，医師の治療において結果ではなく，治療のみが義務づけられているときは，患者は，従来のように具体的な治療上の瑕疵を立証すべきである。彼がこの立証に成功した場合にのみ，医師がド民280条1項2文の挙証責任を負担する[33]。

(3) ド民280条以下の請求権の体系における損害の種類

2項及び3項におけるド民280条の更なる個別化が必要な法律効果関係的な観察方法が，新債務法の特徴の一つを構成する。しかし，より厳密な観察をすれば，これもまた，もはや違反構成要件に従った区別ではなく，法律効果に従った区別が前面に現れるから，給付障害法の体系の根本的な転換となるというものではない。損害の種類に従った区別は，単に統一的な義務違反構成要件により与えられた，請求権の基礎としての適切な規範の連結要素への一時的な考慮にすぎない。しかし，出発点においてどのようなことをなすべきかという問題を立て，そして，それに引き続いて，その構成要件を包摂するために，追求された法律効果を伴った規範を探求するというやり方は，以前から民法学者の自明的な活動であった。従来においても給付の遅滞により損害賠償を請求しようとする債権者は，適切な請求権の基礎の探求のために，具体的な場合に不履行損害（ド民旧326条）[34]が追求されるべきか，それとも，遅延損害の賠償（ド民旧286条1項）[35]が追求されるべきかの考慮に強いられた。不履行損害においてもまた，正当な請求権の基礎の発見のためには，給付遅滞（ド民旧326条）と給付不能（ド民旧325条）[36]との間の区別がなされねばならなかった。他の損害の賠償，特に，完全性利益の侵害のために，積極的請求権侵害という規定の

---

(33) E. Lorenz (Hrsg.), Karlsruher Forum 2005, S. 40 [S. Lorenz]; Münch. Komm. z. BGB, Bd. 2 a, 4. Aufl., 2003, S. 873～874 [Ernst].

(34) ド民旧326条1項(遅滞，受領拒絶の威嚇を伴なった期間指定)「双務契約において一当事者が彼の負担に帰する給付について遅滞に陥ったときは，相手方は，彼に給付の実現に関して相当の期間を定めて，彼がその期間徒過後給付の受領を拒絶しうると表明しうる。その期間徒過後は，給付が適時になされない場合，彼は不履行による損害賠償を請求しまたは契約を解除しうる。履行の請求は排除される。給付の一部がその期間の徒過までに実現されないときは，ド民325条1項2文が準用される。」

(35) ド民旧286条1項(遅延損害)「債務者は，債権者に遅滞により生じた損害を賠償しなければならない。」

第2章 第1節 一般給付障害法の体系と評価

ないルールに依拠しなければならなかった[37]。

(イ) 給付に代わる損害賠償と給付とともにする損害賠償：二つの区分

ド民280条1〜3項の損害の種類の体系は，本来類型的に三つではなく，二つの区分が基礎になっている[38]。給付に代わる損害賠償と給付とともにする損害賠償である。給付に代わる損害賠償は，給付が最終的になされないことから生じる損害，すなわち，それがすべての等価交換利益を填補する限りにおける給付に代わる損害である。給付が最終的になされないことは，（ド民275条1〜3項[39]により給付義務の免責が生じたときに）債務者がもはや給付をなし得ない場合，あるいは，債権者が給付に代わる損害賠償を請求し（ド民281条4項)[40]，またはド民323条，324条により契約を解消し，あるいは，給付関係的でない付随義務の違反の後で期待不可能に基づいて給付をもはや受領する必要がないがゆえに，それをもはやなす必要がない場合に（ド民282条)[41]，存在する[42]。

ローレンツによれば，損害の種類の限界付けに関する問題として，給付が可能な最後の時点においてなおなされえたであろうという場合に，主張された損害が喪失したであろうかどうかが挙げられる。そうでない場合，すなわち，損害が，なされるべき給付の実現によりもはや除去しえないであろうがゆえに，給付義務の（偶発的な）後発的な喪失の前にすでに最終的に発生していた場合

---

(36) ド民旧325条1項(債務者の責めに帰すべき事由による不能)「双務契約に基づいて一方の負担する給付が，彼の責めに帰すべき事由に基づく不能により不能になったときは，相手方は不履行による損害賠償を請求しまたは契約を解除しうる。」

(37) E. Lorenz (Hrsg.), Karlsruher Forum 2005, S. 41 [S. Lorenz].

(38) 反対：Staudinger, Komm. z. BGB., para. 255〜304, S. 346 (①ド民280条1項の単なる損害，②遅延損害，③給付に代わる損害という三つの区分) [Otto].

(39) ド民275条2項「債務者は，これが債務関係の内容および信義則の命令を考慮して債権者の給付利益と比べて著しい不均衡となる費用を必要とする限りにおいて給付を拒絶しうる。債務者に期待されうる努力の確定に際して債務者が給付障害について帰責事由があるかどうかもまた考慮されるべきである。」

(40) ド民281条4項「給付請求権は，債権者が給付の代わりに損害賠償を請求する限りにおいて排除される。」

(41) ド民282条(ド民241条2項の義務の違反による給付に代わる損害の賠償)「債務者がド民241条2項の義務に違反する場合，債権者は，彼に債務者による給付がもはや期待されえないときは，ド民280条1項の要件のもとに給付に代わる損害賠償を請求しうる。」

(42) E. Lorenz (Hrsg.), Karlsruher Forum 2005, S. 41〜42 [S. Lorenz].

は，給付に代わる損害賠償ではなく，給付とともにする損害賠償が問題になる（通説）。しかし，決定的に給付の実現による損害の除去可能性に依拠するこの基礎の上に，給付に代わる損害賠償と給付とともにする損害賠償の区別は，各々の損害が不可避的にすでにその発生とともに最終的に効力を生じるのではなく，時間の経過とともに始めて生じるがゆえに，一括して法益関係的になされるのではなく，必然的に時間によって影響を受ける範疇なのである。一つの損害がいつ主張されるかに従って給付に代わる損害賠償になったり，給付とともにする損害賠償になったりする。かくして瑕疵損害や瑕疵惹起損害，逸失利益のような概念は，決定的な区別ではなく，徴表的な意味を有するにすぎない。これらの概念から厳密に損害の種類の範疇を形成することはできない。それは逸失利益の場合に最もよく説明されうる：季節の商品ないし価格の変動にさらされる客体の場合，これは利益がなお実現されうる限り，給付に代わる損害賠償となる。しかし，売買の機会が季節の終了や最終的な価格の下落により失われたために，利益がもはや実現されえなくなったときから，これは存続する給付可能性にもかかわらず，（場合によってはもちろん遅延損害の形で）給付と並んだ損害賠償の構成部分となる[43]。グルーネヴァルトも，逸失利益および利用の喪失も，これが追完履行に際してなお獲得または避けうるものであればド民281条の損害となるが，追完履行によってもこの利得または利用の喪失を生じえないときは，瑕疵ある給付における瑕疵惹起損害と同様であり，従って，逸失利益のような損害はド民280条によってもまたド民281条によっても賠償されうるとする[44]。損害が，債務者が長期間待ったためにのみ生じた場合も同様である。債務者が待ったことないし最終的に危殆化した損害を指示されなかったことは，もちろん協働過失となりうる。しかし，かような指示は，その機能において決してド民281条[45]の期間指定と同視すべきではない[46]。

ローレンツは次のような例を挙げる。ヴェルダー・ブレーメンがドイツの

---

(43) E. Lorenz (Hrsg.), Karlsruher Forum 2005, S. 42～43 [S. Lorenz].
(44) Erman, Komm. z. BGB, S. 1876 [Grunewald].
(45) ド民281条（不給付または債務の本旨に適わない給付に基づく給付に代わる損害賠償）「(1)債務者が弁済期に達した給付を実現せず，または債務に適って実現しない限りにおいて，債権者は，彼が債務者に給付または追完履行のために相当期間を定めて催告したにもかかわらずそれを徒過した場合，ド民280条1項の要件のもとで給付に代わる損害賠償を請求しうる。…」
(46) E. Lorenz (Hrsg.), Karlsruher Forum 2005, S. 43 [S. Lorenz].

第 2 章　第 1 節　一般給付障害法の体系と評価

サッカーのチャンピオンになった。ファンのための商品販売店 K がメーカー V に一シーズンで 2000 個のシャツを注文した。彼はそれらをそのチームの最後の二つのホームでの試合で 10000 ユーロの利益を得て転売しうることになっていた。給付期日は，最初の試合の 2 週間前であった。最初の試合の後は，一回だけの売買機会が存在し，新しいシーズンは新しいシャツが着られるがゆえに，5000 ユーロの利益のみが獲得されるべきであり，二回目の試合の後は，2000 ユーロの利益のみが獲得されるべきであった［ケース 1］。この場合 V が合意された期日に給付しない場合，給付されればなお給付に代わる損害賠償を獲得しうるがゆえに，10000 ユーロの逸失利益となりうる。最初の試合の後は，5000 ユーロの逸失利益は，それがその限りで最終的に生じたのだから，遅滞の形での給付とともにする損害賠償となり，ド民 280 条 1，2 項および 286 条 2 項 1 号[47]により催告とは無関係に賠償されうる。このときまでになお追求しうる利益は，なお給付に代わる損害賠償の客体にとどまっているが，最後の試合の後は 3000 ユーロが同様に給付の遅滞による損害賠償の客体となる[48]。

　給付に代わる損害賠償と給付とともにする損害賠償とのこの基本的区別の目的は，利益の重畳的な満足を予防し，または，その実現を完全に排除することではない。むしろ損害賠償に対する第一次的給付の優先を確保することのみが問題になる。グリゴライト／リームもまた，自然給付の利益の損害賠償的な再構成と述べている[49]。従って，給付に代わる損害賠償と給付とともにする損害賠償の区別は，それ自体として利益が満足されないことに導くのではなく，単に損害賠償のその形では満足されないことに導くにすぎない。それは，法が，給付の可能性のためにそれに意味がある場合に，損害賠償の形での等価交換利益の主張を従来の期間指定に依存させたことから生じる。それから間接的に生じる自然的な給付をなす債務者の権利は，受領拒絶の威嚇という要件の欠落により債務者にとって警告の段階が軽減されたとはいえ，契約信義の原則の表現

---

(47)　ド民 280 条 2 項「債権者は，給付の遅滞による損害賠償を，ド民 286 条の付加的要件のもとにおいてのみ請求しうる。」286 条 2 項 1 号「給付期日が暦日により定められている場合は，催告は不要である。」
(48)　Kohler/Lorenz, Schuldrecht I, 20. Aufl., 2006, Fall 36.
(49)　Grigoleit/Riem, Die Kategorien des Schadensersatzes im Leistungsstörungsrecht, AcP 203 (2003), S. 735.

である(50)。

㈑　給付とともにする損害賠償と遅延損害

　給付とともにする損害賠償と給付の遅延による損害賠償との関係は全く異なったものである。遅延損害は，それが給付が最終的になされなかったことに基づくのではなく，遅滞によりないし遅滞の中で最終的に生じ，かつ後で給付がなされても回復されないのだから，類型論的には給付とともにする損害賠償の事例である。法はこの損害の賠償を認めるが，従来と同様遅滞の要件のもとにおいてである（ド民280条2項，286条）。標準的な義務違反が期限までの不給付であることには変化はない。帰責事由の関係点のみが遅延損害が問題となる場合は移動する。

　まずもっぱら法律効果関係的な給付に代わる損害賠償と給付とともにする損害賠償との区別は，この場合義務違反の種類に従った区別により補完されるべきである(51)。もっぱら給付の遅滞にのみ由来する損害が問題になる。したがって，（単なる）給付とともにする損害と遅延損害との区別は，給付に代わる損害賠償とは異なってその態様ないし時期だけでなく，利益の満足自体が問題になるのだから，実際上の帰結の違いは大きい(52)。

　その結果瑕疵による営業の喪失が最初の激しく議論された問題の一つであることが示される。この場合瑕疵ある物の給付ないし客体の使用不適による瑕疵ある請負給付の実現により生じた喪失が遅延損害として性質づけられるか，それとも，単なる給付に代わる損害として性質づけられるかが問題になる。すでに政府草案の理由書は，後者の見解を主張した。それによれば，買主ないし注文者に，彼が物ないし仕事をその瑕疵により使用しえないこと，または，もはやないしもはや同じ条件では転売しえないことにより（最終的に）生じた損害は，遅滞とは無関係であり，その結果催告なしに塡補されうる（通説）。概念的にも論理的にもそうである：売買法上瑕疵ある物の給付により瑕疵のない物または瑕疵のない仕事の適時の給付義務だけでなく，ド民433条1項2文ないし633条1項に基づく瑕疵のない給付（仕事）をなすべき義務に違反したことになる。しかし，それから生じる損害に対して，不完全給付は不給付に対して

---

(50)　E. Lorenz (Hrsg.), Karlsruher Forum 2005, S. 43 [S. Lorenz].
(51)　Canaris, Begriff und Tatbestand des Verzögerungsschadens im neuen Leistungsstörungsrecht, ZIP 2003, S. 323 f.; Palandt, BGB, 67. Aufl., S. 356 [Heinrichs].
(52)　E. Lorenz (Hrsg.), Karlsruher Forum 2005, S. 44 [S. Lorenz].

第2章 第1節 一般給付障害法の体系と評価

彼にとってより重く感じられ，それゆえに，全く給付がなされないことと異なり，催告の要件が彼にとって明白でないがゆえに，債権者はより不十分にしか保護されない。彼はかくしてしばしば適時に催告する機会すら有しない[53]。その疑いがあるという催告では特定性の要件に欠けることになろう。瑕疵があるとしても少なくともそもそも給付した者は，全く給付しない者よりもひどく扱われるべきではないという議論は，遅滞と不完全給付のこの区別を超えるものである。売主（請負人）もまた全く保護がないわけではない：買主（注文者）が追完給付を適時に主張せず，または，彼が売主に損害の危険を指摘することを怠り，追完履行がなされていれば（更なる）損害の発生が妨げられたであろうという場合は，これはド民254条2項の協働過失の枠内で責任の喪失に導きうる[54]。その限度で場合によっては買主の売買目的物に対する検査義務が生じうる[55]。もちろんこの場合もまた遅延損害に残りの機能が留保される：売主が瑕疵ある物の給付につき帰責事由がないときは，更なる請求権の基礎としての営業喪失損害がド民439条1項[56]の追完給付の遅滞に依拠しうる。この損害は一義的に遅延損害であり，それが不完全給付ではなく，給付（追完履行）の完全な喪失に依拠するがゆえに，ド民280条1，2項および286条により遅滞のさらなる要件のもとでのみ賠償されうる[57]。

かくして法律状態が本質的に以前の請負契約法のそれと同じであることは[58]，議論の上ではわずかな価値しか有しないが，結果が明らかに承認された法原則と基本的に矛盾しないことが示される[59]。

(ハ) 給付に代わる損害賠償への組み入れ

これに対して，（場合によっては遅延損害の形の）給付とともにする損害賠償

---

(53) Canaris, ZIP 2003, S. 326.
(54) S. Lorenz, Rücktritt, Minderung und Schadensersatz wegen Sachmängeln im neuen Kaufrecht, NJW 2002, S. 2.
(55) Canaris, ZIP 2003, S. 326 Fn. 30.
(56) ド民439条(追完履行)「(1)買主は，追完履行としてその選択により瑕疵の除去または瑕疵のない物の引渡しを請求しうる。」
(57) E. Lorenz (Hrsg.), Karlsruher Forum 2005, S. 45 [S. Lorenz].
(58) BGHZ. 92, S. 308（医院経営者が電気工事業者に手術室の電気配線工事をしてもらったが，その後何度も突然に手術中に電気がとまった事例で，注文者は，修理のための期間を指定していなかった場合でも，逸失利益や鑑定費用のような仕事の瑕疵から生じた損害の賠償を請求しうるとした）．
(59) E. Lorenz (Hrsg.), Karlsruher Forum 2005, S. 46 [S. Lorenz].

は，これがこれまでド民旧326条のもとで認められたように[60]，発生した給付に代わる損害賠償請求権に組み入れられうるか，特に，二重賠償の回避のために組み入れられねばならないかどうかという問題が実際上重要である[61]。新しい法もまた，債権者が給付に代わる損害賠償を通じて，瑕疵惹起損害については給付に瑕疵がないかのように，遅延損害については適時であるかのように置かれるという議論とともに，かような組み入れのための余地を開く。それに際して，もちろん遅延損害の場合は，ド民280条2項および286条の遅延の要件が顧慮されることになろう。しかし，かような組み入れは，正当にも通説により拒否されている。理論的に鋭い損害の種類の区別は，それを通じて，それに実際上の利益が対立することなしに，不必要に弱体化される。その上，再び，遅延損害に関して遅滞要件が顧慮されねばならないがゆえに，構造的な困難に逢着する。それは，そのルールが構成要件的に遅滞を前提としたがゆえに，ド民旧326条のもとでは困難を生じなかった。ド民281条はそれを要件とはしていない。これは確かにド民323条の解除法とのパラレル構成を維持するためにのみなされる。解除の場合，遅滞法上の帰責事由要件のために（ド民286条4項）[62]，遅滞ではなく，給付の遅延が問題にされねばならない。期間指定は最小限度において催告を包含するがゆえに，ド民281条の通常の事例では遅滞が存在するが，稀であるとしてもこれが存在しない事例が考えられる。ウルリッヒ・フーバーをド民旧326条のもとで付随損害をもっぱら不履行損害に包摂することに強いた疑いを損害賠償の平面で考慮に入れうる[63]。

(4) 法の準用技術と帰責事由の関係点

さまざまな損害の種類の分類は，請求権の基礎としてのド民280条1項が単純な給付とともにする損害賠償の事例においてのみ，すなわち，遅延損害の排除のもとで請求権の基礎として十分なものであることに導く。給付に代わる損

---

(60) BGH. NJW 2000, S. 951（原告が被告から土地を買ったが，代金を払わなかったため，未払い代金と登記時からの12％の利息について原告の財産が競売に付された。原告が第三者異議の訴えを提起した。裁判所は，被告がド民旧326条により追加期間を指定して売買代金請求権を消滅させたうえで，不履行による損害賠償を請求しているが，既に生じた遅延損害を不履行損害の賠償に加えることを妨げないと判示した）。

(61) 従来の法につき，U. Huber, Leistungsstörungen, Bd. II, S. 301 f.

(62) ド民286条4項「債務者は，給付が彼の責めに帰すべきでない事情によりなされない限りにおいて遅滞に陥らない。」

(63) E. Lorenz (Hrsg.), Karlsruher Forum 2005, S. 46〜47 [S. Lorenz].

第 2 章　第 1 節　一般給付障害法の体系と評価

害賠償については，ド民281条-283条の構成要件という更なる要件が存在する。これは給付遅滞（ド民281条），給付の後発的不能（ド民283条）[64]ならびに給付関係的でない付随義務の違反（ド民282条）の損害である[65]。詳しくは後述する。

(5) **担保責任の不完全履行責任への組み入れとそれに基づく法定担保責任構成要件の切捨て**

契約上の義務違反に基づく損害賠償請求権の要件につき，討議草案では帰責事由を要件とすることが定められていたのみであるが（280条1項），整理草案276条1項では，債務者の故意，過失が要件であることを明記しつつ，引き続いて「これよりも厳格な責任またはこれよりも緩和された責任が法律または合意で定められている場合，または，債務関係のその他の内容，特に保証または調達危険の引受または債務の性質からかような責任を導き出すことができる場合は，この限りでない」と定められ（1992年委員会最終草案276条1項参照），このような規定は政府草案276条1項でも維持され，現行276条[66]として結実した[67]。政府草案の理由書によれば，契約責任については，約束者の保証責任に基礎を置き，その過失を原則的に問題としない英米法の立場と，過失責任を原則とするドイツ民法を含むヨーロッパ大陸法諸国が区別されるが，両法系は結果的に相互にそれほど大きく隔たっているわけではない。政府草案276条は，過失原理を維持したうえで，過失責任が排除される場合として別段の規定がある場合と債務関係のその他の内容や債務の性質から過失とは異なる責任基準が導かれる場合，すなわち，保証引受や調達リスクの引受，金銭債務の場合を明記した[68]。

---

(64) ド民283条(給付義務の排除の場合の給付に代わる損害賠償)「債務者がド民275条1～3項により給付をなすに及ばないときは，債権者はド民280条1項の要件のもとに給付に代わる損害賠償を請求しうる。ド民281条1項2，3文及び5項が準用される。」
(65) E. Lorenz (Hrsg.), Karlsruher Forum 2005, S. 47 [S. Lorenz].
(66) ド民276条(債務者の責任)「(1)債務者は，より厳密なまたはより緩和された責任が定められておらず，また債務関係のその他の内容，特に担保または調達危険の引き受けに基づいて引き出されもしない場合は，故意および過失についてのみ責任を負う。ド民827条および828条の規定が準用される。(2)取引上必要な注意を怠った者は過失により行為したものである。(3)故意による責任から債務者は予め免除されない。」
(67) ド民276条の制定過程については，渡辺拓「帰責事由としての性質保証と損害賠償」静岡大学法政研究8巻3・4号（2004）147頁以下参照。

第 1 部　ドイツ新債務法 7 年の歩み

　ローレンツによれば，ド民 276 条における帰責事由の新規定は，実質的かつ体系的に高く評価されるべき新債務法の成果である。これにより，法典編纂技術的に十分な前進といえるものであるが，ドイツ民法典の伝統の中の総論となる問題から括弧がはずされて，各論の負担が軽くなっただけではない。法定担保責任という法典編纂上ないし法曹法上展開した構成要件を同時に放棄することにより，むしろこれを越えて法技術的に原理として優先すべき過失主義が再び前面に置かれた。過失とは無関係な損害賠償義務の意味における担保責任は可能であるが，理由付けにおいても，また射程距離においても，当事者意思との関わりを必要とする。これまで法定の担保責任の要件は，（推定上の）当事者意思の助けにより説明されてきたのであり，当事者意思が始めて担保責任を基礎づけることにより，いわば説明上そうなったのである。その典型例は，ド民旧 279 条[69] の種類債務における法定担保責任の放棄および判例，学説によりド民旧 440 条 1 項[70]及び旧 325 条から導かれた原始的不能の場合の担保責任である[71]。

　ド民旧 279 条は，周知のように種類債務者の給付約束には同時に存在する種類物から給付しうる，またこれに関わる無資産について過失とは無関係に責任を負うという保証が内在しているという基本的思考に基づいていた。もちろんド民旧 279 条の適用は，まず給付されるべき種類の確定を前提とする。それに際して保証責任は，いわゆる市場関係的種類債務の場合にのみ完全な展開がなされる。これに対して当事者意思から給付されるべき種類が特定の貯えまたは特定の源泉に制限されることが生じるときは，ド民旧 279 条は，当事者意思により定義される種類からの給付がもはや不可能であるがゆえに，貯えないし源泉の完全な喪失の場合に構成要件上満足されない。市場関係的種類債務における保証責任の調整手段として，予見しえない事情により著しい給付障害が生じ，

---

(68)　Canaris, Schuldrechtsmodernisierung 2002, S. 664 〜 665. 潮見・契約法理の現代化 377 〜 378 頁参照。

(69)　ド民旧 279 条（種類債務における主観的不能）「給付されるべき客体が種類にしたがってのみ定められるときは，債務者は，種類に基づく給付が可能である限り，彼に帰責事由が存しない場合でも給付の主観的不能について責めを負うべきである。」

(70)　ド民旧 440 条 1 項（買主の権利）「(1)売主がド民（旧）433 〜 437 条，（旧）439 条により彼に帰属する義務を履行しなかったときは，買主の権利はド民（旧）320 〜 327 条の規定により定められる。」

(71)　E. Lorenz (Hrsg.), Karlsruher Forum 2005, S. 59 [S. Lorenz].

第 2 章　第 1 節　一般給付障害法の体系と評価

その結果債務者にもはや調達が期待できない場合，極端な場合は，それによって判例がド民旧279条に基づく保証責任を否定した行為基礎論が役立つ[72]。

　通説によって主張された原始的主観的不能の場合の売主の担保責任は，給付約束により第一次的給付義務を引き受けるだけでなく，同時にその不履行のための過失とは無関係な保証意思を表す，保証を内在している売主の給付約束に基づいていた。しかし，この責任もまた，債務者が通常の場合は自己の行為領域の許容限度においてのみ責めを負おうとしていることを認めることによって，学説上徐々に，特にラーレンツによって当事者意思に還元された[73]。

　かくして種類債務においても，原始的主観的不能においても，当事者意思は，結局少なくとも文言に従って広くなりすぎる担保責任の制限として役立った。これに対して，ド民新276条は，過失責任と担保責任の関係を再び覆した：当事者意思は担保責任の制限に役立つのではなく，もっぱらそれを始めて基礎づける。かくして常に，債務者が特定の継続的または一時的給付障害に対して保証する意思があるかどうか，またどこまで保証する意思があるかが問われる。それは決して単に法典編纂技術的な変更であるだけではなく，原始的主観的不能の場合には実質的にも従来の法とは異なった法的状態を創設するものである。種類債務の債務者が意識して調達危険の引き受けを拒絶するときは，これは法律上，場合によってはド民307条以下の約款規制法上の内容統制に耐えなければならない責任排除を表しているのではない。これをカナーリスもまた認める[74]。この場合単に消極的な契約自由によって担保された担保責任の不合意が問題になる。(場合によってはド民157条[75]の解釈により検討されるべき) 当事者意思の探求が，担保引き受けの範囲の異なった観察もまた可能にする。種

---

(72)　BGH. NJW 1994, S. 515 (ポルシェケース：自動車販売会社 (被告) から顧客 (原告) が特別仕様車 (ポルシェ911型) を注文したが，メーカーがその特別仕様車を生産しないことを決定した事例。原告は転売益などの賠償を請求したが，裁判所は，売主がその種類債務を履行できなかったことの責任を免れるとした)。

(73)　Larenz, Lehrbuch des Schuldrechts, Bd. Ⅰ, 14. Aufl., 1987, S. 100 f.

(74)　Canaris, Die Einstandspflicht des Gattungsschuldners und die Übernahme eines Beschaffungsrisikos, Festschrift für Wiegand zum 65. Geburtstag, 2005, S. 219. 約款で合意された担保責任は，再びド民307条で検討されねばならない (BGH vom 5. 10. 2005 −Ⅷ ZR 16/05)。

(75)　ド民157条(契約の解釈)「契約は。信義則が取引倫理を考慮して要求するように解釈されるべきである。」

類売買において普通みられるように売主が調達危険を引き受けるときは，彼がそれによって物の無瑕疵についても過失とは無関係な責任を引き受けたのか，それとも，引き受けられた危険が単にその種類から給付することに制限されるのかという問題，ならびに，その担保が完全性利益（瑕疵惹起損害）にも拡大されるかどうかという問題は，もちろんその側で客観的な受取人の範囲の重要性のために（ド民157条）なんらかの類型化に適する当事者意思の問題となる[76]。カナーリスは正当にも売主の給付約束の事物に適った理解を問題とする[77]。同様にフーバーは，調達危険の引き受けおよび範囲の問題について，（通例）かような契約にとっていかなる解決が正当とみられるかが問題になる，類型的な契約解釈と述べる[78]。

その種類物すべてにある瑕疵が問題になる場合は，過失とは無関係な責任は，売主が単なる給付約束により明らかに種類の存在に対する保証も，また瑕疵がないことに対する保証も引き受けようとしなかったのだから，すでに問題とはならない。給付された物のみの瑕疵が問題になる場合は，場合によっては給付約束から追完履行がなされるという保証が引き出されうる[79]。それに従おうとしない場合でも，追完履行請求権の存在からその限りで通例事実上包括的な責任が生じる。可能な追完履行がなされないことに関して売主が帰責事由の不存在の立証に成功した事例は，稀な例外的事例でのみ観察されうるからである[80]。しかし，その給付約束を事物に適って理解すれば，ド民433条1項2文に基づく瑕疵のない物の給付義務の違反の結果についても売主が直ちに過失とは無関係に責任を負うことにはならない。種類物の給付を約束した者は，買主という受取人の範囲に従って彼に最終的に中間の性質および等級の物の調達をする危険を引き受けるかもしれないが，通例過失とは無関係に給付された物に瑕疵がないことについて責めを負う意思はない（通説）。その限りでむしろ特別の担保の引き受けが必要である。すなわちその限りで利益状況は，決して

---

(76) E. Lorenz (Hrsg.), Karlsruher Forum 2005, S. 60〜61 [S. Lorenz].

(77) Canaris, Karlsruher Forum 2002, S. 45.

(78) U. Huber, Haftung des Vertragshändlers gegenüber seinem Abnehmer, Festschrift für P. Ulmer zum 70. Geburtstag, 2003, S. 1176.

(79) S. Lorenz, Schadensersatz wegen Pflichtverletzung, JZ 2001, S. 743〜744.

(80) S. Lorenz, Rücktritt, Minderung und Schadensersatz wegen Sachmängeln im neuen Kaufrecht, NJW 2002, S. 2504.

第2章　第1節　一般給付障害法の体系と評価

特定物債務における利益状況と異ならない。そのことは，売主が調達危険の引き受けにより，通例過失とは無関係に（適時かつ瑕疵のない）追完給付がなされないことから生じる損害については責任を負うが，（もっぱら）当初の瑕疵給付に帰される損害の責任は負わないことに導く[81]。フーバーは遅滞責任の体系の中でこの結論を正当化する。「調達危険に対する責任は，買主がそれに異議を申し立てない限り，売主がその責任に基づかない，物の知られない瑕疵に対して責任を負うことに導き得ない。かような責任は調達危険の外に存する[82]。」従って，過失主義の弱体化は確定されえない[83]。

　しかしカナーリスは，このようなローレンツの理解に反対し，以下のように主張する。ド民276条の「特に保証または調達危険の引受に基づいて」という文言に基づいて債務者が約定により過失とは無関係な責任を引き受ける可能性が明らかになる。ド民276条は，ド民旧279条に代わるものであり，一の解釈原則である。同条からは疑いのある場合は債務者が調達危険を引き受けることが導かれる。同条はド民旧279条を超える。同条が特定物債務を包含し，かつ後発的客観的不能を包含するからである。建物が賃貸されまたは売却されたが，その建物には賃借人が住んでいた事例を考えよう。この場合賃貸人または売主は，この賃借人を建物から退去させねばならないから，調達義務を負う。大審院は，有名なビール用大麦事件で，過失責任を問題とし，債務者の極端に厳格な行為義務を要求した。その後連邦最高裁は，別の事件で，それが理論的に誤りであるとし，間接的な過失を問題とした。過失はもっぱらその賃借人の建物への固執の予見可能性にあるというのがその理由である。しかしこの過失は，給付を不能にした事情ではなく，給付は別の事実または第三者により不能とされ，この不能が単に債務者にとって予見可能であったにすぎない。新しいド民276条のもとでは，債務者はこの危険を引き受けることが明らかである。この場合過失は要件とはされない。ド民276条は，目を開けて危険な状況に立ち入る者は，この危険を引き受けるという考え方に基づくものである。債務者が調達の必要性を知っていたが，これが債権者には知られていなかった場合はどうなるか。例えば，債権者が，彼に売却された建物が直ちに明け渡されると誤信

---

(81)　E. Lorenz (Hrsg.), Karlsruher Forum 2005, S. 61～62 [S. Lorenz].
(82)　Huber, Festschr. f. P. Ulmer, S. 1193～1194.
(83)　E. Lorenz (Hsg.), Karlsruher Forum 2005, S. 62 [S. Lorenz].

していたような場合である。この場合調達危険の個別的な引受は存在しないというべきかもしれない。当事者間にはなにかが調達されるべきか否かについて不確かな点はなにもなく、この問題の契約上の規定への動機もまた存しないからである。しかし、債権者がどのような危険が彼に帰するかについて注意を与えない場合に、債務者が有利な立場に立つという結論は明らかに誤りであろう。従って、債務者が調達の必要性またはその他の危険を知っているかどうかのみが問題となり、債権者が知っているかどうかは問題とならないというべきであろう[84]。

3　一般給付障害法の評価

(1) 体　系

　ローレンツによれば、新債務法は、その体系に関して原理の転換をなしてはいない。伝統的な給付障害法の基本構造、すなわち、給付障害の不能、遅滞、付随義務違反および前契約上の義務違反への分割が維持されているだけでなく、はるかにはっきりと法律上規定された。実際上新しい給付障害法は、広い範囲で最も良いドイツの理論、100年を超えるドイツ債務法の経験、すなわち、そんなに新しくない皮衣の中の良い古いワインに他ならない[85]。いずれにせよ改正は、アルトメッペンのいうような水準の大きな喪失、法律家の日常の作業の中の継続的な性質上の損失[86]には導かない[87]。

　ド民280条から283条までの給付障害法総論の準用技術は、給付遅滞と給付不能および契約前の義務違反を含む給付関係的でない付随義務違反の区別の維持に導き、事物の自然により所与のこの三分体系は、決して葬り去られるのではなく、体系的に明確化される。重要な実際上かつ理論上の帰結を伴った細部の不確かさは、この基本的な認識によって曲げられるべきではない。その体系は、当事者の意思に基づく担保責任の要件のような問題やド民275条2項のような他の解釈および評価の問題が未解決のままになっており、不安定な基礎

---

(84)　E. Lorenz (Hrsg.), Karlsruher Forum 2005, S. 210～213 [Canaris].
(85)　E. Lorenz (Hrsg.), Karlsruher Forum 2005, S. 133 [S. Lorenz]; Dauner-Lieb/Konzen/Schmidt (Hrsg.), Das neue Schuldrecht in der Praxis, 2003, S. 70 [Medicus].
(86)　Altmeppen, DB 2001, S. 1131.
(87)　E. Lorenz (Hrsg.), Karlsruher Forum 2005, S. 133 [S.Lorenz].

第 2 章　第 1 節　一般給付障害法の体系と評価

の上に立っていることによってもまた非難されない。新しい給付障害法は，解釈および評価を周知の構造の維持のもとでなす。これは，給付障害法を完全に新しく構成することを要求するのではなく，体系的な基本構造を維持して単に改良しようとする起草者の意図にも適合している。不能，遅滞，付随義務違反および契約前の義務違反の区別は，維持されているというだけでなく，むしろ本質的に従来の法よりも明確化されている[88]。ローレンツによれば，今やド民 280 条から 283 条には不能，遅滞および積極的債権侵害という三つの給付障害構成要件が定められており，実際上義務違反という統一的な一般的構成要件は存在しない[89]。アーノルドも，債務法の改正により様々な給付障害の類型の区別は喪失しなかったとするが，義務違反という一般的構成要件の導入によってもくろまれた単純化はその限りで到達されていないという[90]。しかし，このような単純化は有意義なものでもないし，立法者によってもくろまれたものでもない[91]。この三分体系は既に改正前に明確に表現されていたが，どこでも認められていたものではなかった。カナーリスによれば，基本的構成要件は，不履行および不完全履行（政府草案 281 条），給付関係的でない保護義務の違反（政府草案 282 条）および不能（政府草案 283 条）という基本的類型により構成要件的明確さおよび透明性のために区別して規定されねばならないとしていた[92]。改革が，自然に適ってなされた不能，遅滞および付随義務違反の区別を均一化するという要求をまだ実現していないと非難することは，自らの遅れた認識を非難に変えるものに他ならない。ド民 280 条 1 項の構成に際して，（ド民 311 a 条 2 項の例外はあるが）総ての義務違反構成要件を糾合する統一的な共通の請求権の基礎が求められたが，統一的な義務違反構成要件を作り出すというものではなかった。この場合法典編纂上筋の通った，原理上容易に従われうる概念（遅滞，不能等の伝統的な区別）が問題になった。それは給付障害法の要石として改革の議論の中で無視されてもいないし，従いえないというもの

---

(88)　E. Lorenz (Hrsg.), Karlsruher Forum 2005, S. 63 [S. Lorenz].
(89)　E. Lorenz (Hrsg.), Karlsruher Forum 2005, S. 63 ～ 64 [S. Lorenz]. 同旨：Wilhelm, Die Pflichtverletzung nach dem neuen Schuldrecht, JZ 2004, S. 1060.
(90)　Arnold, Die vorübergehende Unmöglichkeit nach der Schuldrechtsreform, JZ 2002, S. 871.
(91)　E. Lorenz (Hrsg.), Karlsruher Forum 2005, S. 64 Anm. 211 [S. Lorenz].
(92)　Canaris, Das allgemeine Leistungsstörungsrecht im Schuldrechtsmodernisierungsgesetz, ZRP 2001, S. 322. 同旨：Lorenz, JZ 2001, S. 742.

でもない[93]。

　一般給付障害法の体系の売買および請負契約上の担保責任への準用は，技術的に成功している。それに際して原則論の重要さの増大は，不利益ではなく，利益を意味する。基本的な体系の欠陥は，従来表面化せず，また予期することもできなかった。すなわち，体系は機能していた。最初の3年間に議論された個々の問題はすでに今や細部にわたる性質を持っているため，その中に我々の給付障害法の水準の喪失の証明ではなく，少なくともこの分野で単に原理の上で成功しただけではない改正の証拠をみることができる[94]。

(2)　債務法の改正と私法の基本原理

(イ)　私的自治

　新法が許されない，憲法違反が疑われる方法で私的自治を制限しているという非難がある[95]。この見解は，一般給付障害法の体系および一般売買法を不正確に理解するものであり，すでに論駁されている[96]。その規定は当事者に私的自治に適ったリスク分配をなすことを禁じるのではなく，債務者がそこに述べられた債務者の費用と債権者の利益の間の不均衡が存在する場合にのみ免責されるのだから，ド民275条2項の中に新債務法が私的自治を許容されない方法で制限することの証拠を見出すことはすでに出発点において不当である。その見解は明らかに不当である。依然としてもっぱら当事者意思に委ねられている契約内容の問題は，ド民275条の問題に必然的に先行するからである。私的自治は，一義的に担保の問題をもっぱら当事者意思にかからせるために法定の担保責任の構成要件を切り捨てることにより強化されている。それに加えて時効法の分野ではド民202条により私的自治に明らかにより強化された重要さが改正以前よりも許容されていることもまた指摘されうる[97]。

　かように体系上私的自治の制限は存せず，その維持が存在するとしても，これは一部の領域においても後退の疑いが存在しないことを意味するものではな

---

(93)　E. Lorenz (Hrsg.), Karlsruher Forum 2005, S. 64 [S. Lorenz]. 反対：Dauner-Lieb, Drei Jahre Schuldrechtsmodernisierungsgesetz, AnwBl 2004, S. 599.

(94)　E. Lorenz (Hrsg.), Karlsruher Forum 2005, S. 133 [S. Lorenz].

(95)　Picker, Schuldrechtsreform und Privatautonomie, JZ 2003, S. 1035 f.

(96)　Canaris, Die Behandlung nicht zu vertretender Leistungshindernisse nach para. 275 Abs. 2 BGB beim Stückkauf, JZ 2004, S. 214 f.

(97)　E. Lorenz (Hrsg.), Karlsruher Forum 2005, S. 134 [S. Lorenz].

第 2 章　第 1 節　一般給付障害法の体系と評価

い。特に例外なしに強制的な消費用品売買法（ド民 475 条）[98]の性質は，それが既述のように説明を受けた消費者についてもまた，合理的なまたは少なくとも支持しうるリスクを引き受けることを可能にするものではないから，激しい，彼を後見するがゆえに消費者にとって常に有利とはいえない契約自由への侵害となる。それに一致した規定は，もちろん消費用品売買指令 7 条 1 項[99]の条件に帰着しうるものであり，それゆえにドイツの立法者が直接に非難されるいわれはない。しかし，指令のルールの憲法上およびヨーロッパ法上の正当化を問題にしなかったことにつき立法者を非難しうる[100]。

私的自治に関する新法の最も重篤な原罪は，もちろん立法者の自治的な決定に基づいて，供給者の償還の場合にド民 478 条，479 条（後述参照）により変容された担保法および損害賠償請求権の例外を伴う供給者の償還（ド民 478 条，479 条）の規定がその経済的効果に従って強行法として形成されたことの中にある。これは全く正当に契約自由への例外のない切り込みと表示される[101]。そこからもちろん正当にも債務法現代化法による給付障害法および担保法の新規定に対する基本的な批判を導き得ない[102]。

(ロ)　契約拘束と自己責任

契約拘束の原則もまた，新法の個々の規定により侵害されるというよりむし

---

(98)　ド民 475 条（異なった合意）「(1)事業者への瑕疵の通知の前になされた，消費者に不利な，ド民 433〜435 条，437 条，439〜443 条ならびに本設の規定とは異なる合意を，事業者は援用することができない。1 文に述べられた規定は，それが異なった方法で回避される場合にも適用される。」

(99)　消費用品売買指令 7 条 1 項（合意による変更の禁止）「本指令により保証された権利が直接または間接に無効にされまたは制限される契約条項または契約違反についての通知の前に売主との間でなされた合意は，国内法に従って消費者を拘束しない。」

(100)　E. Lorenz (Hrsg.), Karlsruher Forum 2005, S. 135 [S. Lorenz].

(101)　Handkomm. z. BGB., 4. Aufl., 2003, S. 591 [Saenger].

(102)　E. Lorenz (Hrsg.), Karlsruher Forum 2005, S. 135 [S. Lorenz].

(103)　BAG NZA 2005, S. 118（世界的な企業グループの一員であるドイツの企業（従業員 4500 人）が当局から EBRG（ヨーロッパ経営評議会法）8 条により残りのグループ企業の労働者代表の氏名と住所を知らせることを要求されたが，それを拒絶した。労働裁判所は，情報提供請求権の履行はグループの他の企業からそれを調達しなければならないからド民 275 条 1 項の不能となるというものではないとした。またこの場合ド民 275 条 2 項の大きな不均衡という関係点はもっぱら債権者利益であり，履行のために耐えられない出費を要するという債務者の経済的利益ではないから，同条項の適用も問題とならない。）.

ろ促進されている。特にその間に，ド民275条2，3項の規範的不能の構成要件が償還請求権に道を開かないことが承認されうる。それは特に，そのもっぱらド民313条（行為基礎）によって判断されるべき給付と反対給付の間の等価関係の破壊との関係が一義的で疑問がないド民275条2項についてあてはまる。それは判例もまた認める[103]。その他，買主が今や以前とは異なり物の瑕疵を原則としてもはや，他の無関係な理由により後悔した契約を解消する契機として用いえないがゆえに，原則的に先行する買主の追完履行請求権の導入は契約信義の原則の明らかな強化を惹起する。陰影がつけられただけだとしても契約拘束の強化は，新法がド民旧455条1項[104]の契約上の解除権のための推定ルールを放棄し，それによりその限度でも以前の期間の指定の要件に固執していることによっても達成された[105]。

　撤回の効果に関する法律の分野での以前と比べて悪化した消費者の地位もまた，自己責任の重要な強化を表す。単なる使用の開始による毀損，および，ド民357条3項[106]がド民346条2，3項とは異なって通知を受けた消費者の負担において規定するリスク負担および特権の付与のための価値賠償義務の変容は，消費者保護的な撤回権が事業者の義務違反に帰着されるのではなく，それゆえに，消費者の自己責任が観察に現れるという背景のもとで決定的に説明される[107]。

（ハ）　過失主義

　ローレンツは次のように総括している。新債務法が法定担保責任の構成要件の切捨てにより伝統的に過失主義の強化を惹起したという事実がしばしば指摘された。担保責任のために取られた余地は，原則として当事者意思によっての

---

(104)　ド民旧455条1項（所有権留保）「動産の売主が売買代価の支払いまで所有権を留保した時は，疑わしい時は，所有権移転が売買代価の完全な支払いという停止条件つきでなされ，かつ買主が支払いにつき遅滞に陥ったときは，売主が契約解除権を有することが認められる。」

(105)　E. Lorenz (Hrsg.), Karlsruher Forum 2005, S. 135～136 ［S. Lorenz］.

(106)　ド民357条3項（撤回の効果と返還）「消費者は，ド民346条2項1文3号とは異なり，彼が遅くとも契約締結時にテキストの形式でこの法律効果およびそれを回避する可能性の指示を受けた場合は，規定に適った物の引き取りによって生じた毀損のために価値賠償をしなければならない。毀損がもっぱら物の検査に帰しうる場合は，これはあてはまらない。消費者が撤回権について債務の本旨に適って通知されまたはこれを他の方法で知った場合は，ド民346条3項1文3号は適用されない。」

(107)　E. Lorenz (Hrsg.), Karlsruher Forum 2005, S. 136 ［S. Lorenz］.

第2章 第1節 一般給付障害法の体系と評価

み開かれうる。種類債務の場合に売主の担保の引き受けがいわゆる瑕疵惹起損害に関してもまたなされうるかどうかというようなそれと結びついた問題は，おそらくド民157条に関してある類型化の問題にはなるが，法律規定の問題にはならない解釈論に帰する[108]。

しかし，ド民276条が過失責任主義を高めたというローレンツの指摘に対しては，既述のようにカナーリスは批判的である。ド民276条を素直に読むと，カナーリスのいうように新債務法は過失主義を原則としながら英米法的な保証責任（無過失責任）の成立しうる余地を明示したということができよう。潮見教授は，この点を捉えて，ドイツ新債務法における債務不履行責任が契約上のリスク分配の観点から捉えられるようになったもので，パンデクテンシステムの（部分的）崩壊をもたらしうると指摘される[109]。しかしながら，ドイツ新債務法制定前も保証責任（損害担保約束）の範疇は一般的に広く知られていたのであり，ドイツ新債務法のこの規定が従来の法を変えたというものではない。

4　ドイツ新債務法とヨーロッパ契約法の統一

ローレンツによれば，EC指令は，加盟国のほとんど総ての法秩序で構造的な破壊要因として作用している。従来の強行的な国内民法秩序に対する部分的に体系破壊的な影響がいわれている。債務法現代化法についても同様である。新債務法がEC指令を国内施行している箇所でも，立法者には，これを民法典の様式および構造に適合させて行うつもりも時間もなかったがゆえに，実際上特別にうまくいったというわけではない。このことは，通信販売指令の国内施行に伴なう民法典の規定の修正に関してすでに伝統的文化の毀損だとしたフルーメの非難をみればわかる[110]。この例を例えば，物の瑕疵概念の過剰さや担保についての失敗した規定（ド民443条）[111]が示す[112]。

新しい給付障害法は，ヨーロッパ債務法に関する提案の学問的な作業の成果

---

(108)　E. Lorenz (Hrsg.), Karlsruher Forum 2005, S. 136 [S. Lorenz].
(109)　潮見・契約法理の現代化378頁。
(110)　Flume, Vom Beruf unserer Zeit für Gesetzgebung, ZIP 2000, S. 1429～1430.
(111)　ド民443条(性質および耐久性の保証)「(1)売主または第三者が物がある性質を有することまたは物が一定の期間特定の性質を保持することについての保証を引き受けたときは，買主には保証が欠落している場合，法定の請求権とは関わりなく，保証を許容した者に対して保証表示および当該広告で言明された条件について保証に基づく権利が帰属する。」

第Ⅰ部　ドイツ新債務法7年の歩み

の一部を採用してはいる。すなわち，それは，ヨーロッパ契約原則やウィーン統一売買法，ユニドロワ契約原則を思わせるところがある。しかし，これらの法原則上のルールは，ドイツ新債務法と一致している場合にのみ言及されるのみである。実際上新給付障害法は，大部分が最良のドイツの議論，100年の民法典の経験の産物，すなわち，そんなに新しくない皮袋に入れられた良い古いワイン以外のなにものでもない。ヨーロッパの法統一もまた水準の後退をもたらすというものではないが，ランドー委員会とその後進の委員会は評価のし過ぎだと思う。ヨーロッパ契約原則は非常に単純な共通の分母の上に広い範囲で展開されている。委員会はヨーロッパの法秩序が内容的かつ体系的に相違している分野において行動計画を立てるが，実務に適合した法典編纂を考えているわけではない。ランドーは，新しいドイツ給付障害法を恐ろしく論拠が乏しく，複雑すぎてかつ高度に抽象的だと烙印を押し，スイス民法のような伝統を推奨する[113]。このような比較は正しくない。第一に，スイスでも民法の父であるオイゲン・フーバーの，市民に親しまれる制定法を作るという出発点が，専門家でも複雑な事例をもはや制定法から満足ゆく方法で解決し得ないことに導いたことが知られている。その他その比較はすでに出発点において不当である。スイス債務法は，スイス民法とは異なり，ドイツ民法と同様に複雑で，1911年に改正を受けたからである。債務法には，「婚姻は成年にする（1996年に廃止されたスイス民法14条2項）」のような民衆にわかりやすい法文は制限的にあてはまるにすぎない。市民が法的問題が起こったときに民法典を参照し，そこで解決を見出すというのは最初から幻想である。素人に複雑な債務法の構造を理解せよと努めるべきではない。専門家が民法典を読んでも解決が見出せないことのないようにすべきである[114]。ヨーロッパ委員会が統一的なヨーロッパ契約法の創設に際して提案している速度もまた危惧されうる。すなわち，委員会は，ヨーロッパ契約法のための委員会の行動計画に従ってなされるべき，非常に拡散して描かれた共同の綱領[115]をいかなる手段で推進するかが全く不透明だからである。単なる非拘束的な推奨（EGV（ヨーロッパ共同体設立条約（1957年（1997年改正））249条5項）から直接に効力を生じる規則（EGV 249条2項）まであ

---

(112)　S. Lorenz, Neue Leistungsstörungs-und Kaufrecht : Eine Zwischenbilanz, 2004, S. 32.
(113)　Lando, RabelsZ 67 (2003), S. 244.
(114)　S. Lorenz, Zwischenbilanz, S. 33.

第 2 章　第 1 節　一般給付障害法の体系と評価

らゆることが考えられる。ドイツで消費用品売買指令に関して共同体が管轄権を持つかどうかが争われたが[116]，一般契約法の分野で現在のところ共同体に管轄権がないこともまた現実的な阻害要因とはならない。私法は政治とは無縁だから，機会があればヨーロッパ議会によってヨーロッパのラスカー法[117]がすぐに作られるであろう。しかし，ヨーロッパで必要もないのに 100 年の経験および機能的な体系を振り捨てる，ヨーロッパ契約原則の水準に立ち戻ることは，前進とはいえないであろう。フランスのルケート（比較法学者）もまたこのような強制的な手法に批判的である[118]。我々に必要なのは，時間をかけかつ水準を下げないことである[119]。ゾンネンベルガーは，まず抵触法を統一することを提案する[120]。ヨーロッパの法統一の過程は，比較法学者の問題であるだけでなく，その過程に関与するとしてもしばしば国際的な展開を無視する総ての国の理論家の問題でもある[121]。かような計画の結果は，主に契約法ないし給付障害法の一般的な構造を作り出すことに関わる。ヨーロッパ私法が従来我々に提示したような潜在的に無制限のカズイスティークのわなに陥るまい

---

(115)　Mitteilung der Kommission 'Ein kohärentes europäisches Vertragsrecht—ein Aktionplan' vom 12. 2. 2003, KOM (2003), 68 endg.; Abl. EG 2003, C 63/1.
(116)　Ernst/Zimmermann (Hrsg.), Zivilrechtswissenschaft und Schuldrechtsreform 2001, S. 231 f. [Roth]; Roth, Europäischer Verbraucherschutz und BGB, JZ 2001, S. 478 など。
(117)　ラスカー法とは，1873 年 12 月 20 日のライヒの憲法改正法である（RGBl. S. 379）。ライヒ憲法 4 条 13 号の改正によりライヒの立法管轄権は総ての民法の分野に拡大された。同法は，国民自由党のヨハネス・フォン・ミケルとエドゥアルト・ラスカーにより推進された。同法制定までは帝国議会は，民法の分野では単に債務法についてしか立法権を有しなかった。同法は，民法典の統一的立法に道を開いた。
(118)　Leqette, Quelques remarques à propos du projet de Code civil européen de M. von Bar, D. 2002, Chr. p. 2202 et s.; Fages, Einige neuere Entwicklungen des französischen allgemeinen Vertragsrechts im Lichte der Grundregeln der Lando-Kommission, ZEuP 2003, S. 514 f. など。ファージュは，信義則の機能，代価の決定，裁判外の契約解除についてフランス法とヨーロッパ契約原則，ユニドロワ契約原則との比較を行う。ルケートの見解については，川角・中田・潮見・松岡編・ヨーロッパ私法の展開と課題 141 頁以下［ルケート（馬場訳）］も参照。ヨーロッパ統一民法典に対するフランスの民法学者の対応については，川角・中田・潮見・松岡編・前掲書 326 頁以下，427 頁以下［馬場］参照。
(119)　S. Lorenz, Zwischenbilanz, S. 34.
(120)　Sonnenberger, Rev. crit. dr. internat. privé. 91 (2002), p. 405 et s.
(121)　S. Lorenz, Zwischenbilanz, S. 34.

第 I 部　ドイツ新債務法 7 年の歩み

とすれば，契約実務の要件が次第に複雑になっていく時代にあっては，理解の容易な抽象的な構成に立ち戻ることが問題になる。ドイツ法がそのモデルとなる。総則の創出が比較法的には自明的でないがゆえに，ドイツ法がこの場合モデルとしての役割を果たさねばならない。ランドーのいうようにルールの迷宮が残されているのではなく，その逆である。比較的単純な論理構造を作り出すことによってカズイスティックな迷宮を防いでいるのである。ドイツの学生は，ランドーの見解に反して同情に値するのではなく，恵まれているのである。ドイツの法学生は，ドイツの法学教育が数多くの外国の教育システムに対峙して描いたものをよりよくなしうる：事例を学ぶのではなく，事例を解決することを学ぶのである[122]。

新債務法はヨーロッパ法ではなく，ヨーロッパに適する形でのドイツ法である。それにより恐らくドイツ債務法の優れた理論を将来のヨーロッパ民法にもたらすことに成功している。それはもちろん確信的な議論と並んで政治的なわだちも要求する。それに際して我々はアメリカのルウェリンの言葉を挙げうる[123]。彼は UCC の制定に際してドイツの一般的給付障害法の多くの要素をひそかにアメリカに輸入した。彼は後で学生にドイツ法からもっと多くの示唆を得るように薦めたが，UCC の制定に際してはドイツ法に由来することを隠した[124]。

---

[122]　S. Lorenz, Zwischenbilanz, S. 35.
[123]　Vgl. Rheinstein, RabelsZ 27 (1962/63), S. 601 f.（ルウェリンに捧げられた弔辞である）.
[124]　S. Lorenz, Zwischenbilanz, S. 36. 内田貴「なぜいま債権法改正か？」NBL 871 号（2007）22 頁は，ルウェリンが若い頃 2 年間ドイツで勉強したなどドイツ法に造詣が深いことを述べる。

第2節　履　行　遅　滞

(1)　新債務法による改正点
(イ)　序　　説
　まず受領拒絶の威嚇の喪失は，注目に値し，かつ，実務上確かに債権者にとって負担の軽減である。受領拒絶の威嚇は，従来ド民旧326条1項に従って不履行による解除および損害賠償のために必要であり，現在ではド民281条，323条により要件とはされていない。それは二つの重要かつ債権者にとって極めて有利な帰結を有する。すなわち，彼はかような威嚇の義務を免れるだけでなく，これを超えて期間経過後の彼の権利について縛られない。従って，彼は，変更権を有する。これはもちろん債務者の地位の著しい悪化に導く[1]。法は，ド民323条の解除の可能性を債務者の帰責事由から切り離した。
　かくして給付の遅滞の場合も従来の法に対する根本的な概念的かつ客観的な違いは確定されえない。法はさらに，遅延損害の主張と積極的利益の清算による契約の解消とを区別した。後者は，これからもそれと結びついた契約拘束の原則への関与により期間設定に依存している。すなわち，給付の実現への第二の機会が存在していなければならない[2]。
(ロ)　債権者の変更権と債務者の指しかけ状態
　債務者が給付の遅滞の場合に彼に指定された期間の経過後彼によって除去されえない浮動状態にあることは，不当にでなく，新しい給付障害法の最も重大な法政策的な弱点と表示される（多数説）。ド民旧326条1項2文による場合とは異なり，給付に代わる損害賠償についてド民281条1項により，また解除についてド民323条1項により指定された追加期間の経過は，債権者の履行請求権に全く影響を与えない。これは，損害賠償請求権の主張（ド民281条4項）または解除の意思表示によって始めて喪失する。法は債務者にこの浮動状態を終了させる可能性を与えていない。ド民264条2項（選択債務における期間指定）は適用されない。追加期間経過後の債権者の選択権においては，自然的な給付が債権者の相応の選択がなくてもまたなされうるがゆえに，選択債務は問

───────
（1）　E. Lorenz (Hrsg.), Karlsruher Forum 2005, S. 29 [S. Lorenz].
（2）　E. Lorenz (Hrsg.), Karlsruher Forum 2005, S. 29～30 [S. Lorenz].

題にならない。立法者が意識的に債権者に決定を強いる債務者の可能性を認めなかったがゆえに，類推は排除される[3]。立法者によれば，よりにもよって契約に違反した債務者が債権者に彼に不利な決定を強いることは不当である。債務者は不確かさを常に給付の実現により終了させうる[4]。

ローレンツによれば，ド民350条[5]の期間指定も，その規定がこれを約定解除権についてのみ規定しているがゆえに，問題とはならない。いずれにせよ債務者は，浮動状態を彼が債権者に給付を提供することによって終了させうる。債権者がそれを受領したときは，解除権と給付に代わる損害賠償請求権を喪失する。そうでなければ彼は受領遅滞に陥る。それはド民242条により彼が解除および給付に代わる損害賠償を主張することを妨げる。しかし，この立法者によっても十分なものとみなされた可能性は，債務者が更なる遅延損害の回避のために期間徒過後においても，後で債権者の解除または損害賠償請求により無意味であることが示される給付努力をなすことが維持されうることにおいてもなにも変わらない。かくして給付を提供する債務者の可能性は，彼が直接かつ更なる費用なしにそれをなしうる状況にある場合にのみ，その好ましくない状況を除去する。このことをデルレーダー／ホールマンスもまた看過している[6]。彼らによれば，債務者は，受領遅滞の惹起に関する権利により十分に保護されているがゆえに，債権者に履行と第二次的請求権との間の選択権の行使のために期間を設定する必要はない。

しかし，その他債権者には（ド商376条1項2文の定期取引が存在しない限り）債務者の費用で投機する可能性が開かれている[7]。この問題には解除および大きな損害賠償請求の失効によってのみ対処しうる。従来の法に関する判例がその手がかりを与える。すなわち連邦最高裁は，これにつきド民旧355条（現行350条）の解除の相手方の期間指定可能性を援用して解除の失効の可能性を否定していた[8]。この可能性は今や法定解除権について存在しないのだから，

---

(3) Begründung des Regierungsentwurfs, BT-Drucks. 14 / 6040, S. 140.

(4) E. Lorenz (Hrsg.), Karlsruher Forum 2005, S. 86 ～ 87 [S. Lorenz].

(5) ド民350条（期間指定後の解除権の消滅）「契約上の解除権の行使のために相当な期間が合意されていないときは，権利者には相手方から行使のために相当な期間が指定されうる。解除がその期間の徒過前に表示されない場合は，解除権は消滅する。」

(6) Derleder/Hoolmans, Vom Schuldnerverzug zum Gläubigerverzug und zurück, NJW 2004, S. 2791.

(7) Schlechtriem, Schuldrecht Allgemeiner Teil, 5. Aufl., 2002, S. 216.

第2章　第2節　履行遅滞

この問題には，彼がすでに履行請求権の断念を決心した時期までに債権者が債務者にそれを知りながら費用を出捐させた場合，個々の事例で解除および大きな損害賠償の失効を認めることにより対処しうる[9]。これに反して，給付に代わる損害賠償請求を相当期間内にのみ許容すること[10]は，現行法上は広すぎることになろう。法政策的にはこの場合改良の必要がある[11]。

更なる問題は，履行請求権の解除および損害賠償との関係を債務者の地位との関係において表現する。解除も損害賠償請求も（法律行為類似行為として）形成権であり，または法形成的効力を有する。その結果それは原則として撤回し得ない[12]。しかし，その効力は，解除権ないし損害賠償請求権の存在を前提とする。解除および損害賠償請求は，すでに追加期間の徒過前に表示されうるが，追加期間の徒過とともに始めて効力を生じ，撤回しえないものとなる（議論あり）。この時点より前は，債権者は解除および損害賠償の選択に拘束されない。それは債務者の保護に値する利益になんら影響を与えない。より重要なのは，債権者の側の履行請求がその第二次的権利にどのように作用するかである。既述のようにその限りでド民263条2項[13]の選択に形成的効力が帰属する選択債務ではなく，いわゆる選択的競合が問題になるがゆえに，その主張が法形成的効力を有しないのだから，原則として履行請求権の解除および損害賠償への移行はもちろん可能でなければならない。もちろん期間経過後まず履行を請求した債権者は，ド民242条（矛盾行為の禁止）により給付を通常要求する期間中突然に履行請求権から給付に代わる損害賠償請求権に移行しえない[14]。ド民281条1項ないし323条1項による新たな期間指定はもちろん要

---

(8)　BGH NJW 2002, S. 669（被告と原告は，被告が原告に被告の映像関係商品を販売する権利を付与するライセンス契約を締結し，契約締結後12ヶ月以内に同作品のテレビ映像化が実現しなければ原告が契約を解除しうるという特約が結ばれたが，テレビ映像化の実現はその期限よりも遅れてなされたため，原告がライセンス契約を解除した。原告はライセンス料の返還を訴求。原審は原告の訴えを棄却した。連邦最高裁は，原告の解除権の行使は期間の限定がなく，失効しうるのみであるが，本件原告の解除が信義則に適うかどうかは明らかでないとして原審に差し戻した）。
(9)　同旨：Schlechtriem, a. a. O., S. 216～217.
(10)　Münch. Komm. z. BGB., Bd. 2, 5. Aufl., S. 874 [Ernst].
(11)　E. Lorenz (Hrsg.), Karlsruher Forum 2005, S. 87～88 [S. Lorenz].
(12)　BT-Drucks. 14 / 6040, S. 141.
(13)　ド民263条2項（選択権行使の効果）「選択された給付は当初から給付されるべきものであったとみなされる。」

第Ⅰ部　ドイツ新債務法7年の歩み

求されえない[15]。

　ファウストは，追加期間経過後の法律状態を次のように整理する。追加期間経過後債権者は，履行請求権，解除権および給付に代わる損害賠償請求権のいずれかを選択しうる。①履行請求権の主張は債権者を拘束しない。従って，彼は新たな期間指定なしに第二次的権利に移行しうる。矛盾行為禁止の原則に基づいて債権者は債務者に履行請求後第二次的給付の履行のために必要な期間を許容しなければならない。②解除の意思表示は履行請求権を完全に消滅させる。しかし債権者は，ド民325条により後で給付に代わる損害賠償を請求し，これを差額説に従って清算しうる。③給付に代わる損害賠償請求権もまた，ド民281条4項により履行請求権を完全に消滅させる。しかし債権者は後で解除し，給付に代わる損害賠償請求権が代償説に代わって差額説に従って清算されるという結果をもたらしうる。債務者は，期間経過後履行請求権がまだ消滅していない限り，なお履行しうる。従って，履行請求権は，期間経過により第二次的な請求権にはならない。債務者がなされるべき給付を債権者を受領遅滞に陥れる方法で提供した場合は，解除権および給付に代わる損害賠償請求権は消滅する。債権者は，期間経過前でも彼が期間経過後は給付を拒絶する旨表示しうる。その場合期間徒過とともに履行請求権ならびに履行可能性は消滅し，債権者は給付に代わる損害賠償を請求し，かつ（または）契約を解除しうる（ド民325条）[16]。

　債権者が，債務者がまだ履行しうるときに填補行為をしたときは，彼は給付に代わる損害賠償請求権の枠内においても，また給付遅滞による損害賠償請求権の枠内においてもこの填補行為の費用の賠償を請求しえない。逆に債務者は，抽象的に計算された給付に代わる損害賠償を請求する債権者に（より低額の）過早になされた填補行為の費用も指示することもできない。債権者が追加期間経過後で履行請求権の喪失前に填補行為をなし，なされるべき給付を不能にしたときは，これはその第二次的権利に影響を与えない。しかし，彼は，債務者にド民280条1項，241条2項により債務者が不能の発生後なおその履行可能性の存続を信頼したことにより生じた損害を賠償しなければならない[17]。

----

(14)　Münch. Komm. z. BGB., Bd. 2, 5. Aufl., S. 881 [Ernst].
(15)　E. Lorenz (Hrsg.), Karlsruher Forum 2005, S. 88 [S. Lorenz].
(16)　Faust, Die Rechtslage nach Ablauf der Nachfrist, Festschrift für U. Huber zum 70. Geburtstag, 2006, S. 260.

第2章　第2節　履行遅滞

(2) **損 害 賠 償**
(イ) 遅 延 損 害

　遅延損害の賠償は，ド民280条1項，2項および286条[18]によれば，債務者がド民286条4項の意味で遅滞に陥っていることを要件とする。遅滞の発生は，ド民286条4項によれば，（推定された）帰責事由を要件とする。ド民280条1項2文は同じ要件を含む。ド民286条4項の帰責事由の要件は，まず，（ド民287条や288条[19]のような）帰責事由の要件を包含しないド民280条1項2文以外の規範の遅滞の構成要件的作用から説明される[20]。すでにそのために帰責事由の標識の推定される二重構造は批判されえない。しかし，それを超えて，その標識は，遅延損害に対する責任の枠内でも固有の意味を有する。すなわち，ド民286条から，ド民280条1項，2項および286条の枠内でも，帰責事由の問題について，原則として，もっぱらド民286条4項の帰責事由の要件が関わる，客観的な遅滞の要件の存在の時期が問題になることが生じる。エルンストは，1989年の連邦最高裁判決[21]を援用して異論を述べるが，それにつきハーガーは，正当にもその事例ではすでにド民286条2項1号により遅滞が生じていると指摘する[22]。帰責事由の問題にとって原則として客観的な遅滞の要件の存在時期が問題になることは，再度ド民287条2文の反対解釈から

---

(17)　Faust, Festschr. für U. Huber z. 70. Geburtstag, S. 261.
(18)　ド民286条(債務者の遅滞)「(1)債務者が弁済期の到来後なされた債権者の催告に応じて給付しなかったときは，彼は催告により遅滞に陥る。給付訴訟の提起ならびに督促手続における支払命令の送達は，催告と同視される。(2)①給付期日が暦日によって定められ，②ある事件が給付に先行しなければならない場合において，給付のための相当な時期が，それがその事件から暦によって計算されうる方法で定められ，③債務者が給付を真摯かつ最終的に拒絶し，④特別の理由により双方の利益の考慮の下に遅滞の即時の発生が正当化される場合は，催告は不要である。」
(19)　ド民287条(遅滞中の責任)「債務者は遅滞の間総ての過失について責めを負わねばならない。彼は，損害が適時に給付がなされた場合でも生じたであろう場合を除き，事故についてもその給付のために責めを負う。」288条（遅延利息）「(1)金銭債務は遅滞中利息を生じる。遅延利息の利率は，その年について基本利率プラス5％である。(2)消費者が関与していない法律行為においては，報酬請求権の利率は，基本利率プラス8％である。(3)債権者は，他の法律上の論拠に基づいてそれ以上の利息を請求しうる。(4)それ以上の損害の主張は，排除されない。」
(20)　Begründung des Regierungsentwurfs, BT-Drucks. 14 / 6040, S. 136.
(21)　BGH. vom 7. 3. 1989 -X ZR 61 / 87.
(22)　Erman, Handkomm. z. BGB. , Bd. 1. 12. Aufl. , 2008, S. 1107 [J. Hager].

必然的に生じる：もっぱら弁済期における帰責事由を問題にしようとすると，ド民287条2文の効果を遅滞の基礎の上に引き出し，その構成要件を解体することになろう。その規範（ド民287条2文）は，（遅滞のない）遅延に基づいて事故責任となり，それが，免責立証の可能性がド民287条2文の場合は喪失しうるがゆえに，ド民286条4項に基づく責任よりも厳格になるから，機能を失うことになろう。かくしてド民286条4項は，義務違反の帰責事由の時期が客観的な遅滞の要件の存在の時期となるから，ド民280条1項，2項の枠内においてもまた固有の意味を有する。コーラーもまた，その限りで，ド民280条1項2文に対するド民286条4項の優先適用を論じる[23]。帰責事由が遅滞の発生後喪失したときは，遅延損害の賠償請求権は，ド民287条2文の場合（適時に給付された場合でも損害が発生する場合）においても，それに続いて吟味されるべきド民280条1項2文の要件のもとで喪失しうる。その問題は，大部分の事例で弁済期に存在する帰責事由が客観的な遅滞要件の発生時にも存続していなければならないのだから，実際上はもちろん小さな意味しかない：責めに帰すべき方法で弁済期に支払い能力を失った債務者は，弁済期と催告の間の期間が給付能力を回復するために短すぎることにより免責されえない。しかし，弁済期と遅滞との間に帰責事由が喪失する，不可抗力やその他の外部的事由（差押さえなど）の事例が考えられる[24]。

　(ロ)　給付に代わる損害賠償

　ド民280条1項，3項[25]および281条の給付遅滞による給付に代わる損害賠償における帰責事由の存在時期の問題は，非常に重要な実際上の意味を有する。まずド民281条（および280条1項，3項）が機能的にド民旧326条に代わるものであるが，その文言によれば，ド民281条の要件のもとで通例遅滞の要件もまた満たされるとしても，もはやド民286条の意味の遅滞を要件としないことが確認されうる。それはド民323条とのパラレル構成によって法の言語上の一貫性を高めるが，明らかに給付遅滞の事例を今やもはや遅滞という上位概念のもとに包摂しうるのではなく，より一般的に給付の遅滞を問題としなければ

---

(23) Kohler, Das Vertretenmüssen beim verzugsrechtlichen Schadensersatz, JZ 2004, S. 962.

(24) E. Lorenz (Hrsg.), Karlsruher Forum 2005, S. 48 [S. Lorenz].

(25) ド民280条3項「債権者は給付に代わる損害賠償を281条，282条または283条の付加的要件のもとでのみ請求しうる。」

第 2 章　第 2 節　履行遅滞

ならないことに導く。ド民281条はド民286条とは異なり帰責事由の要件を述べないがゆえに，遅延損害の場合とは異なり，この問題はこの場合もっぱらド民280条1項2文の枠内で生じる。しかし，これは帰責事由がもっぱら弁済期の不給付に関わるか，それとも，ド民280条1項2文および281条の給付に代わる損害賠償請求権の客観的構成要件の存在時期に関わるかという問題を決定するものではない。その問題は，債務者がすでに催告に内在する期間指定のとき（またはそれより早いド民286条2項により遅滞を基礎づける時期に）不給付の責めを負わねばならない場合は，ド民287条2文により重要性を失う。期間指定には通例単に期限付きではなく，即時の催告も包含されている。後で生じた事件は，彼を原則として，すなわち，ド民287条に述べられた例外を留保して免責しえない。債務者が期間の徒過に際して不給付の責めを負わないこと，その結果，彼が期間指定のときに不給付について責めを負わない，最初は遅滞の状態にないという事実が彼を免責しないことも，十分に確かである。最初存在した免責事由が後発的に，すなわち，客観的な遅滞の要件が存在した後に喪失したときにも遅滞が生じる。したがって，この場合改めて催告をなす必要はない。しかし，遅滞とのパラレル構成の問題は，債務者が弁済期の不給付について責めを負うが，客観的な遅滞の要件の発生時にも，期間の徒過時にもその責めを負わない場合に生じる。それはもちろん，彼が予見しうる給付障害に基づいて適時に填補購入することを怠ったのではないがゆえに，その帰責事由がこのときまでにそれより早い時期の過失に基づいて惹起されないことを前提とする[26]。これらの稀な事例では，すでに述べられたように，遅滞における帰責事由の要件が（ド民287条2文の事故責任の要件として）同様に遅滞のすべての客観的要件の存在の時期に関わるがゆえに，ド民287条2文によっては論じ得ない。それは，ド民281条の場合にも，帰責事由が，給付に代わる損害賠償請求権の客観的要件の存在時期の不給付，すなわち，すなわち，その指定ないし徒過がド民281条2項[27]により不要とはされない限りにおいて，追加期間の徒過時の不給付に関わるという考慮に導く[28]。オットーは，債務者がすでに弁済期が到来したにもかかわらず履行しないことにつき非難される場合，弁済

---

[26]　E. Lorenz (Hrsg.), Karlsruher Forum 2005, S. 49 [S. Lorenz].
[27]　ド民281条2項「債務者が給付を真摯かつ決定的に拒否しまたは双方の側の利益を考慮して即時の損害賠償請求権の主張を正当化する特別の事情が存在する場合は，期間指定は不要である。」

第 I 部　ドイツ新債務法 7 年の歩み

期までの過失は問題にならないとしつつ、債務者がその不十分な準備によりすでに不履行の原因を与えたことが決定的だとする[29]。しかし、ローレンツは、これは当初の帰責事由が追加期間徒過時にも存続している場合であり、そのことから、遅延損害に対する責任におけると同様、不可避的に、損害賠償請求権のために追加期間徒過時の帰責事由が必要なだけでなく、十分でもあることも導かれるという[30]。したがって、弁済期徒過時の帰責事由の欠落のみが債務者を免責するのではなく、彼はそれを超えて追加期間徒過時にも帰責事由がなかったことを立証しなければならない（通説）。

この解決は、その他ド民旧 326 条と基本的に一致する。すなわち、このルールは、帰責事由が構成要件としての遅滞の要件に包摂されたため、不履行による損害賠償のために帰責事由という固有の要件を包含しない。遅滞の要件により客観的な遅滞の要件の発生時の帰責事由が必要とされ、追加期間徒過時の帰責事由は必要とされないことは、おおむねド民旧 287 条 2 文[31]の法的思考と一致するが、それは当初の文言に従えば不能のみを問題とし、追加期間の徒過に関わるド民旧 326 条の帰責事由の要件には少なくとも直接には適用されないものであった[32]。

したがって、帰責事由の要件の異なった関係点を観察するならば、ド民 281 条においては固有の請求権の基礎が問題になるという説明は、ド民 280 条 1 項および 3 項との競合が、義務違反-帰責事由-期間の徒過という検討の順序ではなく、義務違反-期間の徒過-帰責事由という検討の順序に導く限りで、少なくとも客観的には正当である。この意味でド民 281 条に事実上給付に代わる損害賠償に対する固有の請求権の基礎が見出されうる[33]。

---

(28)　E. Lorenz (Hrsg.), Karlsruher Forum 2005, S. 50 [S. Lorenz]. 異説：U. Huber, Schadensersatzhaftung des Verkäufers und Haftungsbegrenzung gemäss para. 275, Festschrift für P. Schlechtriem zum 70. Geburtstag, 2003, S. 528（ド民 281 条 1 項は、追加期間の単なる徒過のみで足りるとし、債務者が追加期間の不遵守につき責めを負うことを要求しない）.

(29)　Staudingers Komm. z. BGB., para. 255 〜 304, 2004, S. 427 [Otto].

(30)　E. Lorenz (Hrsg.), Karlsruher Forum 2005, S. 50 [S. Lorenz].

(31)　ド民旧 287 条（責任の拡大）「債務者は遅滞の間総ての過失について責めを負う。彼は、損害が適時に給付がなされたとしても生じたであろう場合を除いて、遅滞中事故により生じた給付の不能についても責めを負う。」

(32)　E. Lorenz (Hrsg.), Karlsruher Forum 2005, S. 50 [S.Lorenz].

(33)　E. Lorenz (Hrsg.), Karlsruher Forum 2005, S. 51 [S.Lorenz].

第 2 章　第 2 節　履行遅滞

　このことは，売買および請負契約におけるように，債権総論のルールに服する限りにおいて，特に瑕疵ある給付の場合に重要な意味を有する：売主（請負人）が除去しうる瑕疵の場合に当初の瑕疵について責めを負うが，ド民 287 条 2 文にもかかわらずド民 437 条 1 号，439 条ないし 634 条 1 号，635 条によりなすべき追完給付をなさないことにつき責めを負わない場合，彼は，ド民 280 条 1 項により責めに帰すべき事由による不完全給付に関して（ド民 280 条 2 項には服さない瑕疵に基づく遅延損害の影響のもとに）給付とともにする損害賠償ではなく，給付に代わる損害賠償について責めを負う。それによっていかなる保護の欠落も生じない。買主（注文者）はすべての付随損害，利用の喪失などの賠償を請求し，契約を解除しうるためである。追完給付期間の徒過の時点に帰責事由が存在するかどうかの問題においては，明らかにド民 287 条 2 文とならんで，稀ならず当初の給付の欠落に導いた債務者の注意義務の違反が適時の追完給付の欠落に関してもまた認められうることもまた顧慮されうる。かくして概ね売主（請負人）が追完履行について必要な催告がないために遅滞に陥らず，かつ，追完履行が，その原因が売買目的物（請負給付）の当初からの瑕疵にはない事情からなされない場合のみが残される。追完給付が債務者またはその被用者自身のみによりなされうる場合で，債務者が病気または予期し得ない営業のストライキにより追完給付を妨げられたときなどが考えられる(34)。

　今や遅滞のルールに服する不完全履行の事例への問題の移行において以前の法とは異なる帰結が生じることは，立法者によってすべての詳細な点においては予想されていなかったかもしれないが，それは無視しうる。ウルリッヒ・フーバーは，彼がぞんざいに仕事したがゆえに，仕事の瑕疵について責めに任じなければならない建築請負人が，従来はド民旧 635 条(35)により，当初なされるべき瑕疵の除去が事故による労働能力の喪失によりなされない場合も，不履行による損害賠償責任を負うことを適切にも示す。しかし，そのことから，将来においてもそうであること，および売買においても将来において異ならないこと(36)は導かれえない。請負契約法もまた，売買契約法とパラレルになさ

---

(34)　E. Lorenz (Hrsg.), Karlsruher Forum 2005, S. 51 [S.Lorenz].
(35)　ド民旧 635 条（不履行による損害賠償）「仕事の瑕疵が事業者の責めに帰すべき事由に基づく場合は，注文者は解除または代金減額に代えて不履行による損害賠償を請求しうる。」
(36)　U. Huber, Festschr. f. Schlechtriem z. 70. Geburtstag, S. 528.

れた，一般給付障害法の法的救済への切り替えにより構造的かつ内容的な変更を経験したことを忘れるべきではない。それは，一般給付障害法から自動的に演繹される請負契約法の従来の理解を検討することなく新しい一般給付障害法に移し変え，同時にこれを再び売買法に適用することを認めない。売買法の担保責任法が従来の請負契約法に近いというしばしばなされている説明は，売買法の瑕疵のない物の給付請求権およびそれと結びついた帰結のために間違いとはいえないが，従来の請負契約法に関する判例をすべて新しい給付障害法とすることに導くべきではない[37]。

(イ) 遅延損害の賠償請求権と給付に代わる損害賠償請求権の関係

通説によれば，遅延損害の賠償請求権（ド民280条1項，2項，286条）と給付に代わる損害賠償請求権（ド民280条1項，3項，281条）とは相互に併存する。前者は，適時性の利益の賠償に関わり，後者は，給付利益の賠償に関わる。両者は，債務法現代化法後は，異なった構成要件要素の充足に依存するため，客観的な密接関連性は観察に現れない。特に具体的な損害探求の枠内で最初遅延損害として把握された損害が後で給付に代わる損害には組み入れられないことが確定されうる。むしろ遅延損害はド民280条1項，2項，286条に基づいて義務を負うことに留意すべきである。債権者が後で給付に代わる損害賠償請求権を取得した場合も同様である。抽象的な損害探求の領域でも遅延損害と給付に代わる損害との重なり合いは存しない。この場合債権者には給付に代わる損害の計算のための異なる時期の間の選択権は帰属しない。ド民280条1項，3項，281条の給付に代わる損害賠償請求権は，抽象的損害ないし一般的利益として引き渡されるべき客体が有する価値を包含する。この価値の探求は，給付に代わる損害賠償請求権が発生した時期に依存する。それはド民275条1項の不能発生時，ド民275条2項，3項の抗弁の提起時またはド民281条4項の損害賠償請求時である。引き渡されるべき客体の価値が専攻する遅滞の間に低下した限り，債務者はそれをド民280条1項，2項，286条の遅延損害として賠償しなければならない。価値の上昇は債務者の義務を減少させない。それに反して彼の選択により更なる具体的な給付に代わる損害を証明する可能性は影響

---

(37) E. Lorenz (Hrsg.), Karlsruher Forum 2005, S. 52 [S.Lorenz]; S. Lorenz, Einmal Vertretenmüssen——immer Vertretenmüssen? Festschr. f. U. Huber z. 70. Geburtstag, S. 424 f.

第 2 章　第 2 節　履行遅滞

を受けない(38)。

---

(38) Giesen, Verhältnis des Verzögerungsschadens zum Schaden statt der Leistung, Festschr. f. U. Huber z. 70. Geburtstag, S. 289.

第 I 部　ドイツ新債務法 7 年の歩み

第 3 節　不能および行為基礎の喪失

1　新不能法の理論的検討

(1)　給付義務免責構成要件としての不能

(イ)　学説上の多くの批判により整理草案において不能が再び採り上げられた[1]。不能の場合債務者は最初計画されたように抗弁を提起しうるだけでなく，請求権は従来のように喪失する（消滅する）。ド民 275 条 1 項（給付義務の消滅）「給付請求権は，これが債務者または誰もにとって不可能なときは排除される。」ローレンツによれば，ド民 275 条 1 項の（真正な）不能の場合の給付義務の免責は，少なくともド民旧 275 条[2]に関する通説を前提とすれば従来の法状態の変更ではない[3]。ド民 275 条 2 項，3 項に規定された事例は，すでに従来不能と同視された事例に関わり，当事者の特別の利益状況のために給付拒絶権として形成された規範的不能の事例と異なるものではない。それは，構成要件上従来の不能事例に関する場合には，法がより正確にはド民 275 条 1 項～3 項の給付の免責と述べるとしても（ド民 218 条，283 条，285 条（代償の引渡），311 a 条 1 項，326 条，439 条，653 条参照），この関係でこれからもずっと不能という上位概念を用いることもまた正当化する。ド民 275 条 2 項，3 項の抗弁構成も，実務上同様に本質的な変更を実現したものではない。なぜなら，事実上債務者は従来もまたかような状況を援用しなければならなかったからである。従って，事実上従来も彼が債務を超えて給付する余地があった。ド民 275 条 1 項は，今や明白に不能の各々の種類，すなわち，原始的，後発的不能，主観的および客観的不能が第一次的給付義務の免責に導くこと，特に，原始的不能の場合かような第一次的給付義務の発生を妨げることを確定する。ド民 275 条 4

---

(1)　潮見佳男・契約法理の現代化 (2004) 363 頁以下。
(2)　ド民旧 275 条（責めに帰すべきでない事由による不能）「(1)債務者は，給付が彼の責めに帰すべき事由によらない，債務関係発生後に生じた事由により給付が不能になる限り，給付義務を免れる。(2)債務関係発生後生じた不能は，後発的に請じた債務者の主観的給付不能と同視される。」
(3)　ド民旧 275 条 1 項の帰責事由の意味に関する議論については，U. Huber, Handbuch des Schuldrechts, Leistungsstörungen, Bd. II, 1999, S. 769 f.

第 2 章　第 3 節　不能および行為基礎の喪失

項および 311 a 条 1 項は，免責効が第一次的給付義務のみに関わり，契約自体の効力には関わらないことを補足的に明らかにする。かくして決定的な客観的改正は，ド民旧 306 条の削除，すなわち，原始的客観的不能給付に向けられた契約の有効性にある。しかし，ド民旧 306 条がすでに判例により早い時期に体験した例外を観察するならば，この改正は，最初に考えられていたほどドラマチックなものではない。その最も重要な実際上の作用は，債権総論ではなく，売買および請負契約への給付障害法の内容的かつ構造的な遠隔作用にある(4)。

　国際統一動産売買法（CISG）は履行不能に関する規定を欠いているが，それは国際的商取引では不能の事例が実際上稀であるためであろうといわれている。しかし，国際統一動産売買法でも客観的不能の場合に履行請求権が排除されることについては一致が存在する(5)。ヨーロッパ契約法原則（PECL）9：102 条には，債務の履行が不能になった場合にそれについて債務者に責任があるかどうかを問わず給付義務の消滅を認める規定がある。

　㊁　事実上および人的な不能

　ド民 275 条 2 項，3 項に事実上および人的な不能が規定されている。それらは債務者に抗弁を与える。ド民 275 条「(2)債務者は，これが債務関係の内容および信義則の命令を考慮して債権者の給付利益を著しく不均衡となる費用を必要とする限りにおいて給付を拒絶しうる。債務者に期待されるべき緊張の決定に際しては，債務者が給付障害について責めを負うべきか否かもまた顧慮されるべきである。(3)債務者は，更に，彼が給付を個人的になすべきであり，かつ，それがその給付に対立する障害と債権者の給付利益との考量のもとで彼に期待できないときは，給付を拒絶しうる。」売買の目的物たる特定物としての指輪が海に落ちたというケースや本物として売られた絵画が偽物であったというケースも新法のもとでは事実上の不能の範疇に含めることが可能となる(6)。

　A が自動車を 10,000 ユーロで売却したが，契約締結後盗まれ，数日後ムル

（4）　E. Lorenz (Hrsg.), Karlsruher Forum 2005, S. 23 〜 24 [S. Lorenz].
（5）　Münch. Komm. z. BGB., Bd. 3, 4. Aufl., 2004, Art. 46 CISG Rn. 18 [P. Huber]; Staudingers Komm. z. BGB., Neubearb. 2004, Art. 46 CISG Rn. 26, Art. 79 CISG Rn. 57 f. [U. Magnus]; P. Schlechtriem, Internationales UN-Kaufrecht, 3. Aufl., 2005, Rn. 118.
（6）　Huber/Faust, Schuldrechtsmodernisierung, S. 27 Rn. 13; Dauner-Lieb/Konzen /Schmidt (Hrsg.), Das neue Schuldrecht in der Praxis, 2003, S. 381 [Jacobs].

マンスクで発見された。取戻費用は 10,000 ユーロかかり，買主は自動車をすでに 20,000 ユーロで転売していた［ケース 2 ］。ピッカーは，このような事例を挙げて，売主が取り戻しに失敗した場合でも，ド民275条2項に基づいて売主に場合によっては取戻費用が課されることになるが，それは当事者意思にも，危険分配の体系にも合致せず（裁判官により随意的に決定される），ド民275条2項は立法としては失敗であると主張する(7)。ローレンツは，通常の当事者意思は，自動車がそこにある場合にのみ引き渡さねばならないというものだから，上記設例では売主の給付は不能となり，ド民275条1項により給付免責が生じて，ド民275条2項は問題とならないとする(8)。これに対してカナーリスは，売主が瑕疵ある物を引き渡した場合に追完義務を負うことから，売主が取戻費用を負担することを当然だとする。そして同条項が債権者の利益と債務者の負担の著しい不均衡という手がかりを有する点で立法的に優れていると述べる(9)。またローシェルダースは，ド民275条2項を適用したうえで，給付困難に至った事情（盗難）につき売主に帰責事由がある場合に売主が損害賠償義務を負うと主張する(10)。筆者（半田）は，カナーリスの見解を支持すべきだと考える。なおカナーリスは，経済的不能（指輪が海底に沈んだような場合）はド民275条2項の規定するところではなく，行為基礎の原則（ド民313条）に従って解決されるべきであるとする。この場合限界問題が生じうる(12)。

---

(7) E. Picker, Schuldrechtsreform und Privatautonomie, JZ 2003, S. 1036（大中有信訳・法政法科大学院紀要3巻1号（2007）103頁以下）に挙げられた事例。川角・中田・潮見・松岡編・ヨーロッパ私法の展開と課題383頁以下［ピッカー（中田訳）］をも参照。物に瑕疵がある場合の追完給付についてもあてはまる（同書388～389頁［ピッカー（中田訳）］。

(8) S. Lorenz, Neue Leistungsstörungs-und Kaufrecht: Eine Zwischenbilanz, 2004, S. 10～11.

(9) Canaris, Die Behandlung nicht zu vertretender Leistungshindernisse nach para. 275 Abs. 2 BGB beim Stückkauf, JZ 2004, S. 215 f.

(10) Looschelders, Unmöglichkeit――ein Störenfried in der Dogmatik, Remien (Hrsg.), Schuldrechtsmodernisierung und Europäisches Vertragsrecht, S. 75.

(11) Canaris, Die Reform des Rechts der Leistungsstörungen, JZ 2001, S. 501. 同旨：ヴェスターマン（小川浩三・中山知己訳）・ヨーロッパのコンテクストから見たドイツ売買法の発展（ドイツ法特別講義）（2003）28頁。

(12) E. Lorenz (Hrsg.), Karlsruher Forum 2005, S. 25 [S. Lorenz].

第2章　第3節　不能および行為基礎の喪失

(ハ)　一時的不能

　政府草案とは異なり，新法は一時的不能については規定しなかった。立法者は一時的給付障害をこれからもずっと判例，学説に委ねた[13]。それによりもちろんいうに値する問題は期待されえない。ド民275条1項の反対解釈により，債務者が一時的給付障害の場合第一次的給付義務を完全に免れるのではなく，請求権の履行が一時的に猶予されることが生じうる[14]。ローレンツは，かくしてド民323条に従って債務者の帰責事由を考慮することなしに，債権者に契約を解除することを許容する，弁済期の到来した給付の遅滞の事例が存在すると主張する。債務者には，これ以上待つことが期待できない場合に，一時的な不能を最終的な不能と同視する可能性が残される。債権者にとっては帰責事由とは無関係な解除の可能性に鑑みて同視の余地が残される。買主がもっと待つことが期待できないことは，ド民323条2項ないし281条2項により期間指定が要らないという枠内で考慮を見出しうる。それは，もちろん結果的に異なったものではない。メディクスによれば[15]，一時的な不能が最終的な不能と同視されない場合，解除（ド民323条）と損害賠償請求権（ド民280条1項，2項，286条（遅延損害），280条1項，3項，281条（填補賠償）が区別され，停止された給付請求権は期限が到来したものとはみなされえない。債務者が給付障害を責めに帰すべき方法で惹起し，それを契約締結時に知り，または当然知るべきであり，または，給付障害発生時に遅滞にあった場合にのみ例外が認められる。

　最終的な不能の場合にも，ド民326条4項，346条（解除の効果）以下の返還請求権により，それ自体として不要な解除を表明する可能性は，これを超えて債権者に，疑わしい不能の場合に明確な関係を作り出すことを許容する[16]。

　ローレンツによれば，この事例状況が稀であることを考慮に入れてもまた，それはこれまで注目に値する問題とはされておらず，立法者が一時的不能を法律上の解決に導いたことはない。かような規定により解除および損害賠償の領

---

(13)　ドイツ新債務法制定までの一時的不能の扱いについては，中村肇「ドイツ新債務法における一時的不能の取扱い」円谷・松尾編・損害賠償法の軌跡と展望（山田卓生先生古稀記念論文集）（2008）466〜469頁参照。

(14)　Medicus, Bemerkungen zur vorübergehenden Unmöglichkeit, Festschrift für A. Heldrich zum 70. Geburtstag, 2005, S. 347 f. など。

(15)　Medicus, a. a. O., Festschr. f. A. Heldrich z. 70. Geburtstag, S. 357.

(16)　E. Lorenz (Hrsg.), Karlsruher Forum 2005, S. 78〜79 [S. Lorenz].

第 I 部　ドイツ新債務法 7 年の歩み

域で生じたであろう調整の問題およびそれから生じるド民 283 条，326 条および 311 a 条の複雑さは，いずれにせよ実際上の問題の重要さとは関係を持たなかったであろう。結局総ての問題は，満足のいく方法で給付遅滞法により解決される，すなわち一時的不能の問題の事例は単に給付遅滞の事例である[17]。

　不能の間債務者が給付命令を受けうるかどうかという唯一残された問題は，訴訟法上もまた権利保護の必要性の問題として解決されうる。これは，ド民旧 283 条[18]の削除により，一時的不能の事例で実体法上多くの場合に債務者に対する給付命令の妨げにならないこと，いずれにせよ，債務者の帰責事由がある場合はその妨げにならないことからより一層あてはまる[19]。実体法上一時的な給付免責から出発することなしにこの解決方法を取る場合には，遅滞のルールの適用に際して構成要件上必要な期限の到来した給付義務を肯定することに理論上概念上の困難はない。しかし，これをしようとせず，通説に従ってド民 275 条 1 項を類推して一時的な給付免責を認めようとする場合ですら，給付免責がド民 275 条 1 項に従って履行請求権についてのみ適用されることを要求するが，二次的請求権については要求しないがゆえに，遅滞ルールの適用の枠内で問題なく擬制的な期限から出発しうる[20]。これに対してメディクスは，擬制的な期限を通じた解除権の導入をかなり強引なものとする[21]。

　これに反してカナーリスは，一時的不能の場合，ド民 275 条の類推による債務者の給付義務の一時的な猶予が問題になるとし，債務者が一時的給付不能の場合に無留保で給付判決を受け，単に執行法上保護されるだけだとすることが

---

(17)　E. Lorenz (Hrsg.), Karlsruher Forum 2005, S. 79 [S. Lorenz].

(18)　ド民旧 283 条「(1)債務者が敗訴判決を受け，それが確定したときは，債権者は，彼が期間経過後は給付の受領を拒絶するという表示を伴なって，給付の実現のために相当期間を定めうる。その期間の徒過後債権者は，給付が適時に実現されていない限り，不履行による損害賠償を請求しうる。履行請求権は排除される。損害賠償義務は，給付が債務者の責めに帰すべきでない事情により不能になったときは発生しない。」

(19)　通説は反対：Schulze/Ebers, Streitfragen im neuen Schuldrecht, JuS 2004, S. 268（将来の給付判決をなしうるにすぎない）； W. Däubler, Die vorübergehende Unmöglichkeit der Leistung, Festschr. f. Heldrich z. 70. Geburtstag, S. 59; Münch. Komm. z. BGB., Bd. 2, 5. Aufl., S. 698 [Ernst].

(20)　同旨：Canaris, JZ 2001, S. 516; Arnold, Die vorübergehende Unmöglichkeit nach der Schuldrechtsreform, JZ 2002, S. 869.

(21)　Medicus, a. a. O., Festschr. f. Heldrich z. 70. Geburtstag, S. 350. 同旨：Kaiser, Zeitweilige Unmöglichkeit, Festschrift für Hadding zum 70. Geburtstag, 2004, S. 137.

第2章　第3節　不能および行為基礎の喪失

事態に不適切だと主張する。動産の引渡の場合を考えてみるとこのことは明らかであるし，訴訟上の主張，立証責任についてみても，債務者が訴訟で履行不能を主張，立証した場合，給付障害の喪失は債権者が反論すべき事柄であり，執行官にその判断を委ねるべきではないからである。債務者の給付義務がド民275条により一時的不能により猶予されている場合，債権者の反対給付義務もまたド民326条1項1文を類推して猶予される。この場合に債権者が双務契約を終了させるには，期間を指定したうえで解除する方法と期待不可能を理由として契約への拘束を喪失させる方法の二つが考えられるが，前者（ド民323条の類推）の方法によれば足りる。もっとも債務者は給付困難（行為基礎喪失（ド民313条））による免責を主張しうる。債権者はこの場合所定の要件を満たす場合に，給付に代わる損害賠償（ド民281条，311a条2項）または遅延損害の賠償（ド民280条2項）を請求しうる[22]。

カナーリス等の分類によれば，一時的不能に関する学説は，①一時的不能である間給付義務が暫定的に停止するとしてド民275条を類推適用し，損害賠償や解除のためには相当期間の設定を要件とする通説（カナーリス，エルンストなど），②ド民275条を類推するが，解除と損害賠償については相当期間の設定を要件とせず，期待不可能性などを規準として一時的不能か継続的不能かを分ける説（メディウス，レーヴィッシュなど），③一時的不能を遅滞として処理する説（ローレンツ，カイザー）に分けられる[23]。

(2) 帰責事由とは無関係な不能の法的効果
(イ) 反対給付義務の当然の喪失
ローレンツによれば，機能的牽連関係に関する帰責事由とは無関係な不能の法的効果もまた，内容的には全くそれ以前の法状況の変更ではない。ド民326条は，今や従来ド民旧323条（責めに帰すべからざる事由による不能），旧324条（債権者の責めに帰すべき事由による不能）および部分的に旧325条（債務者の責めに帰すべき事由による不能）にも規定されていた，反対給付義務の喪失または存続に関するルールを統一する。エルンストのド民326条に関する分析[24]は全く正当である。それによれば，ド民326条と283条が相ともにド民

---

(22)　Canaris, Die einstweilige Unmöglichkeit der Leistung, Festschr. f. U. Huber z. 70. Geburtstag, S. 146 f.
(23)　中村肇・前掲論文山田卓生古稀記念論文集470頁参照。
(24)　Münch. Komm. z. BGB., Bd. 2, 5. Aufl., S. 2002 [Ernst].

第 I 部　ドイツ新債務法 7 年の歩み

旧325条に取って代わっている。このことから，ド民326条1項は，もっぱら反対給付の運命が問題になり，損害賠償請求権がド民280条1項，3項および283条から初めて生じるために，債務者の責に帰すべき事由による不能の事例もまた包摂する。しかし，反対給付の運命については，エルンスト[25]とは異なり，債権者の期待から観察すれば，二つの根本的に異なった事例が問題になるのではない。この場合危険負担の根本規定，すなわち，従来のド民旧323条がどこまで破壊されたかはわからない。債権者にとって並行的に存在するド民280条1項，3項および283条の損害賠償請求権に鑑みて，法が債務者の責めに帰すべき事由によって惹起された契約の実行不能による契約の解消についても自動的なものとしたことが，体系を破壊するものとはいえない[26]。エルンストは，契約の解消を自動的なものとしたことを明らかな新法の欠陥だとする[27]。

実際上確かに重要でないとはいえない改正が，従来とは異なり，ド民326条4項がすでに給付されたが，ド民326条1項によりなされるべきでない給付の返還のために，今や不当利得法ではなく，ド民346条以下の基本的により厳密な新しい解除の効果に関する規定を指示していることにおいてなされている。これは，反対給付が，給付義務が喪失したときより前になされたか，その後になされたかとは関係がない[28]。しかし，エルンスト[29]，ヴェスターマン[30]は，第二の事例につき，非債弁済とし，もっぱらド民812条1項1文に従い給付不当利得として返還請求されうるとする。しかし，ド民326条4項は，かような評価に適って恣意的だともいえる区別の余地を与えない。それは，改正されたド民346条以下の数多い準用により以前よりも著しく解除が重みを増した，新しい債務法の基本的な傾向の表現である（ド民81条5項，441条4項，439条5項など）。その領域から生じた給付障害に対する債務者の自己責任は，それにより不当利得法と比べて強化される。従って債務者には，労働法上はあらかじめ支払われた報酬との関係で意味あることであるが，もはやド民818条3項の援用

---

(25)　Münch. Komm. z. BGB., Bd. 2, 5. Aufl., S. 2003 [Ernst].
(26)　E. Lorenz (Hrsg.), Karlsruher Forum 2005, S. 24 [S. Lorenz].
(27)　Münch. Komm. z. BGB., Bd. 2, 5. Aufl., S. 2003 [Ernst].
(28)　E. Lorenz (Hrsg.), Karlsruher Forum 2005, S. 25 [S. Lorenz].
(29)　Münch. Komm. z. BGB., Bd. 2, 5. Aufl., S. 2023 [Ernst].
(30)　Erman, Handkomm. z. BGB., Bd. 1, 12. Aufl., 2008, 1528 [Westermann].

第2章　第3節　不能および行為基礎の喪失

の可能性は残らない。債務者は，受領されたが，もはや存しない反対給付に代えて価値賠償を給付しなければならない。価値賠償義務の免責は規定されていない。これは自己責任を強めるが，体系の転換とは表現されえない。その規定の論理的演繹の限界事例において事実上ド民242条（信義則）の是正が必要とされるかどうかはこれからも問題とされうる。しかし，新規定の施行後3年の間に実務の展開はかような限界事例をもたらさなかった[31]。

　(ロ)　不能，一部不能の場合の解除

　ローレンツによれば，ド民326条5項により開かれた不能の場合の解除可能性は，不当にも誹謗され，ないし，若干意外なものと表現される。その規定は，実際上確かに稀でない疑わしい不能の場合に，ド民323条により基礎づけられるのか，それとも，ド民326条5項および323条により基礎づけられるのか，ないし，返還関係という効果を伴った給付義務がド民326条1項，4項，346条以下に従ってすでに法律上当然に喪失したかどうかが未解明のままであるがゆえに，期間指定後の解除表示により明確にすることを許容する。しかし，それは，一部不能の事例および（性質的）一部不能と性質づけられる不完全給付の事例について全く決定的な意味を有する。それは，混乱させないで，理論的に極めて明瞭に，義務違反の性質を顧慮して，給付遅滞の事例を（一部）不能の事例から構成要件的に区別し，その効果を整合させることに役立つ。明らかに決疑論的にではなく，論理的にのみ把握されうる，この構造の明確さのみが，結局担保責任法の一般給付障害法への帰属を可能にする。いずれにせよ一部不能については客観的に変更はない：以前の法と同様に，契約解除は，なお可能な給付の部分につき利益の喪失を前提とする（ド民323条5項1文）。従ってその限度でも根本的な改正は認められない[32]。

　(3)　**帰責事由に依存する不能の法的効果——損害賠償**

　(イ)　後発的不能

　ローレンツによれば，後発的不能およびド民275条2項，3項と同視すべき構成要件の事例について，ド民280条1項，3項および283条から，債務者に給付障害につき帰責事由がある限り，債権者がこの場合全く意味のない期間指定の要件なしに等価的利益の賠償を請求しうることが生じる。帰責事由はこの

---

(31)　E. Lorenz (Hrsg.), Karlsruher Forum 2005, S. 24〜25 [S. Lorenz].
(32)　E. Lorenz (Hrsg.), Karlsruher Forum 2005, S. 25〜26 [S. Lorenz].

場合，給付義務の免責が生じたという事情に関係し，法により推定される（ド民280条1項2文）。その限りでも旧法との違いはない。ド民275条2項，3項に規定されている構成要件が規範的不能の事例であり，そこで選択されている抗弁構成が債務者に単に債務を超えて給付する可能性を与えるにとどまるという事実から，この関係においてももっぱら抗弁を基礎づける事情のみを問題にすべきであり，抗弁の提起そのものを問題とすべきではない。従って，債務者は，ド民275条1項の真正な不能とパラレルに，彼が抗弁の提出を正当化する事情につき責めを負う場合にのみ，賠償義務を負うのである[33]。この場合通説は，給付が実現されていないことに着眼して，債権者は後発的不能に基づく不給付のみを主張，立証すれば足り，債務者がド民280条1項2文により取引上必要な注意を尽くしていても給付障害が生じたであろうことを主張，立証しなければならないとする[34]。これに対して有力説は，義務違反を債務者が注意深く契約客体を扱わなかったことに求め，債権者が保護義務違反を立証しなければならないとする[35]。この立場は債務者の挙証責任を軽減する。これは債権総論の数多くの問題のように特に担保法への規定の移行に際して実際上の意味を取得する。かくしてその限度でも従来の法との根本的な違いは存しない[36]。

後発的給付免責については，不当にも誤っているまたは技巧的であると非難されているド民280条1項，3項と283条の間の相互関係を問題とすべきである。実際上ド民283条は，付加的な構成要件を定めているのではなく，単に給付免責の場合に給付に代わる損害賠償のために期間設定の必要がないことを明らかにし，さらにド民281条に規定された一部給付ないし不完全給付の事例を指示するにすぎない。しかし，この法律による構成は，法典編纂上もまた鋭い不能と遅滞との区別により，ド民281条1項に期間指定という不要な要件を組み入れる選択肢よりも著しく大きな明確性を包蔵する。その立場をとっていれ

---

(33) E. Lorenz (Hrsg.), Karlsruher Forum 2005, S. 26 [S. Lorenz].
(34) Canaris, JZ 2001, S. 512; Dauner-Lieb u. a. (Hrsg.), Anwaltkomm. z. BGB., Bd. 2, 2005, para. 283 Rn. 4 [Dauner-Lieb]; Münch. Komm. z. BGB., Bd. 2, 5. Aufl., 2007, para. 283 Rn. 4 [Ernst]; Looschelders, Schuldrecht Allg. Teil, 5. Aufl., 2007, Rn. 505.
(35) Ehmann/Sutschet, Schadensersatz wegen kaufrechtlicher Schlechtleistungen, JZ 2004, S. 71; Harke, Schadensersatz und Nacherfüllung, ZGS 2006, S. 91.
(36) E. Lorenz (Hrsg.), Karlsruher Forum 2005, S. 26 〜 27 [S. Lorenz].

第2章　第3節　不能および行為基礎の喪失

ば，この規範の中にもっと混乱させる例外的構成要件（例えば，給付免責の場合にド民275条に従って喪失する弁済期の要件の放棄）を伴うことになっていたであろう[37]。

  (ロ)　原始的客観的不能

ローレンツによれば，依然として法政策的にだけではなく，驚くべきことに現行法上もまた議論されている原始的客観的不能に対する責任の規定は，客観的に新しいものである。従来の法とは異なり，ド民311a条1項は，原始的（客観的）不能給付に向けられた契約を有効とし，ド民311a条2項は，彼が不能ないしド民275条2項，3項の抗弁を基礎づける事実を知らないことも，その不知につき帰責事由がないことも証明しない限り，給付に代わる損害賠償，すなわち，積極的利益の賠償（ないしド民284条の出費賠償）の責任を課した。まず帰責事由の概念が特に担保責任の契約上の引き受けに関して隠れているかもしれない，概念上の困難から目を転ずるならば，規定の内容ないし規範の新しい内容は，一般的給付障害法および実務にとって比較的害はない。なぜならば，法実務は，永久機械やケンタウルスの売買ではなく，実現し得ない技術的装置の製造義務や除去しえない瑕疵，契約締結前に破壊されていた客体，存在していない請求権や権利の売買を問題とするからである[38]。それに際して，ド民旧306条[39]が数多くの例外によって虫食い状態になっていたこと，および，その限りでいずれにせよ基礎的支柱についてほとんど語られえなかったことが言及されないままで済ませることはできない。この場合単に原始的不能給付の概念が判例を通じて経験した最も狭い解釈[40]，権利の売買における真実であることについての責任[41]（ド民旧437条[42]），売買（ド民旧459条，旧463条

---

(37)　E. Lorenz (Hrsg.), Karlsruher Forum 2005, S. 56 [S. Lorenz].
(38)　Canaris, Haftung für anfängliche Unmöglichkeit nach para. 311a Abs. 2 BGB, Festschr. f. A. Heldrich z. 70. Geburtstag, 2005, S. 17.
(39)　ド民旧306条(不能な給付)「不能な給付に向けられた契約は無効である。」
(40)　例えば，BGH NJW RR, 1992, S. 558（建設会社（原告）が不動産仲介業者（被告）に売却の仲介を依頼した建物が，防音措置がとられていないという理由で居住不可とされた場合において，原告が被告に仲介料の返還を請求した。裁判所は，仲介料の支払いは建設計画の認可が停止条件になっており，現在に至るもこの停止条件が成就していないが，契約当事者はこの条件が成就しないでも仲介料の支払いを請求しうるとした。原始的不能の判断については，本件では不能が除去されうる（建設が認可されうる）から問題にならないとする）。

69

(担保責任規定)）および請負，特にその約束された給付が技術的に不可能な，供給，製造義務が問題となる場合の法定の担保責任の優位[43]，ならびに，総体として優先的なものとみなされる賃貸借法[44]が言及される。それを超えて，ド民旧306条は，通説によれば，任意法であり，その結果その限りにおいても積極的利益に対する責任の効果を伴った契約上の担保の引き受けが可能であった。新しい規定の最大の役割は，しばしば看過されているが，原始的不能と後発的不能ならびに主観的不能と客観的不能の同視，および，それによって条件づけられた，評価に従って正当化しえない事故の発生時の決定の回避である[45]。

原始的な給付の免責の事例にとってド民311a条2項は，ド民280条1項，

---

(41) RGZ 128, S. 241参照（甲建物について被告が抵当権を有していたが，1909年にGが甲建物を取得し，債務も引き受けた。Gは，1922年に甲建物を原告と婚姻していたKに売却した。Kは抵当権の価額を控除して売買代価を支払い，1923年に抵当権者に被担保債権額を支払って抵当権を消滅した。1925年に被告はG（人的債務者）およびK（土地債務者）に対して25％の増額評価を求めたが，被告とGとの間でKに対してのみ増額評価を求めるとの合意が成立して，Gの債務を免除し，結局甲建物についてのみ増額評価法に基づく土地債務の登記がなされた。1927年に離婚による財産分与によって甲建物を取得した原告は，ド民1137条（主債務者に帰属する抗弁を土地債務者が抵当権者に対抗しうる）に基づいて抵当権登記の抹消を訴求。大審院は，被告とGとの間の前記合意は不能給付を目的とするものとして法律上無効だから（ド民306条），ド民1137条に基づく抗弁は帰属しないとして原告を敗訴させた）。

(42) ド民旧437条（権利の売買における担保）「(1)請求権その他の権利の売主は，請求権その他の権利の法律上の存在について責めを負う。」

(43) BGHZ 54, S. 236（暖房機設備業者（被告）が暖房機販売業者（原告）に特定の仕様の暖房機を納入したが，暖房能力の不足のために結局原告は填補購入の方法でユーザーの需要に応じるしかなかった。連邦最高裁は，本件を不代替物の製造物供給契約とし，売買－，請負契約では担保責任規定がド民旧306条，旧307条に優先して適用され，物件に保証された性能を与えることが技術的に不可能であったとしても，売主（請負人）は担保責任を負うとした）；BGH NJW 2001, S. 1642（請負人の約束した建築計画が許可されない場合，ド民旧306条の適用は原則として排除されず，請負人の担保責任規定が適用される）など。

(44) BGHZ 136, S. 102（原告がタイ料理店を営む目的で建物転借権の譲渡を受けたが，駐車場の設備が不十分という理由で営業が認められなかったため被告（賃借人）を訴えた。被告はその後当該建物を第三者に転貸した。裁判所は，原始的客観的不能の場合にも被告は賃貸借上の担保責任を負うが，目的物引渡後に限られるとした。また被告が契約締結時に詐欺的言明をした場合を除いて，賃貸借の担保責任規定が契約締結上の過失責任を排除するとした）など。

(45) E. Lorenz (Hrsg.), Karlsruher Forum 2005, S. 27 〜 28 [S. Lorenz].

第 2 章　第 3 節　不能および行為基礎の喪失

3 項および 283 条の責任に対する特別の請求権の基礎である。このことは，その限りで特別の責任ルールを作り出すという立法者の明確な決定を考慮すると，その規範から設権的な性質を奪い，それをド民 280 条 1 項，3 項および 283 条と並んで余計なものとする場合ですらあてはまる[46]。この場合でも責任の基礎は，ド民 311 a 条により有効な給付約束の不遵守である[47]。帰責事由の関係点は，もちろん，原始的な給付の免責の場合に決して負担されない客体に関する注意義務の違反ではなく，給付の免責を理由づける事実の認識ないし責めに帰すべき不知である。これは法定の担保責任ではないが[48]，ド民 276 条の枠内ではもちろんかような責任の契約上の引き受けのための余地を与える。これはその場合，債務者が給付に代わる損害賠償を原始的給付障害が彼にとって認識しえなかった場合にも約束することにのみ関わりうる。したがって，帰責事由の障害原因の認識との関わりは，無意味かつ余計なのではなく，理論的に首尾一貫している[49]。ヴィンデルも，ド民 311 a 条 2 項の枠内の保証の論拠を，給付がなされなかったことに対する責任にではなく，給付障害を知りまたは過失によって知らなかったにもかかわらず契約を締結したことに求めている[50]。しかし，スッチェットは，ド民 276 条の担保責任について，担保の形の帰責事由が給付障害の不知ではなく，給付の実現自体に関わっているとする[51]。

　ローレンツによれば，不当にもド民 311 a 条 2 項を理論的に首尾一貫しないものとし[52]，または，そのルールを法政策的に類型的な当事者意思に反するものとして批判しようとする場合ですら，これはその規範に従うことを拒否することには導き得ない。その規範が事実上いかなる要件のもとで命じられるか，および，それがいかなる適用領域を有するかは，問題外である。債務者が給付約束により，知っているまたは過失により知らない給付障害に対する通常の担保を超えて絶対的な保証義務を引き受けるがゆえに，原始的不能の場合過失と

---

[46]　反対：Canaris, a. a. O., Festschr. f. Heldrich z. 70. Geburtstag, S. 35 f.
[47]　この問題については，小林一俊「原始不能法廃止の動向と課題」法学志林 101 巻 1 号（2003）70 頁以下参照。
[48]　Vgl. BGH vom 5. 10. 2005 – Ⅶ ZR 16 / 05（権利の瑕疵に対する担保責任ではない）.
[49]　E. Lorenz (Hrsg.), Karlsruher Forum 2005, S. 53 [S. Lorenz].
[50]　Windel, Systematisierungsversuche zu para. 311 a BGB, JR 2004, S. 269.
[51]　Ehmann/Sutschet, Modernisiertes Schuldrecht 2002, S. 125.
[52]　反対：Canaris, a. a. O., Festschr. f. Heldrich z. 70. Geburtstag, S. 37.

は無関係な担保責任が典型的な当事者意思に合致すると述べる者は，これをド民276条1項の枠内でもずっと維持するが，その場合，ド民311a条2項がこの意味の法定の保証責任ではないという理由で，解釈の方法により適当な保証意思を導き出さねばならない。この関係で，ド民311a条2項により必要とされる帰責事由が最終的な不能に関わるものでなければならないことが特別に強調されうる：したがって，債務者が，始めて製造されるべき客体の売買におけるように，彼が契約締結時にまだ給付をなしえないことを知っている場合に，すでに原始的給付障害の積極的認識が存在しているのではない。認識ないし認識すべきことは，もっぱら，契約締結時に存在する給付障害が債務者によって除去されえないという事実に関わる。ポルシェの異型モデルの事例［ケース3］(53)が参考になる。ポルシェの契約販売人である売主がポルシェにより製造されるべき特別モデルを売却したが，直接事業の（最小の）シリーズが「工場渡し」で売却されたために，その後ポルシェから供給されなかった，（最高裁とは異なり）製造者が当初から直接事業を計画していたことを前提とするならば，今日ではド民311a条2項のもとに包摂されるべき原始的主観的不能の事例が存在する。しかし，この者が供給されることを考慮に入れた場合には，売主の責任は，給付障害の積極的認識によって基礎づけられえない(54)。さもなければ事実上無制限の保証責任に逢着することになろう。もちろんこの場合しばしば同時にド民276条1項の意味の調達危険が存在するが，明らかにいつもそうであるわけではない(55)。

　ド民311a条がもたらし，今日まで継続している論争は，これを超えて，原始的不能と後発的不能，ならびに，主観的不能と客観的不能の平準化により価値矛盾と偶然性を除去するという規定の主要な関心事を看過している：事実上売却された自動車が契約締結の少し前に泥棒により盗まれまたは破壊したのか，それともその少し後でそうなったのか，または，ポルシェの事例で製造者が最初から直接事業を計画したのか，それともこの決定が後で取り消されたかの区別をなすべきであろうか。ド民311a条はこの偶然性を除去し，今や不能の時期を確定しえない場合，選択決定の枠内で二者択一的に原始的不能または後発

---

(53) 前掲 BGH NJW 1994, S. 515.

(54) Vgl. U. Huber, Haftung des Vertragshändlers gegenüber seinem Abnehmer, Festschrift für P. Ulmer zum 70. Geburtstag, 2003, S. 1174.

(55) E. Lorenz (Hrsg.), Karlsruher Forum 2005, S. 53～54 [S. Lorenz].

第 2 章　第 3 節　不能および行為基礎の喪失

的不能に給付に代わる損害賠償請求権を基づかせること,および,彼が両方の選択肢について免責立証をなす場合にのみ債務者を免責させることもまた許容する。債務者は,その場合,彼が後発的な給付義務の免責について責めを負わず,かつ,原始的な給付義務の免責を知らず,また過失により看過したのでもないことを証明しなければならない[56]。それを超えて,不能が契約締結後発生したが,債務者が知りまたは知るべき,契約締結前に存在する原因に基づく場合は,ド民 311 a 条 2 項を類推しなければならない[57]。それによれば,彼が契約締結時に正当な熟慮がなされていれば無資力の発生を考慮しなければならなかったであろう場合に,(ド民旧 325 条により)直接的には彼の責めに帰すべき事由によらない後発的無資力により責任を負わねばならない。

　さらに,ド民 311 a 条 2 項が契約前の義務違反の事例として契約締結上の過失に基づく競合する請求権(ド民 280 条 1 項,311 条 2 項,241 条 2 項[58])を排除するかどうかの問題が議論されている。この問題は,債権者が契約給付を信頼してより有利な塡補行為を懈怠したために,債権者の消極的利益が積極的利益を上回る(全く考えられる)事例では実際上の重要性を有する。懈怠された塡補行為はまた,給付に代わる損害賠償の代わりに主張されうる,ド民 284 条の意味における出捐ではない[59]。有力説は,ド民 311 a 条 2 項が契約前の過失に対する責任を制限することは支持し得ないという[60]。しかし以下の場合はそれとは異なる:ド民 311 a 条 1 項が契約の有効性を確定し,帰責事由が推定される場合に,ド民 311 a 条 2 項により積極的利益に対する責任を命じる場合,債権者は,損害賠償により価値にしたがって契約が履行された場合と同じ状態に置かれる。彼がこの場合より有利な塡補行為をなさなかったのだから,彼は,

---

(56)　E. Lorenz (Hrsg.), Karlsruher Forum 2005, S. 54 [S. Lorenz].
(57)　BGH DB 1960, S. 261 (映画館の賃借人が,賃貸人について強制執行手続が開始されていることを知りながら映画フィルムを注文したときは,彼が相当な留保をしていなければ,フィルム供給者に対して自己の過失なしに競買人によって映画館の占有を解かれたからフィルムを映写できないと主張しえないとした) 参照。
(58)　ド民 241 条 2 項「債務関係は,その内容に従い各当事者に相手方の権利,法益および利益を考慮する義務を負わせる。」311 条 2 項「ド民 241 条 2 項の義務を伴なう債務関係は,①契約商議の開始,②一当事者がありうる法律行為的な関係に関して相手方にその権利,法益および利益への関与の可能性を与えまたは彼にこれを委ねる契約の勧誘またはそれに類似した接触によっても発生する。」
(59)　Begründung des Regierungsentwurfs, BT-Drucks. 14 / 6040, S. 165.
(60)　Emmerich, Das Recht der Leistungsstörungen, 6. Aufl., 2005, S. 62～63.

この契約の履行そのものの可能性とは無関係な自己の法律行為上の決定を固執しなければならない。端的にいえば，ド民311ａ条により命じられた契約の有効性および積極的利益の賠償は，自己の法律行為的な決定の経済的な効果との結合に符合している。それは積極的利益により制限されない契約締結上の過失責任を排除する（通説）。それに対して，カナーリスにより提案され，立法資料により少なくとも可能なものとされた，原始的不能の責めに帰すべからざる不知の場合へのド民122条[61]の類推適用は[62]，貫徹されえない。かような類推は，状況がド民119条２項の錯誤取消の状況と同視されうることによって理由づけられうる：債務者が引き渡されるべき物の取引本質的な性質に関する（非難されない）錯誤の場合に，契約および給付義務を免れ，債権者の信頼損害を賠償すればよいとすれば，これは，自己の給付能力の責めに帰すべからざる不知という類型的に類似した事例において異なって判断されえない。これに対して，通説は，かような類推を規定の欠缺の存在がないために拒否する。特にド民311ａ条２項に現れている過失原理及び原始的不能と後発的不能の同一取り扱いはそれに反するという。それは疑いもなく重要な議論である。いずれにせよ体系に適合しない例外規定であるド民119条２項が拡張されるべきでないという議論は，決定的なものではない。すなわち，（事実上体系に適合しない）ド民119条２項の取消可能性が問題になるのではなく，それに符合した取消権者の損害賠償義務の類推適用が問題になる[63]。

(ハ) 原始的主観的不能

ド民311ａ条は，客観的および主観的不能を同様に包含する。かくして契約の効力および債務者の責任の種類は，今やしばしば偶然的な不能の発生時期には依存しない。原始的主観的不能の事例についてそれは，従来の法と比べて，軽視すべきでない過失主義への指向を意味する。それはもちろん給付約束に基

---

(61) ド民122条（取消権者の損害賠償義務）「(1)意思表示がド民118条により無効であり，またはド民119条，120条により取り消された時は，表意者は，表示が相手方に対してなされた場合は，この者に，さもなければ各第三者に，相手方または第三者が，彼が表示の有効性を信頼して被った損害を賠償しなければならない。しかしその額は，相手方または第三者が表示が有効だと誤信したことによる利益額を超ええない。(2)損害賠償義務は，被害者が無効または取消可能性の原因を知りまたは過失により知らなかった（知るべきであった）場合は発生しない。」

(62) Canaris, JZ 2001, S. 507 ~ 508.

(63) E. Lorenz (Hrsg.), Karlsruher Forum 2005, S. 55 ~ 56 [S. Lorenz].

第 2 章　第 3 節　不能および行為基礎の喪失

づく担保責任を排除するものではないが，かような担保（その制限ではない）がその範囲を含めて今や積極的な，当事者意思に基づく理由づけを必要とすることを意味する。それは，理論的な出発点においてだけでなく，実際の結果においても明確かつ法政策的に無制限に歓迎されるべき変更ないし明確化である[64]。現在のドイツの民法学者の多くは，この改正，すなわち，原始的主観的不能も原始的客観的不能と同様に扱い，いずれの場合も債務者は履行義務を免れるが（ド民275条1項），この場合でも契約は有効で（ド民311a条1項），債務者が契約締結時に履行できないことについて知らされなかったことおよび知らないことについて帰責事由がないことを証明した場合を除いて債権者が履行利益または信頼利益の賠償を請求できるという解釈（ド民275条2項）を支持している[65]。

㈡　種類債務における無資力

同様な過失主義への転回は，ド民旧279条[66]の削除の中に見出される。この法定の担保責任もまた，当事者意思に基づく，引き渡されるべき種類の定義による制限であり，いわゆる真正なまたは市場関係的な種類債務の場合にのみ完全にあてはまった。この場合もまた新法は，ド民276条の帰責事由の拡大された概念の枠内で担保責任を許容する。しかし，それはもはや出発点であるのではなく，積極的に理由づけられねばならない。従って，当事者意思は，従来のようにド民旧279条の枠内で法の文言に従って広くなりすぎた担保責任の制限に資するのではなく，それはもっぱらかような担保責任を基礎づけうるものである。原始的不能の場合と異なり，この場合もちろん以前の法と比べて実務上通常の場合ほとんど異なった結論に導かない[67]。

㈥　原始的不能における代償請求権

ローレンツによれば，ド民285条の文言が原始的不能の場合代償請求権を許容しないのは編纂上の見落としである。同条によれば，債務者が給付されるべき客体の代わりに取得した代償のみを請求しうるが，原始的不能の場合はド民

---

(64)　BGH vom 5. 10. 2005 -Ⅷ ZR 16 / 05（過失主義の強調）参照。
(65)　ヴェスターマン（小川訳）「ドイツ債務法改革」ジュリ1245号165頁。
(66)　ド民旧279条(種類債務における主観的不能)「給付されるべき客体が種類に従って定められるときは，債務者は，種類物からの給付が可能である限り，彼に帰責事由が課せられない場合でも，給付の不能について責めを負わねばならない。」
(67)　E. Lorenz (Hrsg.), Karlsruher Forum 2005, S. 28 ～ 29 [S. Lorenz]．

75

275条1項によれば給付はいかなる時点でも負担されない。しかし、このド民285条の定式化は、ド民旧281条（不能の場合の代償の引渡）の文言の適合がなされなかったことに基づくにすぎない。ド民275条4項もまた明示的にド民285条を指示し、この規定を原始的不能と後発的不能の間で区別しないのだから、ド民285条はその文言に反して原始的不能の場合もまた適用されうる。従って、その規定は、給付されるべきまたは約束された客体のためにと読まれるべきである。これは立法者の見解にも合致する[68]。しかし、ハメンは、約束者の相手方は、約束者が約束された客体の代償として取得したものを請求しえないとする。原始的不能の場合に代償請求権を認めるための十分な理論的論拠がないというのがその理由である[69]。

(4) 両当事者の責めに帰すべき事由による不能

ローレンツによれば、新法によれば両当事者の責めに帰すべき不能は理論的に明快な解決に導かれうる。この問題の解決がド民326条2項1文において示唆されていることについては見解の一致がある。それによれば、反対給付義務がいずれにせよ債権者に主たる責任がある場合に維持されているとすれば、それにより単に債務者の共同責任が小さいためそれがド民254条（協働過失）により顧慮されないであろう場合が意味されている。しかし、そのほかに両責任の割合が他の事例でどのように考慮されるべきかについてなにもいっていない。この場合もまた法文に従った解決は納得のいくかつ理論的に明快な帰結に導く：債務者の報酬請求権は、ド民326条2項がこの事例を予定していないから、ド民326条1項1文に従って完全に喪失する。しかし、その代わりに喪失した報酬請求権の額において、ド民254条1項により債務者の協働過失の割合に従って縮減されるド民280条1項、241条2項に基づく損害賠償請求権が発生する。債権者は再び、差額説（価値と売買代価との差額）に従って計算され、その協働過失の割合だけ縮減されることを定めた、ド民280条1項、3項、283条ないし311a条2項により給付されるべき物の価値に従った損害賠償請求権を有する。差額説による計算は、報酬に対する割合的責任がすでに債務者の側で考慮されるがゆえに、強制的である。この請求権はその場合差額を目的

---

(68) E. Lorenz (Hrsg.), Karlsruher Forum 2005, S. 81. 同旨：Canaris, a. a. O., Festschr. f. Heldrich z. 70. Geburtstag, S. 38.

(69) Hammen, Stellvertretendes commodum bei anfänglicher Unmöglichkeit für jedermann? Festschrift für W. Hadding zum 70. Geburtstag, 2004, S. 41 f.

第 2 章　第 3 節　不能および行為基礎の喪失

とする。それは，逸失利益が個々の事例でいずれの当事者がそれをしたかを問わないで，常に割合的に両当事者によって負担されることに導く。例を挙げよう：売買代価 800 ユーロ，価値 1000 ユーロ，同等の過失割合で滅失。売主 V は，ド民 280 条 1 項，241 条 2 項，254 条 1 項により 400 ユーロの損害賠償請求権を有する。買主 K は，100 ユーロのド民 280 条 1 項，3 項，283 条，254 条に基づく損害賠償請求権を有する。V はかくて 300 ユーロを取得する。従って，K の 200 ユーロの利得は責任に従って分割される。もう一つの例を挙げよう：売買代価が 1000 ユーロで，価値が 800 ユーロの場合。V はド民 280 条 1 項，241 条 2 項，254 条 1 項により 500 ユーロの損害賠償請求権を有する。K は差額説によれば損害賠償請求権を有しない。この場合もまた，200 ユーロの K から逸出した利益は，協働過失の割合に従って当事者間に分担される[70]。それは協働過失の原則および平等原則に合致するだけでなく[71]，その直接的な適用が事物にかなった帰結に導く，ド民 326 条 1 項 1 文の法的思考にも合致する。このルールからは，彼が自らなすべき給付を実現した場合にのみ，反対給付の債権者としての債務者に，自己の過失の問題とは無関係に，法律行為からの利得が帰属することが導かれうる。それゆえに，債権者にとって不利な行為の場合，その喪失はすでに契約締結とともに発生し，後発的な不能には帰されえないという議論は，支持し得ない[72]。

2　行為基礎の喪失

(1)　行為基礎喪失制度の法典化

契約は後発的に生じまたは知られるに至った事情によりその基礎が著しく破壊され，その結果その変更のない実行が個々の事例の総ての事情，特に契約上

---

(70)　E. Lorenz (Hrsg.), Karlsruher Forum 2005, S. 80 [E. Lorenz]. これらの事例を日本の民法学で一般に認められている考え方に従って解決するとどうなるのであろうか。目的物の価値 1000 ユーロ，代金 800 ユーロの事例では，この事例は，債務者の責に帰すべき事由による履行不能で債権者に 2 分の 1 の過失があった事例と読み替えるべきだから，買主の売主に対する塡補賠償請求額は 200 × 1 ／ 2 = 100 ユーロとなる。目的物の価値が 800 ユーロで代金額が 1000 ユーロであった場合は，売主の買主に対する損害賠償請求額が 200 × 1 ／ 2 = 100 ユーロとなると解される。

(71)　Canaris, Die von beiden Parteien zu vertretende Unmöglichkeit, Festschrift für E. Lorenz zum 70. Geburtstag, 2004, S. 147 f.

(72)　E. Lorenz (Hrsg.), Karlsruher Forum 2005, S. 80 〜 81 [S. Lorenz].

または法定の危険分担を考慮してもはや期待しえない場合が生じうる。その事由は，戦争，通貨価値の下落，環境破壊のような社会的災害たりえ，数多くの契約に作用しうる。しかし，それらは一つの契約または限られた数の契約のみにも作用しうる。かような状況がある場合には，以下の問題が立てられうる：a. パクタスントセルヴァンダ原則がどこまであてはまるか，b. どのような法的効果が生じるか。契約が変更した事態に適合されるべきか，それとも解除されるべきか。c. かような法的効果がどのような方法で惹起されるか，法律上当然にか，裁判官の宣告によってか，それとも，当事者の一方または双方の表示によってか[73]。

旧法上は一連の個別規定（マルク貸借対照表法 32 D 条など）があったが，これらの契約障害の要件および法的効果を規定する一般規定は存在しなかった。行為基礎の欠缺または喪失の事例のために法制度が展開してきた。以下の要件が行為基礎の欠缺または喪失の考慮のために一般に認められている：事情の重大な変更のみが契約の変更を正当化する。事情の変更はさらに当該契約当事者における危険割り当ての限界を超えなければならない。変更しない契約への固執が当該当事者にとって期待しえないのでなければならない。学説上は行為基礎の欠缺または喪失について数多くの理論が展開した。様々な見解が存在するが，その結論や理由づけはあまり変わらない。判例，特に連邦最高裁判例によれば，行為基礎は，固有の契約内容にはならないが，契約締結時に存在した契約当事者の共通の観念または相手方が認識可能で，かつ，彼によって異議が申し立てられなかった，特定の事情の存在または将来の発生に関する相手方の観念により形成される[74]。この定式は 20 世紀前半のエルトマンに遡る[75]。

学説，判例上客観的行為基礎と主観的行為基礎，大きな行為基礎と小さな行為基礎が区別されている。最初の区別では客観的な視点のみが契約の行為基礎

---

(73) www.schuldrechtsmodernisierung.com, S. 85.

(74) RGZ 103, S. 328（被告と原告（買主）との間で，被告がそれまで社員であった会社の不動産を取得したら，それを原告に譲渡するという契約が締結されたが（1944年），その後貨幣価値が急落した。裁判所は，事情変更の場合にもできるだけ契約内容を変えるなどして契約関係を維持すべきだと述べている）など。

(75) P. Oertmann, Die Geschäftsgrundlage, 1923. 行為基礎論の歴史にまで遡って考察する研究として新たに，五十嵐清「ドイツ行為基礎論小史」札幌法学 15 巻 2 号（2004）47 頁以下，吉政知広「契約締結後の事情変動と契約規範の意義」民商 128 巻 1 号（2003）50 頁以下，2 号 169 頁以下が出ている。

第 2 章　第 3 節　不能および行為基礎の喪失

となるのか（均衡破壊，目的破壊），それとも主観的な視点，すなわち，当事者の観念もまた行為基礎となるのか（共通錯誤）が問題になる。大きな行為基礎は一般的な災害（戦争，戦争に類似した関係，著しい通貨価値の下落，自然，環境災）の影響に関わり，小さな行為基礎は総てのその他の事例，すなわち，より限定された作用を有する事例に関わる。結局行為基礎の欠缺または喪失の問題では信義則，すなわち，ド民 242 条の原則の特別の適用領域が問題になる。行為基礎の喪失は特に以下の事例について議論されている：①均衡破壊　給付と反対給付の等価性（均衡）の思考は双務契約の基礎に属する。通貨価値の下落のような予見しえない事情により均衡の破壊に導かれうる。②給付障害　契約の基礎は，契約締結後当事者の一方がその給付をなすことを困難にする事情（例えば，調達障害）により破壊されうる。③目的破壊　当事者の一方がその請求する給付により特定の目的を達成しようとすることは契約の基礎に属しうる。特に当事者の一方は給付客体の特定の使用を意図しうる。この給付目的の到達が意味を喪失しうる[76]。

　さらに一般的な裁判実務によれば，扶養契約その他の扶養的性質を有する契約については，変更した事情への適合を請求しうるために，より小さな要件で十分なことが指摘されうる。厚生年金の分野ではこれにつきすでに 1997 年 12 月 16 日に改訂された[77] 1974 年 12 月 19 日の厚生年金保険法 16 条の適合条項がある。そこでは 1 項に，使用者が 3 年毎に毎期の給付の適合を検討し，自由裁量により扶養権利者の要求および使用者の経済状況を考慮して決定しなければならないと規定されている[78]。

　行為基礎の欠缺または喪失の場合に上記の要件のもとで要求される契約の変更は，一般的な見解によれば原則として変更された事情への適合である。かつては，権利の変更は要件が存在すれば当然に生じ，契約の適合は相応な適合への実行の請求権に依存するのではなく，それは権利確定行為にすぎないと解されていたが，1952 年の連邦最高裁判決[79]は，自動車購入のための前払い金を積み立てた者が判決で確定されるべき金額または通常の売買代価の一定割合で自動車の給付を求めうることが信義則上否定されないとし，その際に明示的に

---

(76)　www.schuldrechtsmodernisieung.com, S. 86.
(77)　BGBl. I S. 2998.
(78)　www.schuldrechtsmodernisieung.com, S. 86.
(79)　NJW 1952, S. 137.

第 I 部　ドイツ新債務法 7 年の歩み

契約の権利形成的な変更について述べ，メディクスによって支持された[80]。今日では行為基礎欠缺の要件を備えたときは当事者が適合を要求しうるとされ，また契約が解消される場合は，法律上当然に生じるのではなく，権利形成的意思表示（解除）が必要だと解されている[81]。

行為基礎の欠缺または喪失に関する原則が承認された法制度となり，その適用が総ての場合に一致した，満足のしうる結論に到達するがゆえに，これまでの法の欠缺は基本的に民法典における一般原則の欠缺である。この欠缺は法実務には作用しないが，主要な何十年間も検討され，実証された法制度が民法典から排除されている場合に，それは不十分なものとみなされねばならない。行為基礎の喪失の制度においては，このことは，民法典の給付障害法の大規模な変容においてもまた法律に採用されないであろうという場合に特別にあてはまるであろう。したがって，草案がこれなくしてもすでに承認されたもののみを再生させるという事情は，民法典への導入に反しない[82]。

若干の外国の法秩序では行為基礎の要件および法律効果が明示的に規定されている。イタリア（イ民 1467 条以下），ギリシャ（1940 年民法典 388 条）およびオランダ（新民法典第 6 編 258 条）がそうである。総ての三つの法秩序は，ドイツの判例によって立てられているものに類似した要件のもとに契約の適合または解消を規定している。1975 年 6 月 19 日の東ドイツ民法典でも 78 条と 79 条に行為基礎の喪失の要件，効果が規定されていた。雇用契約法 78 条も同じ規定を包含していた。マルク貸借対照表法 32 条 2 項も類似した規定を包含していた。英米の判例のような他の法秩序もまたドイツと基本的に類似した結論に達していた[83]。同じことはスイスについてもあてはまる[84]。大きく異なるのはフランスの法状況である。フランスでは判例が契約変更の要件として不可抗力のみを認めている[85]。これは第一次および第二次世界大戦後立法者の関与を不可避なものとした[86]。

---

(80)　Medicus, Vertragsauslegung und Geschäftsgrundlage, Festschrift für W. Flume zum 70. Geburtstag, Bd. 1, 1978, S. 643.
(81)　Palandt, Komm. z. BGB., 67. Aufl., S. 503 [Grüneberg].
(82)　www.schuldrechtsmodernisierung.com, S. 86.
(83)　Zweigert/Kötz, Einführung in die Rechtsvergleichung, 3. Aufl., 1996, S. 528 f. PECL 6:111 条，PICC6. 2. 2 条も，事情変更の原則を明示で定めている。
(84)　Zweigert/Kötz, a. a. O., S. 412.
(85)　Zweigert/Kötz, a. a. O., SS. 412 f., 525 f.

第 2 章　第 3 節　不能および行為基礎の喪失

　討議草案307条（現行313条）のような形で行為基礎論を明文化することについては批判もあったが[87]，ドイツ新債務法は，313条に行為基礎の欠缺または喪失に関する規定の導入を定めた[88]。その意味はもっぱら，法制度になった行為基礎の欠缺または喪失に関する原則がその重要な意味のために民法典中に置かれていることの中にある。それに際して行為基礎の場合法律上当然に考慮されるべき事情が問題になるのか，それとも抗弁により始めて考慮されるべき事情が問題になるのかという問題について，従来の見解とは部分的に異なったルールが規定された。その規定が置かれる箇所として，行為基礎の喪失がこの規定の特別の適用領域を形成し，契約についてのみ意味を有するのではないがゆえに，ド民242条の次に挿入することも考えられた。しかし，行為基礎の問題は通例契約上生じるがゆえに，313条が適切な位置であると解された。

　第1項には行為基礎の欠缺または喪失の要件が規定されている。それと同時に優先的な法律効果として変更した状況への適合が規定されている。適合が不可能であり，または期待しえない場合にのみ，契約の解除が観察に現れる。要件として重畳的に存在しなければならない複数の徴標が列挙されている：①契約締結後事情が決定的に変更したのでなければならない。②これらの事情は契約内容になっていない場合でなければならない。③当事者は，彼らが変更を予見していたとすれば，契約を締結せず，または異なった内容の契約を締結していたのでなければならない。④変更されない契約への固執が，当事者の一方にとって個々の事例の総ての事情，特に契約上または法定の危険分担を考慮して期待しえないのでなければならない[89]。

　契約当事者が生じた変更を可能なものとして予見しまたは予見しえたであろうという場合につきいかなる規定も設けられていない。この場合通例行為基礎の喪失は否定されうるが，従来判例に従ってもまたこれは例外なしにあてはまるわけではなかった。しかし，少なくとも予見しうる変更の場合，事前の措置

---

(86)　Zweigert/Kötz, a. a. O., S. 527.
(87)　Ernst/Zimmermann (Hrsg.), Zivilrechtswissenschaft und Schuldrechtsreform, 2001, SS. 37 f. [Huber], 321 f. [Dauner-Lieb]. 五十嵐・前掲論文札幌法学16巻1号137頁参照。
(88)　ドイツ新債務法における行為基礎喪失規定の解釈，研究として，中村肇「事情変更法理における債務解放機能と債務内容改訂機能」成城法学72号（2004）42頁以下がある。
(89)　www.schuldrechtsmodernisierung.com, S. 86～87.

がなされえたとすれば，契約への固執はしばしば期待されうることになろう。要するに新 313 条制定後も従来行為基礎の喪失について立てられた厳格な要件は変えられることなく維持される。行為基礎の喪失のための要件が存在するときは，不利益を受ける契約当事者は契約の適合を請求しうる。適合が従来相応な適合実行請求権に依拠していないにもかかわらず，行為基礎の実体法上の扱いも訴訟上の扱いもこの定式化とは結びついていない[90]。

例えば，「契約は適合されうる」という定式化により適合の法的形成を公にすることは放棄された。しかし，法的安定性の論拠は，法律効果として適合請求権を明記することを支持する。特に当事者はまず自ら適合について話し合う。訴訟の場合は，その場合直接に適合された給付に向けられた訴えが可能であろう[91]。したがって請求権という解決の場合の構成上の困難は解決されうる。

1 項には，2 項で同様な方法で規定されている主観的な行為基礎の事例の例外を除いて，行為基礎の喪失の総ての事例が包含されている。その規定の文言は，もちろん判例により依然として用いられている，当事者の行為意思が依拠する総ての観念が行為基礎に属するというエルトマンに遡る定式とは一致しない。この定式は強く主観的に刻印されている。ここに規定され，かつより客観的徴標を重視した定式化は判例の帰結をより適合的に表現したものである。その他純粋に主観的な行為基礎の喪失の事例は 313 条 2 項に規定されている。しかし，1 項の定式により判例の変更が意図されているわけでもないし，それが許容されているのでもない[92]。

上記の特別に重要な事例群のための典型例を記述することは放棄された。ありうる定式化はかなり一般的なものでなければならず，それゆえに行為基礎という法制度の理解のためにまた法の適用のためにほとんど付加的な改善をもたらしうるものではない。さらに扶養契約およびその他の扶養的性質を持った契約のための規定は採用されなかった。このために標準的なのは，厚生年金の分野ではすでに特別の法定のルールが存在し，扶養請求権の適合がむしろ家族法

---

(90) www.schuldrechtsmodernisierung.com, S. 87.

(91) BGHZ 91, 32（1982 年に，1953 年に合意された地代についての取り決めが問題になった事例。地主からの地代値上げの要求に対し，連邦最高裁は，当時と現在の通貨の購買力の差からして地主の要求はもとの地代の 5 分の 3 までの増加なら許されるとした）.

(92) www.schuldrechtsmodernisierung.com, S. 87.

第 2 章　第 3 節　不能および行為基礎の喪失

に規定されるべきであり，かつ，その場合になお残っている規定の必要は小さいという考量である(93)。

　困難な給付障害は，当事者の一方がそのなすべき給付を，債務関係の内容および信義則の命令を考慮して債権者の給付利益と比較して著しく不釣合いな緊張を用いてのみなしうることにも導きうる。給付の可能性は契約上の義務のための行為基礎として理解することもできる。その場合一方ではド民 275 条との，他方ではド民 313 条との限界の問題が生じる。ド民 275 条が給付義務の限界を規定するがゆえに，その適用領域においてド民 275 条はド民 313 条に優先する。契約の適合に関する問題は，債務者がド民 275 条により免責されない場合にのみ生じる。その他両規定の限界についてド民 275 条に関する補充的記述が重要性を持つ(94)。

　第 2 項について　2 項は主観的行為基礎の原始的欠缺にかかわる。それに際して共通的動機錯誤および一当事者が誤った観念を有するだけで，相手方はこの錯誤を自ら観念することなく受け入れた場合が問題になる。それに際してその帰属が部分的に争われているこれらの事例は，明示的に行為基礎の喪失の適用事例として分類されている。

　第 3 項について　3 項では，学説，判例の一般的見解に一致して，契約の解消が適合が可能でなく，期待もしえない場合に，またその場合にのみ請求されうることが規定されている。したがって，解消は補充的にのみ観察に現れる。契約の解消にとって必要なのは不利益を受ける当事者の解除の表示である。継続的債権関係では解除法の代わりにド民 314 条による重要な理由に基づく告知の権利が生じる。それによってすでに存在する一般的見解が法に受け入れられた(95)。

---

(93)　www.schuldrechtsmodernisierung.com, S. 87.
(94)　www.schuldrechtsmodernisierung.com, S. 87.
(95)　BGHZ 101, S. 143（原告が被告に地上権を設定したが（1972 年），その土地は居住区から外れたところにあり，建築許可が下りなかった。地上権者は地上権設定契約の解除を求めたが（1983 年），裁判所は，その事例では建物が建築されうるかどうか，またいつ建築されうるかのリスクは地上権者が負うとした（1985 年にはその一部について建築許可が下りている））。

第Ⅰ部　ドイツ新債務法7年の歩み

(2)　行為基礎破壊の理論的検討

(イ)　行為基礎論の意味と概念

行為基礎喪失論は，私法上ほとんど150年間議論されている[96]。結果的にしばしば概念上におけるほど区別されない行為基礎喪失の数多くの亜種がある。まず，例えば急速なインフレや戦争による荒廃のような著しい社会的災害と結びついた法倫理的に耐えられない帰結を避けるために，行為基礎喪失論がド民242条から展開したことについては一致が存する。訴訟的には債務法改正前まではド民242条に基づく抗弁（極端な場合は法律上当然に考慮される抗弁）が問題になる。しかし，それは補充的な性質を有するにすぎない：性急な関与は，より特殊な法的救済への一瞥を過早に妨げることになろう。債務法改正後は契約適合請求権が問題になる[97]。

以下のように定式化されうる[98]：「行為基礎は，(1)少なくとも当事者の一方が契約締結時に前提とし，(2)この当事者にとって（主観的に），彼が事情の不確かさを知っていれば，契約を締結せず，または，異なった内容の契約を締結していたであろうほど重要であり，(3)相手方がより誠実であるとすればその考慮に応じたに違いない事情である。」

(ロ)　行為基礎の限界

通例契約締結に際して両当事者はある（自明的な）期待ないし観念から出発し，この期待が契約自体の中に刻印されることなしに，その上に彼らの行為意思もまた形成される。契約を実行しているときに期待された事情が存在せず，または，喪失したことが明らかになったときは，不利益を受ける当事者は契約が変更した事情に適合され，または，それを解消することに利益を有する。この場合まず，①補充的な解釈に基づいて始めて生じうる契約（適合）条項が優先する（ド民133条，157条[99]），②錯誤，給付障害ないし不完全給付に関する特別規定が優先する（ド民119条以下，306条以下，321条，459条，626条）。

---

(96)　遅くとも Windscheid, Die Lehre des römischen Rechts von der Voraussetzung, 1850 年以来である。

(97)　www.schuldrechtsmodernisierung.com, S. 88.

(98)　Medicus, BR., 21. Aufl., 2007, S. 97.

(99)　ド民133条（意思表示の解釈）「意思表示の解釈に際しては，現実の意思が探求されるべきであり，表現の文言上の意味に固執すべきではない。」157条（契約の解釈）「契約は，取引慣行を考慮して信義則が要求するように解釈されるべきである。」

第2章 第3節 不能および行為基礎の喪失

事例［ケース4］(100)：Kが長い間ジャッキアップされていて走行準備のされていない中古自動車をVから買った。Kもまだ免許を持っていなかった。当事者は，その自動車がすっかりオーバーホールされ，それが売買代金に反映されることを合意した。しかし，修理が必要なことが知られていなかったモーターの損害のために期待されていたよりも高額になることがじきに明らかになった。さらにKは走行試験を受けていなかった。Vは修理費用の高額さのため解除しようとした。この場合でもKは給付を請求しうるか。Kは走行試験を受けていないことを理由に契約を解除しうるか。

この事例は行為基礎喪失論に優先してどのような規定が適用されるべきかを明らかにする：a）動機錯誤　ド民119条2項によれば，意思形成錯誤は，ド民119条1項の意思表示錯誤とは異なり，それが契約締結時に存在していない契約当事者または契約客体の取引上重要な性質に関わる場合にのみ考慮される。ド民119条2項により考慮される共通の誤った観念が存在する場合ですら，常にそれに基づいて不利益を負担しなければならない者が契約を破壊することが許容され，そのために消極的利益もまた塡補しなければならないがゆえに，取消しは正当な法的手段である。したがって，Vがその中古自動車を彼によって見積もられた額で修理しえない場合，彼は取り消しうるが，それは担保規定の特殊性のために危険移転の前においてのみ許容される。修理費の高額化は彼の契約上前提された危険領域に帰する。それに対して，Kが走行試験を受けたという（共通の）誤った観念は，もともと取引上重要な錯誤ではない。なぜならば，売買目的物の使用危険は自動車の場合も一義的に買主に帰し，Vは免許所有者としてのKの性質の取引重要性の欠缺のためにそれにつきいかなる考えもなすに及ばない，それゆえ行為基礎の欠缺がこの場合役立たないからである(101)。

Vがそうとはわからなかったが価値ある物（絵画，装飾）が安く売却された事例も同様に処理されうる。この場合もまた両当事者は誤った観念を有しうる。この場合もまた当事者の一方のみが重い負担をする。したがって，この場合もまたド民119条2項に基づく彼の取消し可能性が残される。それはそうとわか

---

(100) Westermann/Bydlinski/Weber, BGB-Schuldrecht, Allg. Teil, 6. Aufl., 2007, Fall 25.
(101) www.schuldrechtsmodernisierung.com, S. 88.

らないで高価な物の場合は売主のための取消に導きうる[102]。行為基礎喪失の可能性はこの場合存しない。

b) 不能　行為基礎喪失の事例は不能の問題と重なり合う。特にいわゆる給付困難の場合は，一方では事実上なしえない給付において不能の結果が正当化されうるが（指輪が湖の底に落ちた（事実上の不能）），他方において耐えられない場合[103]は行為基礎の喪失の原則が提示される（経済的不能）。一方の側で，この予見しえない出費がもっぱら彼の契約上の危険領域に帰せられうることなしに，犠牲限界が踏み越えられたときは，この履行利益における利益衝突はド民275条以下，323条以下の規定によるよりもド民313条（契約適合）による方が合理的かつ柔軟に解決されうる[104]。

一方的契約危険（結婚のケーキが，結婚がだめになったことによって不要になった）との限界の困難は，以下の事例が示す：Aが7月23日のＩ市の創立750周年記念の行進の際にヴィデオ撮影のためにそれにふさわしいバルコニーを借りたいと思った。彼は商業目的でH婦人からバルコニーを借り，そのために100ユーロを前払いした。7月21日にその行進のルートが変わり，もはやH婦人のうちの側を通らないことが明らかになった。Aは前払い金の返還を求めうるか［ケース5］。

解決の指針：1　賃貸借契約は有効である。解除条件は明示されていない。

2　賃貸物の瑕疵による賃料返還請求権は認められない。

3　AはHに対してド民346条（解除の効果），326条4項により請求をなしうるか。契約上前提された目的はもはや到達されえない（いわゆる目的破壊の事例）。しかしHは依然としてAにそのバルコニーを賃貸借に基づいて引き渡しうる。彼女は行進の実施について責任を負わない。したがって，契約内容にならなかった目的指定が喪失した場合，ド民275条の不能となるかどうかが問題になる。この問題の解決は議論されている。メディクス[105]やボイティー

---

(102)　Vgl. BGH NJW 1988, S. 2597（売主（原告）が買主（被告）に一枚の肖像画を売却したが，それが鑑定の結果ライプル（Leibl）の真筆であることが判明し，被告がそれを他の購入者に4倍の価格で転売した事例。裁判所は，ド民459条以下の規定は錯誤取消を排除しないとした）; Köhler/Fritsche, Anfechtung des Verkäufers wegen Eigenschaftsirrtum, JuS 1990, S. 16（双方的動機錯誤）.

(103)　Medicus, BR., 21. Aufl., S. 93.

(104)　www.schuldrechtsmodernisierung.com, S. 89.

(105)　Medicus, BR., 21. Aufl., S. 95.

ン[106]は，不能を認める。一義的に認めうる契約目的および異常な対価額から債務者Hにとっても契約に適った使用（ド民537条[107]）が行進に関してのみ可能なことを知りうるというのがその論拠である。

4　AのHに対する請求権は行為基礎の喪失に基づくものであろうか。ラーレンツ[108]によれば，賃貸借契約上の給付はその目的であるヴィデオの撮影と一体的なものではなく，この場合補充的に行為基礎喪失のルールに服せしめられうる：検討すべき点は以下の如くである：①特別規定があるかどうか，②一致した行為期待があるかどうか，③行為基礎になっているかどうか，④両当事者が誠実であるとすればこの危険を共通の危険として加えたにちがいないほど重要であるかどうか，⑤法律効果はこの場合単に金銭の返還となりうる。

(ハ)　行為基礎の検討

この著名な事例の（争いある）解決によれば，行為基礎喪失の検討は以下の三つに分解されうる。行為基礎は，①事実上の，予見しえない展開が考慮されていたとすれば，②相手方が誠実であるとすればそれを考慮したであろう，③一方の当事者の履行にとって重要な期待である（仮定的契約解釈）。したがってこの場合まず当初締結された契約への固執を期待し得ないようにする主観的および客観的事情が検討されるべきである。その場合特にド民242条，313条に基づく規範的評価は，②の点で給付交換における契約上予見された危険の衡平な分担に作用するものでなければならない[109]。

債務法改正前の連邦最高裁の事例[110]では，原告が被告に土地を売却し，その対価として被告がその土地に建築許可後8ヶ月以内に建設する賃貸用建物またはそれに代わる建物を与えるという契約が結ばれたが，その後建物は建設されず，建築許可も下りていない。そこで原告は契約の無効を主張。判決要旨：「控訴審は契約の無効の論拠を，被告の土地上の建築義務が問題になる限り，ド民（旧）306条の意味においてそれが当初から不能な給付に向けられている

---

(106)　Beuthien, Zweckerreichung u. Zweckstörung, 1969, S. 166 f.
(107)　ド民537条（賃借人の個人的な障害の場合の賃借料の支払い）「(1)賃借人は，彼が彼の側にある事由によってその使用権の行使を妨げられたことによって賃料の支払いを妨げられない。しかし，賃貸人は，節約された費用の価額ならびに彼が他の方法による利用から得た利益を控除しなければならない。」
(108)　Larenz, Lehrbuch des Schuldrechts, Bd. 1, 14. Aufl., S. 327.
(109)　www.schuldrechtsmodernisierung.com, S. 89.
(110)　BGHZ 47, S. 48.

ことにみている。上告理由は，それが履行の不能をそもそも否定することによって手続き上および実体法上の理由からそれに反論を唱える。この上告理由について態度を表明する必要はない。なぜならば，すでに控訴審判決の出発点が，上告審において相当な実体上の抗弁なしにもまた問題とされうる一貫した法的な疑問に服するからである。ド民（旧）306条は，合意された給付の原始的な，すなわち，契約締結時にすでに存在する客観的不能の法律効果を規定する。この場合契約は無効である。取り消される判決は，この規定を継続的な不能の場合だけでなく，最初存在した給付障害が後で除去される場合にも適用されうるとした。この場合最高裁判決が，なされるべき給付が債務関係発生後生じた事情により不能になる事例（ド民275条）について展開した原則から出発している。この場合不能として通例給付の実現を常に排除する事情が理解されうる(111)。しかし例外的に継続的債務関係においては，一時的にすぎない履行障害も，特定の前提のもとで，すなわち，契約目的の到達が問題になり，相手方の合意の遵守が信義則に従ってもはや期待されえない場合には，継続的な不能と同視される。しかし，なされるべき給付の後発的不能は契約自体を無効にはしない。むしろ当事者の法律関係はその場合ド民（旧）275条以下，（旧）323条以下により決せられる(112)。一時的不能と継続的不能の同一取り扱いが後発的給付障害の場合のように契約無効の唯一の重要な効果であるド民（旧）306条の事例に持ち込まれるかどうかが問題になる。

この問題は，この場合この一般的な形では最終的に決定されるには及ばない。なぜならば，ド民（旧）306条の意味の原始的不能の場合にも一時的にのみ契約の履行を妨げる事情を継続的な障害と同様に扱うことが原則として排除されないとしても，契約当事者が現在の障害を知っているが，錯誤によりすぐに除去可能になると考えていた場合はかような扱いの余地がないからである。かような場合に後で除去のために契約締結時に全部の当事者によって考えられていたよりも長い期間が要求されることが明らかになったときは，双方的な錯誤が存在し，その法律効果はド民（旧）306条によってではなく，行為基礎の喪失

---

(111) RGZ 168, S. 321 （ひげそり用はけとチューブ入りクリーム10万個の製造物供給契約が締結されたが（1938年），戦争が始まったため原材料の調達が困難になった。裁判所は，製品の供給ができなくなったのは，被告が原材料の供給者に前払い金を払わなかったためだとし，少なくとも原告（注文者）の遅延損害の賠償請求を許容した）．

(112) Esser/Schmidt, Schuldrecht, Bd. 1, 8. Aufl., 2000, S. 334 など．

第 2 章　第 3 節　不能および行為基礎の喪失

の観点から（ド民242条）判断されうる。履行時期の予期し得ない延期により契約当事者が出発した事実関係が大きく変更し，契約が信義則に基づいてもはや最初に予定された方法で貫徹されえないかどうかが検討されるべきである。行為基礎喪失に関する原則の適用は例外的にのみ完全な契約関係の除去に導く。いずれの場合も契約信義および契約の安定性から，契約は可能な限り維持されるべきであり，単に両当事者の正当な利益を考慮に入れる方法において変更した事実関係に適合されるべきである[113]。

　本事例では行為基礎に関するかような双方的な錯誤が問題になる。取り消された判決が確定するように，当事者は，契約締結時に一致して，契約が近いうち実行され，特に被告により建てられるべき賃貸住宅がじきに建設されることから出発した。Gの土地上に比較的近いうちに建物が建てられるという当初の期待が喪失したことが明らかになったときから，当事者の法律関係は新たな段階を迎えた。今や建てられるようになるまでどのくらいの期間が必要となるか不確かである。不確かさはその後も継続し，控訴審の最終弁論の終結時にも同様であった。少なくともその当時，そのときから経過した期間ならびに将来土地に建築が可能になるまでなお経過する期間が重大なものにならないで，契約当事者の当初の合意内容への更なる固執が期待されうるかどうかは疑わしいように思われた。もちろん取り消された判決は期待可能性に関する記述もまた包含する。しかし，それに際してそれは事実関係を行為基礎の喪失の観点のもとで，すなわち，後発的に生じた変更のもとで評価していない。むしろ控訴審は，ド民（旧）306条の後発的不能から出発しているがゆえに，その当時の観点から当事者が説明したように，契約締結時の関係を問題としている。さらにこの観察方法は，双方の利益状態が完全に無視されえないとしても，そのもとでまず一時的な給付障害により不利益を受ける契約当事者（原告）が問題になる限りで，視野を狭めるに違いない。他方において，行為基礎喪失に関するルールは，はるかに広範な変更した事実状態の総ての当事者への作用を考慮する考量を規定する[114]。かように包括的な検討がなされると，個々の事例の総ての事情の関与のもとで，場合によっては当事者のその後の行為が別の光の中で照らされることもあろう。」

---

[113]　BGH WM 1966, S. 475（原告が被告に組み立て式住宅の建設を依頼したが，その種類の組み立て式住宅はドイツで一般に認められないものであった）など。

89

第1部　ドイツ新債務法7年の歩み

　共通的動機錯誤の事例は，ド民313条のもとでは主観的行為基礎の問題となるが，ヨーロッパ契約原則（PECL）およびユニドロワ契約原則（PICC）では，錯誤の処理に適用される規定（PECL 4 : 103条，PICC 3．4条）が法および事実に関する錯誤の総ての事例に適用される。これはドイツの債務法改正がド民119条の錯誤の要件に手を触れないでおくという方針をとったためである。しかし，施行後の展開は，ドイツの錯誤の要件が今日の視点からは古臭いことを明らかにした。すなわち，共通的動機錯誤の事例および行為基礎による解決は，性質錯誤（ド民119条2項）を度外視すると，動機錯誤の場合の取消の完全な排除は狭すぎることの証拠である。更にPECL 4 : 103条およびPICC 3．4条の錯誤の標識の詳細なカタログは，共通的動機錯誤の考慮に際してド民313条の規定よりも評価の問題をよりよく把握しうる(115)。

(3)　行為基礎の喪失とそのド民275条3項との関係

　土砂の採取により生じた穴による環境破壊の問題［ケース6］(116)：土砂採取後に生じた穴の占有者AがBとの間で1年1000トンの型砂の供給契約を締結した。Bは砂の半分は使われ，残りの半分は浄化されないままもとのところに置かれるという方法で使うことになっていた。Aは，1年間でこの500トンのリサイクル能力のない古い砂をBから受け取り，官署でなされた廃棄物処理証明によって除去する義務を負った。供給および廃棄物処理の報酬として年間10万ユーロが約束された。契約の有効期間は3年とされ，両当事者のいずれも告知しえないものとされた。その部門で通常そうであるようにAは彼によって受け取られた古い砂を，すでに空にされ，再使用されることになっている彼の砂を採取した後の穴に投入した。彼はこのために官署の投棄許可証を持っていた。しかし，AとBとの間の契約の締結後間もなく，砂を掘った後の穴の生態学的な関係を新たに検討した結果，投棄のために用いられる穴のある敷地に地下水位面に対する自然の障害がないことが明らかになった。そのた

---

(114)　BGH NJW 1961, S. 553（土地の売買で，買主によって契約上引き受けられた抵当権の（被担保債権の）利子率が思いがけない方法で切り下げられた場合，売主が売買代価の追加払いを請求しうるかどうかは，買主が，切り下げがなされなくても同じ利益を得たであろうかどうかによるとした）．

(115)　Pfeiffer, Geschäftsgrundlage und Kündigung aus wichtigem Grund, Remien (Hrsg.), a. a. O., S. 142.

(116)　Bähr, Der pragmatische Fall, JuS 2002, S. 254 f. 参照。

第 2 章　第 3 節　不能および行為基礎の喪失

め管轄環境局がその投棄許可を取り消した。A は B から引き受けた古い砂を遠く離れたところにある家庭ごみ堆積場に投棄するしかなくなった。しかし，これは彼に 1 年約 2 万ユーロの負担増をもたらすものであった。A が B にすでに合意された廃棄物処理費用の相当な増額または廃棄物処理契約の解除の申し出でをしたときに，彼は，契約の残りの期間について従来の合意された価額で履行するか，それとも，供給および廃棄物処理契約の告知を受け入れ，後者の場合 B は 1 年 5 万ユーロである，他の砂を掘った穴の事業者との契約による増加費用を賠償するかのいずれかだと言明した。法律関係いかん。

　解決の指針：Bの古い砂の受け取り請求権　B は A と締結した契約に基づいて古い砂の引き取りを求めることができる。しかし，請求権が不能により排除されるか，それとも，A がその他の理由に基づいて契約の履行を拒絶しうるかどうかが問題になる。
　(a)　ド民 275 条 1 項による古い砂の処理義務の排除
　この場合 A の古い砂の処理は物理的に不能になるのであろうか。しかし，A は費用が増加するとしても廃棄物処理はなお可能である。したがって，真正の現実の不能は存しない。
　(b)　ド民 275 条 2 項および 3 項の A の給付拒絶権
　ド民 275 条 3 項は，いわゆる人的な不能（オペラ歌手がその子供の重病のために出演できなかった事例）を規定する。A はその給付を個人的になす必要はないのだから，そのルールは適用されない。A がド民 275 条 2 項により給付を拒絶しうるかどうかが問題になる。この場合 A の給付が事実上または実際上不能になったのでなければならない。これは，給付障害の除去が理論的には可能ではあるが，そのための債務者の費用が債権者の給付利益と著しくミスマッチであるがゆえに，理性的な債権者であれば真剣に期待しないであろうことを前提とする（売却された指輪が海中に落ちた事例）。それに対して立法者の意思によれば，ド民 275 条 2 項は，債務者の視点から予見しえない異常な困難により，給付と反対給付の関係が後発的にその行為が彼にとって計算されえないような方法で彼の不利に変更される，いわゆる経済的不能を包含していない。経済的不能の解決はド民 313 条によりなされる[117]。

---

(117)　www.schuldrechtsmodernisierung.com, S. 83.

第1部　ドイツ新債務法7年の歩み

　それにつき，政府草案理由書313条参照：「重要な給付障害は，契約当事者の一方がその負担に帰する給付を債務関係の内容および信義則の命令を考慮して債権者の給付利益と著しいミスマッチを生じる緊張をもってのみなしうることにも導きうる。給付の可能性を契約上の義務のための行為基礎と理解することも可能である。その場合一方では政府草案275条と，他方では政府草案313条との限界の問題が生じる。政府草案275条は給付義務の限界を規定するがゆえに，政府草案275条の適用領域は原則として政府草案313条に優先する。契約の適合の問題は，債務者が政府草案275条により免責されていない場合にのみ生じうる。その他の点では両規定の限界は，政府草案275条に関する補充的記述が関係しうる。」

　更に，政府草案275条の理由書参照：「（ド民）旧275条の（客観的および主観的）不能への制限は改善に値する。なぜならば，この制限は免責ルールの現実の適用領域を不完全にのみ表現するからである。真正な（物理的な）不能の存在は技術の進歩により著しく制限された。今日では沈没した船を発見し，引き上げることもできる。しかし，かような処置が技術的に可能であることは，それが給付の前提である場合にもそれがなされるべきだというのではない。むしろそれを超えて法的な視点のもとで約束の解釈を通じて解決されるべきである。単に機械を給付することを約束しただけの者は，この給付義務の履行のために通例機械とともに沈んだ船を引き上げる必要はない。それに対して船を引き上げることを約束した者は，通例この浮上に伴なう困難により免責されない。実際上実務と学説は，ド民275条およびその効果規定の現実の不能への制限を長い間無視してきた。その規定は，いわゆる事実上の不能にも適用される。いわゆる経済的不能へ拡大しうるかまたは犠牲限界を超えうるかは議論されている。良心に基づく期待不能または行為基礎の欠缺による場合のような他の同様な免責原因は，（ド民）242条の問題となる。

　まず本条項は，いわゆる事実上または実際上の不能にも関わる。この概念により給付障害の除去が理論的には可能だとしてもこれを理性ある債権者がまじめに期待しえない事例が表現される。その代表例は海中に沈んだ指輪である。これに対して，いわゆる経済的または倫理的不能または債務者にとっての単なる給付困難という意味の「耐えられないこと」は，2項1文は規定していない。これらの事例は現行法上規定されておらず，行為基礎喪失の原則（ド民313条）に従って解決されうる。いつもそうだというのではないが，それは20年来の

第2章　第3節　不能および行為基礎の喪失

通説である(118)。2項1文もこの点で変わらない。これは2項1文がもっぱら債権者の給付利益を考慮し、これらの場合に類型的にはその考慮が問題になる債務者の固有の利益を計算に入れていないことから導かれる。それはまた、第一次的給付義務の喪失を対象とする（ド民）275条2項1文の目的でもない。これはむしろ行為基礎の喪失に関する（ド民）313条の対象である。良心に基づく給付拒絶の事例もまた、（ド民）275条2項1文によってではなく、（ド民）313条または信義則によってのみ解決されうる。」

　限界づけの困難は、ド民275条2項もド民313条も、ド民242条の法思考の具体化とみなされうることに基づいている。両事例で給付が債務者にとって契約締結時に予見できなかった困難な条件のもとでのみもたらされうることが問題になる。そのような場合であるため、ド民275条2項の要件もド民313条の要件も存在するときは、債務者がそもそも給付をなすに及ばないという重い法律効果のために、ド民275条2項が優先的に検討されるべきである。この債権者にとって不利な法律効果のために、ド民275条の枠内で法の文言に従って給付に対する債権者の利益が決定的に追求されるべきである。事実上ド民313条の法律効果（契約適合）に対して重い法律効果は、給付困難に導く事情が行為基礎（明示的に契約に組み入れられない事情）であるだけでなく、すでに契約内容の客体（債務者の約束したもの）になっていることから正当化される。債務者の意思表示の解釈から、彼が給付の実現を当初の条件のもとでのみ約束したことが生じる場合は、彼は給付をもはや変更した条件のもとでなすには及ばない（ド民275条2項）。しかし、意思表示の解釈の問題に評価の問題が加わるとなると、この考慮によってもまた結局明確な限界づけの標識は得られない(119)。

---

(118) RGZ 100, S. 129（原告が被告に1912年に営業場所として土地を貸した。被告は営業のために蒸気の供給を原告に要求したが、原告は、事情の変更を理由にその供給の拒絶または相当な対価と引き換えの供給を回答。裁判所は、戦争が勃発して原告の給付の反対給付の増額と引き換えでなしの履行を求めることが信義則ないし正義に反する場合は、事情変更（c. r. s. s.）の原則に従い、不利益の分担が認められうるとした）; RGZ 103, S. 3（自動車メーカーの総括代理人（被告）が原告に自動車を販売したが（1919年）、紛争が勃発して自動車生産が大幅に減少した。被告は履行不能を理由に解除を主張したが、原告は自動車の引渡を請求。裁判所は、契約締結後引渡時までの間に契約事情が変更した場合にのみ解除を認めた）; U. Huber, Leistungsstörungen, Bd. 1, S. 118 など。

(119) www.schuldrechtsmodernisierung.com, S. 84.

第 I 部　ドイツ新債務法 7 年の歩み

これにつきロートの見解参照[120]:「主要な適用事例の不能との近縁性は,行為基礎論の展開の中で重要な役割を果たした。それは,特に債務者の過度に高額の出費による不均衡(経済的不能)および目的到達および目的喪失という二つの事例群においてである。以前と同様ド民 313 条における行為基礎の破壊の実定法化の後も,不能の規定がその法律効果とともにド民 313 条の適合に原則的に優先する。しかし,上記の限界事例では判例,学説は,行為基礎論を優先させる。その論拠は,法律効果の側面におけるより大きなかつより満足のいく利益考量を許容する可動域の広さである。」アイデンミュラーらによれば,以下のように限界づけられる[121]:「ド民新 275 条 2 項は,給付費用が給付利益を明白に超過するがゆえに,給付の交換が経済的に極端に非効率な場合に適用されうる。これに対して,行為基礎の破壊は,給付の代価が明らかに給付費用よりも低額であるがゆえに給付交換が極端に不当な場合に観察に現れる。」それによれば,本事例では行為基礎の喪失というより柔軟な手段による解決を優先すべきである[122]。

(c)　ド民 313 条による行使基礎の破壊による契約の適合

A がド民 313 条に基づいて B と締結した契約の適合請求権を有するかどうかが問題になる。この場合契約の基礎になった事情が契約締結後著しく変更した。A がこのことを予見していたとしたら,A は契約を締結せずまたは異なった内容の契約を締結していたであろう。A には,個々の事例の総ての事情,特に契約上または法定の危険分担を考慮して,変更されない契約への固執は期待されえない。したがって,A はド民 313 条 2 項により B に対する契約適合請求権を有する。改正前の通説とは異なり,ド民 313 条の契約の適合は法律上当然にはなされない。むしろ適合請求権のみが存在する。その結果行為基礎の喪失は法律上当然に考慮されるのではない。したがって,それは訴訟上主張されねばならない[123]。しかし,立法理由書によれば,最初に適合が訴求され,次いで適合された給付が訴求される必要はなく,直接に適合された給付が

---

(120)　Münch. Komm. z. BGB., Bd. 2, 5. Aufl., 1782 [Roth].
(121)　Eidenmüller, Der Spinnerei-Fall, Jura 2001, S. 832; Yushkova/Stolz, Der Wegfall der Geschäftsgrundlage vor und nach der Schuldrechtsmodernisierung des Jahres 2001, JA 2003, S. 76.
(122)　www.schuldrechtsmodernisierung.com, S. 84.
(123)　www.schuldrechtsmodernisierung.com, S. 84〜85.

第 2 章　第 3 節　不能および行為基礎の喪失

請求されうる。政府草案 313 条の理由書によれば[124]，「総体として従来行為基礎の喪失について求められていた厳密な要件が変わることなく維持される。行為基礎喪失の要件が存在する場合は，不利な契約当事者は契約の適合を要求しうる。適合が従来相当な適合の実行請求権に基づかなかったとしても，この定式化により行為基礎の実体法上の扱いも訴訟上の扱いも変更を受けない。例えば，契約が適合されうるというという定式により適合の法的形成を明示することは放棄された。しかし，法的安定性という論拠は，法的効果として適合請求権を記述することを支持する。特に当事者は，まず自ら適合について話し合う。その場合訴訟においては，訴えは直接適合された給付に向けられることが可能であろう[125]。したがって，請求権という解決における構成上の困難は解消されうるように見える。」以前の法律上当然の適合という解決は，しばしば当事者が知らず，そのために考慮してもいないし，考慮することもできなかった，すでに生じた契約の変更を事後的に問題とすることに導いたが，このような耐えられない方法は除去されたと指摘されている[126]。

　Ａの請求権は，合意された廃棄物処理費用を，予見されない事情により惹起されたより高額の費用に増額することには向けられない。Ａは，両契約当事者が契約締結時にすでに，Ａが，彼によって受け取られる古い砂をその掘削後の穴に投棄することについての官署の許可が得られないことを知っていたとすれば，合理的に行動したであろう場合に有するであろう状況に置かれるようにのみ請求をなしうる。Ａが契約締結時に市場価格でのみＢと係わり合いをもつことから出発されうるがゆえに，いずれにしても報酬を市場価格とすることが観察に現れる。しかし，Ａの費用は市場価格をはるかに超えるのだから，ＡとＢが事実を知っていれば契約を締結しなかったであろうことから出発されうる。したがって，ド民 313 条 3 項によれば，継続的供給契約を即時に告知しうる。その場合廃棄物処理の一部についてのみ解除することは問題にならない。Ｂが相手方に全部の給付の実現を委託した場合にのみ，相手方が全部の給付をなすことに対する有利な条件を保持するがゆえに，ド民 281 条 1 項 2 文，323 条 5 項 1 文[127]を準用してＡは，ド民 313 条 3 項 2 文を援用して契約

---

(124)　Canaris, Schuldrechtsmodernisierung 2002, S. 745.
(125)　前掲 BGHZ 91, S. 32.
(126)　Pfeiffer, a. a. O., Remien (Hrsg.), a. a. O., S. 138.

全部を告知しうる。Aは有責な義務違反を侵さなかったのだから，BはAに対して損害賠償を請求しえない[128]。

(4) 当事者の再交渉義務の問題

行為基礎喪失の場合に再交渉義務を認めるべきかどうかが議論される。PECL 6：111条およびPICC 6．2．2条はこれを明示的に認めている。ドイツ民法でも，新債務法がこれを規定しなかったにもかかわらず，例えばグリューネベルクはこれを認める[129]。しかし，反対説は，ド民313条の文言はかような交渉義務の明示的な基礎とはならない，立法資料によれば，交渉は単に請求権構成の望まれた反射に過ぎない，当事者はまず相互に適合について交渉するが，それは法律上要求されるものではない，いずれにしても十分な交渉がなされたかどうかの議論は，行為基礎破壊の事例の解釈にあたって実りをもたらさないと主張する[130]。PICC 6．2．3条2項は，再交渉義務の主張は，相手方の履行請求権に影響を与えないと規定する。プファイファーによれば，これは基礎の破壊が単に口実として主張されることを妨げる。債務者は，適法な適合請求の場合に適合により直ちに償還されねばならないものを行為基礎の破壊にもかかわらず給付しなければならない。債務者による権利濫用がそれにより妨げられる[131]。

---

(127) ド民323条5項「債務者が給付の一部を実現した場合，債権者は，彼がその一部給付になんら利益を有さないときにおいてのみ全部の契約を解除しうる。債務者が給付を契約に適って実現しなかったときは，債権者は，義務違反が重要でない場合，契約を解除しえない。」

(128) www.schuldrechtsmodernisierung.com, S. 85.

(129) Palandt, Komm. z. BGB., 66. Aufl., para. 313 Rn. 41 [Grüneberg].

(130) Pfeiffer, a. a. O., Remien (Hrsg.) a. a. O., S. 138.

(131) Pfeiffer, a. a. O., Remien (Hrsg.), a. a. O., S. 138～139.

第4節　担保責任法の母型としての一般給付障害法

1　序　説

　一般給付障害法の再構成と並んで，改革の更なる主目的の一つは，売買および請負契約法の分野における給付障害法の統一である。この統一は，買主（注文者）の法的救済を一般給付障害法の法的制度に立ち戻らせることによりなされた[1]。以下にはローレンツの記述に従って新債務法施行後の学説の展開を祖述しよう。担保責任法の法的救済と一般給付障害法とのこの結びつきの出発点は，請負契約法（ド民633条1項[2]）ならびに売買法（ド民433条1項2号[3]）における権利および物の瑕疵のない給付義務である。売買および請負契約法における固有の法的救済を放棄し，一般給付障害法に立ち戻ることは，各々の権利または物に瑕疵がある給付が構造的に（瑕疵のない）給付の遅滞または（瑕疵のない）給付の（原始的または後発的）不能の事例とすることに導く。担保責任法を不能または遅滞法と定義するという思考範疇は，新しいものではなく，単に売買および請負契約法におけるその適用にすぎない。民法典の歴史上の起草者もまた，不完全給付を一部不能の事例とみたし，その中になお給付障害法の鍵となる概念をみた。連邦最高裁もまた，この概念を全く適切に返還されるべき用益賃貸借の客体の毀損に関連して用いた[4]。従ってこの場合もまた新しい思考方法ではなく，売買および請負契約法への一般給付障害法の適用領域の拡大が問題になる。これは全く納得させる帰結に導く[5]。

---

(1)　Begründung des Regierungsentwurfs, BT-Drucks. 14 / 6040, S. 94.
(2)　ド民633条1項「請負人は注文者に物および権利の瑕疵のない仕事をなす義務を負う。」
(3)　ド民433条1項(売買契約における契約類型的義務)「売買契約により物の売主は，買主にその物を引渡し，かつその物の所有権を移転する義務を負う。売主は買主に物および権利の瑕疵のない物を移転する義務を負う。」
(4)　BGHZ 127, S. 314 ＝NJW 1995, S. 600（性質的な一部不能）。
(5)　E. Lorenz (Hrsg.), Karlsruher Forum 2005, S. 65 [S. Lorenz]. 日本で担保責任法の一般給付障害法への統合を説くものとして，石崎泰雄「ドイツ新債務法における瑕疵担保責任の統合理論」駿河台法学17巻1号（2003）47頁以下を挙げうる。

2　性質的な（一部）不能

　ド民433条1項2文に従ってなされるべき物または権利の瑕疵のない給付が不可能なときは，売主（請負人）は，給付義務自体ではなく，瑕疵のない給付義務から免除される。ローレンツによれば，この部分的のみの給付の免責は，ド民275条1項の「その限りで」という語から導くのはむずかしい。ド民439条の追完履行請求権による履行請求権の変容により，追完が売主にとってド民439条1項によって規定された方法のいずれにおいても不可能であり，または，売主の追完履行のための費用が買主の利益と不均衡になる場合，すなわち追完履行に不相当な費用がかかる場合において，ド民275条2項，3項，439条3項に基づく抗弁を提出しうるときに，かような除去しえない瑕疵が存在する。前者の場合，売主が自分では給付できない限り，物の瑕疵のない給付の主観的不能が観念されえないことに留意すべきである。従って，私人たる売主が自己の修理場所なしに（期待しうる）追完履行の可能性を有しないという起草者の指摘[6]は，不適切である[7]。

(1)　帰責事由とは無関係な法的救済

　しかし，帰責事由とは無関係な法律効果に関して，一般給付障害法は，買主の変更権の維持に関するド民326条1項2文[8]の形で特別規定を有する。給付の一部不能の他の事例におけるとは異なり，反対給付義務の自動的な相当の喪失は問題にならない。むしろこのド民326条1項2文により遮断された機能の代わりに，ド民326条5項[9]により不能の場合に無意味な期間の指定の要件を放棄してド民323条の解除権が生じる。従って，ド民323条の準用は，事物に従って単にド民323条5項，6項[10]の解除の排除の論拠に関わるにすぎない。それに際してド民323条5項はその2文に再び性質上の不能（遅滞）に関する特別規定を包含する。減額権はド民441条1項[11]で解除権と結びつく

---

(6)　Begründung des Regierungsentwurfs, BT-Drucks. 14 / 6040, S. 232.

(7)　E. Lorenz (Hrsg.), Karlsruher Forum 2005, S. 66 [S. Lorenz].

(8)　ド民326条1項2文「1文（債務者がド民275条1項〜3項により給付するに及ばないときは，反対給付請求権は喪失する）は，債務者が契約に適わない給付の場合にド民275条1項〜3項により追完履行をなすに及ばない場合は，適用されない。」

(9)　ド民326条5項「債務者がド民275条1項〜3項により給付をなすに及ばないときは，債権者は解除しうる。解除にはド民323条が期間の指定は不要であるという基準を伴って準用される。」

第2章　第4節　担保責任法の母型としての一般給付障害法

のだから，期間指定の要件を度外視する場合は，これは要件においても法律効果においても除去しうる物および権利の瑕疵と除去しえない物および権利の瑕疵の同一扱いに導く(12)。

しかし，物の瑕疵の法的効果は，不能の事例を問題とする場合は，直接に物の瑕疵自体ではなく，その除去の不能に結びついていることを考慮すべきである。それは，法が法的救済の排除のために債権者（買主，注文者）の責任を問題とする場合に，直接に物の瑕疵に対する責任ではなく，その除去の不能に対する責任を問題とすることを意味する(13)。しかし，アーノルドおよびハインリックスはこれに反対する(14)。彼らによれば，解除権は，売主がさもなければ解除に関して瑕疵のある最初の給付に対する権利を有することになるがゆえに，当初の不完全給付および不除去（除去不能）に基づくものでなければならない。しかしローレンツによれば，正確にはこれは，追完履行請求権ないし期間指定の要件の目的である。売主は第二の機会を有する。

従って，売主が契約締結に際して物の瑕疵を知り，または，例えば製造者として自らそれを惹起した場合ですら，その除去の不能が買主の責任に帰すべきことが考えられる。それはド民326条5項，323条6項に従って解除権の排除に，ド民441条1項1文に従って減額権の排除にも導く。その場合ド民326条1項1文が2文により排除されるがゆえに，買主の完全な支払い義務が存続する。かような解除の排除の主たる適用事例は，買主が物の破壊，毀損，加工ま

---

(10)　ド民323条6項「債権者が彼に解除の権利を与える事情についてもっぱらまたは主として責任を負う場合，または債務者の責めに帰すべきでない事情が，債権者が受領遅滞に陥ったときに生じた場合は，解除は排除される。」

(11)　ド民441条1項(代金減額)「買主は，解除に代えて売主に対する意思表示により売買代金を減額しうる。ド民323条5項2文の排除原因は適用されない。」

(12)　E. Lorenz (Hrsg.), Karlsruher Forum 2005, S. 66 [S. Lorenz].

(13)　E. Lorenz (Hrsg.), Karlsruher Forum 2005, S. 66 ～ 67 [S. Lorenz].

(14)　Arnold, Der eigenmächtige Mängelbeseitigung durch Käufer, ZIP 2004, S. 2414（追完履行の不能は代物給付もまた不能であるかどうかに依存している); Dauner-Lieb/Arnold, Kein Rücktrittsrecht des Käufers bei von ihm verschuldeter Unmöglichkeit der Nacherfüllung? Festschr. f. Hadding z. 70. Geburtstag, 2004, S. 25 f.; Heinrichs, Schadensersatzansprüche wegen Pflichtverletzung, Festschr. f. Eike Schmidt zum 65. Geburtstag, 2005, S. 163. この問題については，田中宏治「ドイツ新債務法における追完請求権と買主の義務」阪大法学56巻2号（2006）335頁以下参照。

たは譲渡によりまたは物の瑕疵の自らによる除去により追完履行を不能にし，または，ド民275条2項，3項ないし439条3項により売主のこれに関する拒絶権の基礎を作り出した場合である。それはもちろんいつもそうだというわけではない。追完履行が他の物の給付により可能な場合は，給付された物の滅失は追完履行の不能に導くのではなく，追完履行の選択肢の一つの喪失に導くにすぎない。その場合給付された物の滅失に対する責任は，ド民439条4項およびド民346条2項の価値賠償構成要件によって決せられる。これに対して，追完履行の買主自らの実行の場合は，種類債務においても追完履行の不能に導く。売主は，他の瑕疵のない物を給付しうるが，買主の自力執行により追完可能な瑕疵は喪失する[15]。

それとともに結果的にさらに，ド民旧351条の場合と同様に，解除権者が返還されるべき客体を破壊したがゆえに解除権が排除される事例があるという事実は，もちろん，その重要な適用領域および法的効果におけるド民旧351条の再登場を基礎づけるものではない[16]。むしろ，これを超えて全く制限的な適用領域のみを有し，かつ帰責事由の要件を越えて損害賠償の領域にいかなる平準化の問題も持ち込まない，売主の挫折した追完履行の機会からの理論的かつ目的論的に一致した帰結が問題になる。コーラーは，売主が一部給付をしたが，買主の責任で売主が残部の給付をすることができなかった場合は，買主が解除できない場合を例に挙げて，ド民323条6項がド民旧351条の再来だという自説を展開する[17]。しかし，ローレンツによれば，この場合特に，有責に挫折した追完履行の場合の買主の損害賠償請求権の排除が，すでに売主がこの場合に追完履行の不能の責めを負わず，その結果としてド民280条1項，3項，283条の損害賠償請求権をすでにスタートにおいて構成要件上排除したことから生じることが看過されている。かくして出発点は，ド民旧351条[18]の場合

---

(15) S. Lorenz, Selbstvornahme der Mängelbeseitigung im Kaufrecht, NJW 2003, S. 1418; E. Lorenz (Hrsg.), Karlsruher Forum 2005, S. 67 Anm. 220 [S. Lorenz].

(16) 反対：Kohler, Rücktrittsausschluss im Gewährleistungsrecht bei nachträglicher Nacherfüllungsunmöglichkeit, AcP 203 (2003) S. 569 f.

(17) Kohler, AcP 203 (2003), S. 570.

(18) ド民旧351条(責めに帰すべき事由による滅失)「権利者が受け取った客体の重要な損傷，滅失または返還の他の方法による不能の責任を負う場合は，解除は排除される。重要な部分の滅失は，客体の重要な損傷と，またド民（旧）278条により権利者の責任に帰する他人の過失は，権利者自らの過失と同視される。」

とは全く異なっている。解除の排除は，ド民旧351条の場合におけるとは異なり，（将来の）返還関係の破壊，すなわち直接に解除権者が，彼が取得した物を返還することが不可能になったという事実からではなく，解除原因に対する相手方の責任から生じる。新解除法によれば，売買契約の清算に際して，彼がみずから取得したものを返還することが不可能になったことは，売主に対する買主の請求権になんら影響を与えないというヘルヴェーゲの見解[19]は，適切である。すでにこの完全に異なった出発点により売買目的物の破壊という買主の責めに帰すべき事由による追完履行の不能の場合，解除の排除はド民旧351条の削除の基礎になっている規範目的と一致しないものとはみなされえない[20]。かような場合に，ド民441条1項1文がこれを解除権と結びつけ，かつ，ド民441条1項2文がド民323条5項（重大でない瑕疵）の場合のみを顧慮に価しないものとするがゆえに，代金減額もまた排除されることは，買主が追完履行により売買代金を得る売主の反射的な権利を挫折させたという背景のもとで同様に調和的である[21]。このことをコーラーは看過している。彼によれば，解除がド民326条5項，323条6項により許容されない場合，買主は自明的に代金減額も請求しうる。立法者にはその限度でド民441条1項1文につき編纂上の瑕疵があるとする[22]。

消費用品売買指令は，それが，主張された買主の態様について損害賠償請求権もその他の制裁も規定せず，またヨーロッパ法上も内在している矛盾行為禁止の制限がド民323条6項のための余地を与えているがゆえに，自明的にド民326条6項に反しない[23]。アーノルド[24]は，これを看過している。彼によれば，消費用品売買指令は買主によって挫折させられた追完履行の場合解除の排除を許容しない。

追完費用をもはや出捐する必要がないという売主の利益は，ド民326条2項2文に集約されている。買主は，損害賠償請求権を留保すれば，追完費用の賠

---

(19) Hellwege, Ein einheitliches Regelungsmodell für die Rückabwicklung gegenseitiger Verträge, JZ 2005, S. 338.
(20) 反対：Heinrichs, a. a. O., Festschr. f. E. Schmidt, S. 163.
(21) E. Lorenz (Hrsg.), Karlsruher Forum 2005, S. 68 [S. Lorenz].
(22) Kohler, a. a. O., AcP 203, S. 572.
(23) S. Grundmann/Bianca, VerbrGK-Rl., Art. 2 Rn. 56.
(24) Arnold, ZIP 2004, S. 2414; Dauner-Lieb/Arnold, Festschr. f. Hadding, 2004, S. 2414.

償請求権を有しないが，売主は，ド民326条2項2文[25]により節約された追完費用を売買代金額から控除させられ，場合によってはド民323条4項[26]，346条1項により返還しなければならない[27]。それに対して，立法者がこのそれ自体完全に調和した結論を債権総論および各論の中で事実上予想していたかどうかは明らかでない。従って，ド民326条5項，323条6項の場合に立法者によるド民351条（解除権の不可分性）の許容されない再導入が問題になるかどうかを検討するコーラーの問題設定[28]は，方法論的に誤っている。単なる準用の機能を認めず，それを引き続いて最も複雑な方法で解決するために外観上の問題を構築する者のみが，古い問題を解決するよりも多くの疑問を生ぜしめると法を非難しうる。この場合明らかに，債権者がド民323条6項の意味におけるかような問題でいかなる責任を負担しなければならないかという問題が残る。自らに対する責任から出発する場合には，帰責事由に関する規定（ド民276条以下）が準用されうる。しかし，その場合評価矛盾の回避のためにド民346条3項3号の有利な扱いもまた自己のために用いるのが通常の注意の場合に準用されるべきである。当初から除去し得ない瑕疵を伴っているが，彼のもとで滅失した物の買主が，解除の場合において，彼が自己のために用いるのと同じ注意を尽くしたならば，自己のためにするのと同一の注意を尽くせば，ド民346条3項3号に従って価額賠償義務を免れるとすれば，この有利な取り扱いは，物の滅失がド民323条6項の枠内で解除の排除原因として機能する場合もあてはまるべきである[29]。

解除原因（瑕疵除去の不能）がすでにあらかじめ生じているがゆえに，彼が

---

(25) ド民326条2項「債権者が，債務者がド民275条1項〜3項により給付をなすに及ばない事情についてもっぱらまたは主として責任を負い，またはこの債務者の責めに帰すべきでない事情が，債権者が受領遅滞に陥っているときに生じたときは，債務者は反対給付請求権を失わない。しかし彼は，給付の免責により節約しまたはその労働力を他の方法で用いることにより取得しまたは取得することを悪意で怠ったものを控除しなければならない。」

(26) ド民323条4項「債権者は，解除の要件が生じたことが明らかなときは，給付時期の発生前に解除する。」

(27) 反対：BGH NJW 2005, S. 1348（自動車の買主が売主に追完のための相当期間を指定しないで自ら修補したときは，売主によって節約された修補費用の控除を主張しえない）; 2005, S. 3211（瑕疵あるペットの売買でBGH NJW 2005, S. 1348と同旨を判示）.

(28) Kohler, a. a. O., AcP 203, S. 558.

(29) E. Lorenz (Hrsg.), Karlsruher Forum 2005, S. 69 [S. Lorenz].

第2章　第4節　担保責任法の母型としての一般給付障害法

滅失について責めを負う場合ですら，売買目的物の滅失前にすでに除去しえない瑕疵がある場合にこの場合主張されている解決を採れば買主が解除しうるという，ウールリッヒ・フーバーによって述べられた価値矛盾もまた回避される。偶然な滅失の場合いずれの場合も解除が排除されもしないし，買主の価値賠償義務も生じない（ド民346条3項3号）。滅失が過失により惹起されたが，買主が自己の物について用いるのが通常の注意を尽くしていた場合は，滅失前にすでに除去しえなかった瑕疵の場合解除は排除されず，買主はド民323条6項により価額賠償義務も負わない。しかし，瑕疵の除去不能が滅失により始めて生じたときは，責任上の有利な扱いをド民323条6項に委ねる場合，買主は解除原因について同様に責めを負わない。従って解決は同じであり，評価矛盾は存在しない[30]。

(2)　帰責事由に依存した法的救済：損害賠償請求権

ローレンツによれば，買主が損害賠償請求権を主張する場合は，一般給付障害法の売買および請負契約法への適用に際して同様に厳密に，除去しえない瑕疵の場合の売主（請負人）の給付に代わる損害賠償責任は，直接に物または権利の瑕疵に対する責任であるのではなく，除去の不能に対する責任であることを顧慮すべきである。単に給付とともにする損害賠償責任のみが瑕疵ある物の給付を基礎とする。従って，給付に代わる損害賠償請求権に関しては，瑕疵がすでに契約締結時に存在したか，それとも，契約締結と危険移転との間に始めて生じたのか，および，売主がこの物の瑕疵について責任を負わねばならないかどうかは問題にならない。むしろもっぱら瑕疵の除去不能（性質的な不能）がいつ生じたか，および，売主が（瑕疵ある物の給付それ自体ではなく）これについてド民276条以下の意味で責任を負うかどうかが標準となる[31]。

原始的に除去しえない瑕疵が存在する場合は，給付に代わる損害賠償に対する基礎は，ド民437条3号，311a条2項（契約締結上の過失）である[32]。す

---

(30)　E. Lorenz (Hrsg.), Karlsruher Forum 2005, S. 69 〜 70 [S. Lorenz].
(31)　E. Lorenz (Hrsg.), Karlsruher Forum 2005, S. 70 [S. Lorenz].
(32)　もっとも，瑕疵ある物の給付の場合，売主は給付義務の違反ではなく，保護義務違反に基づいて損害賠償義務を負うから，ド民437条3号は削除されるべきだという見解もある（U. Rust, Die Schadensersatzhaftung bei mangelhaften Kaufsachen, Sutschet (Hrsg.), Tradition und moderne-Schuldrecht und Arbeitsrecht nach der Schuldrechtsreform, Festschr. f. H. Ehmann zum 70. Geburtstag, 2005, S. 128 f.）。

103

なわち，売主は，交換的利益に対して，彼が瑕疵を知りまたはこれに関する不知について責めに帰すべきであるからではなく，除去の不能を知りまたは当然知るべきであるがゆえに始めて責任を負うのである。瑕疵の認識または過失ある不知は，しばしば事実上少なくとも瑕疵除去不能の過失ある不知に導くことになろう。さらに立証責任はその限度で売主に帰する。しかし，だからといって，彼が瑕疵を知りまたは過失により知らないからといってその除去不能を知らずまたはこれに関する不知について責任がないことの立証に売主が成功することは実際上排除されない[33]。

給付とともにする損害賠償についてもちろん，その限度でド民311a条2項ではなく，ド民280条1項が適用されるのだから，もっぱら売主がド民433条1項2文に基づいて瑕疵のない物の給付義務違反について責めを負うかどうかのみが問題になる。それは全く調和した結論に導く：瑕疵ある物であることを知りながら給付したが，その瑕疵が追完履行により除去可能だと過失なしに誤信していた売主は，瑕疵ある物の給付により生じ，かつ追完によっても除去しえないすべての損害（瑕疵による営業損失など）に対して，給付とともにする損害賠償責任がもっぱらド民280条1項に服するがゆえに，責任を負う。このように客観的な責任の構成要件が不能を前提としているのではなく，瑕疵ある物の給付という単なる事実により満たされるのだから，帰責事由の要件もまたもっぱらこれに関わるものになっている[34]。もっとも，買主が給付された物が，物の瑕疵により機能しないことにより被った損害（瑕疵を受けたとする営業の喪失）を遅滞の発生のときから認められるド民280条2項（遅滞による損害賠償），286条に基づく遅延損害とみるか，ド民280条1項の損害賠償とみるべきか議論されている。ハム高等裁判所は，後者の立場（通説）に従った[35]。遅滞とは無関係な責任はもちろん，売主がすでに瑕疵ある物の給付について責めを負うことを前提とする。そうでないとすれば，営業の喪失はもっぱら追完履行の遅滞に関わる遅滞に依存する遅滞損害として主張されうる。それは，売主にこれについて過失があることを前提とする[36]。

除去しえない瑕疵が契約締結と危険移転の間に生じ，または，すでに契約締

---

(33) E. Lorenz (Hrsg.), Karlsruher Forum 2005, S. 70～71 [S. Lorenz].
(34) E. Lorenz (Hrsg.), Karlsruher Forum 2005, S. 71 [S. Lorenz].
(35) OLG Hamm, BeckRS 2006, 07007.
(36) S. Lorenz, a. a. O., NJW 2007, S. 2.

結前に存在する瑕疵が契約締結後(および危険移転後)に始めて除去しえなくなったときは,責任は,ド民311a条2項ではなく,ド民280条1項,3項に服する。その結果売主は,彼が瑕疵の除去不能ないし追完履行の不能について責任を負う場合にのみ,給付に代わる損害賠償について責めを負う。これもまた調和ある結論に導く:追完履行が例えば,買主が物を過失なく破壊し,転売し,または自ら修理することによって不可能になったときは,売主は,追完履行の不能について責めに任ぜず(このときまでにすでにド民280条1項,3項,281条の給付に代わる損害賠償請求権が発生していた場合は異なる),給付に代わる損害賠償責任を負わないが(この場合解除の排除の問題の場合(ド民323条6項)とは異なり,買主の帰責事由ではなく,もっぱら売主の側の帰責事由の欠缺が問題になるのだから,ド民346条3項3号の類推による買主の有利な取り扱いの問題は生じない),ド民280条1項により給付とともにする損害賠償,すなわち,瑕疵ある物の給付により最終的かつ追完履行により除去しえない損害の賠償責任を負う。もちろん買主にはこれがド民323条6項により排除されない限り,解除の余地が残される[37]。転売の場合は,事業者間の関係ではド民478条(事業者の償還請求権),479条が異なった特別規定として顧慮されるべきである。ド民478条1項によれば期間指定は不要であり,ド民478条2項から買主の瑕疵除去の自力執行の権利が生じる[38]。

3 性質的(一部)遅滞:履行と追完履行との関係

ド民439条の意味における権利または物の瑕疵が除去されうる場合は,瑕疵ある給付は給付遅滞の事例となる。それはまず,瑕疵ある物の給付がこの場合一部給付となっており,その受領を買主がド民266条[39]を直接適用して拒絶しうることを意味する[40]。

一般給付障害法の適用に際してもちろん,原始的な履行請求権とは区別されるべき追完履行請求権の発生により二つの区別されるべき義務違反の余地が生じることが顧慮されるべきである。それに際してド民439条1項に基づく追完履行請求権がド民433条1項2文に基づく原始的履行請求権とどのような関係

---

(37) E. Lorenz (Hrsg.), Karlsruher Forum 2005, S. 71〜72 [S. Lorenz].
(38) Münch. Komm. z. BGB., Bd. 3, 5. Aufl., 2008, S. 511〜512 [S. Lorenz].
(39) ド民266条(一部給付)「債務者は一部給付をなすことをえない。」
(40) Münch. Komm. z. BGB., Bd. 2, 5. Aufl., S. 591 [Krüger].

第1部　ドイツ新債務法7年の歩み

にあるかはまだ完全には解明されていない。確かに請求権は原始的な履行請求権と同じではない。カナーリスも，原始的な履行請求権の担保法上の修正について触れ，その場合債務関係の内容は，最初の履行の試みにより理論的に明らかに十分に考察されていない方法で変更されるという[41]。それはすでに，請求権の異なった内容，その中に包含されている買主の選択権およびその特別時効（ド民438条）から生じる。その問題は，帰責事由から独立した法的効果についても，また，損害賠償請求権についても極めて重大な意味を有する。通説によると，売主の最初の試み，すなわち，（瑕疵のある種類債務の場合は擬制的な）危険の移転とともに追完履行請求権が発生する。

瑕疵ある特定物を引き渡された買主は，それが代替物である限り代物請求権が認められるとする近時の学説のもとでは，特定物に瑕疵がありそれが代替可能であるときは，引渡を受ける前でも買主が代物請求権を有するとすることも考えられるが[42]，多数説は，①消費用品売買指令では，代物請求権は引渡後の買主の権利として認められているにすぎない。②買主の履行請求権は，引渡を受けたときから追完請求権に代わるという理由でこれに反対する[43]。

(1)　帰責事由とは無関係な法的救済

解除権（およびド民441条1項に従い代金減額権）は，ド民437条，323条によりまず双務契約に基づく期限の到来した請求権の発生を前提とする。担保責任の土俵では履行請求権が追完履行請求権に取って代わられることから出発するならば，前者はこのときからもはや履行するには及ばない。従って，売主は，最初の履行の試みとともにド民433条1項2文に基づく義務に違反するが，同時にこの請求権はド民439条に基づく請求権に取って代わられる。かくして，それは，それが期間指定が不要であることにより，瑕疵ある物の給付とともに直接に，すなわち，ド民433条1項2文に基づく義務違反に基づいて生じるのでない場合，解除権の基礎ではなくなる。ド民323条の文言においてもまた，その帰結は，それが不要でない限り，不履行について期間指定が必要であり，最初に給付のために指定された期間が（瑕疵のある）給付により使われたこと

---

(41) Canaris, Schuldrechtsmodernisierung 2002, S. XXV.
(42) Gruber, JZ 2005, S. 710.
(43) Fest, ZGS 2005, S. 20; Bamberger/Roth, Komm. z. BGB, Bd. 1, 2004, para. 433 Rdnr. 17 [Faust]. この問題については，田中宏治「ドイツ新債務法における引渡前の代物請求」阪大法学55巻6号（2006）1619頁以下参照。

である。従って，売主が当初全く給付せず，かつ，給付期間指定後瑕疵ある物を給付したときは，買主は，ド民266条により給付を拒絶しない限り，原則として今度は追完履行のための更なる期間を指定しなければならない。従って実際上二重の期間指定が必要である（議論あり）。追完期間内になされた給付に，期間指定の機会を与えた不足とは別の不足がある場合は，それは無駄に徒過したものとはいえない[44]。

(2) 帰責事由に依存した法的救済：損害賠償請求権

　この厳密な履行請求権と追完履行請求権との区別は，損害賠償請求権の問題において明確に現れる。すなわちかような責任の基礎は，履行請求権の違反または追完履行請求権の違反である。稀ならずそうなのであるが，売主が瑕疵ある物の給付について責めを負わないときは，ド民433条1項2文の違反である義務違反は損害賠償請求権の対象たりえない。しかし，追完履行請求権は売主の帰責事由とは無関係に発生するのだから，ド民439条1項によりなされるべき追完履行の不履行の中に帰責事由および因果関係について当初の義務違反とは区別されるべき更なる義務違反がある。これは原則として争いがない。意見の相違は，売主がド民433条1項2文に基づく義務の違反に関してどのような責任を負わねばならないかという問題に際して生じる。この場合売主が自らド民276条に従って責めを負うべき方法で惹起し，または，これを引き渡しまでに除去しなかった場合にのみ責任が発生するという立場に立った顧慮しえないではない見解がある。これに対して，物の引渡しに際して瑕疵を知りまたは過失により知らないだけの者は，知っていることまたは当然知っているべきことは，それだけでは売主が瑕疵のない給付をなすべきことに導かないがゆえに，帰責事由を理由づけ得ない[45]。瑕疵がその過失なしに契約締結後除去しえなくなった場合に売主がそれ以外に積極的利益についても責任を負うだろうというそのもとで推測される問題[46]は，明らかに存しない。かような性質的不能の場合積極的利益に対する責任は，追完履行を排除する事情に関わり，売主は，瑕疵を知りまたは当然知るべきであるにもかかわらず，彼が追完履行の不能について責任がないという理由で，積極的利益について責任を負わないからであ

---

(44)　E. Lorenz (Hrsg.), Karlsruher Forum 2005, S. 73 [S. Lorenz].
(45)　Bamberger/Roth, Komm. z. BGB., Bd. 1, S. 1889 [Faust]; Münch. Komm. z. BGB., Bd. 3, 5. Aufl., S. 160 [Westermann].
(46)　Huber/Faust, Schuldrechtsmodernisierung, para. 13 Rn. 11.

る。もっとも売主は，瑕疵ある物の給付の中にある義務違反につき，彼が瑕疵を知りまたは当然知るべき場合，すでに自明的に責任を負わねばならない。立法理由書も，「売主が物の瑕疵を知り，かつ，政府草案276条1項1文に従って故意につき責任を負う場合は，それに基づく悪意による黙秘に対する損害賠償責任は従来のド民463条2項に一致する」と述べる[47]。しかし，この義務違反だけでは，除去しえない瑕疵におけると同様，まずド民280条1項に基づく給付とともにする損害賠償責任に導くにすぎない。しかし，積極的利益に対する責任，すなわち，給付に代わる損害賠償は，期間指定が不要でない限り，解除の場合と同様，これが最初の履行の試みとともにもはやなす義務を負わず，追完履行請求権により取って代わられまたは修正されるがゆえに，ド民433条1項2文に基づく義務違反に依拠し得ない。かように売主は，彼が追完履行をしなかったことにつき責任を負う場合は常にではなく，期間指定が不要でない限り，もっぱらこの場合にだけ，給付に代わる損害賠償責任を負う[48]。ブラウンは，期間指定の不要な場合，給付に代わる損害賠償の基礎がもっぱらド民433条1項2文に基づく義務違反たりうるという事実から，この義務の違反が期間指定が必要な場合にも給付に代わる損害賠償に対する基礎でなければならないとする[49]。もちろんこの状況においては給付に代わる損害賠償請求権が，すでにこの時点までに期限が到来したド民433条1項2文に基づく義務に基づいて発生したのだから，その状況は異なったものである。上述したように，給付に代わる損害賠償としての総ての付随損害が，すでに責めに帰すべき事由によるド民433条1項2文に基づく義務の違反により賠償されねばならないがゆえに，それによって保護の欠缺は生じない。従って，追完履行請求権の導入は，給付に代わる損害賠償請求権に対する過失とは無関係な担保責任[50]にではなく，単にその責めに帰すべき違反の場合に売主が給付に代わる損害賠償責任を負う，義務の拡大に導くにすぎない。

　これは，ド民281条2項または440条[51]の期間指定が追完履行の失敗ま

---

(47) Begründung des Regierungsentwurfs, BT-Drucks. 14 / 6040, S. 210.
(48) Jauernig, Bürg. Gesetzbuch, 10. Aufl., 2003, S. 525〜526 [Berger].
(49) Braun, Zahlungsansprüche des Käufers bei Schlechtleistung des Verkäufers, ZGS 2004, S. 430.
(50) Ehmann/Sutschet, Schadensersatz wegen kaufrechtlicher Schlechtleistungen, JZ 2004, S. 63 f.

第2章　第4節　担保責任法の母型としての一般給付障害法

はその期待不可能により不要になった場合は異なって判断されうる。期間指定が，追完履行が不相当な費用によってのみ可能な場合にそれを拒絶しうるとするド民439条3項により売主の包括的な給付拒絶権により不要になったときは，除去しえない瑕疵のルールに服する事例が存在する。その場合，もっぱら売主が抗弁を根拠付ける事実について責めを負うかどうかのみが問題になる。買主は，追完履行の機会が許容されていない売主が，瑕疵ある物の給付の中に存在する義務違反について責めを負う場合にのみ，期間指定なくして給付に代わる損害賠償を請求する可能性を有する。期間指定が追完履行の真摯かつ最終的な拒絶のために不要な場合は，その場合責めに帰すべき追完履行義務の不履行が存在するがゆえに，問題は生じない。しかし，それ以外の場合は，彼にとって給付に代わる損害賠償への道は妨げられない。その場合買主は，まず追完履行期間を指定し（それはド民281条2項により禁止されていない），売主が追完履行の不履行について責任がないことの証明に成功しない場合に，その期間の経過後給付に代わる損害賠償を請求しうる[52]。

給付に代わる損害賠償について同様に，瑕疵の帰責事由ないし瑕疵の責めに帰すべき不知ではなく，追完履行の不能に関する帰責事由が問題になる，除去しえない瑕疵に対する責任とのパラレル評価においてもこの結論は正当である。争いのないところであるが，売主が除去しえない瑕疵の場合に，彼が給付に際して瑕疵を知っていたという事実にもかかわらず，彼が追完履行の不能について責任を負わない場合は，給付に代わる損害賠償責任を負わないのに，除去し得る瑕疵の場合は，瑕疵ある物の責任のない給付，すなわち，ド民433条1項2文に基づく義務違反がすでに給付に代わる損害賠償請求権の基礎になるという場合，重大な評価矛盾となろう。この解決が従来の請負契約法の解決とは異なっているという指摘は正しいが，存在する解決の理論的な明確さに鑑みて重大な反論とはいえない[53]。

---

(51)　ド民440条（解除および損害賠償のための特別規定）「ド民281条2項および323条2項の場合以外に，売主がド民439条3項に従い追完履行の二つの種類を拒絶し，または買主の負担する追完履行の種類が失敗しまたは彼に期待できない場合にも，期間指定は不要である。追完は，物または瑕疵の種類またはその他の事情から特別に異なったことが生じない場合は，不奏功に終った第二の試みの後は失敗に帰したものとみなされる。」
(52)　E. Lorenz (Hrsg.), Karlsruher Forum 2005, S. 75～76 [S. Lorenz].
(53)　E. Lorenz (Hrsg.), Karlsruher Forum 2005, S. 76 [S. Lorenz].

第1部　ドイツ新債務法7年の歩み

その問題は，その理論的な意味にもかかわらず，明らかに実務上第二次的な意味しか有し得ない。事実上なされるべき追完履行をしなかったことにつき帰責事由がない場合は極めて稀である。代替しえない行為が問題にならない限り，なさない理由は，資金の不足または追完履行義務の存在に関する錯誤であろう。売主は前者についてはド民276条により常に責任を負い，後者は通例過失がある。売主が追完履行義務について遅滞に陥っているときは，彼はド民287条2文によりいずれにせよ事故につき責めを負う。この状況の外でも多くの場合に過失が作用しうる。それはもちろん担保責任ではない。従って，事実上帰責事由とは無関係な追完履行請求権の存在から給付に代わる損害賠償についても担保責任が導かれるという見解[54]は不適切である[55]。

(3)　債務者に指定された追加期間経過後の債権者の変更権

債権者は，追加期間徒過後契約を解除し（ド民323条），または（かつ）帰責事由のある限り，ド民280条1項，3項，281条により給付に代わる損害賠償を請求しうる。旧法と異なり，拒絶の威嚇は不要であるし，追加期間徒過後も履行を請求しうる。買主は，追加期間徒過後追完履行を請求し，または契約を解除して，売主に追完履行をしなかったことにつき帰責事由のある限り，給付に代わる損害賠償またはド民284条の出費賠償を請求しうる。この場合反対説[56]のいうようにド民262条の選択債務が問題になるのではない。法的手段はむしろ選択的競合の関係にある[57]。このことは，債務者がこの浮動状態をド民264条2項の期間指定により終了させえないことを帰結する。連邦最高裁はド民281条4項，314条3項[58]または350条[59]の類推適用も否定する。履行請求権は，買主が解除を表示し，または給付に代わる損害賠償を請求したと

---

(54)　Ehmann/Sutschet, a. a. O., JZ 2004, S. 62 f.
(55)　E. Lorenz (Hrsg.), Karlsruher Forum 2005, S. 76 [S. Lorenz].
(56)　B. Gsell, Kaufvertragliche Nacherfüllung in der Schwebe, Festschr. f. Huber z. 70. Geburtstag, S. 317.
(57)　BGH NJW 2006, S. 1198（土地の売買で売主が担保の負担のない土地を引き渡すことを約束していたのにそれが行われなかった。買主（原告）は，10日間の期限をつけて履行を催告したが徒過した。買主は，最初代金と引き換えの給付を訴求したが，その後解除を主張した。裁判所は，ド民323条1項に基づく解除権は，買主が履行を求めることにより消滅しないと判示した）。
(58)　ド民314条3項「権利者は，彼が告知の原因を知ったときから相当期間内にのみ告知しうる。」

第2章　第4節　担保責任法の母型としての一般給付障害法

きに始めて消滅する（ド民281条4項）。しかし，彼がまず追加期間徒過後更に追完履行請求権を主張したときは，彼は原則として売主に新たに期間を指定することなしに解除または損害賠償を求めうる。追完履行請求権は権利形成的効力を有しない[60]。

連邦最高裁はこの場合，付加期間徒過後追完履行を請求した債権者が，ド民242条に従って解除を表示する前に少なくともなおそのために必要な期間の徒過まで待たねば成らないかどうかの問題をペンディングにしている[61]。同様に連邦最高裁は，債務者が債権者を少なくとも給付の提供により決定に強いうるかどうかもペンディングにしている。この問題は通説は肯定する。債務者が給付を提供し，債権者が解除を表示せずないし給付に代わる損害賠償を請求しないときは，彼は，追加期間徒過後も受領遅滞に陥り，その結果彼の解除権および給付に代わる損害賠償請求権は履行の場合のように消滅する[62]。

4　評　価

ローレンツによれば，給付障害法を担保責任法と結びつけることにより単純化するという改革の第二の主目標は，一貫して成功したと評価されうる。法律効果と関わる損害の種類に従った区別と結びついた給付不能および履行遅滞という一般的給付障害の責任原理の適用は，細部においても論理的に明確に追従しうる，予見可能で法政策的に全く正当な帰結に導く。担保責任法と一般給付障害法との結合により基礎的問題の意味上の成長，すなわち，担保責任法の強い抽象化に導かれたというのは適切な指摘である。誰もにとって給付が不能である限り，給付請求権が排除されるとするド民275条1項と債権者の給付利益と債務者の出費とがかけ離れる場合に債務者が給付を拒絶しうるとするド民275条2項，すなわち，評価が自由で区別の基準が明確でない構成要件のもと

---

(59)　ド民350条（期間指定後の解除権の消滅）「契約上の解除権の行使のために期間が合意されていないときは，行使のために相手方によって権利者に相当期間が定められうる。解除権は，その期間徒過前に解除がなされないときは消滅する。」
(60)　反対：Schwab, JZ 2006, S. 1032.
(61)　問題を肯定：Faust, a. a. O., Festschr. f. Huber z. 70. Geburtstag, S. 241; Münch. Komm. z. BGB., Bd. 2, 5. Aufl., S. 881 [Ernst].
(62)　Begründung der Regierungsentwurf, BT-Dr. 14 / 6040, SS. 145, 185; Faust, a. a. O., Festschr. f. Huber z. 70. Geburtstag, S. 246; S. Lorenz, Schuldrechtsreform 2002: Problemmschwerpunkte drei Jahre nach, NJW 2005, S. 1892.

第1部　ドイツ新債務法7年の歩み

で給付不能と給付遅滞との間の決定がなされるという理由で，給付不能と給付遅滞いう二つの範疇の区別においてもたらされる，給付障害法の二極分解に対する批判は，追随しうるものではないが，初期の給付障害法でも同じ程度に問題となったものである。新法は，これらの構成要件を初期の法に比べて法典化により明確にした。一般給付障害法では責任の二極分解は思考必然的になされた。法政策的に一致して，売買法上瑕疵のない給付の履行請求権が導入されるならば，この区別は売買法上も貫徹されねばならない。法がこれを固有のルールにより把握するか，その問題をドイツ民法の伝統に従ってその外に置くかは，単に1900年のドイツ民法典の美徳の伝統および維持において債務法現代化法が解決した法典技術的な問題にすぎない。かくして実際上複雑な基礎的問題は統一的に解決されたのであり，それは決疑論的なルールという選択肢に比べて文句のいいようのない利益を包含している[63]。

---

[63]　E. Lorenz (Hrsg.), Karlsruher Forum 2005, S. 77 [S. Lorenz].

第5節　付随義務の違反

1　給付関係的でない付随義務の違反──積極的債権侵害

　ローレンツによれば，法はさらに給付関係的でない付随義務の違反における損害賠償義務を規定している。この責任の義務違反構成要件への組み入れにより（ド民280条1項，241条2項[1]），客観的な変更は生じていない。同じことは，今やド民280条1項，3項，282条[2]ならびに324条[3]から生じる，履行利益に対する損害賠償を伴なう契約の解消ないし解除の可能性についてあてはまる。この場合もまた，判例の法典化が問題になるに過ぎない。解除がその限りにおいても義務違反の帰責事由に依存しないことは，実務上第二次的な役割のみを演じるべきである[4]。エルンストは，正当にも，ド民282条および324条が相ともに，以前はド民旧325条（債務者の責めに帰すべき事由による不能）および旧326条（遅滞：拒絶の威嚇を伴なう期間指定）の準用に依拠していたのと同じ効果を惹起することを指摘する[5]。

　給付関係的でない付随義務の不履行は，従来の法典化されていない積極的債権侵害による場合と同様に，ド民280条1項，249条（損害賠償の種類と範囲）以下による相当因果関係のある損害の賠償請求権に必然的に導く。給付遅滞による損害賠償（ド民280条2項）および給付に代わる損害賠償（ド民280条3項）は，この場合等価交換利益が問題にならないがゆえに，まず考えられない。しかし，ド民282条は，従来のド民旧326条に関する判例に一致して，債務者に

（1）　ド民241条2項「債務関係は，その内容に従い各当事者に相手方の権利，法益および利益を顧慮する義務を負わせる。」
（2）　ド民282条(241条2項の義務違反による給付に代わる損害賠償)「債務者がド民241条2項の義務に違反したときは，債権者は，彼にとって債務者による給付がもはや期待しえないときは，ド民280条1項の要件のもとに給付に代わる損害賠償を請求しうる。」
（3）　ド民324条(241条2項の義務違反による解除)「債務者が双務契約においてド民241条2項の義務に違反したときは，債権者は，彼にもはや契約への固執が期待されえない場合には，解除をなしうる。」
（4）　E. Lorenz (Hrsg.), Karlsruher Forum 2005, S. 30 [S. Lorenz].
（5）　Münch. Komm. z. BGB., Bd. 2, 5. Aufl., S. 903 [Ernst].

もはや給付が期待されえない場合，給付を放棄してその代わりに損害賠償を請求する可能性を開く。この場合もはやこれにより生じた損害が問題にならないがゆえに，付随義務違反の場合の給付に代わる損害賠償の法的効果がド民280条1項からは導かれえないという理由で，ド民282条が固有の請求権の基礎として理解されねばならないかどうかは，もちろん疑わしい。すなわち，付随義務違反は強力なものであり，それが契約関係全体を震撼させるため，債権者に給付拒絶権を与えるから，それから生じた（最終的な）給付の欠落によって生じた損害と付随義務違反との間には相当因果関係がある。これは再び理論的には継ぎ目なく損害の範疇の定義の問題に帰する。それによれば，給付に代わる損害賠償は，給付が最終的になされなかったことに帰せられるべき損害である(6)。

その他ド民280条1項，241条2項に基づく責任は，瑕疵のない給付義務の導入により今では売買法においても従来は請負契約法上よく知られていた競合問題となる。売買法においても今や瑕疵ある物の給付から生じる瑕疵惹起損害は，直接に（ド民433条1項2文に基づく）給付義務違反に依拠しうる(7)。これをレッカーは完全に否定する(8)。それによれば，給付関係的義務違反の場合，単なる損害賠償請求権は適用されず，給付関係的でない付随義務の違反に制限されるという。同じことが請負契約法についてもあてはまる。請負契約法に関する連邦最高裁判例も，その限りで全く一致しているわけではない。一部は，ド民旧635条（不履行による損害賠償）の瑕疵惹起損害に分属させられ，瑕疵惹起損害があげて積極的債権侵害の領域に割り当てられている(9)。これに対して他の判例は，より近い瑕疵惹起損害をド民旧635条に包摂した。したがって，買主が瑕疵ある物により彼のその他の法益に損害を被ったときは，ド民280条1項に基づいて生ずるこれに対する責任は，ド民241条2項に基づく保護義務違反またはド民433条1項2文に基づく義務違反に依拠しうる。それは，

（6） E. Lorenz (Hrsg.), Karlsruher Forum 2005, S. 56 ～ 57 [S. Lorenz].
（7） E. Lorenz (Hrsg.), Karlsruher Forum 2005, S. 57 [S. Lorenz].
（8） Recker, Schadensersatz statt der Leistung, NJW 2002, S. 1247.
（9） BGHZ 133, S. 155（電子データ処理業者が安全確保措置を含む電子データ設備のプログラムの補完を引き受けた場合においてそれが不完全であったため，注文者のデータが失われた。注文者の被った損害（瑕疵惹起損害）は，積極的契約侵害により賠償を請求することができ，これが仕事の瑕疵から隔たった関係にあるときは，通常の時効に服するとした）など。

ド民311a条2項が給付に代わる損害賠償についてのみド民280条1項を排除し，給付とともにする損害賠償についてはこの限りでないがゆえに，原始的に除去しえない瑕疵の場合にも当てはまる。この理由から，コーラーにより主張された，義務違反と帰責事由との区別に関する疑い[10]は存しない。買主が物の瑕疵それ自体およびそれと生じた瑕疵惹起損害との因果関係を主張，証明すれば十分であり，更なる行為関係的な義務違反の証明は必要ではない。その場合，帰責事由の標準は，結果的に同じである。すなわち，彼が瑕疵を知りまたは当然知るべきであり，または，それを故意または過失により惹起し，かつ，買主のその他の法益への侵害と瑕疵ある給付とが相当因果関係にあるがゆえに，売主が瑕疵ある物について帰責事由がある場合には，保護義務違反もまた必然的に予見可能で，過失があるものと評価されうる。しかし，売買および請負契約法上の時効規定（ド民438条，634a条）が総ての契約上なされるべき給付の瑕疵に基づく請求権を包摂しようとしているがゆえに，この時効法上の特別規定は，瑕疵惹起損害の賠償請求権を構成要件上付随義務違反に依拠させる場合にも，この時効法上の特別規定が適用される。ただド民280条1項，241条2項に基づく請求権の論拠が留保され，もっぱら給付関係的でない付随義務の違反に依拠しうる請求権のみが通常の時効制度に服する[11]。

2　契約前の義務の違反
——契約締結上の過失，第三者のための保護効を伴なう契約

(1)　概　観

　まず，契約前の義務違反に基づく責任もまた，従来の法状態に対する根本的な変更には導かなかった。ド民311条2項，3項は，結局，同時にそれを現状で固定することなしに従来の法状態を記述した。ド民311条2項は，「241条2項の義務を伴なった債務関係は，①契約商議の開始，②それによって一当事者が法律行為的な関係において相手方にその権利，法益および利益への作用の可能性を与え，または彼にこれを委ねる，契約の勧誘，または③それに類似した法律行為的な接触によっても発生する」と規定し，またド民311条3項は，

---

(10) Kohler, ZZP 118 (2005), S. 37.
(11) E. Lorenz (Hrsg.), Karlsruher Forum 2005, S. 57〜58 [S. Lorenz].

第 I 部　ドイツ新債務法 7 年の歩み

「241 条 2 項に従った義務を伴った法律関係は，自らは契約当事者にならない人にも発生しうる。かような債務関係は，なかんずく，第三者が特別な程度において自己に対する信頼を要求し，それによって契約商議または契約締結に著しく影響を及ぼす場合に発生する」と規定する。

　個々的には契約締結上の過失の構成要件は，法が，この最も意味ある補充的な債務法の法制度に，より広い展開および訂正の余地を残す機会を提供することにより，開かれたままになっている。初期の法において判例が出発した，契約締結上の過失の保護目的の財産への制限は，ド民 241 条 2 項によれば，財産だけでなく，総ての権利，法益および利益が保護されるという事実に鑑みて，明らかに維持されえない。したがって，ド民 311 条 2 項，241 条 2 項は，特に法律行為的な意思決定の自由もまた保護する[12]。そのため当事者が契約締結上の過失責任を負う場合は，契約が有効に締結されているときには，相手方は契約を解除することも可能になる[13]。

　契約前の義務違反もまた今やド民 280 条 1 項の義務違反構成要件によって把握される。この場合給付関係的でない付随義務違反の場合と同様にかような構成要件の体系的な強さが示される。義務違反という一般的な構成要件を包含する法は，立法者により望まれた法律効果が請求権の基礎から首尾一貫して導かれうる限りにおいて，損害賠償請求権を異なった請求権の基礎に依拠させる必要はない。かくして法は，給付関係的でない付随義務の違反の場合と同様に，前契約上の義務違反についても固有の請求権の基礎を必要とするのではなく，義務の標準を定めるので十分とした。義務違反は，その場合自動的に，それから生じた損害の責めを負うという効果を伴なって，ド民 280 条 1 項の要件を満たす。これを注意書き立法と批判することは[14]，立法の首尾一貫性を誤認している[15]。

　ドイツ以外の国では，契約締結上の過失の制度は概ね認められていない。そ

---

(12)　E. Lorenz (Hrsg.), Karlsruher Forum 2005, S. 30 〜 31; Lorenz/Riehm, Lehrbuch zum neuen Schuldrecht, Rn. 372; Münch. Komm. z. BGB., Bd. 2, 5. Aufl., S. 1459 〜 1460 [Emmerich]; Begründung des Regierungsentwurfs, BT-Drucks. 14/6040, SS. 126, 163. ド民 311 条 2 項とローレンツ説を含む同条制定前後のドイツの議論との関係については，潮見佳男・契約法理の現代化 170 頁以下，川角由和「ドイツ債務法の現代化と契約締結上の過失」川角他編・ヨーロッパ私法の動向と課題 (2003) 219 頁以下 (PECL 1. 201 条，PICC 1. 7 条，2. 15 条との関係も論じている)，古谷貴之「ドイツ情報提供責任論の展開」同志社法学 59 巻 3 号 (2007) 92 頁以下参照。

第 2 章　第 5 節　付随義務の違反

の論拠は，ドイツでは被用者の行為に対する免責の可能性が大きいことないし純粋財産損害に対する不法行為上の保護の範囲が狭いことに求められる。ドイツ以外の国ではこのようなことはない。契約締結上の過失が誤った情報提供に対する保護のようなそれ以外の任務をもっている限り，この目的は他の法秩序ではしばしば他の法制度により到達されている。例えば，英米法は，契約にとって重要な事情についての有責な誤表示を契約の解消（取消）に導くと同時に損害賠償にも導きうる不実表示とみなしている。かような事例の一部は，約束的禁反言（promissory estoppel）の法理で誤表示者をその表示に拘束することにより解決されている。フランスでは契約前の表示義務の違反は，錯誤，詐欺または担保法により処理される。契約の無効による責任は，不法行為の問題として処理される。ドイツ以外の国では契約前の義務として契約商議上の義務が呼称されるのが普通である。ヨーロッパ契約法原則（PECL）やユニドロワ契約法原則（PICC）でも同様であり，PECL 1：201条によれば，当事者は信義則に従って契約商議をなすべきであり，当事者がそれに違反しまたは締結前に挫折させたときは，2：301条の責任が認められる。PECL 2：302条

---

(13)　ドイツの判例は，1962年に旋盤事件（購入した旋盤が売主の回答に反して設置場所に納まらなかった事例）で最初に契約締結上の過失に基づく解除権を認め（BGH NJW 1962, S. 1196），1997年にはこの場合の解除権の要件として被欺罔者に具体的な財産損害が発生することを要求するに至ったが（BGH NJW 1998, S. 302（税金見積もり過誤事件：分譲住宅の購入契約で売主の履行補助者である仲介者が過失で買主に取得のための諸経費がかかることを告げなかった事例）），多数説はこの判例を批判した。そしてド民新311条2項のもとでは，①契約締結上の過失の場合に無制限に契約解除を認める立場（BGH NJW 2006, S. 845; Mertens, Culpa in contrahendo beim zustande gekommenen Kaufvertrag nach der Schuldrechtsreform, AcP 203, S. 844 f.; Münch. Komm. z. BGB., Bd. 2, 5. Aufl., para. 311 Rn. 117 [Emmerich]　など），②この場合の解除権がド民124条の類推適用により詐欺の事実を知ったときから2年の期間制限に服するとする説（Schwab, Grundfälle zu c. i. c., Sachwalterhaftung und Vertrag mit Schutzwirkung für Dritte nach neuem Schuldrecht, JuS 2002, S. 774 f.），③1997年の判例の立場に従い，財産損害が発生している場合にのみ契約解消を認める立場（Krüger, Vertragsrückabwicklung im Wege des Schadensersatzes, Festschr. für H. Kollhosser zum 70. Geburtstag, Bd. II, 2004, S. 329）に分かれている（古谷・前掲論文同志社法学59巻3号92頁以下参照）。
(14)　Ernst/Zimmermann (Hrsg.), Zivilrechtswissenschaft und Schuldrechtsreform, S. 328 [Dauner-Lieb]．
(15)　E. Lorenz (Hrsg.), Karlsruher Forum 2005, S. 58 [S. Lorenz]．

第Ⅰ部　ドイツ新債務法7年の歩み

は，契約商議中に相手方から得られた内々の情報の漏洩または利用を信義則違反として禁ずる。その法的効果は損害賠償ないし得られた利益の返還である。PICC　2．1．15条，16条もほぼ同じルールを定める[16]。

(2)　**デパートにサラダ葉が落ちていた事例**［ケース7］[17]（ケーススタディ）

Mが2002年の初めにそこで買い物をするために娘TとともにVデパートに赴いた。Mが商品を選んでレジのところにいる間に，TがMの包装を手伝うために包装する場所に行った。そのときに彼女は落ちていたサラダ葉にすべって転んで右ひざに痛みを伴う関節血腫ができ，長期にわたる治療が必要になった。TはVに2003年の半ばに事故により生じた700ユーロの損害賠償と200ユーロの慰謝料を求めた。Vは，その事故が他の顧客がその少し前にサラダの葉を床に落としたのが原因だと主張した。彼は，清掃員を注意深く選任し，注意義務に適って店舗内の安全を継続的に監視することを指示し，かつその指示の遵守を監督したと述べ，事故が起ってかなり経つから時効もまた援用した。TはVに対して請求をなしうるか。

(イ)　はじめに

この事例は法律上十分には規定されておらず，今でも更なる展開がなされている契約締結上の過失と第三者の保護効を伴う契約とを結びつけた。それら二つの制度は，その適用領域内で被害者が不法行為に依拠することが不公平と思われるがゆえに展開したものである。それらがなければ被害者は，①保護法益（不法行為によるときはド民823条1項に列挙された絶対的法益の侵害の場合でなければ賠償請求できない），②立証責任（不法行為では原則として過失責任であるが，ド民280条1項では推定される過失に対する責任である），③補助者に対する責任（ド民831条の責任は免責可能性があるが，ド民278条によれば補助者の過失について結果責任を負う），④旧法によれば時効と慰謝料請求権もまた不法行為責任と契約責任の間で異なって規定されていた[18]。

債務法改正は契約締結上の過失を部分的にド民311条2項，3項に規定した。

---

(16) Leible, Culpa in contrahendo, Remien (Hrsg.), a. a. O., S. 229 f.（企業秘密の不当な漏洩は，不正競争防止法17条，18条により刑法犯の対象となり，民法上は不法行為責任が課されうる）。

(17) BGHZ 66, S. 51. 本件については，円谷峻・契約の成立と責任［第二版］(1991) 42頁参照。

(18) www.schuldrechtsmodernisierung.com, S. 68.

第2章 第5節 付随義務の違反

ド民241条2項には債務関係から給付義務だけでなく，保護義務もまた生じると規定されている。第三者のための保護効を伴う契約が同様にド民311条3項1文に規定されたかどうかについては議論がある。そうでない限りにおいて，債権総論のあまり残っていないまだ法典化されていない制度の一つが問題になる。最終的に時効法もまた根本的に改正された。契約締結上の過失に基づく請求権のための基礎はド民280条1項とともに給付障害法の新しい心臓である。従って，契約締結上の過失の検討は，損害賠償請求権の新しい体系における知識を前提とする。最後に損害賠償法の改正後は今や慰謝料請求権が存在する（ド民253条2項[19]）。ド民311条2項，3項の規定は失敗作であるといわれている。しかし，事例の検討に際して単純に，立法者が契約締結上の過失を単に法律に規定したが，判例，学説上展開した原則になんら変更を加えようとしなかったと主張し，この理由からその事例を新しい規定が置かれていないものとして処理することはできない。むしろ検討に際しては法律の規定およびそれから生じる問題に立ち入るべきである。それが残念ながら常に法の中に読み込まれねばならないとしても，解決が法から読みとられるかのごとくなされるべきである。なおこの事例への詳しい一瞥をなすに値しよう[20]。

(ロ) TのVに対するド民280条1項，311条2項，241条2項に基づく900ユーロの支払い請求権

A 債務関係

TとVとの間には事故時に債務関係が存在していたのでなければならない。ド民311条1項によれば当事者間の契約の締結により原則として法律行為的な債権関係が発生する。TはVと事故時には契約を締結していなかった。ド民311条2項によれば，ド民241条2項の義務を伴った債務関係は，①契約商議の開始，②当事者の一方が法律行為的な関係を通じて相手方にその権利，法益および利益への作用の可能性を与えまたは彼にその信頼を惹起する契約への勧誘，または，③それに類似した行為上の接触によっても発生する。

ド民280条1項は損害賠償請求権のために債務関係および義務違反を要件と

---

[19] ド民253条2項「身体，健康，自由または性的自己決定の侵害のために損害賠償が給付されるべきときは，財産侵害でない損害のためにもまた金銭の公正な賠償が請求されうる。」

[20] www.schuldrechtsmodernisierung.com, S. 68.

するが、ド民311条2項はド民241条2項の義務を伴う債務関係がすでに契約商議の開始または契約の誘引とともに開始することを規定する。Tはデパートvになにかを買う意思で来たのではない。従って彼女は契約を誘引したのでもまた契約商議を開始したのでもない。しかし類似した行為的接触があったかどうかが問題になる。債務法現代化法が効力を生じる前にすでに契約商議の開始とともに契約前の債務関係が発生し、第三者のための保護効を伴う契約の要件が存在する場合は、この債務関係において第三者もまた関与することが認められていた。連邦最高裁は[21]、類似した事例で以下のように述べる。1．原告の母親がその娘と同様に損害を受けたとすれば、上告理由もまたその立場に立っているように、契約締結上の過失に基づく責任について疑問は生じない。この場合セルフサービスの店で売買契約が、買主がレジに選ばれた商品の提示により商品の陳列とともに彼女になされた申し込みを承諾したかどうか（このときまで最終的な決定は留保されている）、または、商品の陳列は単に申し込みの誘引であり、顧客はレジへの持ち込みにより申し込みをなし、レジ係がセルフサービス店のためのレジスター登録により承諾をするのかどうかという学説上の議論に対する立場の決定は必要でない[22]。この方向の控訴裁判所の明示的な確定が欠けているとしても、いずれにせよ判決理由は、事故時には被告と買おうとしていた商品をすでに最終的に選択していた原告の母親の間にすでに契約締結上の過失責任を基礎づける法定の債務関係[23]が存在したことを認めさせる。2．原告もまたその契約上の損害賠償請求権の論拠としてこの法定の債務関係を援用しうる。特別の要件のもとで外部にいる契約締結時に自らは関与していない第三者が契約の保護範囲に入り、彼らに第一次的契約義務の履行請求権は帰属しないが、契約により要求される保護および配慮を求める請求権は帰属し、彼らがこれらの契約上の付随義務違反に基づき自己の名前で損害賠償請求権を主張しうるという効果を伴うことが特に当院の長い間確定された判

---

(21)　前掲 BGHZ 66, S. 51.
(22)　Vgl. BGB-RGRK, 12. Aufl., vor para. 433 Rdn. 55 [Mezger].
(23)　BGHZ 6, S. 330（原告（くず鉄業者）が被告（市）の部長から産業用地の一部の賃貸借の約束を取りつけ（1964年）、その業務に使用してきたが、1948年になって市が賃貸借の合意を否定した。原告は契約締結上の過失を請求。裁判所は、責任が認められるためには市の役員が商議をなす権限を有していれば足り、契約締結の代理権まで有している必要はないとした）。

第2章　第5節　付随義務の違反

例に一致する[24]。

　政府草案理由書によれば，債務法現代化法はこの点においてなんら変わらない。契約締結上の過失の民法典への統合に関して政府草案311条の理由書[25]は次のように言っている。「契約締結上の過失はドイツ民法の中心的な法制度に発展した。従って，この法制度の原則は，民法典でも中心的なドイツの民法制度としてその法文上の表現を見出すべきである。それによって民法典自体も再度ドイツ債権総論の現実の存在についてインフォメーションを与えるべきである。これまでそれが可能でなかったことは，1968年6月7日の外国法に関するインフォメーションについてのヨーロッパ協定[26]の現実の展開においてもまた不利益となったことが示される。この関係において民法典が契約締結上の過失についていかなる規定も包含しないが，これが法制度として判例により展開させられたことが照会に応じて外国の裁判所に伝えられねばならない。これは，ドイツ法の将来の展開に関心をもつ外国の模倣を奨め，または，ヨーロッパの法発展の手ほどきをする努力の機縁ともなる。

　草案は契約締結上の過失の制度のあらゆる細目を規定しているわけではない。

---

[24]　BGH WM 1963, S. 1327 ＝NJW 1964, S. 33（賃貸人と賃借人による水道の接続器具の共同利用に際して他の賃借人に損害（水濡れ）を生じた場合に，賃貸人は賃借人に主たる義務のほかその財産に損害を与えないという注意義務をも負い，賃貸人はこの義務に違反したとした）; BGH WM 1965, S. 871 ＝NJW 1965, S. 1757（権利能力なき社団がその幹部によりある施設を賃借し，祝祭を催したが，その施設で床に落ちて割れた瓶を清掃しようとした社団のメンバー（原告）が転んで重傷を負った場合に，賃貸人（被告）は，第三者のための保護効を伴なう契約に基づいて責任を負うとしたが，過失相殺（社団の幹部の過失）を肯定した。ただし，本件は被告が祝祭が開催されること，および管理人が瓶が割れたことを知っていたことが前提となっている）; BGH WM 1968, S. 300（原告の夫が商売を営むために賃借した建物の瑕疵を認め，原告の損害賠償請求を認めた（第三者の保護効を伴なう契約）。過失相殺も肯定）; BGHZ 49, S. 350（被告が原告の姉に店舗用建物を貸し，原告がそこで宝飾店を営んでいたが，被告所有建物の煙突の瑕疵が原因で火災になり，原告が損害を被った事例。被告は原告に対して第三者のための保護効を伴なう契約により責任を負うとされた）; 56, S. 269（被告がK会社にオイルタンクの間に足場を作ることを依頼し，Kは被告の承諾を得て鉄工所を経営している原告を下請負人として製作にあたらせることになったが，足場が崩れてその作業員もろとも落下し怪我を負った。裁判所は，ド民旧618条に基づく第三者のための保護効を伴なう契約の効力は義務者（注文者）が保護義務を負うことを約した場合に限られると解すべきだから，原告は保護されないとした）.
[25]　BT-Drs. 1640, S. 162.
[26]　BGBl. 1974 II S. 937.

これらは，顧慮されるべき義務の数の多さと多様さおよびこれらの義務により保護される利益の違いに鑑みてなされていないが，また追求するに値しない。むしろ民法典の規定に一致して判例による差別化と展開がなされるように抽象的な規定が置かれているのである。もちろん規定には様々に動かされる明らかな輪郭線が保持されるべきである[27]。

　政府草案311条の規定の整序にとってこの責任範疇のために前提された法定債務関係が契約締結の前に存在することが標準となる。従って，提案された規定の位置は政府草案311条に言及された契約原則の直後となる。それに対して契約締結前に発生した法定債務関係に基づく義務のありうる内容については，政府草案241条2項が準用されうる。」

　この問題につき特にド民311条2項3号：「判例上契約締結上の過失に基づく請求権は契約商議または契約の誘引の場合だけでなく，それに類似した行為的接触の場合にも発生することが認められている。これは例えば，契約の誘引はないが，このようなことが準備されている場合の接触である。責任の前提は，潜在的な契約当事者が問題になることである。契約当事者に近い関係にある第三者が直ちに包含されるわけではない。これらの者は債務関係の保護領域に立ち入った場合にはもちろん保護される。それは契約前の債務関係にも適用されうる第三者のための保護効を伴う契約に関する原則によって判断されうる[28]。」

　しかし，契約締結上の過失の法典化後は，この事例がド民311条の規定関係の中でどのようにして整序されるべきかが問題となる。少なくとも一見したところこれが政府草案の理由書の中でもなされているように，それをド民311条2項3号のもとで整序することが考えられる。しかし，類似した行為的接触という概念に関する記述を詳しく観察すると，責任の要件が潜在的な契約当事者が問題になることであることが示される。しかし，Tは契約当事者になることを望んでいなかった。従って，類似した行為的接触は存在しない。この事例をド民311条3項1文の問題として整序することも考えられる。それによれば，ド民241条2項の義務を伴った債務関係が自らは契約当事者たりえない者につ

---

(27) Ernst/Zimmermann, a. a. O., S. 317 [Dauner-Lieb]; Schuze/Schulte-Nölke (Hrsg.), Die Schuldrechtsreform vor dem Hintergrund des Gemeinschaftsrechts, 2001, S. 259 f. [Fleischer]; Krebs, DB Beilage 14 / 2000, S. 9.

(28) BT-Drs. 1640, S. 163.

第2章　第5節　付随義務の違反

いても発生しうる。ド民311条3項1文の文言はこの事例を問題なく把握しうるように思われる。例えば，ローレンツ／リームは，サラダ葉ケースのような第三者保護事例にド民311条3項1文が適用されると述べる[29]。カナーリス[30]もまた，総ての第三者事例にド民311条3項を適用しようとする。「改訂草案（KF）311条3項では契約締結上の過失の要件において第三者の関与が規定される。この場合1文は定式化が曖昧なためそのもとで消極的な資格だけでなく，積極的な資格もまた包摂されうる。それゆえに，ここは保護される第三者の範囲の規定のための正当な場所ではないから，それ自体として改訂草案311条3項に厳密に言及されえない，第三者のための保護効の問題は，2項の代わりに3項1文によって把握されうる。それは，それによって総ての第三者の事例がこの関係において包括されるがゆえに，優位に値するとすら思われる。」

自らは契約当事者ではない者に対する債務関係が，特に第三者が特別な程度において自らに対する信頼を要求し，それによって契約商議または契約締結に著しい影響を与えた場合に発生するド民311条3項2文の通常事例の文言は，立法者がド民311条3項1文によっても第三者の責任のみを規定しようとし，第三者に対する責任を規定しようとしなかったこと，すなわち，いわゆる事物管理者責任のみを規定しようとし，これに類似した事例は規定しようとしなかったことを物語る[31]。

ド民311条3項1文に関する政府草案理由書の説明[32]もまた，立法者がド民311条3項で単に第三者の責任のみを規定しようとし，第三者に対する責任を規定する意思はなかったことを示す。「3項1文は，契約に類似した債務関係が自らは契約当事者ではない者についても発生しうることを規定する。それは特に代理人の自己責任または商議補助者の責任である。契約締結上の過失に基づく責任の領域では発展は現在まだ完結していない。したがって，3項についても，法律上第三者の責任の可能性もまた言及されるが，実務および学説によるこの法制度の更なる発展を許容する方法で規定されるべきである。」

従って当該事例をド民311条2項3号のもとで解決することも，ド民311条

---

(29) Lorenz/Riehm, Lehrbuch zum neuen Schuldrecht, S. 189 f.
(30) Canaris, Die Reform des Rechts der Leistungsstörungen, JZ 2001, S. 520.
(31) www.schuldrechtsmodernisierung.com, S. 70.
(32) BT-Drs. 1640, S. 163.

3項のもとで解決することも完全に納得させるものではない。ド民311条2項3号のもとで解決することに対しては、TがVと全く行為的接触ないし類似した行為的接触に入ろうとしなかったことが異論を唱える。ド民311条3項のもとで解決することに対しては、本項2文が第三者の責任の事例のみを規定し、第三者に対する責任には触れていないことおよび立法者による1文の広い把握が事物管理者の責任の流動的な展開によって基礎づけられることが異論を唱える。これにつき、シューマッハー／ラダ論文[33]参照：「これらの事例をもド民311条3項の適用領域に組み入れることのための議論として、特に、かような規範の理解により総ての契約締結上の過失の枠内で生じた第三者関与事例が一つの規定において統括されることが述べられる。しかし、かような統一がどのような利点を有するかは明らかでない。特にド民311条3項が契約前の債務関係の保護領域への第三者の組み入れのための要件を規定していないためである。法規のわかりやすさおよび体系性はこのような方法では改善されていない。第三者が債務関係の保護領域に組み入れられうるかどうかは、契約締結上の過失に特有の問題であるのではなく、債務法現代化法によってもまた第三者のための保護効を伴う契約に関する一般原則に従って解決される。したがって、積極的資格の事例もまたド民311条3項の適用を受けると見る場合には、首尾一貫して、立法者がド民311条3項によって契約前の領域に制限される第三者のための保護効を伴う契約の部分規定を定めたとみなければならない。この部分規定は、民法典中の第三者効を伴う契約に関する唯一の規定であろう。契約前の状況以外で第三者に対する責任が問題になる場合でも、ド民311条3項または少なくともそこに含まれた法思考を関与させることは避けられないであろう。したがって、その規定は、積極的資格の組み入れにより結果的に第三者のための保護効を伴う契約の一般的な法的基礎に高められるであろう。これは体系には適っていない。なぜならば、保護効を伴う契約は第三者のためにする契約と密接な関係にあり、この理由からド民328条に規定されねばならないからである。しかし、将来的にド民311条3項を第三者のための保護効を伴う契約の法的基礎とみるとしても、これは単に表面的に法規の秩序に対する違反となるだけではない。むしろかような体系違反から保護効を伴う契約という法制度のた

---

(33) Schumacher/Lada, Culpa in contrahendo und Sachverständigenhaftung nach neuem Schudrecht, ZGS 2002, S. 454～455.

第2章　第5節　付随義務の違反

めのしっかりした，内容上の帰結が生じうる。すなわち，ド民328条以下（第三者のためにする契約）は，ド民311条3項とは異なり，保護効を伴う契約に関する原則に従った責任のためにも意味を有しうる評価基準を包含する。その第三者のための保護効を伴う契約への準用を連邦最高裁が否定しないド民334条の法的思考もまた考えられる。」

したがって，ド民311条2項に従ってMについて生じる債務関係に基づいてTに対するVの責任が第三者のためにする保護効を伴う契約の原則と結びついて生じうると解決するのが優れているようにみえる。メディクス論文[34]参照：「それに対してド民311条3項2文は，それが契約締結と関係を有しないがゆえに，その事例を解決することはできない。したがって，これはそれが不法行為法によらない場合には，第三者のための保護効を伴う契約の原則に従う。」

その場合MとVについてド民311条2項の要件が存在するのでなければならない。ド民311条2項に述べられた三つの要件のどれが存在しうるかが問題になる。ド民311条2項1号と2号の関係が争われている。立法者の見解によれば，明らかに区別しうる構成要件が問題になるが，通説によれば，契約の誘引は契約商議の開始の変種でもある。この議論の解決はそのままにしておこう。Mはこの事例で契約締結を誘引し，具体的な契約商議もまた開始した。かくして両見解によれば，本事例でド民241条2項の義務を伴う債務関係が発生した。これにつき，ミュンヘナーコンメンタール[35]参照：「ド民311条2項は，行為的接触（3号）の枠内で，ド民241条2項の意味の保護義務および配慮義務を伴う債務関係の基礎付けのために契約商議の開始による（1号）または契約の誘引による（2号）様々な事例を区別している。これら三つの構成要件相互の関係は不明確である。立法者はそれらの中に，それらの全体において全部の重要な事例形成を包含する明らかに異なった構成要件を見出した。なぜならば，彼らの見るところでは，ド民311条2項1号は，契約商議の開始とともに発生し，これとともに終了する，契約商議の法律関係として特徴付けられる契約締結上の過失の古典的事例（のみ）を包含する一方で，ド民311条2項2号

---

(34)　Medicus, Die Identität des Schadens als Argument für den Ersatz von Drittschäden, Festschr. für P. Schlechtriem zum 70. Geburtstag, 2003, S. 623.
(35)　Münch. Komm. z. BGB., Bd. 2, 5. Aufl., S. 1456 [Emmerich].

は，それを超えて，特に可能な顧客のための店舗の開店による潜在的な法律行為的関係の単なる基礎付けもまたその規定に包摂しようとするからである。最後にド民311条2項3号（類似した行為的接触）の場合は，契約の誘引はないが，かようなものが準備されている接触関係が念頭に置かれている。ド民311条2項2号の意味の契約の誘引が，契約商議の開始（1号）を特別の事例として包含することは疑われないのだから，その区別は成功していない。」

　Tがこの債務関係に関与したかどうかが問題になる。その要件は，第三者のための保護効を伴う契約が存在していることである。これにつきまず，ミュンヘナーコンメンタール[36]参照：「第三者のための保護効の法的基礎は，二つの点で議論されている：一つは，第三者への保護義務の拡大が契約形成の帰結であるかどうか，すなわち，第三者のための保護義務がその論拠をド民133条（意思表示の解釈），157条（契約の解釈）の主たる契約の（補充的）解釈に有するかどうか，あるいは，信義則（ド民242条）に基づく契約関係の法形成的な形成，一部はすでに慣習法が問題になるかどうかである。判例はその問題を若干の事件でペンディングにしている。債務法改正がド民311条3項1文の第三者のための保護効を伴う契約を法律上の基礎の上に置いたかどうかは全く疑問がないわけではない。それによって債務関係が非契約当事者についてもまた保護および配慮義務に制限されて発生することがそれを肯定する論拠となる。もちろん立法者自らはド民311条3項2文に言及された，契約締結上の過失に基づく代理人の自己責任の事例のみを包含させる意図であり，第三者のための保護効は包含しない意図であったことは，その否定の論拠となる。いずれにせよ客観的に立法者はその原則を認めていた。しかし，具体的な要件が定められていないから，従来の評価および事例群がこれからも標準となる。」

　債務法改正後も第三者のための保護効を伴う契約は規定されないままである。しかし，立法者は理由書によればその制度と判例によるその扱いを認めた。周知のように債務関係への第三者の関与は，給付への近さ，保護利益，債務者の認識可能性および第三者の保護の必要を必要とする。
① 給付への近さ　第三者は類型的になされるべき給付と関わりを持たねばならない。人または所有権のための保護義務が問題になる限り，彼は仲介を通じてまたは主たる債権者の意思によって債務に適った方法で給付の領域にとどま

---

(36) Münch. Komm. z. BGB., Bd. 2, 5. Aufl., S. 2057 [Gottwald].

第 2 章　第 5 節　付随義務の違反

り，または，同様な方法で給付の危険にさらされねばならない[37]。T は M と同様にサラダ葉で滑る危険にさらされた。したがって給付への近さが存在した。
②　保護の利益　契約債権者は給付の注意深い遂行に自らの利益だけでなく，第三者のための正当な利益もまた有する。被保護者の領域が当事者の表示その他の行為の中の具体的な手がかりなしに確定されうる限り，判例は早くから，契約債権者に第三者に対する配慮義務が帰するかどうか，彼がその損害に対して共同責任を負うかどうかを問題とした[38]。連邦最高裁は以下の類似した事例で次のように判決した：「もちろん契約の保護領域への第三者の関与は，立法者によってなされた契約責任と不法行為責任の区別を放棄または混同しない場合は，狭く限られた事例への制限を要求する[39]。その限りで顧客が売買契約の誘引または展開に際してセルフサービス店で第三者を用いるという単なる事情が保護効の承認のために十分であるかどうかの問題は放置しうる。なぜならば，この事例で原告の母が内部関係上その娘の安危に対して責任を負い，被告もまた認識しているように，もっぱらすでにこの理由から彼女についてきた娘が彼女自身と同じ保護を受けるべきことから出発しうることが付加される。かように密接な家族法上の結びつきの中に，判例は，以前から契約上の保護効の拡大の論拠を見てきた[40]。」
しかし，連邦最高裁はその後，内部関係における個人的な配慮義務が契約上の保護義務の拡大の必要な要件ではないことを認めた[41]：「判例の更なる展開において，補充的契約解釈の方法により，債権者がその保護に特別の利益を有し，かつ，契約の内容および目的が，この利益が考慮されるべきことを認識させ，同時にまた，当事者がこの第三者のために債務者の保護義務を基礎づける

---

(37)　Münch. Komm. z. BGB., Bd. 2, 5. Aufl., S. 2061 [Gottwald].
(38)　Münch. Komm. z. BGB., Bd. 2, 5. Aufl., S. 2061 [Gottwald].
(39)　BGH NJW 1956, S. 1193（洗濯機のための安全な駆動板の供給契約で，注文者（農場）が利用者の要求にも可能な限り応じるという請負人（被告）にとって認識しうる意図で行為した場合，洗濯機の所有者がそれを利用させる者（原告）のためにも契約が存在しうる。しかし，請負人が思いもしない人々からの要求にさらされることは明示的な合意のない限り，直ちには認められえない。駆動板が安全性を欠いたため利用者が被害を受けた事例）など。
(40)　前掲 BGH NJW 1964, S. 33; BGHZ 61, S. 227（賃貸人の契約上の保護義務違反によって賃貸目的物を使用した賃借人の従業員や履行補助者が損害を被ったときは，賃貸人はこれらの者に対して第三者のための保護効を伴なう契約により責任を負いうるが，短期の時効にかかる（ド民旧 558 条）とした）．

127

意思を有している場合にも，第三者が契約の保護領域に含められた[42]。判例は，契約の保護領域への第三者の黙示的な組み入れを特に，委託者が，公に選任された鑑定人や経営診断士，税理士のような，特別の国家により認められた専門知識を駆使する者に，第三者に対してその利用をなすために，鑑定を求める契約において承認した[43]。それによれば，鑑定が認識しうる目的に従って財産上の地位に関する決定のために提出されるべき総ての者が，土地の評価のために公に選任された専門家による鑑定書の提出に関する契約の保護効を受けることになる。取引上公に選任された専門家に付与される特別の信頼は，専門家が最善の専門的知識と良心に基づいて鑑定書を作成し，そのために第三者に対して責任を負うという正当な期待に基づいている。第三者に対して信頼を惹起し，信用力を有するという鑑定書の目的にしたがって，第三者を契約の保護領域に引き入れることは委託者および第三者の利益の相反性と矛盾しない[44]。

それによれば本事例は，連邦最高裁によりこれまで第三者のための保護効を伴う契約が認められてきた事例群のいずれにも属しない。この契約の当事者が原告を契約上の保護義務の中に引き入れる意思を有したことは，連邦信用制度監督局（BAK）と被告の間の契約の目的および内容からは導かれない。官署の決定の準備のために入手された鑑定書には，なされるべき検討に関して官署と鑑定人との間の契約で当事者の意思に従って，官署の監督措置により選任され

---

(41) BGH NJW 2001, S. 3115（原告は企業グループの中核企業である。原告が銀行業を営むために監督官庁に認可を願い出たが，特別の検査が必要とされ，監督官庁は経営検査会社（被告）に特別検査を依頼した。原告は，被告の誤った検査報告により銀行の経営許可が下りなかったとして損害賠償を訴求。裁判所は，官署が公の利益においてそれに義務づけられる行政任務の枠内で専門家に鑑定報告を委任する契約の第三者効には，それにより用意された行政決定に関わった（かもしれない）第三者は直ちに引き入れられないとした）。

(42) BGHZ 138, S. 257（原告（破産管財人）の管理している会社が被告（会計監査人）の誤った鑑定評価によって価値の低い会社の全株を譲り受けた事例。裁判所は，会計監査人は会社および株主に対して義務違反の責任を負うのが本来であるが（ド商 323 条 1 項），契約当事者がその者に対しても保護義務が及ぶことを合意した時は，第三者もまた保護されうるとした）。

(43) BGH NJW 1998, S. 1059（貸付希望者の財産関係についての鑑定報告を信頼して与信機関が貸付をした場合に，与信機関と提携した保証人はその専門家に対して契約の第三者効に基づいて損害賠償を請求しうるとした事例）など。

(44) 前掲 BGH NJW 1998, S. 1059.

た者が第三者として関与させられることを承認することも困難である。」
　しかし，この事例についてこれは重要ではない。MはTの行動について責任を負うのだから，保護利益が肯定されうる。
③　認識可能性　保護される第三者の範囲は債務者にとって認識可能でなければならない。契約および責任危険は，契約締結時に債務者にとって認識可能であり，計算可能であり，かつ場合によっては付保可能でなければならない[45]。Vは彼の店を顧客がその娘を連れて訪れることを考慮に入れておかねばならない。したがって認識可能性は存在する。
④　保護の必要　第三者の利益がすでに自己の直接的な契約上の請求権により十分に塡補される場合，保護の必要は疑わしい場合には喪失する[46]。TはVに対して契約上の請求権を有しない。それゆえに彼女もまた保護に値する。TはかくしてMとVとの間に存在する債務関係の保護領域に関与する。かようにTとVとの間にもド民241条2項の義務を伴う債務関係が存在する[47]。

B　義務違反

　ド民241条2項によれば，債務関係はその内容に従って各当事者に相手方の権利，法益および利益を顧慮する義務を負わせうる。当該事例ではVないしその従業員（ド民278条によれば従業員の過失だけでなく，その容態もまた帰責される）は，店舗内を顧客が負傷の危険なしに足を踏み入れうるようにしておく義務を負う。連邦最高裁判例[48]によれば，「この債務関係から導かれる，保護および監視義務違反に対する責任は，当該事例では，その論拠を被害者が契約商議の目的で相手方の影響領域に足を踏み入れ，かくしてその商議の相手方の高められた注意を信頼しうることに見出す。そのことを原告の母親が売買契約締結のために被告の店舗を訪れ，経験に適って特にセルフサービス店のレジ付近で高められた公衆の通行にみまわれるという危険にさらされねばならなかった本事例が示す。」
　Vがこの義務に違反したかどうかが問題になる。レジ付近にはサラダ葉があった。かくしてVの店舗内から顧客にとっての危険が生じた。しかし，義

---

(45)　Münch. Komm. z. BGB., Bd. 2, 5. Aufl., S. 2063 [Gottwald].
(46)　Münch. Komm. z. BGB., Bd. 2, 5. Aufl., S. 2063 [Gottwald].
(47)　www. schuldrechtsmodernisierung com, S. 76.
(48)　前掲 BGHZ 66, S. 51.

務違反の概念は状況ではなく，容態を示す。したがって義務違反は，Ｖがその店舗の秩序に適ったコントロール義務に従わなかった場合にのみ存する。これは事実関係からは引き出されえない。債権者が義務違反の挙証責任を負担するのだから，これはＴの請求に対立しうる。政府草案理由書280条には，「債務関係に基づく義務は，債権者の特種契約的な給付利益の履行に資する（真正な）契約上の付随義務だけでなく，彼のその他の権利および財貨が損害を受けないようにすることを目的とする（単なる）保護義務もまた包含する。付随義務の場合は義務違反の概念は困難を提供しない。例えば，機械の必要な使用説明書が交付されなかった場合，主たる給付義務の不完全なまたは瑕疵ある履行として性質づけられるその交付の欠缺には1文の義務違反がある。債務者は，2文により彼が，例えば，総ての説明書が彼の責めに帰することのできない火災により滅失し，かつ，印刷が履行期までに不可能だという理由で，これについて責任がないという挙証をなしうる。これに対して，政府草案241条2項の意味の保護義務違反の場合は，義務違反がどこにあるかが積極的に確定されねばならない。義務違反の構成要件が問題になるがゆえに，債権者がその立証責任を負担する。この場合領域説の観点のもとに債権者の挙証責任の軽減がなされる。しかし，債権者は，義務違反の構成要件の記述および場合によってはその立証なしに2文の帰責事由の推定を援用しえない。」

しかし，立法者がそれを望んだことはありえないが，債権者によるこの立証はほとんど成功の見込みがないのだから，債権者はこの場合例外的に義務違反のための十分な立証をなすに及ばない。むしろ債務者の責任領域の中にそもそも通行を不確かにする状況が存したという立証で足りる。ハインリクスによれば[49]，「原則として債権者は義務違反の総ての立証を尽くさなければならない。しかし，請負，旅行または売買契約においては，債務者の責任領域に通行を不安定にする状況が存在したらそれで十分である[50]。」もっとも，本連邦最高裁判例[51]では旧法の観点から義務違反と過失とが混同されている。「控訴審の見解によれば，被告は，その店舗における通行の安全性に関して彼に期待される総ての注意を尽くし，事故が単に他の顧客が少し前にサラダ葉を床に落とした

---

(49) Palandt, Komm. z. BGB., 67. Aufl., S. 359 [Heinrichs].
(50) 前掲 BGHZ 66, S. 51.
(51) 前掲 BGHZ 66, S. 51.

第2章　第5節　付随義務の違反

ままにしたことにのみ帰しうるという彼がなすべき立証を尽くしていなかった。これらの説明もまた法的論拠から異議を述べえない。それらは，店主の通行安全義務およびその限りでド民282条から導かれる，控訴審がその判決を依拠させた契約締結上の過失に基づく損害賠償請求権における立証責任の転換に関して連邦最高裁の不動の判例に一致する[52]。」

C　過　　失

　Vが義務違反について責めを負うかどうかが問題になる（ド民280条1項2文）。V自らは過失で行為したのではない。彼は注意義務に適って床の清掃の監視のために従業員を選任した。しかし，ド民278条によれば，債務者は履行補助者の過失につき自己の過失におけると同様に責めを負う。Vの従業員はVの保護義務の履行に際してその意思をもって補助者として活動し，それゆえ履行補助者であった。事実関係からその者が義務違反について責めを負わないことは導かれえない。したがって，Vが無過失についての挙証責任を負担するのだから，過失から出発されうる[53]。

D　結　　論

　Tの損害賠償請求権は根拠がある。

E　損害賠償の範囲

　請求権は財産損害を包含する。請求権が2002年8月1日（第2次損害賠償改正法の施行）より前に生じたときは，それは非財産損害を包含しない。ド民253条2項によれば請求権は慰謝料を含みうるが，この規定は，ド民施229条para. 8によれば，加害事実が2002年7月31日より後に生じた場合にのみ適用されうる。したがって，TはVにド民280条1項により700ユーロのみを請求しうる[54]。

---

[52]　BGH NJW 1962, S. 31（いわゆるバナナ皮事件。デパートに訪れた顧客がバナナ皮ですべって転んで怪我をした場合，デパートの管理領域で客観的に通行に支障を与える状況を回避するために責任者およびその従業員があらゆる注意を用いたことの挙証責任はデパート側が負うとした）。

[53]　www.schuldrechtsmodernisierung.com, S. 77.

F 時　　効

　請求権はド民195条，199条により請求権および請求権の相手方を知った年の終わりから3年で時効にかかる。したがって請求権はまだ時効にかかっていない。

---

(54) www.schuldrechtsmodernisierung.com, S. 77.

第6節　給付障害の法律効果

1　解　　除

(1) 新解除法概観

　古い解除法には数多くの問題があった。その説明は，それがド民346条の新規定により総て除去された，または新しい問題に置き換えられた限りにおいても余計なものとなる。政府草案346条の理由書では，「解除の実行に関する（従来の）ドイツ民法典の規定は，法技術的には失敗作である。その中心的な問題には法政策的にも問題があり，議論があるため，学説および実務にとってはほとんど貫徹しえない争いと学説の茂みが生じた[1]。」しかし，解除法の新規定のよりよい理解のために問題の基礎に立ち入られるべきである。古い解除法は，特に以下の問題を示した：①解除は，ド民旧351条によれば，解除しようとする者に受け取った客体の著しい毀損について責任があるときは，排除された。この関係で著しい，および，帰責事由とは何かが問題になった。②重要でないまたは過失のない毀損における債務者の責任もまた議論された。差額説に従うべきであろうか，それとも不当利得法（ド民旧327条2文[2]の法思考）に従うべきであろうか。ド民旧346条以下（約定解除）の法定解除権への準用の意味の問題はこの問題と結びついていた。

　簡単に言えば，その問題は以下の論拠に基づいていた：古い解除法は，約定解除権について規定されていた。買主が売買において解除権を許容せしめる場合，彼がこれを返還することを計算に入れねばならないがゆえに，注意してその物を扱うことが彼に期待されうる。この事例について買主の厳格な責任はド

---

(1)　von Caemmerer, Mortuus redhibetur, Festschrift für K. Larenz zum 70. Geburtstag, S. 625. 川角・中田・潮見・松岡編・ヨーロッパ私法の展開と課題496頁以下〔川角由和〕参照。
(2)　ド民旧327条(法定解除権の規定)「約定解除に適用されるド民（旧）346条～（旧）356条までの規定は，ド民（旧）325条，（旧）326条に規定された解除権（法定解除）に準用される。解除が相手方の責めに帰すべきでない事情のためになされたときは，相手方は不当利得返還に関する規定に従ってのみ責任を負う。」

第 I 部　ドイツ新債務法 7 年の歩み

民旧 347 条(3)に従って図られた。それに対して，法定解除権の行使の場合は，利益状況は全く異なったものであった。この場合買主は，解除原因の発見まで（事前に知ることと事後に知ることとを区別すべきである）彼が売買目的物を保持するであろうことから出発した。ド民旧 347 条の厳格責任はこの場合不相当なようにみえる。

　その問題は，①解除を定めるルールを法定解除にも直接適用する規定（法定解除における特別の状況はド民 346 条 3 項 3 号により考慮に入れられる），および，②従来の規定の価値に従った清算という構成による置き換えにより除去されている。今や彼により返還されるべき客体を故意に毀損した解除権者すらなお解除しうるが，解除の相手方に破壊された物の価値を賠償しなければならない。その限界はド民 242 条である(4)。

　ド民 346 条 3 項 3 文は，従来のような「知る前，知った後」という区別を含んでいない。従って，例えば，解除権者が瑕疵（事故を起こした自動車）を知り，自己の事務について用いるのと同様に注意を尽くして損害を惹起した買主が，価値賠償義務の喪失もまた援用しうるか，それとも，知ったときから彼について善管注意義務が要求されうるかが問題になる。ド民旧 347 条 3 文（解除の場合の利子）は削除された。収取された果実のみが返還されるべきである。ド民 347 条 1 項(5)もまた参照されうる。

(2)　解除および撤回の効果に関する議論
(イ)　はじめに
　立法者は，解除の効果，すなわち，ド民 346 条以下において内容的に最も大きな変更を行った。この全部の構造の基本は，解除権の存在がもはや返還され

---

(3)　ド民旧 347 条（返還に際しての責任）「滅失，毀損または他の原因によって生じた返還の不能による損害賠償請求権は，解除の場合は，給付の受領のときから，物権的返還請求権の訴訟係属が生じたときから所有者と占有者の間の関係に適用される規定に従って決せられる。同じことは，果実の返還または償還請求権および出費賠償請求権についてあてはまる。金銭は受領のときから利息を生じる。」

(4)　政府草案 346 条の理由書参照（拙著・ドイツ債務法現代化法概説（2003）225 頁以下）。

(5)　ド民 347 条（解除後の果実および出費）「(1)債務者は，彼にそれが可能であったにもかかわらず，債務の本旨に適った経営のルールに反して果実を収取しなかったときは，彼は債権者に価値賠償義務を負う。法定解除の場合権利者は，果実について，彼が自己の事件について用いるのが通常の注意についてのみ責めを負わねばならない。」

第 2 章　第 6 節　給付障害の法律効果

るべき客体の運命に依存するのではなく（ド民旧351条以下），この問題が価額賠償の問題として扱われることにある。これによりすべての最も複雑な危険負担及び価額賠償の分野における優先性の問題が解決されることになった。それは新民法施行後激しい議論の対象になった[6]。

　従来の解除法は，既述のように技術的に失敗作であり，中心的な問題において法政策的にも問題が多くかつ議論があったため，学説および実務にとってほとんど分け入りえない議論と学説の茂みが生じていた[7]。新しい解除の効果に関する法律は，意識的にこの茂みを明確な構成によって除去しようとした。そのための基礎は，ド民346条以下が今や法定解除権と約定解除権を同様に直接に規定し，それによって以前，決して一義的に説明されえないド民旧327条（法定解除）のド民旧346条以下（約定解除）の準用およびド民旧347条のド民989条，990条（占有者，所有者間の法律関係）の準用により生じていたような基本的な両立性の問題が除去されるべきことであった。この必要は，他の規定の数多くの準用により解除の効果に関する法律が明確に高められた重要さを取得したことにより一層大きくなった。これは特に，不能の場合の返還請求権（ド民326条4項[8]），給付に代わる損害賠償請求権の主張（ド民281条5項[9]），代物給付（ド民439条4項[10]）ないし新たな製作（ド民635条4項[11]）による追完，ならびに，減額後の返還請求権（ド民441条4項，638条4項[12]）についてあては

（6）　E. Lorenz (Hrsg.), Karlsruher Forum 2005, S. 31 [S. Lorenz].
（7）　v. Caemmerer, a. a. O., Festschr. f. Larenz, Bd. 1, 1973, S. 625.
（8）　ド民326条4項「本条項（給付義務の排除の場合の反対給付義務の免責および解除）によりなされるべきでない反対給付が実現された限り，その反対給付はド民346条～348条（解除の効果）により返還請求されうる。」
（9）　ド民281条5項(給付に代わる損害賠償)「債権者が全部の給付に代わる損害賠償を請求するときは，債務者は，ド民346条～348条により給付されたものの返還を請求しうる。」
（10）　ド民439条4項(追完履行)「売主が追完履行のために瑕疵のない物を給付する場合は，彼は，ド民346条～348条の基準に従って瑕疵ある物の返還を買主に請求しうる。」
（11）　ド民635条4項(追完履行)「請負人が新しい仕事を製作するときは，彼は注文者にド民346条～348条の基準に従って瑕疵ある仕事の返還を請求しうる。」
（12）　ド民441条4項(代金減額)「買主が減額された売買代価以上の金額を支払った場合は，超過額が売主から償還されるべきである。ド民346条1項および347条1項が準用される。」638条4項(報酬減額)「注文者が減額された報酬を超える額を支払ったときは，超過額が請負人から返還されうる。ド民346条1項および347条1項が準用される。」

まる。消費者保護のための撤回権の法律効果もまた，ド民357条[13]により著しく修正された形であるとはいえ，ド民346条以下に従っている[14]。

解除権の単純かつ明確な構成へのこの転化は，原則的に成功しているが，この領域で理論的だけでなく，実務上もまた意味を有する一連の複雑な議論が発生したことを看過すべきではない。その際にすでに改革の実行前に議論され，かつ法政策上正当にも批判された，実際上第二次的な，自己の物に対すると同様の注意で足りるという法定解除権者の有利な地位の問題だけでなく，特にド民346条2項の価値賠償構成要件と現物返還請求権の関係が問題になる[15]。

㈦　解除権と解除の客体の運命との原則的な独立性——ド民旧351条の再現？

契約が解除されると，解除された契約により給付された物は相手方に返還されるべきである。受領者が目的物の保存に費用を支出したときは，相手方に対して必要費の償還請求ができ，有益費が支出されていれば，相手方が利益を得る限度で償還義務を負う（ド民347条2項）。売主が瑕疵ある物を給付した場合でも，売買目的物が不可抗力により滅失，損傷したときは，買主は売買を解除することができ，滅失の場合は期間の指定は不要である（通説）。

解除の客体の喪失，損害および譲渡と解除権の有無および方法の間の関係については，従来の法は，この場合返還されるべき客体の滅失，毀損の場合，特定の事例では解除を否定し，他の事例では過失に依存した損害賠償義務を定めることにより，二つの規定原理に帰着するが，新法では返還されるべき客体の運命は，解除権自体に関わるのではなく，常に価値ないし損害賠償義務を発生させる。かくしてド民旧351条以下（解除権の排除）の問題は，解除の効果の領域で価値賠償義務の問題に移行させられる。それはもちろんド民346条（解除の効果）の平面でのみ，すなわち，滅失，毀損，譲渡に関わり，すでに発生した解除権には関わらない。解除権の論拠の問題においては，これからも解除の客体の運命が解除権の存続を妨げる状況が存在しうる。この状況は，ド民326条5項，323条6項によれば，解除権を基礎づける事情が返還されるべき客体の破壊，毀損または譲渡において存在し，かつ債権者がこれらの状況につ

---

(13) ド民357条（撤回および返還の法律効果）「(1)異なった規定のない限り，法定解除に関する規定が撤回権および返還権に準用される。ド民286条3項に規定された期間は，消費者の撤回の意思表示または返還の意思表示とともに開始する。」

(14) E. Lorenz (Hrsg.), Karlsruher Forum 2005, S. 89 [S. Lorenz].

(15) E. Lorenz (Hrsg.), Karlsruher Forum 2005, S. 89 [S. Lorenz].

いて責任を負う場合に発生する。これは買主の側の作用に基づいてのみ除去しえなくなった物の瑕疵というすでに言及された事例では実際上意味を有する。この場合売買客体の破壊、変更または譲渡はこれからも解除の排除原因たりうる。すなわち，除去しえない瑕疵による解除は，ド民326条5項により（性質的な一部）不能による解除なのだから，解除は，債権者が物の有責な破壊，変更または譲渡により追完履行を不能にし，そのため解除原因について有責であるときは，ド民323条6項により債権者（買主，注文者）の責任により排除される[16]。上記のように，これがド民旧351条の基礎になっている規範目的の削除と一致していないのだから，この中にその重要な適用領域および法的効果においてド民旧351条の再現をみることは不当である[17]。

(イ) ド民346条2項による価値賠償義務の構成要件

ド民346条2項は，価値賠償義務により解除債務者の返還義務が履行される三つの構成要件を列挙する。それに際して取得された物の性質による返還不能の事例および加工，変容および滅失の価値賠償構成要件は問題がない。これに対して解除債務者が返還されるべき客体を譲渡し，または毀損が生じたときは，これらの場合にド民346条2項2号，3号に従って存在する価値賠償請求権に先んじて返還義務者の返還されるべき客体の再調達ないし修補または負担除去義務が存在するかどうかという問題が議論されている。それによれば，価値賠償義務は，返還債務者がド民275条1項，2項（給付義務の排除）の標準に従って再調達ないし修補義務を免除された場合にのみ返還義務に代わるものになる。後者は，通説に一致する。これに対して，反対説によれば，譲渡，負担，変容および毀損は，その除去の可能性とは無関係に返還義務者の価値賠償義務に導くだけである。しかし，彼にはド民242条（信義則）により再調達，負担

---

(16) エルンストは，物の滅失が物の瑕疵自体によって惹起された場合を除いて，滅失とともに追完が不能になり，かつ買主がその瑕疵を知りつつ売買目的物を更なる使用により意識して滅失の危険にさらしたものである場合でも解除を否定せず，買主が解除するときは，彼は，物の滅失が買主による物の使用または所持に基づくものであり，その限りで通常の償却行為である限り，彼は売主に物の滅失の中にみることのできる売買目的物の使用のために売買代金額の範囲内で不当利得返還義務を負うとする（Ernst, Sachmängelhaftung und Gefahrtragung, Festschr. f. Huber z. 70. Geburtstag, S. 233 f.）。

(17) Heinrichs, Schadensersatzansprüche wegen Pflichtverletzung, Festschr. f. E. Schmidt z. 65. Geburtstag, 2005, S. 163.

の除去，変容の原状回復，すなわち，修補および返還により価値賠償義務を免れる権限が許容されうる[18]。この見解はまず価値賠償構成要件の文言が支持を与える。すなわち，これらは，ド民 275 条の給付の免責ではなく，単に譲渡，負担，変容または毀損という事実を問題とする。それは，法が他の箇所（例えば，ド民 283 条（給付に代わる損害賠償），285 条（代償請求），326 条 1 項（反対給付請求権））で明示的にド民 275 条を援用するという事実に鑑みて無視されえない。しかし，特に返還されるべき客体の毀損の場合の，帰責事由とは無関係な回復請求権が，ド民 346 条 3 項 3 号の有利な構成要件を，全体として，すなわち，自己の物に対すると同様な注意に関してだけでなく，危険負担に関してもまた問題にする。これに反してそれからは，ド民 346 条 2 項 2 号（消費，譲渡等）とド民 346 条 2 項 3 号（毀滅）とを区別し，ド民 346 条 2 項 2 号の場合にだけ回復ないし返還義務を認める場合にのみ，返還義務者は回復（返還）義務を逃れうることになろう[19]。しかし，これに対して法はなんら手がかりを与えない。従って，より正当には再調達および侵害の除去義務は，相当な結果が解除権の表示後発生し，そのため返還請求権がすでに発生しており（ド民 346 条 4 項参照），または，解除債務者がその側で要求される注意および配慮義務に違反し，かつ，そのためにド民 280 条 1 項，241 条 2 項，249 条 1 文に従って現物返還の形での損害賠償義務を負う場合に始めて発生しうる[20]。

現行法上解除を基礎づける瑕疵が目的物の改造，加工に際して始めて発見されたときは（その証明責任は解除者にある），買主の価額償還義務は消滅する（ド民 346 条 3 項）。また毀損が用途に沿った目的物の使用によって生じた場合も価額償還義務は認められない（ド民 346 条 2 項）。後者の具体例としては，工場から出たばかりの新車の自動車登録による減価[21]や自動車の運転によって現実に生じる価値の減少，運転者の帰責性なしに巻き込まれた交通事故による損害などが指摘されている。また後者の論拠は，買主は使用利益の返還義務が課されているため（ド民 346 条 1 項），使用によって生じる価値減少についても償還義務を負わせると，二重の負担となるためだとされている[22]。用途に沿っ

---

(18) Staudingers Komm. z. BGB., para. 328 ～ 359, 2004, S. 591 [Kaiser].
(19) Schwab, Schuldrechtsmodernisierung 2001/2001-Die Rückabwicklung von Verträgen nach para. 346 f. BGB n. F., JuS 2002, S. 634.
(20) Staudingers Komm. z. BGB., para. 328 ～ 359, 2004, S. 591 [Kaiser].
(21) Canaris, Schuldrechtsmodernisierung 2002, S. 781.

た使用が何を指すかは，契約の内容や取引上の通念によって定まるが，目的物が何のために使うものとして売買されたかが重要な基準となる。製造者があることに適しているといった広告を出し，売主もそのことを知っていた場合には，そのような使用によって毀損が生じても，買主は価額償還義務を負わないと解される。その結果価額償還の対象となるのは，極端な使用による本体の侵害または損耗である[23]。

(二) 価値賠償の額

価値賠償の額の決定に際して契約上定められた反対給付が基礎に置かれているド民346条2項2文の規定もまた不明確さを配慮したものである[24]。価値賠償のためには貸付金の使用利益のために解除債務者には，使用利益の価値が低いことの立証の余地が開かれているというド民346条2項2文の2002年8月1日に初めて導入された例外ルールから，反対給付の基礎付けにおいては，論駁しうる等価交換の推定が問題になるだけでなく，価値賠償のための合意された反対給付の標準が少なくとも原則的に決定的なものとして定められることが導かれる（通説）。それは激しい法政策的批判の対象である。この場合主たる批判点は，その規定が価値賠償の場合に解除権者に解除にもかかわらず，彼にとって有利な契約上の等価交換関係に固執することを許容し，逆に彼が解除により彼に不利な等価交換関係を解消することを妨げることである。しかし，解除の目的は，以前あった状態の回復なのだから，価値賠償のためにこれからも解除により時代遅れの当事者の等価交換の観念を問題にすることは正当でない。しかしながら，現行法のルールがその文言に鑑みてだけでなく，明白な立法意思に鑑みて受け入れられるべきことを度外視しても，この批判には法政策的にも従い得ない。すなわち，返還されるべき客体の侵害の中にある障害は，事実上当事者間で自治的に交渉された報酬約定に影響を与えるものではない。しかし，これは，約定の解除権によっても，法定の解除権によっても当初から問題にされているのではなく，解除の返還関係に影響を及ぼすだけである。すなわち，ある客体を特定の価格で取得しようとする法律行為的な決定は，価値

---

[22] 岡孝「ドイツ債務法現代化法における買主の追完請求権について」法の生成と民法の体系　広中俊雄先生傘寿記念論集（2006）722頁。

[23] Canaris, Schuldrechtsmodernisierung 2002, S. 781. 岡・前掲論文広中俊雄先生傘寿記念論集 722～723頁。

[24] Canaris, a. a. O., Festschr. f. Wiedemann, 2002, S. 12 f.

以下の取得の場合も，また価値を超える取得の場合も，同時に取得者に引き受けられた物の偶然的な滅失の危険を制限する。ある物を取引価値以下の価格で取得する買主は，物の偶然的な滅失の場合，以前と同じ状態と比べて支払われた売買代価の喪失を考慮に入れねばならないのであり，それ以上の損失は考慮に入れる必要はない。解除権者に等価交換関係の是正を可能にすることが（法定または約定）解除権の目的でない限り，相手方の解除の場合にこの者の帰責事由とは無関係に高められた喪失危険（すなわち，引き受けられた反対給付以上の損失を受ける危険）を彼に転嫁する機会は存しない。カナーリスによれば[25]，そうではない。これが明らかなときは，その約定から同時にド民346条2項2文とは異なる価値賠償額についての当事者の合意が導き出されうる。

　価値以下の売買での買主の解除という逆の事例でも同じことがあてはまる。買主は，売買代価の合意とともに，売買目的物の偶然的な滅失の場合契約締結以前の状態に比べて経済的にみて支払われた売買代価を失う危険を引き受けなければならない。従って，更にまたこの危険の分担を元に戻すことが解除権の目的ではないという制限のもとに，引き受けられた危険が実現する。この理由から売主にとって，売主が買主の領域内での給付目的物の滅失のためにその行為による利益を得るという不労所得が明らかになるのでもない。しかし，カイザーは，返還債権者は，彼が手放した以上のものを返還請求しえないという理由で，目的論的な縮減の枠内で客観的な価値を支払われるべき価値賠償の最高限度としようとする[26]。もちろんこの見解は，債権者が客体を合意された代価でのみ手放したこと，すなわち，それが彼にとってこの価値を代表することを看過している[27]。

　次に実例を挙げて考えてみたい。買主が売主から1万ユーロで自動車を購入した。その自動車の（瑕疵がない場合の）客観的価値は8000ユーロであり，引渡し後瑕疵が判明してその価値は本当は6000ユーロであることがわかった。他方において，その自動車は用途に沿った利用により1000ユーロの価値の減価が生じた。この場合買主が解除した後で，目的物が滅失したが，買主がその責めに帰すべき事由により目的物を返還できなくなった場合の買主が売主に返

---

(25)　Canaris, Äquivalenzvermutung und Äquivalenzwahrung im Leistungsstörungsrecht, Festschr. f. Wiedemann, 2002, S. 17.

(26)　Staudingers Komm. z. BGB., para. 328 〜 359, S. 593 [Kaiser].

(27)　E. Lorenz (Hrsg.), Karlsruher Forum 2005, S. 93 [S. Lorenz].

第2章　第6節　給付障害の法律効果

還すべき価額は（使用利益を度外視して）いくらであるか［ケース8］。カイザーによれば，5000（6000 - 1000）ユーロが価額返還の対象となろう。これに対して通説（折衷説）によれば，6250（10000 ×（6000 - 1000）÷ 8000）ユーロとなろう[28]。

　合意された等価交換の作用の継続という考えの首尾一貫した継続と並んで，返還債務者の法律行為的な危険の引き受けからの反射が問題になる。それは消費者保護的な撤回権の領域についてもあてはまる。取得した客体を毀損しまたは破壊した消費者は，ド民357条3項3文に従っていずれにせよ，彼が撤回権を知り，または，それについて知らされた場合にのみ価値賠償義務を負うという事実に鑑みて，価値賠償をこの場合目的論的な縮減によって事業者の利益分（値引分）だけ縮減する理由は存しない[29]。法が，価値賠償が事業者の利益分もまた包含することにより予定に反して撤回権を弱めるというこれら反対説の批判は，目的論的に適切で法律上明確に表現されている消費者の自己責任の考えを看過している[30]。

　自己の法律行為的な決定を事業者の負担で改訂しうるという撤回権の目的は，撤回権を知りつつ惹起された取得した客体の滅失に対する消費者の責任の問題を先決するものではない。消費者保護的な撤回権は，消費者をその法律行為的な決定の効果から守るものであるが，その更なる行為の結果から守るものではない。かくしてド民346条2項2文は，主観的な均衡の保持の原則の刻印であり，かつ牽連関係の作用の継続である。返還債務者の危険の引き受けを目的論的に決定的なものとする場合，もちろん金銭債権者の法定解除権においてド民323条に従って目的論的な縮減を行い，客体の売買における解除債務者を合意された反対給付の額においてだけでなく，事実上の額において価値以下で価値賠償義務を負わせる理由もまた存在しない[31]。しかし，カナーリスは，この場合債務者が売買代価を支払わないがゆえに，解除原因が報酬合意および主観的等価交換関係に影響を与えないと述べる[32]。

(28)　岡・前掲論文広中俊雄先生傘寿記念論集 723, 725 頁参照。
(29)　反対：Palandt, Komm. z. BGB., 67. Aufl., S. 554 [Heinrichs]; Grigoleit, Besondere Vertriebsformen im BGB., NJW 2002, S. 1154; Arnold/Dötsch, Verschärfte Verbraucherhaftung beim Widerruf? NJW 2002, S. 1154; ders., NJW 2003, S. 188.
(30)　E. Lorenz (Hrsg.), Karlsruher Forum 2005, S. 94 [S. Lorenz].
(31)　E. Lorenz (Hrsg.), Karlsruher Forum 2005, S. 94 [S. Lorenz].
(32)　Canaris, a. a. O., Festschr. f. Wiedemann, 2002, S. 23.

これはむしろもっぱら、解除権行使後の破壊等の場合のような返還義務の違反やド民241条2項の保管義務の違反によるすぐに採り上げられるべき損害賠償請求権によって観察に現れる。給付遅滞が返還債務者の責めに帰すべき事由による場合は、給付に代わる損害に対する債権者の請求権は同様に売買代価の額における価値賠償のみに導く。この例外なき主観的等価交換関係の維持の首尾一貫性は完全なものであり、瑕疵ある給付による解除の場合、価値賠償につきド民441条3項、638条3項[33]を類推して減額された売買代価が基礎に置かれるという上記の解決の確証を与える（通説）。すなわち、価値賠償義務の減額は、当事者によって正当とみなされた給付と反対給付の価値関係の基礎のもとで瑕疵および解除原因の標準のもとで例外なくなされる[34]。

㈥　法定解除権者の価額償還義務が免除される場合

解除に伴なう買主の価額償還義務が免除される場合として、ドイツ民法はまず物の毀滅が売主の帰責事由に基づく場合と損害が売主のもとでも同様に発生したであろうという場合を挙げるが（ド民346条3項1文2号）、その他学説上物の毀滅が瑕疵に基づく場合や売主が目的物の使用、手入れについての誤った情報を買主に提供した場合も含まれると解されている[35]。現行法上は買主が自己の事務につき通常用いるのと同一の注意を払ったにもかかわらず、買主のもとで物の毀滅が生じた場合も買主の価額償還義務は免除される（ド民346条3項1文3号）。学説上は物の譲渡、消費、負担その他の返還不能の場合にも拡大する見解もある[36]。

ド民346条3項3号の解除権者にとって有利な構成要件もまた激しい議論の対象となっている。この法政策的に激しく議論された規定によれば、法定解除

---

(33) ド民441条3項(代金減額)「代金減額に際しては、売買代価は、契約締結時に瑕疵のない状態での物の価値と現実の価値とがあったであろう関係において減額されうる。代金減額は、必要な限りにおいて評価により求められる。」638条3項（報酬減額）「報酬減額に際して報酬は、契約締結時に瑕疵のない状態での仕事の価値と現実の価値があったであろう関係において減額されうる。報酬減額は、必要な限りにおいて評価により求められうる。」

(34) E. Lorenz (Hrsg.), Karlsruher Forum 2005, S. 94〜95 [S. Lorenz].

(35) 岡孝・前掲論文広中俊雄先生傘寿記念論文集724頁。

(36) Kaiser, Die Rechtsfolgen des Rücktritts in der Schuldrechtsreform, JZ 2001, S. 1057; Dauner-Lieb u. a. (Hrsg.), Anwaltskomm. z. BGB., Schuldrecht, Bd. 2, 2005, para. 346 Rn. 60 [Hager].

第2章　第6節　給付障害の法律効果

権者は，彼によって返還されるべき客体の偶然的な滅失，毀損の場合だけでなく，彼が滅失，毀損を過失で惹起したが，その際に自己のためにすると同一の注意を尽くした場合にも価値賠償義務を免れる。かくして物の瑕疵による買主の解除の場合，従来のように，売主がすでに買主に移転した物の偶然の滅失の危険（ド民446条（引渡時危険移転））を負担するだけでなく，これが自己の物について用いるのと同じ義務に一致している場合は，買主の過失の危険もまた負担する。かくして立法者は，以前の法では困難な意見の相違に導き，同様に激しく議論されたド民旧327条2文（責に帰すべからざる事由による解除の場合への不当利得法の適用）の類推適用について，特に解除権者がその解除権を知っていたかどうかという長年争われた議論を落着させた。新しい規定は，この争いを法政策的に納得させるものではないとしても，明確な方法で終了させた[37]。

規範の目的論的解釈に際して考慮されるべきことであるが，二つの相互に区別されるべき動機がその基礎にある。偶然的な滅失における物の危険の復帰の論拠は，法定解除権の場合に通例存在する，瑕疵ある物の給付や瑕疵ある仕事の実現のような，解除原因のための解除の相手方の客観的な責任である[38]。契約に反して行為した者は，危険移転が相手方のもとで最終的に効力を生じることを信頼しえないという更なる議論は，もちろんあまり納得させるものではない[39]。この議論の法政策的な正当化が繰り返されたが，正当にも現行法上そのルールおよびその基礎にある考えを受け入れることには疑問がもたれた。それは，ド民313条3項（行為基礎）の場合のように，法定解除権が解除の相手方の義務違反に基づかない場合にのみ，目的論的縮減に適する[40]。もちろんこの理由は，その解除権についての解除権者の認識とは関係がないのだから，比較法的にも自明的でないが，それにもかかわらず明らかな立法者の決定に鑑みて，解除権者がその解除権を認識していた場合も，ド民346条3項3号の規範を一般的に目的論的縮減の枠内で適用されないままにすることは否定される[41]。撤回権を認識していた場合に関するド民357条3項3文[42]の異なった

---

(37)　E. Lorenz (Hrsg.), Karlsruher Forum 2005, S. 95 [S. Lorenz].
(38)　Begründung des Regierungsentwurfs, BT-Drucks. 14 / 6040, S. 196.
(39)　同旨：Thier, Rücktrittsrecht und Bereicherungshaftung, Festschr. f. Heldrich z. 70. Geburtstag, 2005, S. 444.
(40)　Canaris, Schuldrechtsmodernisierung 2002, S. XLV.

規定は，例外規定として類推適用には適さない。なお，比較法的にこれとは異なった規定であるフ民1647条によれば，「瑕疵ある物がその不具合な性質の結果滅失した場合は，その滅失は売主が負担し，売主は買主に対して代金支払い義務および上記二か条に規定されている他の損害賠償義務を負う。しかし，不可抗力による滅失は買主の負担に帰する。」またイタリア民法1492条3項によれば，「引き渡された物が瑕疵の結果として滅失したときは，買主は契約を解除する権利を有する。それに反して不可抗力または買主の過失により滅失し，または，買主がそれを譲渡または変形したときは，彼は代金の減額しか請求し得ない」とされている。

自己の事務におけると同一の注意という債務者の有利な地位の論拠は，将来の解除から生じる返還義務を意識しないで取得の最終的効力を出発点としうる解除権者は，彼がこれを自己の物について用いるのが通常の注意以上の注意をもって扱うには及ばないことである。かようにその規定のこの側面は，解除権者の認識に依存する目的論的な縮減に適する。しかし，ハインリックスはこれには反対の立場をとり，解除権者が解除権の認識後も物の更なる使用が可能だと説明する[43]。

それゆえに，通説は，解除原因についての解除権者の認識のときから過失に対する責任を肯定する。それは，一部の学説によれば本来は解除の意思表示のときから構成要件上満たされるド民346条4項[44]の規定の（類推）適用に[45]，

(41)　同旨：Kamanabrou, Haftung des Rücktrittsberechtigten bei Untergang der empfangenen Leistung, NJW 2003, S. 31; Thier, a. a. O., Festschr. f. Heldrich, 2005, S. 449 f. 反対：Schwab, a. a. O., JuS 2002, S. 635; J. Hager, Der Wert-und Schadensersatzanspruch beim Rücktritt, Festschrift für Musielak zum 70. Geburtstag, 2004, S. 202 f.
(42)　ド民357条3項「消費者は，ド民346条2項1文3号とは異なり，彼が遅くとも契約締結時にテキストの形でこの法律効果とそれを回避する可能性を指示された場合は，指定に適った物の利用により生じた毀損のために価値賠償をしなければならない。これは，毀損がもっぱら物の検査に帰せられる場合はあてはまらない。ド民346条3項1文3号は，消費者がその撤回権について債務の本旨に適って教示されまたはそれを他の方法で知った場合は，適用されない。」
(43)　Palandt, Komm. z. BGB., 67. Aufl., S. 545 [Heinrichs].
(44)　ド民346条4項(解除の効果)「債権者は，1項の義務（目的物および果実の返還義務）の違反によりド民280条〜283条の基準に従って損害賠償を請求しうる。」
(45)　Palandt, Komm. z. BGB., 67. Aufl., S. 545 [Heinrichs]; Münch. Komm. z. BGB., Bd. 2, 5. Aufl., S. 2199 [Gaier]など。

第 2 章　第 6 節　給付障害の法律効果

多数説によればド民 241 条 2 項に基づく将来の解除の客体に対する注意深い扱いに関する付随義務違反に基づくものである[46]。この場合再び，かような付随義務がすでに解除原因の過失ある不知の場合に肯定されるのか（通説），それとも解除原因の積極的な認識のときから肯定されうるのか[47]が問題になる。他の者は再び，ド民 346 条 3 項 3 号との評価矛盾を回避するために重過失を主張し，またある者は，認識とは無関係に，債務者が解除の意思表示をまだなしていない限り，自己の物に対すると同一の注意という有利な扱いを義務違反による責任にも適用する[48]。

　学説は紛糾しており，その問題の実際上の重要性も小さい。この問題は自己の事務について過失ある解除権者が解除の要件の認識時または当然認識すべき時期と解除の表示の間に過失により解除の客体を毀損または破壊した極めて稀な場合にのみ生じる。解除権の認識時または当然認識すべきときより前の段階（価値賠償に関するド民 346 条 3 項 3 号の有利な扱いが問題になり，義務違反による責任は問題にならない）も，解除権行使後の段階（ド民 346 条 4 項，346 条 1 項，280 条 1 項，2 項，283 条の過失責任）も全く争いはない[49]。

(ハ)　果実，使用利益の返還義務

　解除された場合買主は受け取った給付から取得した利益，すなわち，果実と使用利益（ド民 100 条）もまた返還しなければならない（ド民 346 条 1 項）。果実の現物返還ができないときは，価額を返還しなければならない（ド民 346 条 2 項の類推）。使用利益は常にその価額を償還すべきことになる（ド民 346 条 2 項）。12000 ユーロの価値ある自動車を 10000 ユーロで購入したが（耐用年数 10 年間），買主が代金の一部を支払わなかったために，売買後 1 年経ったときに売主が解除したとすれば，売主は買主に対して使用利益として 1200（10000 × 12000 ÷ 10000 ÷ 10）ユーロを請求できる（折衷説）[50]。物の瑕疵によって目的物が全く使用できなかった場合には，買主が利益償還義務を負わないのは当然

---

(46)　Canaris, Schuldrechtsmodernisierung 2002, S. XLVI; Staudingers. Komm. z. BGB., para. 328〜359, S. 611 [Kaiser]; E. Lorenz (Hrsg.), Karlsruher Forum 2005, S. 96〜97 [S. Lorenz].
(47)　J. Hager, a. a. O., Festschr. f. Musielak 2004, S. 200 f.; Thier, a. a. O., Festschr. f. Heldrich 2005, S. 448 f.（ド民 819 条 1 項の評価に手がかりを求める）．
(48)　Palandt, Komm. z. BGB., 67. Aufl., S. 546 [Heinrichs].
(49)　E. Lorenz (Hrsg.), Karlsruher Forum 2005, S. 97 [S. Lorenz].
(50)　岡・前掲論文広中俊雄先生傘寿記念論文集 726 頁。

第Ⅰ部　ドイツ新債務法7年の歩み

であるが，買主が通常の経済法則に従い収益を得ることができたのにこれをしなかったときは，売主にその価額の償還義務を負う（ド民347条1項）。利用可能な農地を放置しているとか，期限が到来した賃料を取り立てないといった場合がこれである。解除の意思表示前の収益についてもこのことはあてはまるが，買主が自己の事務について通常用いるのと同じ注意を払っても収益を得られなかった場合は，買主は価額償還義務を負わない（ド民347条1項）。アンティークや名画のように使用によって価値の減少がほとんどなく，却って価値が高まる場合は，使用利益ではなく，賃料相当分の返還をなすべきことが考えられる[51]。用途に沿った使用や市場における価格の下落により価値減少が償還すべき使用利益より大きい場合は，少なくともその差額については，売主はなんら得るところがない。これについては起草者は，売主が自己の義務違反によって解除されまたは解除の特約により清算のリスクを承知している場合は，このような結果は妥当であり，他方買主の義務違反により売主が解除する場合は，損害賠償請求ができたはずだと述べている[52]。

旧法では，金銭には受領時から年4％の利息をつけて返還すべきものとされていたが（ド民旧347条，旧246条），新法ではこの規定は削除された。受領した金銭が小額で，利用期間が比較的短期であるときは，売主は法定利率相当の利益を得ることができないというのがその論拠である[53]。新法では，金銭も物と同様に売主が実際に得た利益またはうべきであった利益が返還される（ド民346条1項，347条1項）[54]。

(ト)　評価

ローレンツによれば，総体的にみるとこの非常に詳しい考察にもかかわらず，解除権の新規定もまた体系的に成功していると表明されうる。立法者は，文言解釈をすれば基本的に納得させる結論に導き，かつ学説上の強力な傾向に反して目的論的な拡大または縮減への動機を与えない明確な体系を作り出した。判例がこの体系を明快かつ明確に定立し，数多くの例外によって曖昧なものにしないとすれば，それは好ましいことである。立法者は，ド民346条以下につい

---

(51)　岡・前掲論文広中俊雄先生傘寿記念論文集727頁参照。
(52)　Canaris, Schuldrechtsmodernisierung 2002, S. 777. 岡・前掲論文広中俊雄先生傘寿記念論文集727頁。
(53)　Canaris, Schuldrechtsmodoenisierung 2002, S. 784.
(54)　岡・前掲論文広中俊雄先生傘寿記念論文集727頁。

第 2 章　第 6 節　給付障害の法律効果

て展開してきた数多くの議論，特に，しばしば立証困難に導く，解除を基礎づける事情を当然知るべきことという問題を解消しようとした。それに基本的には従われるべきである。結局実際上あまり重要でない自己の財産に対すると同様な注意という有利な地位の問題にとどまるとしても，解除権がより前よりも不明確になるという否定的な判断が決定的にこのことを正当化しない。公平さが，この場合，エルンスト・フォン・ケメラーが表明した[55]，約定解除権を中心とする従来の解除の効果に関する法律および総てのド民旧 346 条以下の脈絡のない準用を想起することを強いる。危険負担に関してもまた相当な理由をもって法政策的な基本的判断を批判しうるかもしれないが，構造は従来よりも明確である[56]。

　債務法改正の論点とはならなかったが，解除の効果の法的性質論について一言しておきたい。20 世紀後半にはドイツで直接効果説，間接効果設，折衷説の対立が生じた。直接効果説では解除とともに目的物の所有権は売主に復帰し，それまでに買主が得た使用利益ないし果実は売主に償還しなければならない。これに対して間接効果説（折衷説）では，買主は目的物返還義務を負い，買主は使用利益ないし果実を収取しうるとされる場合も多い。これとは異なり買主のもとで目的物が不可抗力により毀滅した場合の危険負担は，現存利益の返還が原状回復という問題として現れるが，少なくとも解除前に生じた危険については，直接効果説の立場でも，間接効果説（折衷説）の立場でも売主負担とされる場合が多い。

　ドイツでは物権行為の独自性，無因性の原則がとられているため，契約が解除されても，目的物の所有権は直ちに売主に復帰しない。果実（使用利益）の帰属についていうと，ド民新 346 条 1 項は果実（使用利益）の返還義務を買主に課している。目的物に生じた危険については，既述のごとく買主は自己のためにするのと同じ注意を尽くしていれば，価値賠償義務を負わないから（ド民 346 条 3 項），ドイツの新規定は原状回復説（間接効果説（折衷説））をとっているといいうる。ドイツでは戦後ヴォルフやレーザーによって解除の効果についていわゆる巻き戻し説が主張され，多くの支持を集めた[57]。このような解除

---

(55)　v. Caemmerer, a. a. O., Festschr. f. Larenz, Bd. 1, 1973, S. 625.
(56)　E. Lorenz (Hrsg.), Karlsruher Forum 2005, S. 97 〜 98 [S. Lorenz].
(57)　E. Wolf, Rücktritt, Vertretenmüssen und Verschulden, AcP. 153 (1954), S. 105 f.; Leser, Der Rücktritt vom Vertrag, 1975, S. 157 f.

の効果についての法的性質論は，2001年の債務法の現代化に際して議論の対象とならなかったが，現在でも契約解除の効果についての巻き戻し説はその勢力を失っていない[58]。フランス民法やユニドロワ契約法原則など今日では間接効果説（折衷説）をとるものが多くなっているが，ドイツ新債務法では買主の果実返還義務を課しているため，間接効果説（折衷説）の立場で一貫しているとはいいきれないところがある[59]。

(チ) 解除と不当利得法との関係

不当利得法に関しては，債務法改正は原則的に体系中立的なままであった[60]。不当利得法における危険負担と解除法における危険負担は基本的に異ならないとするのが従来の通説である。欺罔された買主が担保請求権を行使し，契約を解除するか，錯誤（ド民119条）または詐欺（ド民123条）を援用して不当利得による返還を請求するかで危険負担に関し異なった結果を生じない。新しい解除法のもとでも同様である。ド民346条の評価が総ての者を納得させないとしても，それは不当利得法上ド民旧350条[61]の規定と同様に受け入れられねばならない。買主が解除法に従って価値賠償義務を負う限り，彼が，受け取った物の価値が彼のもとで滅失した限りにおいて，支払われた売買代価を返還請求しえないという効果を伴なって差額説[62]も適用される[63]。これに対して売主がド民346条3項に従って事物危険を負担する場合は，ド民818条3

---

(58) K. Herold, Das Rückabwicklungsschuldverhältnis aufgrund vertraglichen oder gesetzlichen Rücktritts, 2001, S. 72～73; Bamberger/Roth, BGB., Bd. 1, 2. Aufl., S. 1640 [Grothe].

(59) 川角教授は，新法が契約内容変更説（原契約の新たな清算関係への変容説）を採用することによって実質的に間接効果説（折衷説）の立場に接近したとされる（川角・中田・潮見・松岡編・ヨーロッパ私法の展開と課題503頁［川角］）。

(60) Thier, a. a. O., Festschr. f. Heldrich, 2005, S. 452.

(61) ド民旧350条(偶然な滅失)「解除は，権利者が受け取った客体が事故によって滅失したことにより排除されない。」

(62) 差額説（Saldotheorie）とは，無効な双務契約の巻き戻し，清算の場面において給付受領者が目的物を滅失させたり，第三者に贈与したり，捨て値で転売したりして給付目的物の価値を喪失させた場合は，給付者の目的物返還可能性が消滅したことによって給付者の不当利得は受領代金と差引勘定されて存在しないとする説であり，二請求権対立説をとることによる不都合な結果を回避するために考え出された学説である（川角由和・不当利得とは何か（2004）242～243頁）。ドイツではこの他ケメラー以後巻き戻しを目的とする請求権相互間に事実的牽連関係を認める学説（新差額説）も有力化した。

(63) Münch. Komm. z. BGB., Bd. 5, 4. Aufl., 2004, S. 1449 [Lieb].

項[64]の適用が制限され，買主が自動車を無傷の状態で返還しえないとしても買主に売買代価の返還請求が許容されるべきである[65]。しかし学説上は，解除効果法の新構造は，差額説を正当化するものではないし[66]，またそれ自体として（他の理由から肯定されるべき）不当利得返還請求権併存説にも強いないとする見解[67]もある。更に，不合意の場合のような中性的な解消原因においては，不当利得法上も偶然の危険は給付受領者に帰することを留保する見解もある[68]。その他未成年者保護が関わる場合は，差額説の不適用ないし修正された不当利得返還請求権の併存説の維持が問題になる[69]。

2 損害賠償

(イ) はじめに

法は今や体系的に新しい損害賠償の範疇を区別するが，この損害賠償の種類の区別は，実質的には従来の法からの根本的な乖離ではない。ドイツ民法325条は，「双務契約において損害賠償を請求する権利は，解除により排除されない」と規定し，解除と損害賠償の結合を許容する。これは従来の法の重要な改正点であり，法適用の著しい緩和に導いた。したがって，代償説か差額説か，解除が遅延損害の賠償に影響するかどうかという問題のような，従来の法の重要な論争と複雑さは，もはや存しない[70]。

(ロ) 代償説および差額説の問題

新法が給付に代わる損害賠償の場合に代償説および差額説の問題を完全には解明していないとしても，その問題は従来の法に比べて明らかに縮小している。ド民325条は今や解除と損害賠償の結合を許容するのだから，先給付した債権

---

(64) ド民818条(不等利得返還請求権の範囲)「(3)返還または価値賠償義務は，受領者がもはや利得していない限りにおいて排除される。」
(65) G. Wagner, Mortuus Redhibitur im neuen Schuldrech? Festschr. f. U. Huber z. 70. Geburtstag, S. 622.
(66) Ernst/Zimmermann (Hrsg.), Zivilrechtswissenschaft und Schuldrechtsreform, S. 443 [J. Hager]; Schuze/Schlte-Nölke (Hrsg.), Die Schuldrechtsreform vor dem Hintergrund des Gemeinschaftsrechts, S. 347 [S. Lorenz].
(67) Thier, a. a. O., Festschr. f. Heldrich, 2005, S. 451 f.
(68) Schuze/Schulte-Nölke (Hrsg.), a. a. O., S. 347 [S. Lorenz]; Thier, a. a. O., Festschr. f. Heldrich, 2005, S. 453.
(69) E. Lorenz (Hrsg.), Karlsruher Forum 2005, S. 131 [S. Lorenz].
(70) E. Lorenz (Hrsg.), Karlsruher Forum 2005, S. 31 [S. Lorenz].

者は，債務者の遅滞の場合，追加期間経過後この者に給付を委ねて代償説に従って損害賠償を請求し，または，解除により給付の返還を請求し，かつそれと並んで差額説に従って給付に代わる損害賠償を清算しうる。彼がまだ給付していない場合に，債権者が給付を実現し，代償説に従って給付に代わる損害賠償を請求しうるかどうかは激しく議論されている。ローレンツに従えば，ド民325条は，債権者が給付に代わる損害賠償を請求する限り，給付請求権は排除されるとするド民281条4項が，債務者が損害賠償の方法で給付を実現しうるかどうかについては何もいっていないがゆえに，ド民281条4項とは抵触しない。それゆえに，給付をもはや引き受けるに及ばないという金銭債務者の信頼がド民281条4項により保護されえないのだから，債権者にとっては，金銭債務者の遅滞の場合，差額説によっても代償説によっても結果は同じである[71]。債権者が解除の意思表示をした場合は異なる。彼は，解除と並んで差額説に従った場合にのみ給付に代わる損害賠償を請求しうる[72]。

同じことは交換の事例でもあてはまる。かように新債務法ではその問題は大幅に解決された。旧法に関する連邦最高裁の対立する判例は克服された（通説）。給付債務者の遅滞の場合にだけこの者からド民281条4項により原状回復の形の損害賠償が請求されない。しかし，債権者は新法によれば追加期間徒過後にも自然的履行を請求し，ド民281条4項の効果を避けうるがゆえに，それは代償説または差額説の問題ではなく，原状回復の問題であり，さらに実務にとっては外観の問題である。したがって，この場合新法は，もちろん債務者の負担において著しい単純化に導いた[73]。

(ハ) 期限前の履行拒絶と損害賠償

すでに義務の弁済期前に債務者が可能な給付をなさず，または契約に従ってなさないことが明らかな場合は，ド民323条4項は，すでに期限前に解除を表示しうるとする。その規定は，期限前の履行拒絶（anticipatory breach）も，また他の理由で解除の要件が発生することが確実な場合も包含する。給付に代わる損害賠償に関するド民281条がかようなルールを包含せず，その結果期限前に給付に代わる損害賠償請求権を請求する可能性を閉ざしていることは，す

---

(71) Lorenz/Riehm, Lehrbuch zum neuen Schuldrecht, 2002, S. 109.
(72) E. Lorenz (Hrsg.), Karlsruher Forum 2005, S. 82 [S. Lorenz].
(73) E. Lorenz (Hrsg.), Karlsruher Forum 2005, S. 82 [S. Lorenz].

でに原則として解除の場合とは異なり，処分能力の再取得ではなく，債権者に期限前には帰属していない，履行利益の賠償が問題になることから正当化される。かくしてその限度で反対説に反して，類推によって満たされるべき意図されない規定の欠缺または立法上の見落としは存しない。ド民281条の枠内のド民323条4項の類推適用の必要も存しない。期限前の履行拒絶の場合ド民280条1項，3項，282条に基づく給付に代わる損害賠償請求権が導かれうる。エルンストは，もっぱら履行期前の履行拒絶についてド民281条の枠内のド民323条4項の類推適用を関与させようとする[74]。しかし，それに関して述べられた論拠は，明らかに納得させるものではない。特に，エルンストによっても認められたド民280条1項，3項，282条の構成要件上の充足によりルールの欠缺はない。他のすべての他の事例では，債権者は，彼があらかじめの解除を放棄した場合，期限後給付に代わる損害賠償を主張する可能性を有する。債権者があらかじめの解除を表示する場合は，その場合解除の解放効に基づいて，ド民325条もまた乗り越えることができない弁済期の到来した請求権の不履行が欠けることになるがゆえに，彼は後でなす損害賠償請求権の基礎を奪う結果になる[75]。

　㈡　出費賠償

　給付に代わる損害賠償に代えて出費賠償を請求するという，ド民284条[76]によって開かれた可能性は，重要かつ実務によってすでに立てられた改正である[77]。

　債務者が出費が債務の本旨に適った給付がなされた場合でもその目的を失ったであろうことを証明した場合でない限り，給付に代わる損害賠償の代わりに

---

(74)　Münch. Komm. z. BGB., Bd. 2, 5. Aufl., S. 871 [Ernst].

(75)　E. Lorenz (Hrsg.), Karlsruher Forum 2005, S. 86 [S. Lorenz]; Jaensch, Der Gleichlauf von Rücktritt und Schadensersatz, NJW 2003, S. 3614.

(76)　ド民284条(無駄になった費用の賠償)「債権者は，給付に代わる損害賠償に代えて，その目的が債務者の義務違反がなくても到達されなかったであろう場合を除き，彼が給付の保持を信頼して出捐しかつ公平に考えて出捐すべきであった費用の賠償を請求しうる。」

(77)　E. Lorenz (Hrsg.), Karlsruher Forum 2005, S. 32 [S. Lorenz]. ド民284条の立法経緯および適用要件について詳しくは，上田貴彦「ドイツ給付障害法における費用賠償制度の概観」同志社法学57巻5号（2006）142頁以下，福田清明「ドイツ新民法典284条の費用賠償請求権」明治学院論叢法学研究74号1頁以下，金丸義衡「契約法における支出賠償の構造」姫路法学47号（2007）39頁以下参照。

第 I 部　ドイツ新債務法 7 年の歩み

特定の出費の賠償を請求するという, ド民 284 条に導入された可能性は, 重要な内容上の変更である。立法者は, それによって周知の如く, ド民旧 463 条のもとで不履行による損害賠償に関して展開された（反論されうる）収益可能性の推定[78]を立法化しただけでなく, それを超えて不履行損害に関する選択肢として, 非商業的給付目的の追求のために給付がなされなかったことにより財産損害が全く発生せず, そのためにその反論可能性のために収益可能性の推定もまた役に立たなかった事例で, 消極的利益の賠償を規定しようとした[79]。先例となっているのは, 市民ホール事件［ケース 9］である[80]。この事件で連邦最高裁は, 集会のために市民ホールを借りたが, 債務者の責めに帰すべき理由で引き渡されなかった政治団体に, この費用が, 履行されていた場合でも経済的対価を受けなかったであろうがゆえに, 不履行損害としての出費の賠償を拒絶した。しかし, ド民 284 条によれば, 構成要件上もっぱら, 純粋に観念的なものたりうる, 債権者によって追求された目的が問題になるのだから, かような費用は賠償可能である。経済的な目的の追求に関してその規定は収益可能性の追求を受け入れ, 同時にそれを拡充した。すなわち, 判例が損害賠償法上の収益可能性の推定のもとで直接に取得と関係する出費のみを捉え, もはや取得に直接に関係しない, 給付されるべき客体の将来の利用に関わるより遠い出費は捉えない一方では（時間決め宿泊ホテル事件[81]。ディスコ事件[82]）, ド民 284 条によれば, もっぱら出費が（瑕疵のない）給付を信頼してなされたかどうかが問題になる。債権者の非収益的目的, 消費目的等のための出費の場合も賠償請求が認められる。これに対して, 契約勧誘費用は, それが契約締結前の段階で給付の取得を信頼して支出されたものではないがゆえに, ド民 284 条に

(78)　ライヒ裁判所（RGZ 50, S. 188 など）以来のドイツの収益性の推定理論については, 上田貴彦・前掲論文同志社法学 57 巻 5 号 134 頁以下参照。それによれば, 費用の賠償は, 買主があてにしていた売買目的物によって費用を取り戻したと考えられるがゆえに認められ, その結果買主が収益を目的としていなかった場合は, それは認められなかった。

(79)　Begründung des Regierungsentwurfs, BT-Drucks. 14 / 6040, S. 143 f.

(80)　BGHZ 99, S. 182.

(81)　BGH NJW 1992, S. 2564（評判の悪い旅館の買主が損害賠償の方法で旅館の室内の改造費用を請求した）。

(82)　BGHZ 114, S. 193（ディスコ店経営目的で土地および店舗を購入し, 店舗を改装したが, 市からディスコの営業許可が下りなかったため, 土地の売主に改装費用等の賠償を求めた事例で, 裁判所はそれを否定した）。

第2章　第6節　給付障害の法律効果

は属しない。支出が，取消が可能であるにもかかわらず，契約締結後給付の取得を信頼して維持された場合は異なる[83]。かくして従来の法の収益可能性の推定を大きく超えて，直接に物の取得と結びついているだけでなく，そのための労力等の投入に関係するより遠い出費もまた含まれる[84]。反対説[85]は，ド民284条を観念的な目的の追求ないし従来の収益可能性の推定の射程範囲内に制限しようとしており，法文の中にもまた発生史の中にも（拡大のための）手がかりを見出さない。しかし，公平に考えて支出されるべきであった出費のみが賠償されうるという制限によりそのことは客観化される[86]。

新債務法起草時の資料からは起草者がド民284条の費用賠償請求権を信頼利益の賠償請求権から区別していたことがうかがえるが[87]，学説上はド民284条を損害賠償請求権だとする説[88]と損害賠償請求権とは異なる独自の請求権だとする説[89]が対立している[90]。アルトメッペンは，費用賠償における損害を信頼損害としての無駄になった費用そのものであると考え，債務者が第一次的給付を義務に適って提供したのと同様の財産状況にある債権者は，債務者の第一次的給付に対する信頼が裏切られているとはいえないのだから，ド民284

---

(83) Dauner-Lieb/Konzen/Schmidt (Hrsg.), Das neue Schuldrecht in der Praxis, 2002, S. 331 〜 332 [Gsell].
(84) Münch. Komm. z. BGB., Bd. 2, 5. Aufl., S. 921 [Ernst]; Palandt, Komm. z. BGB., 67. Aufl., S. 380 [Heinrichs]; BGH NJW 2005, S. 2848（自動車の売買で自動車に瑕疵があったため買主が解除した事例。買主の請求権は，必要費または売主の利益に帰する費用に制限されるものではなく，解除までに買主がその自動車を利用した期間または走行距離に応じて減額されるとした（自動車本体は1000 km 走行ごとに価額の0.5％が減価するとして計算された））．
(85) Huber/Faust, Schudrechtsmodernisierung 2002, S. 165 f.
(86) E. Lorenz (Hrsg.), Karlsruher Forum 2005, S. 83 [S. Lorenz].
(87) Canaris, Schuldrechtsmodernisierung 2002, S. 687 〜 688.
(88) Canaris, Die Reform des Rechts der Leistungstörungen, JZ 2001, S. 517; ders. Schadensersatz wegen Pflichtverletzung, anfängliche Unmöglichkeit und Aufwendungsersatz im Entwurf des Schuldrechtsmodernisierungsgesetzes, DB 2001, S. 1820; Stoppel, Der Ersatz frustrierter Aufwendungen nach para. 284 BGB, AcP 204 (2004), S. 84.
(89) Huber/Faust, a. a. O., S. 158; Reim, Der Ersatz vergeblicher Aufwendungen nach para. 284 BGB, NJW 2003, S. 3663; Dauner-Lieb/Heidel/Lepa/Ring (Hrsg.), Anwaltskomm. z. Schuldrecht, 2002, S. 294 [Dauner-Lieb].
(90) 上田貴彦・前掲論文同志社法学57巻5号169〜170頁，金丸・前掲論文姫路法学47号70頁以下参照。

第 I 部　ドイツ新債務法 7 年の歩み

条の規定は，財産法の基本原則に反する（債務者の義務違反と費用支出との間に因果関係はない）と述べる[91]。これに対してカナーリスは，ド民 284 条にいう損害は，債権者が費用を支出したことではなく，債務者の義務違反によって費用支出の目的が達成されなくなったこと，すなわち費用の挫折にあるのだから，アルトメッペンの批判はあたらないと反論する[92]。

　ド民 284 条の定める無駄になった費用の賠償は，消極的利益（信頼利益）として把握されてきたが，今日では学説上これを積極的利益の賠償として把握する見解が有力化している。この立場は無駄になった費用を債務者の不履行によって生じた費用支出目的の挫折（挫折利益）と捉える[93]。連邦最高裁によれば，ド民 284 条は商業目的のための出費にも適用され，それとともに個々の事例で複雑な損害賠償法上の衡量および立証の問題から免れている。連邦最高裁は，無駄になった出費を，債権者が給付を信頼して支出したが，債務者の不給付または契約に適合しない給付のために無駄になった自発的な財産上の犠牲と定義する。後で瑕疵があることが明らかになった売買目的物への買主の出捐は，それによれば，買主が目的物をその瑕疵のために返還またはいずれにせよそれを目的に適って使用しえないときは，それによりなされた価値の増加を考慮しないで無駄になる[94]。この出費の対象が買主にとって他の方法で用いうるかどうかは，売主の賠償義務にとって原則として意味をもたない。かくして自動車の買主は，移送，認可，特定の特別の装飾のために使われた費用を，その出費が自動車の価値の増加に導いたかどうか，または彼が改造後他の方法で用いえたかどうかを問わないでド民 284 条により補償させうる。出費賠償請求権の額は，ド民 347 条 2 項[95]の意味の必要費の賠償または売主の現存利益に制限されない。買主が売買目的物を一時的に利用した場合は，出費がその限りで無駄になっていないため，請求権は使用期間に応じて減額される[96]。鑑定費

---

(91)　Altmeppen, Untaugliche Regeln zum Vertrauensschaden und Erfüllungsinteresse im Schuldrechtsmodernisierungsentwurf, DB 2001, S. 1403.
(92)　Canaris, a. a. O., DB 2001, S. 1820.
(93)　Stoppel, a. a. O., AcP 204, S. 86; Münch. Komm. z. BGB., Bd. 2, 5. Aufl., 914 [Ernst]; Dauner-Lieb/Konzen/Schmidt (Hrsg.), a. a. O., S. 334 f. [Gsell]. 上田貴彦・前掲論文同志社法学 57 巻 5 号 174 頁以下参照。
(94)　BGH NJW 2006, S. 1198（裁判所は，仲介人の報酬，売買代金融資のための不動産担保権登記費用，融資費用ならびに行われなかった引越しのために引越請負業者に支払われた補償という形の土地売買契約における出費賠償を認めた）。

用は，ド民284条の出費賠償が損害賠償そのものでなく，給付に代わる損害賠償に代わるものであるから，ド民280条1項の給付とともにする損害賠償として出費賠償に付加して主張される[97]。

　給付に代わる損害賠償と出費賠償の二者択一の論拠は明らかである。債権者が給付に代わる損害賠償を請求する場合，彼は，債務の本旨に適った給付が履行されていたとすればあるであろう状況に置かれるべきである。しかし，その場合その利得を減少させる出費もまた勘案されるべきである。かくしてその賠償は，ド民249条1文[98]の損害賠償法上の差額仮説の方法では排除されることになろう。かくして法により命じられた請求権の二者択一は，それが責任充足の平面における過度に複雑な考量を免れることにより，法の適用を軽減する[99]。

　学説は非常に早く統一され，ド民284条が存在するにもかかわらず，収益可能性の推定は従来の範囲の給付に代わる損害賠償の枠内で維持されるべきことになった（通説）。したがって，債権者は，もっぱらド民284条の出費賠償を請求し，または，従来の収益可能性の推定の枠内で出捐費用を給付に代わる損害賠償に組み入れうる。これは明らかに実益に乏しいやり方である。一方では，出捐費用の給付に代わる損害賠償への移し変えはまた，上述した損害賠償法上の理由に基づいて，同時に債権者に逸失利益と取得のための費用を請求することを許容しない。他方において，出費賠償と損害賠償との間の二者択一は，給付に代わる損害賠償のみに関するがゆえに，ド民284条に基づく出費賠償の主張と並んで遅延賠償を含む給付と並ぶ損害賠償もまた主張しうることは，彼の自由な裁量に委ねられている[100]。

---

(95)　ド民347条2項(解除後の出費)「債務者が客体を返還し，価値賠償を給付し，またはその価値賠償義務がド民346条3項1号または2号により排除される場合は，彼に必要な費用が賠償されるべきである。債権者がこれにより利得している限り，他の出費が賠償されるべきである。」

(96)　BGHZ 163, S. 381 ＝NJW 2005, S. 2848（本判決については，金丸・前掲論文姫路法学47号68〜70頁参照）。

(97)　前掲 BGHZ 163, S. 381 ＝NJW 2005, S. 2848.

(98)　ド民249条(損害賠償の種類と範囲)「損害賠償義務を負う者は，賠償義務を負わせる状況が生じなかったとしたら存在するであろう状態を回復しなければならない。人格の毀損または物の損害により賠償を給付すべき場合は，債権者は回復の代わりにそれに必要な金額を請求しうる。」

(99)　Canaris, a. a. O., JZ 2001, S. 517.

第 I 部　ドイツ新債務法 7 年の歩み

解除と損害賠償との結合可能性（ド民 325 条）から，同時に解除とド民 284 条の出費賠償が結合しうることが生じる[101]。かくして双務契約におけるいわゆる最小損害の問題は余計なものになる。なされるべき反対給付を損害賠償法上の収益可能性の推定の枠内でまたは擬制の方法で[102]最小損害とみなす必要はないし，同様に問題のあることであるが，なされた反対給付をド民 284 条の意味の出捐費用とみなす必要もない[103]。

その規定が更なる重要な詳細な問題を放棄したとしても，ド民 284 条に関する判決は，一括して積極的なものたりうる。その規範は，それが一方では最小損害としての反対給付のような理論的にあまり納得させない，ないし，ほとんど理由のない損害賠償法上の考量を余計なものにするが，責任の論拠についてはド民 249 条以下の枠内の困難な損害賠償法上の考量が回避されうるがゆえに，ド民 325 条とともに法の適用上の困難を軽減する。その規定は，ド民 280 条以下の枠内で体系的に損害賠償法に体系破壊的な力を与えねばならないものではなく，単に法的効果の平面での補完をなす（ド民 284 条の規範的性質はもちろん議論されている）。更なるいわば間接的なその規定の利点は，その導入によって基礎づけられる，帰責事由とは無関係な売買法上の契約費用の賠償請求権（ド民旧 467 条 2 文[104]）の切捨てである[105]。それは契約費用の概念につき判例によりなされた非常に問題のある拡張（屋根瓦事件[106]）を終わらせ，それととも

---

(100)　E. Lorenz (Hrsg.), Karlsruher Forum 2005, S. 84 [S. Lorenz].
(101)　前掲 BGH NJW 2005, S. 2848.
(102)　BGHZ 143, S. 41（被告が原告に土地を売却した。原告はそこに賃貸住宅を建てようとしていた。被告は原告が代金を支払わないことを理由に解除を主張。これに対して原告は銀行保証があることを主張。原告から売主の不履行による出費の賠償が請求された）．
(103)　E. Lorenz (Hrsg.), Karlsruher Forum 2005, S. 84 〜 85 [S. Lorenz]．これについては，上田貴彦・前掲論文同志社法学 57 巻 5 号 155 頁参照。
(104)　ド民旧 467 条 2 文「（瑕疵担保解除の場合）売主は買主に契約費用もまた賠償しなければならない。」
(105)　Begründung des Regierungsentwurfs, BT-Drucks. 14 / 6040, S. 225.
(106)　BGHZ 87, S. 104（原告が自宅の屋根を葺きかえるために被告から屋根瓦を購入したが，それが重要な部分においてひび割れたり，飛び出したりしたと主張して，解除と代金の返還，屋根の葺き替え費用の賠償を請求。裁判所は，組み立て，据え付けおよび運送費用の賠償は，ド民（旧）467 条 2 文からではなく，ド民（旧）284 条 1 項，（旧）286 条 1 項に基づいて認められるとした）．

に同時に売買法における異種物，すなわち，売買目的物の瑕疵と関係する，帰責事由とは無関係な損害に対する責任を除去する[107]。ローレンツは，買主がタイルを買ってきてそれを自宅に貼り付けたが，そのタイルに瑕疵があった場合，そのタイルをはがす売主の義務は，売主の過失とは無関係に売主の追完義務から生じ（ド民439条1項），瑕疵あるタイルをはがす費用や瑕疵のないタイルを新たに貼る費用の賠償は，ド民280条1項により売主に過失がある場合に認められると主張する[108]。

㈥ 金銭による非財産的損害の賠償

2001年に債務法が改正されたたけでなく，ドイツでは2002年には損害賠償法もまた改正された（第二次損害賠償法改正法（2. Schadensersatzrechtsveränderungsgesetz）[109]）。この改正法は，子の責任を制限して，10歳で始めて生じるものとしただけでなく，製造物責任，殊に医薬品についての製造物責任を拡大した。それと並んでド民253条に第2項を追加し，同条が従前非財産損害の場合，法によって定められた場合を除いて金銭賠償を請求できない，したがって，債務不履行により非財産的損害が生じた場合は一般的に金銭賠償の請求はできないとしていたのを，身体，健康，自由または性的な自己決定の侵害により賠償を請求しうるときは，非財産的損害が生じた場合でも，金銭賠償を請求しうることを明示した（ド民（旧）847条を削除）。その結果現行法上これらの法益の侵害が生じた場合，不法行為責任による金銭賠償が認められうる（履行補助者の過失の場合，債務者はド民278条に基づき厳格責任を負う）[110]。

3 解除後に毀損した瑕疵ある売買目的物（ケーススタディ）

Rは私人であるPから製造から3年のフォードを買った。売買契約書には走行距離が50000キロメーターであるという記載があった。かような自動車に

---

(107) E. Lorenz (Hrsg.), Karlsruher Forum 2005, S. 85 [S. Lorenz]. これについては，上田貴彦・前掲論文同志社法学57巻5号164頁参照。
(108) S. Lorenz, Nacherfüllungskosten und Schadensersatz nach neuem Schuldrecht, ZGS 2004, S. 410〜411.
(109) 19. 7. 2002, BGBl. I 2674（2002年8月1日施行）。
(110) Jaeger/Lucky, Das neue Schadensersatzrecht, 2002, S. 14 f. レービッシュ（出口・本間訳）・前掲論文立命館法学312号204頁，仮屋篤子「ドイツにおける慰謝料請求権」関東学院法学12巻3号（2003）82頁以下，小野秀誠・武井亜矢子「非財産的，人格的侵害と損害賠償」国際商事法務34巻6号（2006）765頁以下。

第 I 部　ドイツ新債務法 7 年の歩み

ついて市場で一般的な価格である 11000 ユーロを R は引渡し時に支払った。フォードの引渡し後 3 日経ったときに，R は D の同様な自動車（同じ装備，同じ製造年，同じ走行距離の自動車）が 10000 ユーロの特売価格で売買に供されていることを知り，その契約締結を後悔した。彼が自動車の引渡し後 3 ヶ月経ったときにそのフォードを最初の検査に出したときに R は更に後悔することになった。自動車整備士が彼に，1 年前にすでに一度整備工場で検査されていて，その自動車の電子データ処理がすでに記憶処理されていることを知らせた。すでにその自動車はそのときに 80000 キロメートル走行していた。R は売買契約を解除することを決意した。彼は正しい走行距離を知っていたとすれば，P のフォードではなく，D の提供したフォードを買ったであろうがゆえに，彼が節約したであろう 1000 ユーロもまた P に償還を求めた。R は仕事場から本社の駐車場に帰還したときにいつものように少しスピードを上げて曲がった。その際に彼は駐車場の壁の衝撃棒に傷を負わせた。これによって生じたフォードの減価は 500 ユーロであった。必要な注意を守っていれば損害は生じなかったであろう。後で調査したところ P はそのフォードを 40000 キロメートルの走行距離だということで詐欺師 B から購入したものであった。B は走行距離計の数字を改ざんした。売買の前に P は自動車を整備工場で整備させた。そこで自動車は自称の走行距離にふさわしい良好な状況にあるものと証明された。その結果 P は R への自動車の売却に際して走行距離計が正しいものとした。R への売却時にフォードは 8000 ユーロの市場価値があった。P は彼が基本的に自動車を引き取る用意があると述べた。しかし彼は自分もまた騙されたのだから，それを超えてもはやその契約に拘束されないと感じていた［ケース 10］。R は P に対して権利を行使しうるか。

　(イ)　ド民 437 条 1 号，439 条 1 項に基づく追完請求権

　原則的な追完履行の優位と（付加的な）損害賠償請求権の過失要件のためにそれがド民 437 条の中に列挙されている順序の中で請求権を区別して検討することが提案される。R は追完履行，すなわち，瑕疵の除去または瑕疵のない物の給付を要求する権利を有しうる。原則として瑕疵除去請求権と瑕疵のない物の給付を求める権利とは区別して検討されるべきである。しかし，両請求権は不能のために排除されるのだから，各々検討することは余計な形式主義である。この場合 R と P との間には有効な売買契約が存在し，引き渡された自動車に危険移転時に瑕疵があったのでなければならない[111]。

第 2 章　第 6 節　給付障害の法律効果

① 有効な売買契約

　RとPとの間に有効な売買契約が存在する。Pは走行距離に関する錯誤のためにド民 119 条 2 項により契約を取り消しうる。彼はこれによって権利濫用的な方法でRの瑕疵担保権を奪うことになろう。新法のもとでもこのルールに固執されうる。

② 瑕疵

　引き渡された自動車が危険移転時（引渡し時（ド民 446 条 1 文））に「走行距離 50000 キロメートル」という合意された性質を有していなかった（ド民 434 条 1 項 1 文）。それゆえにその自動車には瑕疵がある。

③ 請求権が不能により排除されないこと

　しかし，それにより本来生じる追完履行請求権はド民 275 条 1 項により排除されうる。この場合追完履行が債務者にとってまたは誰にでも不可能なものでなければならない。瑕疵除去による追完履行は不可能である。完全なオーバーホールをしても自動車の走行距離は変えられない。代償給付による追完履行が可能かどうかが問題になる。別の履行に適した物が存在しないがゆえに，総ての特定物として売却された物においては通例代償給付の不能が認められる。唯一の例外は引き渡されるべき物とは異なった物が引き渡された場合である。この解決は限界の問題を覆い隠すが，消費用品売買指令の基準および立法者の意思には適合しないであろう。従って，通説は，特定物売買でも原則として代償給付による追完履行を可能とする。しかし，その要件は，代替物に経済的に一致し，かつ買主の経済的利益を満足させる物が問題になることである。2003 年のエルヴァンゲンラント裁判所[112]もまたこの見解を主張し，特定物として売却された新車および 1 日だけ使用が許容された自動車の事例で代物給付の可能性を肯定した。学説上は代償給付の可能性がそれを超えて展示用の新車の場合にも肯定された。従って，中古車の場合は，代替物に経済的に一致する物であるかどうかが問題になる。これは製造後 3 年経った中古車の場合は問題にならない[113]。

---

(111)　www.schuldrechtsmodernisierung.com, S. 31.
(112)　LG Ellwangen, NJW 2003, S. 517; OLG Braunschweig NJW 2003, S. 1053.

カナーリスの見解参照[114]：「特定物売買の場合でも瑕疵のない物の給付請求権を認めることは，ある思考上の困難を提供する。なぜならば売主はこの場合契約の客体でない物を給付しなければならないからである。同様にこの意味で新規定が理解されうる。すなわち第一に，政府草案理由書によれば，種類売買と特定物売買との区別はその限りで放棄しうるものであり，第二に，指令は立法理由16号において，特に実際上問題になる中古品においてもまた，例外的であるにすぎないとしても，物の代償請求権が生じうることを前提する。従って，ある者が例えば，割引価格で売主が陳列または展示のために用いた物を買い，かつこれに製造上の瑕疵があったときは，買主は他の同種の物，もちろん同様に陳列または展示のために用いられたような物のみを請求しうる。」

2003年エルヴァンゲンラント裁判所判決参照[115]：「争いある被告の主張もまた，その請求権と矛盾するものではない。すでに被告の敷地内にあった具体的な自動車が選択されたのだから，特定物売買が問題になる。裁判所は，特定物売買の場合にも，代わりの物と経済的に同じであり，買主の給付利益を満足させる物が問題になる限り，代償給付による追完履行が原則として可能だという見解である[116]。従って，新債務法は，瑕疵ある給付の場合の買主の権利に関して特定物債務と種類債務を区別しなかったのだから，区別はもはや必要ではない[117]。中古の展示された自動車の追完可能性すら肯定する者もある。」

2003年ブラウンシュヴァイク上級ラント裁判所判決参照[118]：「引き渡されるべき物とは別の物の給付は債務者の義務プログラムには属さないため，代償給付は特定物売買の場合追完履行の方法としてもともと排除されるべきだから，種類債務と特定物債務との区別は新債務法の履行後もまた意味を有するという有力説の見解[119]には従い得ない。この制限的な視点は売買法の新規定の意図

---

(113) 経済的な近似性の議論につき，Palandt, Komm. z. BGB., Erg. -Band. para. 439 Rn. 15 [Putzo].
(114) Canaris, Schuldrechtsmodernisierung 2002, S. XXIV.
(115) 前掲 LG Ellwangen, NJW 2003, S. 517.
(116) Bitter/Meidt, ZIP 2001, S. 2116; Palandt, Komm. z. BGB., 67. Aufl., S. 632 [Weidenkaff]; Haas/Rolland/Schäfer/Wendtland, Das neue SchuldR. S. 184 [Haas].
(117) 反対：Huber, Der Nacherfüllungsanspruch im neuen Kaufrecht, NJW 2002, S. 1006.
(118) 前掲 OLG Braunschweig, NJW 2003, S. 1006.
(119) S. Lorenz, Schadensersatz wegen Pflichtverletzung, JZ 2001, S. 743 〜 744.

第2章　第6節　給付障害の法律効果

には適しない。瑕疵のない給付義務の導入（ド民433条1項2文）およびそれと結びついた追完履行請求権（ド民439条1項）は売主がある瑕疵のない物の給付により買主の給付利益を満足させうるという考えに依拠する。
従って，給付義務の不能は売主が引き渡されるべき種類に属する瑕疵のない物を調達し得ない場合にのみ生じうる[120]」

　従って追完履行請求権は排除される。Rは追完履行請求権を有しない。
　㈡　瑕疵ある自動車の返還および収取された果実の引渡しと引き換えの売買代価の返還（ド民346条1項，348条，437条2号）

　解除権は形成権である。請求の基礎はド民346条1項である。事実関係においてRが解除の意思表示をしたことから出発しないとしても，解除権の存在ではなく，売買代金の返還請求権を検討するのが普通である。売買目的物の引渡し後は，形成権たる解除権を行使することなしに，債権者がその反対給付（売買代金）をド民326条1項により解除法に従って返還請求しうるという法律効果を伴って，ド民275条1項（給付義務の喪失）および326条1項1文（反対給付義務の喪失）が自動的に作用するのではない。反対給付請求権の自動的な喪失および解除法に従った返還関係は，引渡し後は相当な利益考量とはいえない。おそらく買主は自動車を保持し，代金減額を請求しようとする。従ってド民326条1項2文[121]によれば，この場合（引渡し後）反対給付請求権はまず保持される。しかし，買主は，ド民326条5項により解除し，彼が解除法により売買代金を返還してもらうことも同様に可能である。しかし，これは彼に自動的な解決として強いられない。買主が例えば単に代金減額のみを要求する場合は，ド民326条1項2文の規定がなければ，この場合売買代金の残額の保持のために再び法的論拠が作り出さればならない。すなわち，ド民326条1項2文は，売買および請負契約上の特別規定の適用可能性の扉を開いている。
Rは瑕疵あるフォードの返還および収取した果実の引渡しと引き換えにPに対して売買代金の返還請求権を有する。Rが解除しうるかどうかが問題になる。
①売買契約　有効な売買契約が存在する。

―――――――――――
[120]　Bitter/Meidt, ZIP 2001, S. 2119; Begr. zu para. 275 I des RegE, BT-Dr. 14/6040, S. 129.
[121]　ド民326条5項「債務者がド民275条1項〜3項により給付をなすに及ばない場合，債権者は解除しうる。解除にはド民323条（債務不履行による解除の要件）が，期間指定が不要だという基準とともに準用される。」

161

第 I 部　ドイツ新債務法 7 年の歩み

②瑕疵　売買目的物には危険移転時に瑕疵がある。
③追完期間の不要　追完期間の指定は追完履行の不能のため必要ではない。
④著しい義務違反　ド民 323 条 5 項 2 文により必要とされる義務違反の重要さが要件として存在する。ド民 326 条 5 項によれば，ド民 323 条全体が期間指定の不要という例外とともに準用されうる。さらにド民 311 a 条 2 項 3 文におけるド民 281 条 1 項 3 文の準用から，大きな権利（解除および全部の給付に代わる損害賠償）について重要性という要件が当てはまることが導かれうる。市場は自動車の事実上の状況とは無関係に走行距離に重要な意味を付与するのだから，30000 キロメートル以上の違いがある場合は重大な瑕疵が存在する。しかし，義務違反の概念は過失の要素を包含しないし，解除権は過失を要件としない(122)。

　それによれば，R は売買契約を解除し，瑕疵のあるフォードの返還および収取した果実の引渡しと引き換えに売買代金の返還の請求権を有する（ド民 346 条 1 項）。しかし，解除権の存在に対する疑問が R の自動車が解除前に毀損したという事実から生じる。これが解除権にどのように作用するかが問題になる。ド民 346 条 2 項 3 号によれば，売買目的物の毀損は旧法におけるとは異なり解除権が排除されることを帰結しない。受け取った客体の有責かつ重大な毀損の場合でも解除されうる。しかし，返還債務者は原則として毀損について価値賠償をしなければならない。ド民 346 条の基礎には価値に従った清算モデルが存在する。各契約当事者は原則として価値に従って彼が取得した物を返還しなければならない。従って R はフォードの毀損にもかかわらず解除しうる。しかし，その場合 P がフォードの毀損のために価値の賠償の給付（ド民 346 条 2 項 3 号）または損害賠償（ド民 280 条 1 項，346 条 4 項）と引き換えにのみ売買代価を返還しなければならないかどうかが問題になる。P が（毀損した）自動車の返還と引き換えにのみ売買代価を返還しなければならないことは疑問の余地なく明らかである。ド民 346 条 2 項の「限りにおいて」は，返還されるべき客体の完全な毀損の場合に全部の物に代わる価値の賠償が給付されるだけでなく，泥除けが毀損した場合のようにより小さな毀損についても相当な範囲で給付されるべきことを意味する。

　法定解除の場合，権利者が自己の事務について用いるべき注意を用いたとし

---

　(122)　www.schuldrechtsmodernisierung.com, S. 32～33.

第2章　第6節　給付障害の法律効果

ても，権利者のもとで毀損または滅失が生じたときは，価値賠償義務は消滅するというド民346条3項3号の文言によれば本問はこの場合ではない。Rの解除権は，法律の規定から生じ，かつ合意されたものではないのだから，法定解除権である。法定解除権という定式は，それがすでに初期の法により用いられていたのだから，その不鮮明さにもかかわらず，立法者によって受け入れられたものである[123]。

Rはいつもかなりのスピードで駐車場に乗り付けていたのだから，Rが自己のためにすると同一の注意を用いたとしてもフォードの毀損は生じたのである。Rがややオーバーした速度で運転しただけで，そのため重過失まではないのだから，ド民277条[124]からも異なった帰結は生じない。従って，ド民346条3項3号の文言に従えば，Rは価値賠償をなすには及ばない。しかし，Rがフォードの毀損時にすでに自動車の瑕疵を知り，解除の決意をしており，彼がフォードをPに返還することを知っていたことから，この結論に対する疑問が生じる。従って，責任の標準が，解除権者が解除原因を知ったときから変わるかどうかが問題になる。Rが売買を解除する決意であったという事実上の言明は，ここで議論されている問題の説明には必要である。この指摘は，Rが解除権のみに関心があり，その他の権利は検討に及ばないというようには解されるべきではない。むしろRの総ての請求権および権利が問題になる事例問題に答えるべきである。その指摘はまたRが無条件に取り消そうとしていると解されるべきではない[125]。

旧法に関する通説によれば，解除原因の認識は責任標準を変えない。解除原因を知るまで，ド民旧351条によれば解除を排除する帰責事由は，自己の事務における非難に値する不注意がある場合にのみ存在した。解除権を知った後は，毀損に導く総ての任意の行為は過失とみなされえた。この区別の論拠は解除原因を知った買主は，彼が売買客体を返還し，より高度の注意義務が課せられることから出発しなければならないことにあった。しかし，例えば，買主の利用の不継続が期待されえず，または，利用の継続が解除の相手方の利益においてもなされる場合に，再びこの原則の例外が生じる。旧法によれば瑕疵ある自動

---

[123]　www.schuldrechtsmodernisierung.com, S. 33.
[124]　ド民277条(自己の事務における注意)「彼が自己の事務について用いるのを通例とする注意についてのみ責めを負う者は，重過失による責任から免責されない。」
[125]　www.schuldrechtsmodernisierung.com, S. 33.

第 I 部　ドイツ新債務法 7 年の歩み

車の場合これが出発点であった。新規定に関する政府草案理由書から，今述べられた旧法に関する通説が立法化されたことが明らかである。従って，知る前と知った後という古い区別を維持することが主張されうるのであり，それはまた法律の逐語的な解釈の場合に生じる結論の不公正さのために必要でもある[126]。

　これとは異なり，新法の言葉通りの解釈を主張する者もある[127]。その論拠は，ド民 690 条（無償受寄者の責任）の法的思考および付遅滞によりより厳格な責任を惹起する返還債権者の可能性（ド民 287 条）に求められている。しかしこれに対しては，その場合新法がもたらした変更が考慮されるべきであると反論が加えられる[128]。買主は新法によれば原則として，彼が瑕疵発見後売買目的物を返還することを計算に入れるに及ばない。なぜならば，原則として彼はまず売買目的物の修補請求をなすからである。しかし，買主が追完履行請求権を有する除去しえない瑕疵の場合は異なる。

　従って，解除の原因を知ったときから R にいかなる注意の標準があてはまるかが問題になる。自動車を使い続けないことは R にとっては期待しえないのだから，総ての任意の行動は支払い義務の理由づけとして十分とはいえない。他方において解除原因の認識とともに責任の優遇のための根拠である自己のためにすると同じ注意は喪失する。その場合この規定の狭い解釈はその例外的な性質に一致する。ド民 346 条 3 項 3 号は，価値に従った償還というド民 346 条の基礎になっているモデルの例外を基礎づける。原則として各契約当事者は価値に適って彼が取得したものを返還しなければならない一方では，買主は上記の事例では例外的にその必要はない。法政策的にはド民 346 条 3 項 3 号が相当なルールを包含するかどうかが激しく議論されている。買主が 23 ヵ月後に売買目的物の瑕疵に気づいたときにどうして危険が売主に戻るのであろうか。買主は売買目的物をこのときまで瑕疵のないものとして受け取り，そのように使用したのである。危険の売主への復帰は全く不当な買主にとっての幸運とみられうる。彼が自己の物に対すると同じ注意を遵守したのにそれに加えた売買目的物の総ての損害は今や突然に売主に帰する。売主はどのように感じるのであ

---

(126)　www.schuldrechtsmodernisierung.com, S. 33～34. 同旨：Dauner-Lieb u. a. (Hrsg.), Anwaltkomm. z. BGB., Bd. 2, Teilbd. 1, S. 1056 [Hager].

(127)　Palandt, Komm. z. BGB. , Erg. -Band, para. 346 Rn. 13 [Heinrich].

(128)　www.schuldrechtsmodernisierung.com, S. 34.

第 2 章　第 6 節　給付障害の法律効果

ろうか[129]。

　カナーリスは，ド民 346 条 3 項 3 号の自己の事務について用いるのと同じ注意への責任の優遇の制限をド民 346 条 4 項から導く。カナーリスによれば，解除の表示前のド民 346 条 4 項の原則的な適用可能性が肯定された後で，「ド民新 346 条 4 項による解除原因の認識以後のド民新 346 条 3 項 3 号に基づく優遇の制限およびド民新 357 条 3 項 3 文によるその除去」が述べられている。

　「ド民新 346 条 4 項によれば法定解除の場合，ド民新 346 条 3 項に基づく価値賠償請求権の優遇が挫折しうるがゆえに，解除表示前の行動にとって損害賠償請求権が中心的な意味を有する。改正委員会はこの問題を知っており，これにつき以下のように述べた：委員会は，契約によるまたは法定の解除権者が，解除の状況が知られている場合に，類似した状況にあることを認める。草案はそれを考慮に入れている。法定解除権者もまた無制限には 3 項 3 号の優遇を援用し得ない。法定解除権の場合，当事者はまず彼に引き渡された客体が最終的にその財産の一部になったことから出発しうる。注意深い取り扱いに関する法的義務は，当事者が，解除の要件が存在することを知りまたは知るべき場合に始めて生じる。それは遅くとも解除が表示された場合に生じるが，場合によってはそれより早く生じうる[130]。

　この記述は，債務法改正委員会の最終報告書の該当箇所と同様，不明確さが全くないわけではないが，解除権者に少なくとも解除原因を知ったときから，その違反が彼にその解除権の行使の場合に損害賠償義務を負わせる，取得した物の扱いをめぐる注意義務が課されるというようにのみ理解されうる。彼が解除の要件の存在を単に知らねばならない場合にも同じことがあてはまるか，またどのような要件のもとであてはまるのかは——その理由付けは容易に思いつくが，おそらく解除の相手方にとってのみ適切であるか，または，両当事者にとってすら不適切たりうるものであるが——，なお深い検討を必要とする。

　歴史的な解釈のルールからは，解除の要件を認識している場合ド民新 346 条 3 項 3 号の有利取り扱いが制限されるべきことが明らかに生じる。客観的演繹的に見る場合もこの結論は直接的に納得しうる。これを超えて体系的な観点のもとでド民新 357 条 3 項 3 文に基づく議論により，彼が撤回権を債務の本旨に

---

(129)　www.schuldrechtsmodernisierung.com, S. 34.
(130)　BT-Drucks. 14 / 7052, S. 193 f.

適って通知されまたはこれを他の方法で知ったときは，撤回権者にド民新346条3項3号の有利取り扱いが認められないことが確証され，かつ強められる。それに一致して解除権者にもまた，さもなければド民新357条3項3号の規定に反する耐えられない評価矛盾が生じるがゆえに，解除原因を知ったときからこの有利取り扱いはもはや無制限には帰すべきではない。

もちろんド民新346条3項3号の有利取り扱いは，同条4項に立ち戻ることによって決して完全に喪失するのではない。すなわちこの解決は，取得した客体の取り扱いに関する義務が解除権者に帰属することのみに導き，彼が偶然の滅失または偶然の毀損の危険を負担することにも導くのではない。なぜならば，それにはド民287条2文（遅滞中の責任）の適用によってのみ到達するのであり，この規定は解除の表示前は適用されないからである。従って，購入された自動車が例えば買主の責めに帰すべきでない駐車場の火災により滅失したときは，彼が瑕疵，例えば，自動車の以前の重大事故をこのときにすでに知っていたときでも，買主は価値償還義務なしに解除しうる。この結論は全く首尾一貫している。すなわち，解除権者が，物の返還について善管注意義務を負うことによってのみ偶然の危険を免れうるとしよう。それは，相手方が返還について承諾したと表明する義務を負わず，かつ彼が売買代価を取り戻したのでない限り，彼には期待されえない。この場合ド民990条2項[131]，287条2文から逆の結論が生じるように，返還義務者が偶然の危険から同様に保護される，ド民989条[132]の枠内の同様な問題に類似した考量があてはまる。それに一致して目的論的な一般化の方法で解除権を知ったときからド民新346条3項3号は簡単に適用外に置かれるべきではなく，法改正委員会が指摘したのはこのことであるが，実際上ド民新346条4項によらなければならない。

それによってもちろん，撤回権者から規定の条文によればド民346条3項3号の有利取り扱いが完全に奪い取られるのだから，ド民357条3項3文との矛

---

(131) ド民990条(悪意占有者の責任)「(1)占有者が占有の取得の際に善意でないときは，彼はド民987条（訴え提起後の果実），989条（訴え提起後の損害賠償）に従って取得のときから所有者に責任を負う。占有者が後になって彼に占有権限がないことを知ったときも，彼は同様に知ったときから責任を負う。(2)遅滞による占有者の更なる責任は影響を受けない。」

(132) ド民989条(訴え提起後の損害賠償)「占有者は，訴え提起のときから彼の過失により物が毀損し，滅失または他の理由から彼から返還されえないことによって生じる損害について所有者に責任を負う。」

第 2 章　第 6 節　給付障害の法律効果

盾が生じる。それはこの者にド民新 357 条 1 項により偶然の危険が帰すること，および，彼がその限りで法定解除権者よりも悪い立場にあることを意味する。その中に決定の自由および撤回権の保護目的の侵害があるが，他方においてこの結論の客観的な正しさにとって正当な理由が述べられうる。なぜならば，一方では，撤回権者は解除権者よりも取得した客体を直ちに返還する機会を有し，他方では，正当な撤回の通知がある場合，撤回の相手方には帰責の要素が欠けているからである。そのためローレンツは，その規定を是認する[133]。しかし，彼はそれに際して，解除債務者は，解除債権者に契約違反の責任が課せられ，かつこの者がこれに関する要求にもかかわらず契約を完全には履行していない場合にのみ解除を表示しうる，そして彼は単にもともと契約に適って給付をなすべきであるか，または追完履行をなしうるという立法者の議論に依拠する[134]。しかし，この政府草案の理由書の記述はド民 346 条 2 項 3 号の有利取り扱いのみに関するものであり，3 項 3 号の有利取り扱いに持ち込まれてはならない。なぜならば，事故車や絵画の贋造のような除去しえない瑕疵の事例ではもともと追完履行の可能性はなく，除去しうる瑕疵の場合でも，給付された物がその間に受取人のもとで滅失した場合は，それは喪失するからである。もっともその解除権はド民 326 条 5 項により影響を受けない。そこに撤回権の事例との意味深長な違いが存在する。もちろん不快感が残る。すなわち，正しい撤回の通知が欠け，かつ撤回権者が単に他の方法で撤回権を知った場合は，法定解除権の場合との違いは非常に小さいように思われる。更に立法理由書における偶然の危険の問題は完全に明瞭とはいい難い。なぜならばそこではド民 346 条 3 項 3 文に基づく有利取り扱いの不適用の理由として，消費者が，効力が未決定の契約に基づいて高められる義務を有すると述べられているからである。それはもちろん偶然の危険の転嫁にはあてはまらない。もちろんこの視点は，目的論的な一般化の方法でド民 357 条 3 項 3 文の是正を正当化するためには十分とは言い得ない[135]。」

　結局解除原因を知るという事情は，まずド民新 346 条 3 項 3 号の適用領域にではなく，ド民 346 条 4 項の適用領域に服することが認められる。ガイヤーに

---

(133)　Schulze/Schulte-Nölke (Hrsg.) Die Schuldrechtsreform vor dem Hintergrund des Gemeinschaftsrechts, 2001, S. 350 [S. Lorenz].
(134)　BT-Drucks. 14 / 6040, S. 199.
(135)　Canaris, Schuldrechtsmodernisierung 2002, S. XLVⅡ f.

よれば、「解除権者が解除原因を知りまたは彼がこれを過失のみにより知らなかった場合は、ド民346条3項1文3号の排除要件は原則として関与しない。この場合その規定の制限的解釈は必要とはされず[136]、むしろこの事実関係はそもそもその適用領域には服さない。給付客体の取り扱いにおいて解除原因を知りまたは知るべきときからの段階では偶然の危険はド民346条2項1文2および3号の規定によれば補充的に分担されるべきである。解除権者は今や他人の財産を管理しているのであり、それゆえに自己の物に対するのと同一の注意に制限されることなくド民276条，278条の技術的意味において過失に対して責めを負う。ド民346条4項の準用を通じて一般給付障害法の損害賠償規定が標準となる。解除権者のド民280条1項2文の帰責事由の立証が奏功したがゆえに、損害賠償請求権が排除された場合に始めて、価値賠償請求権が観察に現れる。免責とともにあまり厳格でないド民346条3項1文3号の要件もまた満たされまたは2号すら適用されるのだから、価値賠償請求権は通例排除される[137]。」

ファウストによれば、「解除の表示の前にド民346条2項1文2号の変更が生じたときは、これは直接に解除表示とともに生じる償還または返還義務の内容に影響を与える。消費、譲渡、加工、変容または滅失の場合、その限りでもともと償還または返還義務は生じない。負担および毀損の場合は、客体が解除の表示のときに存在する状態において償還または返還をなす義務のみが生じる。なぜならば返還義務者は生じた変更をもとに戻すには及ばないからである。従って、返還義務者は、彼が客体を返還または償還できず、または、毀損した状態でのみ返還または償還する場合は、もともと損傷のない状態での返還または償還の義務を負わず、それゆえにド民346条1項の意味の義務に違反していない。それゆえにド民346条4項からは解除の表示の前の出来事についてはなにも引き出されえない。

従って、解除の表示前の出来事については、ド民280条1項、241条2項の保護義務違反による責任のみが観察に現れる。将来の返還請求権者の利益の考慮義務は、解除権が発生したときから当事者に帰する。なぜならば、解除権の

---

(136) 反対：Dauner-Lieb u. a. (Hrsg.), Anwaltkomm. z. BGB., Bd. 2, Teilbd. 1, S. 1059 [Hager]; Schwab, a. a. O., JuS 2002, S. 635.

(137) Münch. Komm. z. BGB., Bd. 2, 5. Aufl., S. 2197 [Gaier]; Gaier, a. a. O., WM 2002, S. 11.

第2章　第6節　給付障害の法律効果

発生のときからド民346条1項に基づく義務の発生がもっぱら解除の表示に依存し，各当事者は，解除が表示された場合になされた給付および果実を減少させることなしに返還してもらう相手方の利益を考慮しなければならないからである。しかし，かような義務は，解除権は発生していないが，その発生が履行または追完履行のための期間（ド民323条）の経過のみに依存する場合でもすでに生じる。

　注意義務の厳密な内容は個々の事例においてのみ決定されうる。解除権が存在する限りにおいて当事者が取得した給付をどのような方法で取り扱いうるかは契約内容による。取得した客体の指定に適った使用は，解除表示前は義務違反とはならない。ド民347条1項1文は，取得した給付を秩序に適った経済のルールに従って使用するように当事者を義務づける。従って，自動車の買主は，彼が交通ルールを顧慮する限りにおいて，自動車を道路交通の危険にさらしうる。商品を購入した商人はこれを転売しうる。製造業者は取得した材料を加工しうる。これを超えてもまた潜在的な返還権利者のために危険が生じるが，これはド民346条2項の価値賠償義務により著しく減殺される。そして潜在的な返還義務者にとって，彼がすでに解除の表示前に，彼が取得した目的のために取得した給付を使用しえないとする場合，それは著しい制限を意味することになろう。

　損害賠償義務は，ド民280条1項2文によれば，返還を遅滞している義務者が義務違反について責めを負うことを前提とする。この場合彼が解除権を知りまたは知るべき場合にのみ帰責事由が存在しうる。なぜならば，それ以前は，彼は取得した給付を完全に保持しうると信じかつ信じることができるからである。従って彼は滅失した場合にこの給付につきいかなる注意の基準も遵守するに及ばない。その結果，ド民280条1項，241条2項の責任は彼に帰しえない。しかし，返還の遅れた義務者が彼または相手方が解除権を有することを知りまたは知るべき限り，受け取った給付を場合によっては返還しなければならないこと，そのためにそれを注意深く取り扱わねばならないこともまた知らねばならない。彼がそうしなかったときは，彼は取引上必要な注意を怠ったものであり，過失がある（ド民276条2項）。その行使が解除権者の任意に委ねられている約定解除権の場合は，当事者がこの場合当初から解除権を知っているから，すでに給付の受領時から損害賠償責任が観察に現れる。それに対して，法定解除とその行使が条件にかかっている約定解除権の場合，損害賠償責任は，（履

行または追完履行期間の徒過という例外があるが）当事者が解除権の要件の存在を知りまたは知るべきであり，かつ，解除権がこの要件の存在に基づくことを知りまたは知るべきときから関与しうる。この場合厳密な法的な包摂は不要である。むしろ返還義務につき遅滞した者が，当該状況から彼または相手方のために，彼に受け取った給付の返還および果実が生じた場合はその引渡しを義務づける法的救済が生じることを知らねばならないことで十分である。この場合知らねばならないこと，すなわち，過失ある不知（ド民122条2項[138]）で十分なことは，過失につき責めを負うという一般原則（ド民276条1項1文）から生じる。

　自己の事務について用いるのを通常とする義務に制限されるというド民346条3項1文3号の責任の緩和は類推適用されるべきではない。なぜならば，それが解除権者がその解除権を知っているか，それとも知らねばならないかによって異ならないとしても，それは，解除権者がその解除権を知らないし，知るべきでもない場合，すなわち，彼がそれを最終的に保持するかのごとくその物を取り扱いうる場合に制限されるからである。これに対して，彼は知るべきときからその物を注意して取り扱わねばならない。それにもかかわらず，ド民346条3項1文3号が価値賠償義務に関する責任の基準を自己の物に対すると同一の注意に制限するときは，これは，ド民280条1項，241条2項の損害賠償義務が存在するがゆえにのみ相当なものになる。そのためにのみド民346条3項1文3号において返還義務者の認識の状態に従った区別が放棄さるう[139]。」

　解除による返還義務の不履行の場合の損害賠償請求を定めるド民346条4項がその一義的な文言によって解除のときから適用されるべきことが最後に述べた見解の反証となる。そこに述べられている義務は返還に関するものである。しかしこの義務は解除の前には存在しない。反対する見解は立法理由書に基づくものである[140]。しかしこの改正委員会による立法理由は誤った規定を弁護

---

(138)　ド民122条2項「（錯誤取消をした者の負う）損害賠償義務は，被害者が無効または取消可能性の原因を知りまたは過失によりそれを知らなかった（知るべきであった）場合は生じない。」

(139)　Herberger u. a. (Hrsg.), Juris Praxiskomm., Z. BGB., Bd. 2. 1, 2. Aufl., 2004, S. 983〜985 [Faust].

(140)　BT-Drs. 14 / 6040, S. 195.

第 2 章　第 6 節　給付障害の法律効果

するための誤った試みに過ぎない[141]。

　さらにそこでは損害賠償請求権は問題とされていない。解除前は買主には義務ではなくオブリーゲンハイトのみが帰する。彼は瑕疵ある売買目的物を保持し代金減額のみを請求することもできる。そもそも権利を主張しないこともまた可能である。従って，買主がすでに解除原因を知ったときから他人の財産を管理すると単に主張することは不適切である。売主の利益については価値賠償義務により契約により受け取った物の返還のみを目的とする解除の基礎思考に十分な考慮がなされる。ド民 346 条 4 項の適用領域の解除後への制限とともに価値賠償義務と損害賠償義務の併存が避けられる[142]。従って，売主の価値賠償請求権がド民 346 条 3 項 3 号の目的論的一般化から生じることから出発すべきである。それによれば，R は，解除原因を知った後でド民 276 条の意味で有責な彼の行為から生じた売買目的物の価値喪失に相応する価値賠償もまた給付すべきである。それと並んでド民 280 条 1 項，346 条 4 項に基づく売主の損害賠償請求権は存在しない。売主が当該場合に価値賠償請求権のみを有するか，それとも，それを越えて損害賠償請求権も有するかは，当該事例で決められるに及ばない。価値賠償請求権は，その物が毀損により被った価値の喪失を包含する。それを超える損害は彼には生じていない。有力説により損害賠償と価値賠償の区別が瑕疵惹起損害と逸失利益の賠償のために重要であることが認められている[143]。これに対して，買主のこの損害の賠償責任が解除の基本思考に適合しないと反論されうる。買主は，彼が取得した物を事実上または価値に適って返還しなければならない。売主が瑕疵のない物を給付したとすれば買主があるであろう状態が回復される。その場合売主はその物の新たな売買により利益を挙げる可能性もまた有しない。どうして買主は売主に逸失利益を賠償すべきなのであろうか[144]。

　R は，必要な注意を遵守せずこれにより自動車の価値 500 ユーロを減少させた。従って，P は上記のいずれの見解に従っても R の解除後，ド民 346 条 2

---

(141)　Vgl. Perkams, Haftung des Rücktrittsberechtigten im neuen Schuldrecht, Jura 2003, S. 152.
(142)　Perkams, a.a, O., Jura 2003, S. 153.
(143)　Vgl. Arnold, Das neue Recht der Rücktrittsfolgen, Jura 2002, S. 158; Canaris, Schuldrechtsmodernisierung 2002, S. XLVI.
(144)　www.schuldrechtsmodernisierung.com, S. 36〜37.

171

項の価値賠償としてであろうとド民280条1項，346条の損害賠償としてであろうと500ユーロの支払い請求権を有する。Rは契約を解除し，ド民346条1項，348条[145]，437条2号（瑕疵ある物の給付の場合の解除権）に基づき瑕疵あるフォードの返還，毀損に対する価値賠償の給付および収取した果実の引渡しと引き換えに売買代価の返還請求権を有する[146]。

(ハ) Rが売買代価の減額の結果としてPに支払った増加額の償還（ド民441条4項，346条1項，437条2号）

Rは，彼が売買代価の減額の結果としてPに支払った増加額の償還請求権を有しうる。その場合RとPの間に有効な売買契約が存在し，Rが有効に減額しうるのでなければならない。
①有効な売買契約　RとPの間に有効な売買契約が存在する。
②解除の要件　ド民441条1項1文の解除に代えてという定式では，代金減額の要件が原則として解除の要件と同じであることが表明されている。a）危険移転時に瑕疵が存在する。b）代金減額の場合に義務違反が重大でない場合は解除しえないとするド民323条5項2文を準用しない（それゆえに重要でない瑕疵の場合でも減額されうる）ド民441条1項2文は，重大な義務違反すら存在するがゆえにこの場合意味がない。c）期間の指定はド民326条5項2文により履行が不能なこの場合には不要である。Rは代金減額を主張し，彼がすでにPに支払った3000ユーロの増加額の償還を請求しうる。立法者は結局代金減額における相対的計算方式を維持した（ド民441条3項）。しかしRはフォードのために市場で通常の代価を支払ったのだから，代金減額計算に関する詳細な記述を放棄した[147]。

(二) 給付に代わる損害賠償（小さな損害賠償）

3000ユーロの額の損害賠償の支払い請求権（ド民311a条2項1文，437条3号（これらの規定は原始的不能または瑕疵ある物の給付の場合に，買主に給付に代わる損害賠償請求または出費賠償請求を認める））。原始的不能における損害賠償請求権の基礎は，ド民280条ではない。ド民311a条2項は本来錯誤ルール（要件）と担保責任（法律効果）の複合物である。それは，一般的ルールに従えば消極的利益

---

(145) ド民348条（同時履行）「解除により生じる当事者の義務は，同時履行の関係にある。ド民320条，322条の規定が準用される。」
(146) www.schuldrechtsmodernisierung.com, S. 37.
(147) www.schuldrechtsmodernisierung.com, S. 37.

第 2 章　第 6 節　給付障害の法律効果

に対する請求権が生じるが，立法者が不能のあらゆる種類で法律効果を（積極的利益に向けられた損害賠償を目的として）統一的に形成しようとしたために設けられた。Ｐが，給付が不適切なものであることを知っていれば，契約を締結しなかったであろう。その場合Ｒは履行請求権を取得しなかったであろう。その場合その代わりに積極的利益に向けられた不履行による損害賠償請求権もまた生じえないであろう。

　ド民 311 a 条 2 項 1 文の意味の給付に代わる損害賠償によって瑕疵損害の賠償だけでなく，積極的利益が意図されている。これはド民 311 a 条 2 項 1 文に関する政府草案の理由書から導かれる。そこでは錯誤により給付に代わる損害賠償と積極的利益が同視されているといわれる：「その場合明らかに給付に代わる損害賠償請求権，すなわち，積極的利益の賠償請求権が与えられる。」追完履行が不可能なのだから，追完履行が可能な場合その原則が優位を占める給付に代わる損害賠償と給付とともにする損害賠償を区別する必要は存しない。ド民 311 a 条 2 項によれば，（不可能な追完履行のための）あらかじめの期間指定なしに直ちに総ての積極的利益が請求されうる[148]。

　Ｒは，3000 ユーロの損害賠償の支払い請求権を有しうる。その場合ＲとＰとの間には有効な売買契約が存在し，給付請求権がド民 275 条 1 項により排除され，かつ給付障害が契約締結時にすでに存在したのでなければならない。本問はそれにあたる。ド民 311 a 条 2 項 2 文によれば，Ｐが契約締結時に給付障害を知りまたは知っていたのでなければならないという更なる損害賠償の要件がある。Ｐは契約締結時に給付障害を知らなかった。彼が知っていなければならなかったかどうかが問題になる。Ｐは自動車を修理工場で検査させるべきであった。タコメーターが不適正であったことは明らかではなかった。専門家がその瑕疵を一度でも確認することができなかったとすれば，これは非専門家によって期待されえない。従って，Ｐはその不知につき責任はない。過失とは無関係な責任を帰結する担保の承認のためには事実上の基礎が欠ける。旧法に従った中古車売買における保証の概念の広い解釈は新法にも持ち込まれうるが，それは商人についてであり，私人についてではない。保証を引き受ける者は，約款戦略上不首尾な約款の問題を避ける[149]。

---

(148)　www.schuldrechtsmodernisierung.com, S. 37.
(149)　www.schuldrechtsmodernisierung.com, S. 38.

第Ⅰ部　ドイツ新債務法7年の歩み

(ホ)　総ての給付に代わる損害の賠償（大きな損害の賠償）

Rが，ド民311a条2項1文，348条，437条3号に基づく瑕疵ある自動車の返還と引き換えの11000ユーロ（走行距離を含む自動車の仮定上の時価）の損害賠償の支払い請求権を有するかが問題となる。全部の給付に代わる損害賠償請求権についてド民311a条2項3文は，ド民281条1項3文を準用して，義務違反が重要だという付加的要件を立てる。本問はその場合である。しかし，請求権は同様にPの不知に関する帰責事由の不存在において喪失する。従って，RはPに対する瑕疵ある自動車の返還と引き換えの11000ユーロの損害賠償の支払い請求権を有しない[150]。

(ヘ)　無駄になった費用の賠償

無駄になった費用の請求権もまた，ド民311a条によれば今述べた311条2項の要件の存在を前提とする。Pは瑕疵を知らずかつ知るべきでもなかったがゆえに，それは存在しない。事実関係上Rが無駄になった費用を支出したことの手がかりは存しない。従って，Rは無駄になった費用の賠償請求権を有しない[151]。

(ト)　ド民122条の類推に基づく1000ユーロの有利な売買機会の喪失による損害賠償

Rが売買機会の喪失により生じた損害の賠償を請求しうるかどうかが問題になる。請求権は消極的利益に向けられる。Rがフォードに瑕疵がないと信頼していなければ，彼は契約を締結せず，近日中に開かれるバーゲンセールを期待したであろう。この請求権に対する疑問は，法律上の請求権の基礎の不存在から生じる。Pがその不知につき責めを負わないのだから，ド民311a条2項は観察に現れない。Pは責めに帰すべき事由による義務違反を犯していないのだから，ド民280条も問題にならない。ド民823条1項[152]に列挙された法益が侵害されていないがゆえに，ド民823条もまた観察に現れない。

他方において，以下の理由から請求権を与えないことに対する疑問が生じる：Pは，自動車の走行距離について錯誤に陥っていた。この錯誤はド民119条

---

(150)　www.schuldrechtsmodernisierung.com, S. 38.
(151)　www.schuldrechtsmodernisierung.com, S. 38.
(152)　ド民823条1項（損害賠償義務）「故意または過失により他人の生命，身体，健康，自由，所有権，その他の権利を違法に侵害して者は，その者にそれから生じた損害の賠償義務を負う。」

第 2 章 第 6 節 給付障害の法律効果

2項の性質錯誤に符合する。ド民119条2項，122条の規定モデルによれば，性質錯誤によりその表示を取り消した債務者は債権者に積極的利益により制限される信頼損害の賠償をしなければならない。これに対して，ド民311a条2項によれば，売買目的物の性質について責めに帰すべからざる錯誤に陥った債務者は賠償なしで給付義務を免れる。ド民119条2項，122条の規定モデルを意味があるものと見る場合には，この中にこのモデルへの類推により除去されうる耐えられない評価矛盾が見られうる。カナーリスの見解参照[153]:「ド民122条の類推の問題：債務者に不能を知らないことにつき帰責事由がないときは，債権者は出費賠償だけでなく，そもそも何も取得しない。改正委員会は，なされた議論によれば，(明らかにこの提案の形式的な拒絶に至ることなしに) 私の提案，その限りでド民122条の類推適用を取り上げなかった。委員会草案がそのままの形で効力を生じるとしても，私はド民122条の類推が依然としてうまく扱われておらず，法の形成として許容されうると思う。すなわち，委員会草案311a条2項は，通例ド民119条2項の性質錯誤であるか，または少なくともこれに類似している双方的動機錯誤に基づいて債務者が契約上引き受けた給付義務から代償なしに免責されることに導く。そしてその中に，かような免責が過失とは無関係な消極的利益に対する責任の擬制においてのみ保持されうるド民119条2項，122条の規定モデルに関する耐えられない評価矛盾が存在する。委員会は意思表示法への関与を委託しなかったが，いずれにせよそれはド民122条の明示的な関与の放棄を示している。しかし，法形成の方法で必要な評価の調和を少なくとも類似したやり方で作り出すことは妨げられない。各々の点で満足させる原始的不能の問題の規定は，実際上ド民119条2項の改正なしには達成されえない。」

しかし，規定の欠缺がないこともありうるから，この類推に対する疑問が存在する。ド民311a条2項は，消極的利益の主要な部分を含む費用賠償の規定もまた包含する。しかし，この費用賠償請求権は帰責事由を要件とし，ド民284条に列挙された制約においてのみ与えられる。この要件はド民122条の類推により回避されるであろう。さらに不能法の新規定の目標は，原始的不能と後発的不能の法律効果の平準化である。原始的不能における部分的な担保責任の導入はこの目標と矛盾する[154]。この疑問および決定的な規定を包含してい

---

(153) Canaris, a. a. O., JZ 2001, S. 507～508.

るようにみえるド民311a条2項を顧慮すれば、類推を否定し、（まず期待できない）錯誤の問題の包括的な新規定による問題の解決を待つのがよいといえよう(155)。

したがってRは、有利な購買機会を喪失したことにより被った損害の賠償を請求しえない。類推を肯定する者は、ド民122条の損害賠償請求権の付与がRがその表示が有効であれば有した利益額を超えるかどうかという問題に直面しなければならない。債務法の改正は解除と損害賠償の二者択一を除去した（ド民325条参照）。従って請求権競合の問題が生じる。Rが解除した場合、彼は売買代価の返還を受ける。彼が市場で普通の売買代価を支払ったのだから、彼は経済的に給付の代わりに損害賠償を得た場合のような地位に置かれる（しかし、ド民346条以下（契約解除の効果）が様々な法的効果を生じることに注意）。Rがなお1000ユーロの損害賠償も得たとすれば、彼は経済的に総体としてPが債務の本旨に適って履行した場合よりもよい状況に置かれることになろう。これは、債権者を彼が債務の本旨に適って法律行為がなされた場合よりもよい状況に置かれないというド民122条の目標と矛盾することになろう(156)。

㈭　結論

（取消し後の）不当利得返還請求権および不法行為法上の請求権は問題にならない。ド民437条（瑕疵ある権利または物の給付の場合の買主の権利）は危険移転後の瑕疵がある場合の買主の権利の基本的に包括的な規定を包含する。この原則の例外（例えばド民123条（詐欺、強迫による取消））のための手がかりは存在しない。その結果Rは、解除し、瑕疵ある自動車、毀損による価値賠償の給付および収取した果実の引渡しと引き換えの売買代金返還請求権を行使するか、または、代金減額権を行使し、彼が売買代金の減額の結果Pに払い過ぎた3000ユーロの増加額の返還請求をなしうる。

走行計の改ざんの事例では以下の如くなる：Pは、彼がそれを購入した自称の走行距離の価格でその自動車を売却したのだから、タコメーターの改ざん者に対して請求をなしうるとしても、損害はない。しかし、Rは、損害はあって

---

(154) Dauner-Lieb u. a. (Hrsg.), Anwaltskomm. z. BGB., Bd. 2, Teilbd. 1, S. 737 [Dauner-Lieb].
(155) 類推に反対する者：Palandt, Komm. z. BGB., Erg. -Band, para. 311a Rn. 14 [Heinrichs].
(156) www.schuldrechtsmodernisierung.com, S. 39.

第2章　第6節　給付障害の法律効果

も，請求をなしえない（少なくとも損害賠償請求をなしえない）。損害の転嫁は改ざん者の目からは偶然的でもある。しかし，RはPに対する請求権を有するのだから，Pはその限りでRから請求を受けるかの如くに損害を受けている。しかし，RのPに対する請求権が時効にかかった場合に面白い問題となる[157]。

---

(157)　www.schuldrechtsmodernisierung.com, S. 39.

第3章　各種の契約

第1節　一般売買法

1　新債務法における売買法の枠組

(a)　過失責任

　ドイツ新債務法における売買規定の枠組とその背景になったルールおよび施行後の議論の展開をローレンツの記述に依拠して以下に述べよう。それによれば，最も決定的な改正が，体系的に売主の瑕疵のない給付義務の導入により可能になった（ド民433条1項2文），瑕疵ある物の過失による給付の場合の売主の損害賠償義務の中に存する。これはまた，いわゆる瑕疵惹起損害の賠償義務を瑕疵のない給付義務の違反に依拠させることを可能にする[1]。

(b)　物の瑕疵と権利の瑕疵の同一扱い

　一般的過失責任の導入により同時に権利の瑕疵と物の瑕疵との同一扱いの可能性が生じた。（例えば，今やド民442条に統一的に規定されている買主が悪意の場合の免責におけるような）それにより可能となる従来の詳細な区別の平準化を度外視すれば，これは今や権利の瑕疵の場合にもまた売買代価の減額を可能にする。それはこの従来単純でない因果関係の問題を伴う契約締結上の過失への逃避[2]を不要なものとするだけでなく，それを超えて競合を認めないという理由でそれを禁じる。以前の法では方法論的に非常に問題になるやり方で，稀でなく，従来権利の瑕疵の場合にのみ存在した（追完）履行請求権（ド民旧434条[3]）の有意味性の問題から導かれた，権利の瑕疵と物の瑕疵との間の限

---

(1)　E. Lorenz (Hrsg.), Karlsruher Forum 2005, S. 32 [S. Lorenz].
(2)　例えば，BGH NJW 2000, S. 803（土地の売買契約でその土地に管理が義務づけられている暖房用配管があったため，建設計画の変更を余儀なくされた事例で，裁判所はこれを権利の瑕疵とし，契約締結上の過失を問題としうるとした）。
(3)　ド民旧434条（権利の瑕疵による担保責任）「売主は，第三者によって買主に対して主張されうる権利のない売買客体を買主に移転する義務を負う。」

179

界問題は，かくして過去のものになった[4]。権利の瑕疵と物の区別は特に公法上，私法上の建築制限の場合に問題になり，客観的には瑕疵除去の可能性が標準となるのが一般であった[5]。

(c) 瑕疵概念の拡大

もちろんすべて新しいものを包含しているとはいえないド民434条[6]の瑕疵概念の拡大が更なる重要な改正となっている。例えば，消費用品売買指令に基づいてなされた広告表示の組み入れは，学説により正当にも冷静に受け入れられたが，かような表示の重要性は，客観的瑕疵概念の枠内で標準的な取引期待のために判例上すでに以前から認められていた。ド民434条2項の瑕疵概念の，瑕疵ある組立ないし瑕疵ある組立の説明への拡大は，事物に従って重要な改正とはいえない。これに対して，それが一撃で最も困難かつ極めて法的に不安定な限界問題を除去するがゆえに，ド民434条2項による異種物および数量不足物の給付の組み入れは極めて重要である。この関係でもっぱらその規定の特定物売買への適用可能性が議論されている[7]。

(d) 追完履行請求権

時効期間の延長および過失責任の導入と並んで，追完履行請求権の導入は，問題なく売買法のもっとも重要な方向付けを示す。従って，追完履行請求権が数多くの議論を巻き起こし，裁判実務を極めて強い程度に推し進めたことはほとんど驚くに値しない。標準的な問題は，追完履行請求権の優先性の問題，特

---

(4) E. Lorenz (Hrsg.), Karlsruher Forum 2005, S. 33 [S. Lorenz].

(5) 最後の事例として，BGH NJW 2001, S. 65（建物の区分所有権の売買で，使用制限があった。裁判所は，物の瑕疵であるとしたが，売主の免責条項が売主の詐欺的黙秘により無効であるかどうか再審査を命じた）。

(6) ド民434条（物の瑕疵）「(1)物は，それが危険移転に際して合意された性質を有するときに物の瑕疵がない。性質が合意されていない限りにおいて，①それが契約に従って前提された使用に適切であり，その他②それが通常の使用に適しており，かつ性質が，同種の物において通常であり，かつ買主が物の種類に従って期待しうる性質を提示する場合は，物には物的瑕疵がない。2文2号に従った性質には，買主が，売主，製造者（製造物責任法4条1項，2項）またはその補助者の公の表示に従って，なかんずく，広告または物の特定の性質についての表示において期待しうる性質もまた属する。ただし，売主がその表示を知らず，かつ当然に知るべきでもなかった場合，それが契約締結時に同様な方法で訂正された場合，またはそれが売買の決定に影響を及ぼしえなかった場合を除く。」

(7) E. Lorenz (Hrsg.), Karlsruher Forum 2005, S. 33 [S. Lorenz].

に特定物債務の場合の拡大，特に帰責事由のための結合点としてのその不履行の効果，ならびに，個々的な返還関係の展開に関するものである。法政策的な利益と並んで，追完履行請求権の導入の更なる積極的効果は，売買および請負契約法の平準化である。これは，例えば，評価矛盾なしに組み立て上の瑕疵と製造物供給契約のすべてを売買契約に分類し，理論的に以前から支持しえなかった，追完履行請求権がないことによって売買法上基礎づけられた議論を放棄することを許容する。新法によれば，建築された不動産の売買は，もはや，契約の内容，目的および経済的意味，ならびに，当事者の利益状態から譲渡人の建物の瑕疵のない建設義務が生じるというだけの理由で請負契約法に分類されるべきではない[8]。しかし，初期の判例はそのように解していた[9]。

(e) 特定物売買と種類売買との間の法典上の区別の放棄

それにより可能になった特定物売買と種類売買の法律上の区別の放棄は，特定物売買の場合への瑕疵のない給付の履行請求権の導入と密接に結びついている。それはもちろん，例えば，危険負担の問題の場合にまだ顧慮されるべき，特定物と種類物売買との区別の放棄を意味するものではない[10]。

(f) 時効の新形成

売買法上の時効の新形成および期間の延長は，特に帰責事由に依存する請求権の時効の違いによりこれからも批判と限界設定の問題が生じうるとしても，多くの限界設定の問題を不要なものとした。もちろん，ド民438条は，一義的に売買目的物の瑕疵から生じるすべての損害賠償請求権，特に，いわゆる瑕疵惹起損害の賠償もまた，少なくとも原則的に特別の売買法上の時効制度に服せしめている[11]。

---

(8) E. Lorenz (Hrsg.), Karlsruher Forum 2005, S. 34 [S. Lorenz].
(9) BGH NJW 1982, S. 2243（被告（建築士）が原告に土地つきでモデル住宅を売却したが，その住宅には排水上の瑕疵があった。裁判所は，契約締結時にはすでに完成されていたモデル住宅が売買された場合は，請負契約の瑕疵担保規定が適用されるとした）など。
(10) E. Lorenz (Hrsg.), Karlsruher Forum 2005, S. 34 [S. Lorenz]. 個別化およびド民275条1項の給付危険につき，例えば，BGH NJW 2003, S. 3341（売主（被告）が買主（原告）の注文に応じて送付した電子製品が運送中に盗まれた。裁判所は，種類債務が問題となる場合は，売主による運送人への商品の交付により売主の義務はその物に特定され，途中で滅失しても売主は義務から免れる（ド民旧275条1項）とした）参照。
(11) E. Lorenz (Hrsg.), Karlsruher Forum 2005, S. 35 [S. Lorenz].

2 指令に一致しまたは指令に従った解釈の構造的な問題

(1) ハイニンガー事件の結末としての指令に一致しまたは指令に従った解釈

売買法上の担保責任の全体の体系は，立法者が消費用品売買指令により指示された消費用品売買法を売買法全体の模範として受け入れ，ド民474条〜479条の本来の消費用品売買法についてわずかな条文だけで済ませることにより，指令に合致した解釈の命令および指令の人的適用領域の外でいわゆる指令に適った解釈と重なり合っている。担保責任法という法的救済への一般的給付障害法の広範な準用によって，ド民474条以下だけでなく，ド民433条以下ならびに一般給付障害法という中心的な規定が消費用品売買指令を国内施行した立法として性質づけられうる(12)。これは一般債務法ではド民275条，323条，326条の不能および解除規定であり，売買法では追完履行請求権（ド民439条）という形の特別の形成を含む，瑕疵のない物の給付請求権（ド民433条1項2文），担保に関する規定（ド民443条），時効規定（ド民438条）である。この過剰な国内施行により消費用品売買指令の適用領域，すなわち，事業者と消費者の間の関係においては，ド民474条以下だけでなく，一般債務法ないし売買法の規定もまた，指令に適った解釈という命令に服する。これは国内裁判所に，ヨーロッパの指令の施行のために公布された法律を，民事訴訟法上の意味においてだけでなく，抵触法上の意味においても理解される，その管轄の枠内で，国内法が許容する判断の余地を十分に汲み尽くして，文言および指令の目的の光の中で解釈することを義務づける(13)。しかし，指令に適った解釈は，国内法の方法論的限界の範囲内でのみ可能なのだから，それは反対解釈を義務付けたり，その権限を与えたりするものではない。すなわち，文言，体系および意味に従って一義的な規定の内容は，指令に適った解釈の方法で逆の趣旨に解されてはならない。それは立法者の国内施行ないし貫徹意思の一括した指示によって

---

(12) EU指令（消費用品売買指令）がドイツ新債務法にどこまで影響を及ぼしたがについては，今西康人「消費者売買指令と目的物の瑕疵に関する売主の責任」判夕1117号（2003）42頁以下が概観を与える。

(13) 最近のものとして，EuGH vom 5. 10. 2004 C-397 / 01 bis C-403 / 01 (Pfeiffer), NJW 2004, S. 3547（救助活動に従事する者（補助者）が，1993年11月23日の労働時間の形成の特定の側面に関する幹部会指令（Richtlinie 93 / 104 /EG）1条3項および労働者の安全および健康保護の改善に関する措置の遂行に関する1989年6月12日の幹部会指令（Richtlinie 89 / 391 /EWG）22条の適用を受けるとした）。

もなされえない[14]。特に，指令に適った解釈は，立法者が指令の内容が否認されてそれが命じられていないとみるという理由で，指令と対比して意識的に特定の規定とは反対の立場をとる場合は，立法者の国内施行意思により基礎づけられえない[15]。これは十分な追完履行がなされた場合の利用利益の賠償や解除および代金減額の問題などにおいて生ずる問題である。ローレンツによれば，連邦最高裁が当該規定（HWiG（訪問行為撤回法）5条2項（現行ド民312a条の前身））の文言を解釈可能とみなすという前提で読まれうる，連邦最高裁判例[16]の定式化は疑わしい[17]。

指令に適った解釈の命令の効力は，もちろん各々の指令の適用領域に制限される。かように一般給付障害法ないし売買法に包摂されるドイツ民法の国内施行規範は，直接に消費者への事業者による動産の売買のためにのみ指令に適った解釈の命令に服する。間接的にはその命令は，（自治的な）立法者は，疑わしい場合には，具体的な事例が指令自体によってではなく，国内施行された規範によってのみ把握されるという立場に従って国内法の解釈の分裂は意図しないがゆえに，もちろん目的論的かつ歴史的な解釈の枠内でこの領域を超えてもまた作用する[18]。その限りで，（もっぱら自治的な国内法に由来する）指令指向的な解釈の命令[19]，複合的な法規範の準指令適合的な解釈[20]，または，指令の指令に拘束されない法への放射的効力[21]が問題になる。しかし，指令の適用領域におけるとは異なり，指令に適った解釈ないしそれによって効力を持た

---

(14) E. Lorenz (Hrsg.), Karlsruher Forum 2005, S. 99 [S. Lorenz]. 反対：Riesenhuber/Dornröse, Richtlinienkonforme Auslegung und nationale Methodenlehre, RIW 2005, S. 51 f.

(15) E. Lorenz (Hrsg.), Karlsruher Forum 2005, S. 99〜100; Canaris, Die richtlinienkonforme Auslegung und Rechtsfortbildung, Festschrift für F. Bydlinski, 2002, S. 99.

(16) BGH VersR 2002, S. 1035＝NJW 2002, S. 1881（ハイニンガー事件）．本事件については，拙稿「ドイツの不動産提携ローンと顧客の銀行に対する既払金の返還請求権」千葉大学法学論集23巻2号（2008）12頁以下参照。

(17) E. Lorenz (Hrsg.), Karlsruher Forum 2005, S. 100 [S. Lorenz].

(18) これについて前掲BGH　NJW　2002, S. 1881参照。

(19) Münch. Komm. z. BGB., Bd. 3, 5. Aufl., S. 442 [S. Lorenz].

(20) Hommelhoff, Die Rolle der nationalen Gerichte bei der Europäisierung des Privatrechts, 50 Jahre Bundesgerichtshof, 2000, Bd. II, S. 915 f.

(21) Canaris, a. a. O., Festschr. f. Bydrinski 2002, S. 74.

された解釈の標準は，この場合その他の解釈の標準に対して優先するものではなく，解釈上の全体の考量の枠内で幾多の要素の一つを形成するに過ぎない[22]。従って，間接的に指令に向けられた解釈は，国内立法者が統一的解釈を事実上望んだか，それとも，消費者特殊的でない考量が分裂した解釈を支持するかの注意深い吟味を前提とする[23]。ロートは，分裂した解釈を常に排除するが[24]，このような立場に立たない限り，連邦最高裁のハイニンガー事件判決の判旨の型にはまった適用に対しては警戒されるべきである。ド民433条以下の売買法の領域について，立法者が指令の問題を知りつつ意識的に特定のルールを支持したのでない限り，もちろん原則として前者（統一的解釈）が肯定されるべきである[25]。かような場合に許容されない反対解釈の限界に関して一般的になお指令に適った解釈の余地が残っている限りにおいて，これは消費用品売買に制限されるべきである[26]。これに対して，一般債務法の規範の解釈の場合はすでに原則として抑制的たるべきであり，指令に適った解釈は，通例消費用品売買指令の適用領域に制限されるべきである。例えば，ド民437条2号，323条（解除）の枠内における期間指定の問題に関してそうである。立法者はこれらの規範によって指令を国内施行するが，法状態を一般的に指令に則して改めようとするものではないからである[27]。

(2) ヨーロッパ裁判所の手本の可能性

議論がないとはいえないが，最近確証された，EGV（ヨーロッパ共同体設置条約）234条[28]に従った行過ぎた国内施行においてもまたヨーロッパ裁判所に少なくとも提訴されうるというヨーロッパ裁判所の見解の基礎のうえに[29]，国内事件のヨーロッパ裁判所への提訴は，ほとんど総ての担保責任法の紛争において，指令の解釈が法的紛争にとって重要な場合，ヨーロッパ裁判所の手本

---

[22] Canaris, a. a. O., Festschr. f. Bydrinski 2002, S. 74.

[23] Hommelhof, a. a. O., 50 Jahre Bundesgerichtshof, Bd. II, S. 921 f.

[24] Roth, Europäisches Recht und nationals Recht, 50 Jahre Bundesgerichtshof, Bd. II, S. 884.

[25] Canaris, Die Nacherfüllung durch Lieferung einer mangelfreien Sache beim Stückkauf, JZ 2003, S. 837 〜 838; Bärenz, Die Auslegung der überschießenden Umsetzung von Richtlinien am Beispiel des Gesetzes zur Modernisierung des Schuldrechts, DB 2003, S. 375 f.

[26] Canaris, a. a. O., JZ 2003, S. 838.

[27] E. Lorenz (Hrsg.), Karlsruher Forum 2005, S. 100 〜 101 [S. Lorenz].

が観察に現れるという立法者により予期されていなかった効果に導く(30)。もちろんそれは，国内法が相当な解釈の余地を残す場合にのみ問題になる(31)。

3 指令適合性の個々の問題

(1) 客観的かつ主観的瑕疵概念

CISG（国際動産統一売買法）35条と同様に消費用品売買指令2条は，売買客体の契約適合性を定義する。消費用品売買指令2条1項によれば，売主は，買主に契約に適った商品を引き渡す義務を負う。消費用品売買指令2条2項は，これに関して，主観的な当事者合意によって定められる瑕疵概念（指令2条2項 lit. a, b）および商品の性質に関する客観的な取引期待（指令2条2項 lit. c）を問題とする推定規定を規定する。適切な見解によれば，ド民434条1項の性質概念は，共同体法的な背景によりこれからも従来と同様に理解されうる。それによれば，売買目的物の外にも存在する使用目的のような事情が重要性を持ちうる売買目的物の契約適合性が標準となる。従って，原則として売買目的物の外部との総ての関係が引き渡されるべき性質に属しうる。従って，再輸入品としての自動車の由来は性質には属さないとする下級審判例(32)は狭すぎる。

---

(28) EGV 234条「（ヨーロッパ）裁判所は，事前決定の方法で(a)この契約の解釈，(b)共同体の機関およびヨーロッパ中央銀行の行為の効力および解釈，(c)この条項がこれを規定する限りにおける幹部会によって作られた制度の条項の解釈について決する。同様な問題が加盟国の裁判所に提起され，かつこの裁判所がそれについての決定をその判決をなすために必要とみるときは，この問題は当裁判所の決定のために付託される。同様な問題が，その決定がもはや国内法上の上級審により取り消されえない個々の国家の裁判手続に係属しているときは，この裁判所は当裁判所に付託する義務を負う。」

(29) EuGH vom 18. 10. 1990 –Rs. C–197／89 –Slg. 1990, 1 –3763（ドーズィ）; vom 8. 11. 1990 –Rs. C–231／89 –Slg. 1990, 1 –4003（グムルズィンスカーブシェール）; vom 28. 3. 1995 –Rs. C–346／93 –Slg. 1995, 1 –614 ＝IPRax 1996, 190（クラインヴォルト　ベンソン）; EuGH vom 7. 1. 2003 –Rs. C–306／99 –（SA アフリカ大西洋国際銀行）EWS 2003, 355 f.

(30) Anwaltkomm. zur Kauf-Richtlinie, Art. 11 Rn. 7 ［Pfeiffer］.

(31) BGH ZIP 2004, S. 2373（原告（借主）と被告（銀行）との間で消費者与信契約が十分な金額の記載を含んでいるかどうかが問題になった事例で，裁判所は，旧消費者信用法4条1項4文1号 Buchstabe b．2文は，消費者の返還すべき総ての給付の総額の記載を要求しているだけで，月々支払うべき金額の充当関係の記載までも要求しておらず，かつこの一義的な法律の規定は，消費者信用変更指令（1990年2月22日）（90／88／EWG）1条4号の意味の国内法の拡張解釈を許容しないとした）.

第 I 部　ドイツ新債務法 7 年の歩み

単に売買目的物とは関係のない契約前の言明のみが観察に現れない[33]。

この関係で問題なのは，主観的瑕疵概念と客観的瑕疵概念との関係である。指令によれば，指令 2 条 2 項 lit. a bis c の契約適合性の標識は，当然に重なり合って理解されるべきだから[34]，特定の性質が合意された場合でも，買主たる消費者が売買目的物が同種の商品のために通常用いられる目的にも適合することおよび同種の商品と同じ性質を有することを援用しうる場合に瑕疵が認められる (lit. c)[35]。この理由からド民 434 条 1 項 1 文，2 文の物の瑕疵の二者択一的な定義は，学説上は指令に必ずしも適合しないとされ[36]，あるいは指令に適った解釈が必要とされている[37]。しかし，ド民 434 条 1 項で優先的な地位にある主観的瑕疵概念の枠内でも特定の使用目的に対する適合性に関する合意は，同時に通常の利用目的に関する適合性を含むかどうかが当事者意思ないしその解釈の問題なのだから，指令に適った解釈は必要ではない[38]。当事者意思により異なった結果が生じる場合を除いて，商品の契約違反の否定は，2 条 3 項から生じるように指令が当事者に，性質合意により客観的な性質の標準以下になることを許容するがゆえに，すでに指令に適っている（多数説）。従って，ド民 434 条 1 項 2 文 1 号を，特定の目的に関する適合性の合意が，常に当然に通常の利用に関する適合および通常の標準の遵守を含むというように解釈する必要もまた生じない[39]。

---

(32) OLG Hamm, ZGS 2003, S. 394（本判決は，したがってド民 434 条の瑕疵担保責任は問題とならないとしたが，契約締結上の過失による契約解除を認めた）。

(33) E. Lorenz (Hrsg.), Karlsruher Forum 2005, S. 102 [S. Lorenz]; Canaris, Karlsruher Forum 2002, S. 59 f.; Schulze/Ebers, Streitfragen im neuen Schuldrecht, JuS 2004, S. 463.

(34) Erwägungsgrund 8 der VerbrGK-Rl.

(35) Pfeiffer, Unkorrektheiten bei der Umsetzung der Verbrauchsgüterkaufrichtlinie in das deutsche Recht, ZGS 2002, S. 95; Hassemer, Kaufverträge nach der Schuldrechtsreform, ZGS 2002, S. 96.

(36) Pfeiffer, a. a. O., ZGS 2002, S. 95; Hassemer, a. a. O., ZGS 2002, S. 96. 反対：Gsell, Kaufrechtsrichtlinie und Schuldrechtsmodernisierung, JZ 2001, S. 66; Hensler/Westphalen (Hrsg.), Praxis der Schuldrechtsreform, para. 434 Rn. 7 [Graf von Westphalen].

(37) Bamberger/Roth (Hrsg.), Komm. z. BGB., Bd. 1, 2. Aufl., S. 1855 [Faust].

(38) Lehmann, Informationsverantwortung und Gewährleistung für Werbeangaben beim Verbrauchsgüterkauf, JZ 2000, S. 282; Anwaltkomm. z. Kauf-Richtlinie, Art. 2, Rn. 14 [Pfeiffer].

第 3 章　第 1 節　一般売買法

(2)　過大給付

　これに対して，他物の給付および数量の違いが指令の担保責任構成要件に属するかどうかは明らかではない。適切な見解によれば，限界の問題を回避し，法の適用を簡単なものにするというルールの目的から数量不足給付および他物給付もまた契約違反の概念に組み入れることが必要である。CISG 35 条 1 項[40]と同様に指令 2 条が過大給付もまた包含するかどうかが議論されているが，CISG における過大給付の組み入れの異なった目的設定に鑑みて否定すべきである[41]。CISG 52 条 2 項は，過大給付の場合買主は数量全部または超過数量の受領を拒絶するか，受け取った数量に応じた代価の支払いを義務づけている。いずれにせよ過大給付の契約適合性概念への組み入れは，買主の解除および減額請求権の理由づけには役立たない。これは，ド民 434 条 3 項がその文言に従い過少給付および他物給付のみを包含し，過大給付は包含しないため，少なくとも担保責任法上は過失とは無関係な買主の超過分の返還請求権を知らないがゆえである。この場合もちろん通例過失が存在するため，その問題は，ド民 280 条 1 項，241 条 2 項から導かれるべき損害賠償請求権のためにほとんど実際上大きな意味を有しない。過失が存在しなければ，必要とみなされる場合，ド民 434 条 3 項の類推が数量超過の場合の解釈に十分な余地を与える[42]。しかしファウストは，売買契約自体からド民 439 条（追完履行）の評価を考慮して補充的契約解釈の方法で過失とは無関係な買主の超過分引取請求権を導こうとする[43]。

(3)　買主の責任における担保請求権の排除

　指令 2 条 3 項は，消費者が契約締結時に瑕疵を知り，または，合理的な方法

---

(39)　E. Lorenz (Hrsg.), Karlsruher Forum 2005, S. 103 [S. Lorenz]. 反対：Pfeiffer, a. a. O., ZGS 2002, S. 96〜97.
(40)　CISG 35 条 1 項（物品の契約適合性）「売主は，契約で定めた数量，品質および種類に適合し，かつ契約で定めた方法に従って収納されまたは包装された物品を引き渡さなければならない。」
(41)　E. Lorenz (Hrsg.), Karlsruher Forum 2005, S. 103 [S. Lorenz]; Bamberger/Roth, Komm. z. BGB., Bd. 1, 2. Aufl., S. 1866 [Faust]; Unberath, Die richtlinienkonforme Auslegung am Beispiel der Kaufrechtsrichtlinie, ZEuP 2005, S. 16. 反対：Pfeiffer, a. a. O., ZGS 2002, S. 139（指令 2 条の解釈から導かれる）．
(42)　Pfeiffer, a, a, O., ZGS 2002, S. 140.
(43)　Bamberger/Roth, Komm. z. BGB., Bd. 1, 2. Aufl., S. 1866 [Faust].

であればそれを知らないはずがなかったであろう場合，ないし，瑕疵が消費者によって提供された材料に起因する場合に，契約違反および瑕疵担保請求権を排除する（それに相当するド民442条1項，651条（製造物供給契約）2文参照）。ド民442条1項が悪意による黙秘ないし担保引き受けの場合を排除していることは，8条2項（最小標準原則）[44]によれば指令に適っている。ド民323条6項が，買主が瑕疵ないしその不除去について責めを負い，または，瑕疵が買主が受領遅滞に陥っているときに発生した場合にも解除（および減額（ド民441条1項））を排除することは，近時表明されている見解によれば指令に適っている[45]。

(4) 契約違反の時期

契約違反の標準時は，指令3条1項[46]によれば給付時である。しかし，これは危険移転に関する個々の国家の規定に影響を与えないのだから，ド民434条が危険移転時を基準にしても問題にはならない[47]。

(5) 追完請求権

(イ) 追完履行の方法

一連の実務上重要な指令適合性の問題は，追完履行請求権と関連して生じる。指令適合性の問題は，まず追完履行の方法に関する。特定物債務における追完履行の問題に関する議論と関連して，適切に消費用品売買指令が，売買の特定債務的性質の一括的な準用のもとで新給付の方法による追完履行を当初から排除することを一般的に許容しないことが指摘された。立法理由16[48]からはむしろ，他の物の給付が可能である限り，特定物売買においてもまた（他の）瑕疵のない物の新たな給付の請求権が可能なことが導かれる。もちろんドイツ法

---

(44) 消費用品売買指令8条2項「加盟国は，本指令に属する領域において消費者のためにより高い保護の基準を確保するために，契約と一致したより厳格な規定を可決しましたは維持しうる。」
(45) Arnold, ZIP 2004, S. 2414.
(46) 消費用品売買指令3条1項（消費者の権利）「売主は，消費用品の引渡のときに存在していた総ての契約違反に対して消費者に責任を負う。」
(47) E. Lorenz (Hrsg.), Karlsruher Forum 2005, S. 104〜105 [S.Lorenz].
(48) 消費用品売買指令理由16：「中古品はその特性に基づいて一般的に代わりの物をもって代えられない。したがってこの理由から消費者は原則として代物給付を請求し得ない。参加国は，当事者にかような商品のためにより短い責任期間を合意することを許容しうる。」

はこの場合（仮定的）当事者意思の顧慮のもとに，適切な見解によれば指令適合的な解釈の枠内で消費用品売買の外でも効力を要求する，指令に適った結論のための十分な余地を許容する[49]。これに対してアッカーマンは，消費用品売買の領域でのこの指令に適した解釈の制限を支持する[50]。

(ロ) 不能と関係不適合性：相対的標準か絶対的標準か

これに対して，ド民439条3項で議論される追完履行の関係不適合性の問題はより重要である。指令3条3項2文が，追完履行が，瑕疵のない売買目的物の価値，契約違反の意味に鑑みて，代わりの瑕疵除去可能性と比べて期待しえない費用を惹起する場合にのみ追完履行という選択肢の拒絶を許容する一方では，ド民439条3項は，ド民439条3項3文が明示的に留保するように，二つの追完履行の選択肢もまた拒絶されるがゆえに，絶対的な比較の標準を（もまた）包含する。すなわちそこでは絶対的な比較の標準は，指令3条3項2文の文言に従う場合とは異なり，様々な追完履行の選択肢の費用の関係ではなく，その第二次的な法的救済（解除および減額）と比べたその追完履行の選択肢の費用である。もちろん指令は，追完履行の可能性の詳しい判断を参加国の法に委ねている。それから，その適用が事実上可能な追完履行に際してもまた追完履行請求権の喪失に導きうる，追完履行の経済的不能の構成要件を定めることを参加国が自由になしうることが導かれうる。しかし，ド民439条3項がかような構成要件として理解されているのだから[51]，ドイツ法の規定は，どっちみち要求されている制限的解釈に際して，価値の違いのために定められるパーセントの制限が確定されうることなしに，指令に適合している。従って，指令は，関係不適合性の限界を一括して合意された反対給付の額または減額される額において確定することもまた禁ずる[52]。

(ハ) 追完履行の無償性と利用利益の賠償

指令適合性の最も重要な問題の一つは，追完履行における利用利益の賠償である。すなわち，ド民439条4項は，ド民346条1項（解除による果実引渡し請求）と結びついて，追完給付の方法で追完履行を行った売主が事実上瑕疵あ

---

(49) E. Lorenz (Hrsg.), Karlsruher Forum 2005, S. 105 [S. Lorenz]; Canaris, a. a. O., JZ 2003, S. 1157.
(50) Ackermann, a. a. O., JZ 2003, S. 1155.
(51) Begründung des Regierungsentwurfs, BT-Drucks. 14 / 6040, S. 232.
(52) E. Lorenz (Hrsg.), Karlsruher Forum 2005, S. 106 [S. Lorenz].

第1部　ドイツ新債務法7年の歩み

る物の使用から得られた利益の賠償を請求しうると規定する（同旨：ド民635条4項（請負契約に関する））。それは，ド民476条の瑕疵の推定との関係で，消費者が瑕疵ある物をその瑕疵にもかかわらず一定期間利用しえたことが稀ならず生じるがゆえに，実際上全く重要である。特に，瑕疵が引渡後2年近く経って発見された場合を考えると，売主には買主によって利用し尽された物が返還されることになって使用利益の賠償を認めなければ不都合である。またこれは規定の文言に適するだけでなく，明らかにかような規定の指令との適合性を問題とし，かつこれを肯定した歴史上の立法者の一義的に表明された意思にも適合する。この立場では，例えば，システムキッチンが1万ユーロで購入されたが，1年6ヵ月後戸棚の表面の薄板張りが次第にはがれてきた場合において，その修理が不可能で買主が取り替えを望んだものの，その瑕疵がキッチンの機能に大きな影響を与えないため，瑕疵による減価が2000ユーロと認められたとき［ケース11］は，このシステムキッチンの耐用年数が15年とすると，買主が代物の給付に際してすでに受領している物を返還する場合，使用利益の償還の額は，800（8000－10）ユーロとなる。物の瑕疵は通例（客観的価値との割合を考慮しつつ）売買代金額を減額して評価する[53]。

しかし，この場合にド民346条1項の適用を否定する見解も有力である。その論拠は，①解除における清算関係と代物給付の場合の清算関係とは同じでなく，解除では当事者は相互に原状回復義務を負うため，使用利益も遡及的に清算債権者に帰属させても問題ないが，代物給付の場合は，契約は実行され，売買契約は買主の使用利益を享受できる権利にとって法律上の原因として存続したままである。②場合によっては使用利益が全く買主の利益に帰さないことがある。③すでに収取した利益が，売買契約の維持のために買主が追完履行までの間に彼の側で利息を生み出すに及ばなかった売買代価により償われるといった点に求められている[54]。シュルツ／エーバースも，買主ないし注文者が原則として利用利益の賠償義務を負わないとする[55]。2005年ニュルンベルク上級ラント裁判所判決[56]も同様な結論であるが，本件で原告は，UKlaG（差止

---

(53) 岡孝・前掲論文広中俊雄先生傘寿記念論文集726～727頁。
(54) Gsell, Nutzungsentschädigung bei kaufrechtlicher Nacherfüllung? NJW 2003, S. 1973 f.; Palandt, Komm. z. BGB., 67. Aufl., S. 633 [Weidenkaff]; M. Schwab., a. a. O., JuS 2002, S. 636; Kohler, Nutzungsvergütung in Fällen der para. 439 Abs. 4 und 635 Abs. 4 BGB? ZGS 2004, S. 49.

第 3 章　第 1 節　一般売買法

め請求法）4 条で登記された消費者団体，被告は通信販売業者である。顧客が注文して送付されたオーブンに瑕疵があり修補が不能だったため，合意に基づいて取り替えたが，被告は顧客に対して返還までの使用利益の賠償を請求した。裁判所は，ド民 439 条 4 項が売主が返還までの利用利益の賠償を請求する基礎とはならないが，（本事例ではそうではないものの）これが契約上合意された場合に利用利益の償還を請求することを禁止するものではないとした[57]。しかし，ローレンツは上記のような返還否定説に反対する。ローレンツによれば，その規定は，通説に反して，それが消費者の追完履行請求権の主張を妨げることになるであろうがゆえに，有効性の原理と結びついて，追完履行を無償でなさねばならないという指令の基準（指令 3 条 2 項，3 項）ともまた両立する必要はない（議論あり）。指令の基準を意識した立法者の一義的な決定に鑑みて，もちろんその規定の目的論的な縮減の方法によるその規定の不適用の余地はない[58]。他方において否定説に対しては，①この場合買主は後で代物を取得し（自然的減耗の開始時点が遅れるという意味で）より高い価値の物を取得するのだから，すでに得た瑕疵ある物からの使用利益を償還させてもよい，②使用利益の償還を否定すると追完費用が過分だという売主の主張に跳ね返るおそれがあるという指摘もなされている[59]。

　連邦最高裁は，ヨーロッパ裁判所に追完履行の方法で瑕疵のない物が給付された買主が，ド民 439 条 4 項により当初給付された瑕疵のある物を返還しなければならないだけでなく，利用利益の形の利用賠償（ド民 100 条[60]）の義務を負うかどうかの問題を委ねたが[61]，ヨーロッパ裁判所は，2008 年 4 月 17 日に

---

(55)　Schulz/Ebers, Streitfragen im neuen Schuldrecht, JuS 2004, S. 370. 同旨：Dauner-Lieb u. a. (Hrsg.), Anwaltkomm. z. BGB., Bd. 2, Teilbd. 1, S. 1379 [Büdenbender].
(56)　OLG Nürnberg NJW 2005, S. 3000.
(57)　本件は上告され，上告審（BGH, NJW 2006, S. 3200）は，ド民 439 条 4 項を縮小解釈するという原審の立場は立法者意思に反するとしたが，この規定が消費用品売買指令 3 条 2 項〜4 項に違反するかどうかヨーロッパ裁判所に先決的判決を求める手続をとった（岡・前掲論文広中俊男先生傘寿記念論文集 730 頁）。
(58)　E. Lorenz (Hrsg.), Karlsruher Forum 2005, S. 107 [S. Lorenz].
(59)　Münch. Komm. z. BGB., Bd. 2, 5. Aufl., para. 439 Rn. 17 [Westermann]. 岡孝・前掲論文広中俊雄先生傘寿記念論文集 729〜730 頁。
(60)　ド民 100 条（使用利益）「使用利益とは，物または権利の果実ならびに物または権利の利用がもたらす利益である。」

このドイツの新法の規定（439条4項）が消費用動産売買指令3条（無償での追完）に違反すると判決した[62]。これに対して，このような立場からは産業界としては使用利益の返還請求ができなくなるリスクを代金に上乗せする（結果的に商品の値段が高くなる）ことになるとの指摘[63]やこの立場では買主には見逃しえない利得が生じることになるから，不当利得制度で調整すべきだという見解[64]が出されている[65]。

2008年11月には，前記2008年4月のヨーロッパ裁判所の判決を受けてドイツ連邦最高裁が，ド民439条4項が指令に反するというヨーロッパ裁判所の指令解釈に拘束されるため，立法的解決が実現するまでは，同条項を消費用動産売買に制限的に適用すべきである（目的論的縮小解釈），すなわち，同条項が引用する規定は，使用利益の返還または使用に対する価値賠償には適用しないとした[66]。またド民474条2項1文が改正され（2008年12月16日から施行），「この款で規定される売買契約には，439条4項は，使用利益の返還またはその価値の賠償は必要がないという基準とともに適用される」と規定された[67]。

(6) 解除および減額における期間指定の必要

指令適合性の更なる重要な問題は，解除および減額に対する期間指定の形成である。すなわち，国内法とは逆に指令3条5項は，除去しうる瑕疵の場合，売主が相当な期間内に除去をなさず，または，消費者にとって著しい不快さなしに除去をなさなかった場合にすでに，買主の契約解消または減額請求権を規

---

(61) 前掲 BGH NJW 2006, S. 3200.
(62) EuGH NJW 2008, S. 1433. 本事件については，原田剛・国際商事法務36巻8号（2008）1076頁以下，9号1222頁以下，円谷駿「ドイツにおける瑕疵責任の展開」横浜国際経済法学17巻3号（2009）43〜45頁，吉永一行「ブリュッセルからの強風」産大法学42巻4号（2009）148頁以下参照。
(63) Felling, MDR 2008, S. 734.
(64) Herrler/Tomasic, Keine Nutzungsersatzpflicht im Fall der Neulieferung, BB 2008, S. 1245 f.
(65) 岡孝「民法改正の国際的動向-ドイツを中心に」ジュリ1362号28頁（民法改正研究会・民法改正と世界の民法典45頁所収），原田剛「建物の瑕疵に関する最近の最高裁判決が提起する新たな課題」（関西学院大学）法と政治59巻3号（2009）13頁以下，53〜54頁参照。
(66) BGH. NJW 2009, S. 427.
(67) 岡孝「ドイツ売買法の新たな展開」前田重行ほか編・企業法の変遷　前田庸先生喜寿記念（2009）78頁以下参照。

第3章 第1節 一般売買法

定する。すなわち，指令は，買主の追完履行請求および相当期間の徒過を要求するが，消費者によるその指定は要求しない。かくしてドイツ法上除去しうる瑕疵の場合に存在する解除（ド民323条）および減額（ド民441条1項1文）についての（期間の徒過ではなく）期間の指定の要件は，立法過程で現れた立法者の見解[68]に反して，一義的に指令に反している（通説）。指令に適った結論は，もちろんド民323条の指令に適った解釈により達成されうる。その余地は，ド民323条2項3号の例外規定[69]が提供する[70]。消費者の追完履行請求にもかかわらず，追完履行が（消費者によって指定されなかった）期間内になされなかったときは，この状況下で消費者に改めて期間を指定することを期待し得ないがゆえに，ド民323条2項3号の期間指定は不要である。かくして結論的に消費者の側の追完履行請求も，相当期間の経過も不要でなく，単に消費者による期間指定のみが不要である。これに対して，カナーリスのように[71]追完履行請求も放棄し，単に解除の表示以後の相当期間の徒過のみを前提することは行き過ぎであるように思われる[72]。解除表示により売主は追完履行を請求されなくなるからである。したがって，（解除のための期間の指定を不要とする）ド民323条2項3号の適用は，一般的に消費者の直接的な解除および減額の権利には導かない。かくして制定法違反の限界は，かような解決が，この関係において，一般に総ての消費用品売買のためにではないとしても，個々の事例についてのみ，立法過程においても現れるがゆえに[73]，踏み越えられていない。この解釈の帰結は，立法者の一義的な立場に鑑みて，もちろん事業者，消費者関係に制限され，他の売買契約に拡大されてはならない[74]。なお，近時のドイツの判例によれば，解除，代金減額または給付に代わる損害賠償を請求する前に追完のための期間を定める必要がないのは，法の定める場合（ド民440条）だけでなく，売主が物の瑕疵を悪意で黙秘した場合にも拡大される[75]。

---

(68) Begründung des Regierungsentwurfs BT-Drucks. 14 / 6040, S. 22.
(69) ド民323条2項3号「（解除のための）期間指定は，両当事者の利益を考慮して即時の解除を正当化する特別の利益がある場合にも不要である。」
(70) Bamberger/Roth (Hrsg.), Komm. z. BGB., Bd. 1, 2. Aufl., para. 437 Rn. 18 [Faust]; Unberath, a. a. O., ZEuP 2005, S. 31.
(71) Canaris, Schuldrechtsmodernisierung 2002, S. XXVI.
(72) E. Lorenz (Hrsg.), Karlsruher Forum 2005, S. 108 [S. Lorenz].
(73) Begründung des Regierungsentwurfs BT-Drucks. 14 / 6040, S. 222.
(74) Canaris, Schuldrechtsmodernisierung 2002, S. XXVI.

(7) 追完履行が可能な場合の解除と減額

指令3条5項によれば，買主の契約解除権および減額請求権は，追完履行がなされない場合だけでなく，それがなされうるが，消費者にとって著しい不快適さなしにはなされない場合にも存在する。この場合単に編纂上の看過が問題になるだけではなく[76]，意識的な指令作成者の決定が問題になる[77]。特に解除権に関して疑いもなく適切な法政策的な批判は，指令の異なった解釈を正当化しない[78]。しかし，ファウストは，指令はその文言にもかかわらず，この場合解除権が強制されるというようには解釈されえないがゆえに，解除に関するその規定を不適当だとする[79]。

これらの場合解除ないし減額の目的は，明らかにもはや可能な追完によって満足を受ける消費者の等価交換利益ではなく，それ以外の侵害の補償である。それに一致してかような場合3条6項[80]（ド民323条5項2文）もまた適用されえない。その結果，契約解除が，この場合，追完履行によって惹起される不快適さが指令3条5項の著しさの限界を超える限り，契約違反が些細であるに過ぎない場合でも可能だということになる。ドイツ法におけるこの可能性の国内施行は，意識的になされなかった[81]。しかし，イギリスではそうではない（Sale of Goods Act Sec. 48 C ［2］［b］[82]（2002年改正）[83]。ドイツ法での国内

---

(75) BGH NJW 2007, S. 835.
(76) Begründung des Regierungsentwurfs BT-Drucks. 14 / 6040, S. 223.
(77) Pfeiffer, a. a. O., ZGS 2002, S. 390 f.
(78) E. Lorenz (Hrsg.), Karlsruher Forum 2005, S. 109 [S. Lorenz].
(79) Bamberger/Roth (Hrsg.), Komm. z. BGB., Bd. 1, 2. Aufl., S. 1879 [Faust]. 同旨：Ernst/Zimmermann (Hrsg.)a. a. O., S. 219 [Schlechtriem].
(80) 消費用品売買指令3条6項「些細な契約違反の場合。消費者は契約解消請求権を有しない。」ド民323条5項2文も同旨である。
(81) Begründung des Regierungsentwurfs BT-Drucks. 14 / 6040, S. 223.
(82) Sale of Goods Act Sec. 48 C（売買代価の減額または契約の解除）(2)（2002年改正）「(a)上記48 B条3項により買主が商品の修繕も取替えもできず，または(b)買主が売主に商品の修繕または取替えを請求したが，売主が合理的期間内でかつ買主に重要な不快さを与えることなしにそのようにする上記48 B条2項aの要求に反したときは，（買主は代金減額または解除を請求できる。）」48 B条3項は，修繕または取替えが(a)不可能，(b)他の救済手段と比べて不適切または(c)解除，代金減額に比べて不適当な場合に修繕または取替えを請求しえないと規定し，48 C条2項(a)は，買主が売主に修繕または取替えを請求したときは，売主が合理的な期間内でかつ買主に重要な不快さを与えることなしにそれをしなければならないと規定する。

施行は，その限りで指令に合致していない[84]。しかし，立法者の意識的な決定に鑑みて，個々の場合に解除の可能性がド民324条（付随義務違反による解除）から導かれえず[85]，または，給付とともにする損害賠償請求権に関して売買代金の減額がド民437条3号，280条1項から導かれえない限りにおいて，指令に適った解釈のための余地はない。しかし，後者は，指令3条5項の著しい不快適さによる減額とは異なり，帰責事由を前提とし，それは指令に適った解釈により法を超えて除去されえない。あらかじめの不快適さがド民440条1文[86]の期間指定の不必要に導き，かつ，これを買主が認識可能でない限りにおいて，ド民439条2項[87]から過失とは無関係な売主の補償請求権を導くことは，立法者の一義的な立場に鑑みて，指令に適った解釈の限界を超える[88]。もっともファウストは，ドイツの現行法のもとで指令3条5項に適った解釈をすること，すなわち，売買代価の相当な減額として損害賠償を認めることがドイツ法上解釈の枠を超えることを認めたのだから，期限後について（追完履行が行われた場合の）著しい不快適さに対する過失とは無関係な補償請求権を認めることを提案する[89]。シュレヒトリームは，この場合（追完履行が買主にとって著しい不快適さを伴なう場合）財産的損害のみが遅延損害として賠償請求されうると主張する[90]。

4 一般売買法の個別問題

(1) 担保責任の段階への移行の時期

ローレンツによれば，担保法の法的救済が一般給付障害法から導かれうるという事実にもかかわらず，担保責任への移行期の問題は，ド民434条以下が履

---

(83) Sobich, Neues Kaufrecht im Vereinigten Königreich, RIW 2003 S. 742 参照。
(84) E. Lorenz (Hrsg.), Karlsruher Forum 2005, S. 109 [S. Lorenz]; Anwaltkomm. z. Kauf-Richtlinie, Art. 3 Rn. 20 [Pfeiffer].
(85) 反対：Pfeiffer, a. a. O., ZGS 2002, S. 392.
(86) ド民440条1文は，売主が追完履行を拒絶し，買主に帰属する追完の種類が失敗に終わりまたは彼に期待しえない場合に，期間指定を必要としないと規定する。
(87) ド民439条2項「売主は，追完履行のために必要な費用，特に運送-，秤量-，労働-および材料費を負担しなければならない。」
(88) E. Lorenz (Hrsg.), Karlsruher Forum 2005, S. 110 [S. Lorenz].
(89) Bamberger/Roth (Hrsg.), Komm. z. BGB., Bd. 1, 2. Aufl., S. 1955～1956 [Faust].
(90) Ernst/Zimmermann (Hrsg.), a. a. O., S. 219～220 [Schlechtriem].

行請求権を内容的にだけでなく，時間的にも著しく変容するがゆえに，意味を有する。数量の不足および他物の給付は，担保責任の段階で始めて物の瑕疵と同視されるのであり，それ以前においてはそうではない。買主はまた，除去し得る瑕疵の場合，彼に提供された瑕疵ある物を債務者は一部給付をなしえないとするド民266条により，ド民437条以下の適用が問題となることなしに，履行に適しないとして拒絶しうる[91]。除去しえない瑕疵の場合は瑕疵のないことに関する履行請求権は，ド民275条1項により排除される。従って，買主は，彼が解除の表示をなし，または，完全な給付に代わる損害賠償を主張することなしに，瑕疵ある物を受け取らない場合，一般的な瑕疵の抗弁が存在しなければ受領遅滞に陥る。通説はこの場合適切にも危険移転時期を問題にするが[92]，反対説は，売買目的物の引渡しを問題とし，かつ，これに合意の要素を付加し[93]，または，ド民363条に述べられている時期，すなわち，履行としての承認を問題にする[94]。

(2) 瑕疵概念

(イ) 広告上の言明の受け入れと瑕疵

売買法上の瑕疵概念の領域では，瑕疵概念自体は，客観的には新しいとはいえない客観的瑕疵概念への広告上の言明の組み入れと並んで少なくとも基本的に新しい問題を提供しないように見える。ド民旧459条（瑕疵担保責任）においても，広告上の言明が契約締結当事者以外の第三者（例えば製造者）についても客観的瑕疵概念のために標準となる客観的取引期待を刻印しうることが認められていた[95]。しかし，ヴェスターマンは，ド民434条1項が売主の責任を拡張して製造者や原材料，部品の製造者，更には輸入業者の宣伝文句にまで及ぼしていることに対して批判的であり，このような宣伝（表示）が製造者の補助者によってなされた場合や売主が買主との交渉でこの宣伝（表示）に一言も触れず，あるいはこのような宣伝（表示）を何も知らなかった場合でも，売

---

(91) 担保責任の段階への移行の意味につき，Canaris, Die Neuregelung des Leistungsstörungs-und Kaufrechts, Karlsruher Forum 2002, S. 70 f.
(92) Canaris, a. a. O., Karlsruher Forum 2002, S. 70 f.
(93) Oetker/Maultzsch, Vertragliche Schuldverhältnisse, 3. Aufl., 2007, S. 75.
(94) Bamberger/Roth (Hrsg.), Komm. z. BGB., Bd. 1, 2. Aufl., S. 1875 [Faust].
(95) BGHZ 132, S. 55 （自動車の添加剤のガソリン消費効率に関する製造者の言明）; BGH NJW 1997, S. 2580 （前掲BGHZ 132, S. 55と同旨の事案）; Begründung des Regierunsentwurfs BT-Drucks. 14 / 6040, S. 214.

第 3 章　第 1 節　一般売買法

主が責任を負わねばならなくなって妥当でないと主張する[96]。

(ロ)　物の瑕疵としての他種物

　売買法上の瑕疵概念の領域では，最初の 3 年間の議論は主として他種物と数量不足給付の問題に議論が集中した。他の物の給付においてはまずその物の瑕疵概念への組み入れが性質上の他物についてのみ，すなわち，種類売買についてのみあてはまるのか，それとも，他の物すなわち特定物売買における不完全履行にもあてはまるのかが議論される。通説は，特定物売買においても代替的特定物や容易に交換されうる物のように法的明確性の要求が存在するから，両事例における同一視が適切だとする[97]。したがって，ことに売主による意識的な他物給付の場合，いずれにせよ通常の時効期間が適用されるがゆえに，相当な目的論的縮減の機会は存しない。従って，ド民 434 条 3 項は，給付されるべきでない物を意識的に買主に押し付ける可能性を開かない。同視の前提は，もちろん，売主が売買契約に基づく義務の履行として他物を給付すること，すなわち，相当な（一方的な）消滅決定をなすことである。かくして同時に，他物の組み入れがカナーリス[98]によって危惧された過酷さに導き得ないことが保証される。すなわち，明らかな他物の場合は，受領者の側からは相当な消滅決定は存しない。買主は，彼にとって時効に関してのみ不利な同視を彼が危険移転を妨げうる限り，妨げうる。彼が履行として提供された他物を履行に適切でないとして拒絶する場合は，変容されていない当初の履行請求権が残っている。かくして，例えば方法論的にいずれにせよ許容されないド商旧 378 条[99]の読み込みによりその規定の適用領域から全部が他物である物の給付，すなわち，引き渡されるべきかつ引き渡された客体の特別に極端な違いのある場合もまた本条の適用範囲外とすることに疑問は存しない[100]。

---

(96)　ヴェスターマン（小川訳）「ドイツ債務法改革」ジュリ 1245 号 155〜156 頁。
(97)　Dauner-Lieb/Arnold, Noch einmal: Die Falschlieferung beim Stückkauf, JuS 2002, S. 1176; S. Lorenz, Aliud, peius und indebitum im neuen Kaufrecht, JuS 2003, S. 38. 反対：Canaris, Schuldrechtsmodernisierung 2002, S. XXIII; Lettl, Die Falschlieferung durch den Verkäufer nach der Schuldrechtsreform, JuS 2002, S. 871. アルトメッペン，ライハルトもまた，承諾の余地のある他物の給付の場合，種類物では，売主の瑕疵担保責任の問題となり，特定物では単なる不履行の問題が存在するにすぎないとする（Altmeppen/Reihard, Die aliud-Lieferung beim Kauf, Festschr. f. U. Huber z. 70. Geburtstag, S. 95）。
(98)　Canaris, a. a. O., Karlsruher Forum 2002, S. 68 f.

第 I 部　ドイツ新債務法 7 年の歩み

　錯誤により高価な他物を給付した売主がこれを返還請求しうるかどうかについてはあまり激しい議論はない。この場合売買法における相当な請求権の欠如は，債務法全体の瑕疵ある構想の例として烙印を押されさえした[101]。しかし，特定物売買においても，種類売買においても，他物の物の瑕疵との同視は，売主が履行に適しない物を給付することにおいて変わらない。売主が種類債務の場合に給付されるべき種類から高価な物を給付した場合は異なる。かようなものは，履行に適切であり，不当利得返還されえない。したがってその限りで，給付されたより高価な客体が給付されるべき種類以外に由来するか，それとも，給付されるべき種類に由来するかが区別されなければならない。後者では不当利得返還は排除される[102]。

　かくして不当利得返還請求権は，構成要件上，これを超えて構成要件上一貫して問題になるすでに生じた債務消滅の効果の取消しを必要とすることなしに存在しうる。ティール[103]は，これに関する提案において取消し原因についてざっとひととおり述べている。これはその例（木綿の外套の代わりにカシミアの外套を誤って給付した）においてド民119条2項[104]の性質錯誤に陥っているがゆえに認められうる。しかし，彼がかような物の給付義務を負っていると信じたために，売主が意識してカシミアの外套を送付したというように事例をわずかに変える場合は，すでに顧慮の外に置かれる動機錯誤の問題になる[105]。

　しかし，売主がこれを主張しうるかどうかは，担保責任と錯誤取消しの関係におけるように，彼が具体的な場合に買主の担保請求権を挫折させるかどうかに依存する。しかし，買主が価値の高い他物を保持しようとする場合はこの限

---

(99)　ド商旧378条「377条の規定（商人間の売買における買主の商品検査，通知義務）は，約定された物とは異なった物または約束された数量とは異なった物の数量が引き渡された場合に，引き渡された商品が注文とは明らかに著しく異なっているために，売主が買主の承認がないものとみなされなければならないものでない限りにおいても適用される。」

(100)　E. Lorenz (Hrsg.), Karlsruher Forum 2005, S. 111～112 [S. Lorenz].
(101)　Wilhelm, Schuldrechtsreform 2001, JZ 2001, S. 868.
(102)　E. Lorenz (Hrsg.), Karlsruher Forum 2005, S. 112 [S. Lorenz].
(103)　Their, Aliud-und Minus-Lieferung im neuen Kaufrecht des Bürg. Gesetzbuches, AcP 203 (2003) S. 423.
(104)　ド民119条2項「取引上本質的とみなされるような人または物の性質に関する錯誤もまた表示の内容に関する錯誤とみなされる。」
(105)　E. Lorenz (Hrsg.), Karlsruher Forum 2005, S. 112 [S. Lorenz].

りではない[106]。ド民241a条[107]も同様にこの不当利得返還請求権を妨げない[108]。すなわちローレンツは，特定物売買，種類売買を問わず，異種物給付の場合，給付された物が当初約束された物より高価であり，買主がそれを保持しようとするときは，それが当初約束された種類に属する（特定物売買である）限り，買主は保持できるが，それ以外の場合は売主からの不当利得返還請求に応じなければならないとする[109]。

(ハ) 数量不足給付と部分的瑕疵

数量不足給付の物の瑕疵概念への組み入れの場合も同様に，相当な消滅決定の要件について一致が存在する。それはド民434条3項[110]が，いわゆる隠れた数量不足，すなわち，給付者が完全な給付とみるようなものを前提とすることを意味する。数量不足と隠れた瑕疵の同視は，同様に買主が（明らかなまたは隠れた）一部給付をド民266条により履行に適しないものとして拒絶し，かつ，全部の給付に関してド民323条によりド民323条5項[111]の制限に拘束されることなしに行動しうることにおいて変わらない。その場合はド民266条の一部給付ではなく，全部のなされるべき給付がなされているのだから，部分的な（性質上の）不能の場合とは同じではない。数量不足と隠れた瑕疵との同視は，ド民437条以下（瑕疵担保の効果）についてもあてはまる。もっともド民323条5項の解除排除原因およびそれとパラレルなド民281条1項2文，3文[112]の全部の給付に代わる損害賠償の排除に関して，これらのルールがさもなければほとんど適用領域を有さないがゆえに，数量不足は，評価矛盾を避けるために瑕疵ある給付と同視されえない。従って，全部の解除および全部の給

---

(106) Lorenz/Riehm, Lehrbuch z. neuen Schuldrecht, S. 311; S. Lorenz, a. a. O., JuS 2003, S. 39〜40.
(107) ド民241a条（注文されない給付）「(1)事業者による消費者への注文されない物の給付または注文されないその他の給付の実現により消費者に対する請求権は基礎づけられない。」
(108) E. Lorenz (Hrsg.), Karlsruher Forum 2005, S. 112〜113 [S. Lorenz].
(109) この問題については，田中宏治「ドイツ新債務法における特定物売買の今日的課題」民商133巻1号（2005）37頁以下参照。
(110) ド民434条3項「売主が他の物または過少の数量を給付した場合も，物の瑕疵と同様である。」
(111) ド民323条5項「債務者が一部給付を行ったときは，債権者は，その一部給付になんら利益を有さない場合にのみ契約全部を解除しうる。債務者が給付を契約に適って実現しなかったときは，債権者は，義務違反が重要でない場合は契約を解除しえない。」

付に代わる損害賠償は,すでに重要でないとはいえない数量の相違の場合に可能なのではなく,利益喪失の場合に始めて可能となる。部分的な瑕疵の場合解除は,瑕疵が重要でない場合に初めて排除される。解除ないしなされていない(一部)給付に代わる損害賠償が許容される場合,その限りで利益喪失が存在する場合に,給付の瑕疵のない部分に関して解除権ないし全部の給付に代わる損害賠償請求権が存在する[113]。

㈡ 物の瑕疵と危険移転

エルンストによれば,特定物売買については,瑕疵のないことが危険移転の前提だという見解はみられない。危険移転の法定の構成要件は引渡である(ド民446条)。買主は瑕疵ある物の受取を拒絶することができる。買主は瑕疵ある物をすでに受け取った後で拒絶することもできるが,この場合でも危険移転はすでに生じている。買主が瑕疵を理由として返還する場合は,彼は危険を負担しない。この場合買主は牽連関係上の義務を負うのではなく,受寄者に類した立場で物を保管している。すでに拒絶された物が買主のもとで不可抗力により滅失した時は,買主は返還義務を免除される(ド民275条)。これによっても買主が瑕疵ある物の提供を拒絶したことは影響を受けない。もっとも買主の受領拒絶に理由がないときは,買主は物の危険を負担する。種類売買については給付された物に瑕疵があるときは危険は移転しないとされてきた[114]。その論拠は,種類債務の特定が,債務者が中等の品質を有する物を給付し,かつ彼の側で必要とされるあらゆることをなさねばならないことを要求すると規定するド民243条2項に求められている。瑕疵のために特定が生じないのだから,買主への危険移転は生じないというのである。しかし,種類売買においても引渡時

---

(112) ド民281条1項(給付に代わる損害賠償) 2文,3文「債務者が一部給付を行ったときは,債権者は,その一部給付になんら利益を有しない場合にのみ,全部の給付に代わる損害賠償を請求しうる。債務者が給付を債務の本旨に適って履行しなかったときは,債権者は,義務違反が重要でない場合は,全部の給付に代わる損害賠償を請求しえない。」

(113) E. Lorenz (Hrsg.), Karlsruher Forum 2005, S. 113 [S. Lorenz]; Canaris, Das allgemeine Leistungsstörungsrecht im Schuldrechtsmodernisierungsgesetz, ZRP 2001, S. 335; ders., Schuldrechtsmodernisierung 2002, S. XXII; S. Lorenz, Zur Abgrenzung von Teilleistung, teilweiser Unmöglichkeit und teilweiser Schlechtleistung im neuen Schuldrecht, NJW 2003, S. 3097～3099; Grigoleit/Riehm, Grenzen der Gleichstellung von Zuwenig-Leistung und Sachmangel, ZGS 2002, S. 115. 反対: Bamberger/Roth (Hrsg.), Komm. z. BGB., Bd. 1, 2. Aufl., S. 1592 [Grothe] (過少給付をできるだけ統一的に評価するという視点から)。

に危険が移転するという見解が有力である。この立場によれば。物に瑕疵があることは，買主が受け取った後で明らかになるのが通例であり，またド民243条2項は，種類債務者が自らどのような方法で危険移転を惹起しうるかを定めているにすぎない。債権者と債務者が合意してどのような要件のもとで債務関係を特定の物に制限するかは，本条項の目的ではない。買主が特定の物を履行として認めた場合は，それによって特定が生じるが，種類売買の場合でも買主が物の瑕疵を理由に正当に拒絶する時は，買主は危険負担を免れる。買主が瑕疵にもかかわらず，その物を履行として決定するときは，瑕疵があるにもかかわらず，危険移転の要件が満たされている限り偶然の危険は買主が負担する[115]。

(3) 追完履行請求権
(イ) 序　説
　今日では買主に給付された物に瑕疵があった場合に買主に追完請求権（瑕疵修補または代物給付）請求権を認める立法例が多い（CISG 46条2項，3項，消費用品売買指令3条3項，ド民437条1号，439条）。消費用品売買指令は消費者保護を目的とするため，消費者たる買主に追完のいずれの方法によるかの選択権を与えている（3条2項）。ドイツの債務法改正草案では，修補，代物給付のいずれがよいかにつき最も適切な判断ができるのは売主だという理由で，選択権は売主にあるとされていたが（1992年草案438条1項），現行法の起草者は，売主にはド民439条3項による追完の拒絶の機会が与えられていることで十分に保護されるから，まず買主にいかなる方法で瑕疵のない物の引渡という契約目的を達成させるかという決定を委ねることが正当だとした[116]。しかし，新法制定後

---

(114) Oetker/Maultzsch, Vertragliche Schuldverhältnisse, 3. Aufl., S. 73; Münch. Komm. z. BGB., Bd. 3, 5. Aufl., S. 281 [Westermann]. 旧法につき BGHZ 142, S. 36（コンデンサー用の鋼管1455本の売買で，気密性が欠けていた事例，裁判所は，買主（原告）の売主（被告）に対するド民旧326条1項，旧480条1項に基づく損害賠償請求権を認めたが，説示の中で買主の代物請求権は本来の履行請求権であり，種類物の買主は，給付された物に瑕疵がある場合，彼がそれを認めた場合を除いて，給付がない場合に準じて処理されうると述べている）。
(115) Ernst, Sachmängelhaftung und Gefahrtragung, Festschr. f. U. Huber z. 70. Geburtstag, S. 216 f.
(116) BT-Drucks. 14 / 6040, S. 221. CISG 46条2項，3項も買主に選択権を与える。この問題につき，丸山愛博「売買目的物の瑕疵と代物請求，修補請求の選択権」法学新報113巻1，2号（2006）534頁以下参照。

も，売主が通常最もよく，ないし最も費用的に有利に判断することができるという理由で，売主の選択権を肯定する説が有力である[117]。修補の方法が複数あるときの選択権については，立法者はなにも述べていないが，ド民439条1項を類推して買主に選択権を与える説[118]と選択を売主に委ねるべきだとする説がある[119]。

買主が売買目的物受領後それに変更を加えた場合，例えば，バス会社が購入したバスの車体に広告を描いたような場合に，その後バスに瑕疵が発見されて代物給付を受けたときは，買主は再度車体に広告を描くことまで売主に請求できるか。学説上はこれを肯定する説もあるが[120]，買主は再度車体に広告を描くことに要した費用を瑕疵惹起損害として（したがって過失が要件）請求しうるとする説もある[121]。

過失責任の導入と並んで追完履行請求権の導入は，疑いもなく売買法における最大の客観的変更を意味する。従って，改革の施行後3年間で最大の議論が緩和したことは驚くに足らない[122]。しかし，追完履行請求権と関係する最も重要な誤解は，その存在から損害賠償の平面においても担保責任を推論することにある[123]。履行および追完履行請求権の存在から売主の責任危険が実際上高められるとしても，追完履行請求権の存在がそれだけで担保責任を意味するものではない。追完履行義務を負う売主は，彼が追完履行の不作為について責めを負う場合に，給付に代わる損害賠償責任を負う。追完履行請求権は帰責事由とは無関係なのだから，しばしばそのような状況が存在する。それは特に追完履行が代替しうる行為により行われ，かつ，最終的に売主がド民276条により常に責任を負う金銭の欠缺がない場合にあてはまる。しかし，それはそれ自

---

(117) P. Westermann, Das neue Kaufrecht, NJW 2002, S. 248 など。丸山・前掲論文法学新報113巻1，2号552頁以下参照。

(118) Dauner-Lieb/Konzen/Schmidt (Hrsg.), Das neue Schuldrecht in der Praxis, 2003, S. 377 [Jacobs]。

(119) Huber/Faust, Schuldrechtsmodernisierung, S. 323 Rn. 24.

(120) Bamberger / Roth (Hrsg.), Komm. z. BGB., Bd. 1, 2. Aufl., para. 439 Rn. 18 [Faust].

(121) Reinicke / Tiedke, Kaufrecht, 7. Aufl., 2004, Rn. 439 f. 岡・前掲論文広中俊雄先生傘寿記念論文集715～716頁。

(122) E. Lorenz (Hrsg.), Karlsruher Forum 2005, S. 114 [S. Lorenz].

(123) 肯定説：Ehmann/Sutschet, Schadensersatz wegen kaufrechtlicher Schlechtleistungen, JZ 2004, S. 62 f.; Palandt, Komm. z. BGB., 67. Aufl., S. 625 [Weidenkaff].

第3章　第1節　一般売買法

体として特殊的に売買法上の担保責任ではなく，一般原則に帰着する[124]。

(ロ)　追完履行の優先-第二の提供の権利？
　売主のそれ以外の法的救済に対する追完履行の優先およびそれから生じる，売買代価を追完履行であがなう売主の可能性の問題に関する議論は活性化した。問題となるのは特に，第二の提供に関する権利が認められるか，またどの程度まで認められるかである。立法者が買主の追完履行請求権を意識的に売主の側の利益においても導入したことは疑いはない[125]。それに際して消費用品売買指令の基準が乗り越えられた。指令は買主の追完履行請求権を述べてはいるが，それに符合した売主の第二の提供権は規定していない。従って，それは，即時の追完履行期間の指定とは無関係な消費者の契約解消または減額の権利をも許容することになろう[126]。かような解決は，指令の基礎になっている契約保持の考えに矛盾するが，それが指令と比べて消費者の法的地位を改善するがゆえに，8条2項（最低標準条項）に従って許容される[127]。
　買主の自ら行う追完履行については，2005年の連邦最高裁判例が出ている。自動車商から6700ユーロで新車を買った者が，エンジンの瑕疵を主張して第三者にエンジンを取り替えてもらい，売主にその修補費用を請求した事例［ケース12］で，最高裁は買主の請求を斥けたが，ド民437条2号，441条に基づく代金減額請求権も，ド民437条3号，280条，281条に基づく給付に代わる損害賠償権も，買主に売主の追完履行のための相当期間の指定を要求しているのだから，買主が追完履行のための相当期間を指定することなく自ら除去したときは，ド民326条2項，4項[128]を類推して売主により節約された除去費用を請求しえないとした[129]。しかし，多数説は，買主自らの瑕疵除去によ

---

(124)　E. Lorenz (Hrsg.), Karlsruher Forum 2005, S. 121～122 [S. Lorenz].
(125)　Begründung des Regierungsentwurfs, BT-Drucks. 14 / 6040, S. 220.
(126)　ギリシャ法における指令の国内施行参照：Mansel, Kaufrechtsreform in Europa und die Dogmatik des deutschen Leistungsstörungsrechts, AcP 204 (2004), S. 421.
(127)　Mansel, a. a. O., AcP 204, S. 421.
(128)　ド民326条「(2)債権者が，債務者がド民275条1～3項により給付をするに及ばない事情についてもっぱらまたは主として責めを負い，またはこの債権者の責めに帰すべきでない事情が，債権者が受領遅滞に陥っているときに生じたときは，債務者は反対給付請求権を有する。しかし，彼は，給付の免責により節約しまたはその労働力の他の方法による利用により得または悪意により得ることを怠ったものを控除させられうる。(4)本規定によりなされるべきでない反対給付がなされた限り，給付されたものはド民346条～348条により返還請求されるべきである。」

り節約された費用の賠償請求権と代金支払い請求権との相殺を認める。その限度でド民326条2項2文の直接適用[130]，またはこの規定の準用がなされる[131]。その論拠は，売主によってなされるべき追完給付が買主自らの瑕疵除去により不能になったこと，買主が債権者として追完履行の不能について責めを負うのだから，ド民326条2項2文により売主が，給付をしなかったことにより節約した全額を相殺しうることにある[132]。買主が責任を負う場合の解決は，売主がド民326条2項2文により節約された追完履行費用を控除し，または，それをド民326条4項，346条1項により返還すべきことに導く（多数説）[133]。しかし，上記連邦最高裁は，ド民326条2項が買主自らによる除去ではなく，追完履行請求権の不能の法律効果を規定しており，売主の費用の節約が買主の自力執行の枠内で賠償されうる固有の出費と法律上区別されること

(129) BGHZ 162, S. 219 ＝NJW 2005, S. 1348（①事例）．買主が買った物に瑕疵があったため買主が自ら（第三者に依頼して）その修補（治療）費用の賠償を売主に請求した事件が2005年中に他に3件出ている：②BGH NJW 2005, S. 3211（子犬がバクテリアに罹患していたため，獣医に治療してもらった事例），③BGH NJW 2006, S. 988（馬の交換契約で馬が眼病にかかっていたため手術した事例），④BGH NJW 2006, S. 1195（中古車売買）。このうち②の事例は，原審が事務管理による費用償還請求を認めたのを否定し，緊急性があったため給付に代わる損害賠償を例外的に即時に請求しうるとした（ド民281条1項，2項，437条2項）。③の事例は，原審はド民326条2項を類推して売主が修補する費用を節約した分を買主が償還請求できるとしたが，連邦最高裁は，先例（BGH NJW 2005, S. 1348）に従って買主の請求を否定した（岡孝「ドイツ契約法の最前線」21世紀判例契約法の最前線　野村豊弘先生還暦記念論文集（2006）538頁以下，同「債務不履行責任の目的物に瑕疵がある場合における買主の救済−ドイツ」比較法研究68号（2006）14〜15頁，円谷駿・前掲論文横浜国際経済法学17巻3号37頁以下（①，④事件につき）参照）。

(130) S. Lorenz, a. a. O., ZGS 2003, S. 398.

(131) Bamberger/Roth, Komm. z. BGB, Bd. 1, 2. Aufl., S. 1881 [Faust]; Palandt, Komm. Z. BGB., 67. Aufl., 625 [Weidenkaff]など。

(132) E. Lorenz (Hrsg.), Karlsruher Forum 2005, S. 115 [S. Lorenz].

(133) これについては，青野博之「売買目的物に瑕疵がある場合における買主による除去請求」駒沢法曹1号（2005）27頁以下，田中宏治「ドイツ新債務法における追完請求権と買主の義務」阪大法学56巻2号（2006）339頁，同「ドイツ新債務法における買主自身の瑕疵修補」阪大法学55巻3・4号（2005）851頁以下。青野教授は，ド民326条2項類推適用説を支持され，わが国でも同じ結果が日民536条2項の類推適用によって得られると主張される。田中教授は，買主の請求権を否定する見解が二車線の考え方（日本の法定責任説に近い）に基づくのに対して，肯定説は一車線の考え方（契約責任説）に依拠することに両説の根拠を求められる。

は確かであるが[134]，ド民326条2項に基づく売主の節約された出費の相殺の場合は，費用は買主により出捐された修補費用によって計算されるのではなく，売主が節約した費用の出捐によって計算されるという違いがあるだけであり，買主にド民326条2項により売主により節約された費用を帰属させる場合，これは結果として買主に売主の費用により瑕疵の自力の除去権を与えることに帰着し，それは買主により指定された追完履行期間の徒過を前提としないが，賃貸借および請負契約のような売主の費用で買主の自力除去権の創設を意識的に除去しようとした起草者の意図に反するし，またド民326条2項による節約された瑕疵除去費用の償還は，ド民437条以下から生じる追完履行の優先の原則とも矛盾するとした[135]。このような判例の立場を前提にして，買主が消費者である場合は売主に買主が瑕疵を発見した場合の教示義務を課すべきだという主張もある[136]。

自ら修補した場合の追完履行の挫折について，2006年最判も，あらかじめ売主に必要な追完履行期間を指定することなしに売買目的物の瑕疵を知って瑕疵を自ら除去した買主は，解除権，代金ならびに給付に代わる損害賠償請求権の行使を妨げられるとする。追完履行期間が徒過し，または債務者の履行拒絶などド民281条2項，323条2項または440条による期間指定が不要なときは，この問題は生じない[137]。買主は，売主がド民439条2項により負担しなければならなかったであろう，かつ買主が自らの修補により節約した追完履行費用の賠償または控除を請求しえない。この硬直的な判例の立場は，担保責任の事例を買主により惹起された追完履行の不能を援用して（瑕疵の立証を放棄して）過早に処理する試みに導く[138]。しかし，連邦最高裁は，買主が自らの修補ま

---

(134) S. Lorenz, Selbstvornahme der Mängelbeseitigung im Kaufrecht, NJW 2003, S. 1419.

(135) 前掲BGH NJW 2005, S. 1348. 学説上この立場を支持する者：Dauner- Lieb / Dötsch, Selbstvornahme im Kaufrecht? ZGS 2003, S. 252 ～ 253; Arnold, Die eigenmächtige Mängelbeseitigung durch den Käufer, ZIP 2004, S. 2414 ～ 2415; Dötsch, Recht des Käufers nach eigenmächtigen Mängelbeseitigung, MDR 2004, S. 978 ～ 979; C. von Hertzberg, Die Selbstvornahme des Käufers bei der Mängelbeseitigung, Festschr. f. U. Huber z. 70. Geburtstag, S. 352.

(136) Brommelmeyer, Der Nacherfüllungsanspruch des Käufers als trojanisches Pferd des Kaufrechts? JZ 2006, S. 498.

(137) BGH NJW 2006, S. 1195（④事例）．

(138) S. Lorenz, a. a. O., NJW 2007, S. 4.

たは売買目的物の転売,破壊のようなその他の方法で追完履行を妨げた総ての場合に担保請求権を失うのではないことを認めた。このことはむしろ買主がそれにより惹起された,ド民323条6項の意味の追完履行の不能について責めを負わねばならないこと,すなわち,彼の責めに帰すべき義務の違反が存在することを前提とする[139]。自ら修補したことにつき,このことは,買主が,売買目的物の瑕疵がド民434条の意味の物の瑕疵であることを考慮に入れねばならない場合に,売主に追完履行の機会を与えねばならないことを意味する。このことは,特に物の瑕疵が危険移転後最初の6ヶ月内に発生し,買主にド民476条の推定効が帰属する場合にあてはまる[140]。彼が追完履行をなす機会を与えるに及ばない場合は,彼に自らの修補にもかかわらず解除権および代金減額権が保持される[141]。

　ローレンツによれば,買主が自ら修補した費用の賠償請求権を事実上学説に反して拒絶した,従来の請負契約法に関する判例[142]とのこの結論のパラレル評価の指摘[143]は納得させるものではない。請負契約法もまた請負契約法の一般給付障害法の法的救済への切り替えにより変化を受けたからである。したがって,従来の請負契約法に関する判例はよく調べないで維持されえない。請負契約法においても新債務法によれば過早な自力執行の場合節約されたであろう費用の控除はド民326条2項によりなされるべきである[144]。連邦最高裁は,新売買法でド民326条2項2文の適用を否定したが,別の事件では,ド民新

(139)　前掲 BGH NJW 2006, S. 1195.
(140)　前掲 BGH NJW 2006, S. 1195.
(141)　S. Lorenz, Nacherfüllungsanspruch und Obliegenheiten des Käufers, NJW 2006, S. 1176.
(142)　BGHZ 92, S. 123（原告が被告から住宅を購入したが,暖房装置に不具合があり,被告がその暖房装置を造ったG社を原告に紹介し,原告がG社に修理をしてもらった。原告が被告に修理費用その他の費用の賠償を請求。裁判所は,原告が被告からG社に対する請負契約上の担保請求権の譲渡を受けない限り,被告に対して費用の賠償を請求し得ないとした。本事例では修理費用は500マルクでその他の費用は2746マルクである)。
(143)　Dauner-Lieb / Dötsch, a. a. O., ZGS 2003, S. 251 f.
(144)　E. Lorenz (Hrsg.), Karlsruher Forum 2005, S. 116～117 [S. Lorenz]; Herresthal / Riehm, Die eigenmächtige Selbstvornahme im allgemeinen und besonderen Leistungsstörungsrecht, NJW 2005, S. 1457 f; Staudingers Komm. z. BGB., para. 631～651, 2003, S. 301 [Peters].

第 3 章　第 1 節　一般売買法

326 条 2 項に一致するド民旧 324 条（債権者の責めに帰すべき事由による履行不能）に基づいて請負給付の一部不履行における自力執行の場合にかような控除を肯定した[145]。

(ハ)　特定物売買と代物請求

新法に関する最初の裁判は，売買法上の追完履行の方法に関するものであった。学説上も豊富に議論された問題の中心には特定物売買における追完履行の問題があった。古い考え方によれば，特定物が引き渡されれば，それに瑕疵がある場合でも売主は債務を履行しているのであり，買主に残される権利は，買主に認められた法定の担保責任に基づく権利のみとなる。しかし，新債務法の規定はこのようなものではなく（ド民 439 条 1 項），特定物売買においても代物請求を認める余地がないわけではない。新債務法制定後の判例も，いわゆる新古車[146]の売買についてであるが，代替物が問題になる場合に，特定物売買でも（別の）瑕疵のない物の給付に向けられた追完履行請求権が観察に現れるという出発点に立った[147]。学説上は，これらの裁判例と同様に特定物売買でも買主の代物請求権を追完請求権の内容として肯定する説[148]と，この場合に買

---

(145)　BGH NJW-RR 2005, S. 357（B 社の社員である原告が被告（リース業者）の賃借人にポンプ器の供給と据付を約束した（契約成立は 1999 年）。しかし，ポンプ器の完全な供給と据付がうまくいかず（その原因については当事者間に争いあり），結局賃借人が自己の費用でその器械が完全に機能するように整備した。B 社から請求権の譲渡を受けた原告からの代金の請求につき，裁判所は，被告の履行補助者である賃借人が故意に B 社の据付作業を不能にしたのだから，自己の給付義務の喪失により得た利益を相殺しなければならない（ド民旧 631 条 1 項）とした）。

(146)　新古車とは，今日の自動車販売でしばしばみられるもので，自動車登録に関してだけは，買主がその車輌の最初の名義人ではない（ナンバープレートがついている）が，登録以外の点では，新車と同じ場合である。自動車メーカーが販売業者に一定期間内の販売ノルマを設定して報奨金を出すことから，販売業者が販売ノルマを達成するために広く行われるようになったものである（田中宏治「ドイツ新債務法における特定物売買の今日的課題」私法 69 号 82007）145 頁参照）。

(147)　LG Ellwangen NJW 2003, S. 517; OLG Braunschweig NJW 2003, S. 1053. 新古車の売買である。本判決については，田中「ドイツ新債務法における特定物売買の今日的課題」民商 133 巻 1 号（2005）20 頁以下，今西康人「買主の追完請求権に対する制限について」関西大学法学論集 53 巻 4・5 合併号（2004）292 頁以下参照。

(148)　Canaris, Die Nacherfüllung durch Lieferung einer mangelfreien Sache beim Stückkauf, JZ 2003, S. 836; Palandt, Komm. z. BGB., 67. Aufl., S. 254 [Heinrichs]; Bitter/Meidt, Nacherfüllungsrecht und Nacherfüllungspflicht des Verkäufers im neuen Schuldrecht, ZIP 2001, S. 2119 f.

主に代物給付請求権を認めない説とに分かれている[149]。前説は，新法のもとでは特定物売買における債務内容は，具体的なその物に契約上限定されるわけではないし，買主の給付請求権または追完請求権が瑕疵のない物の引渡によって買主の給付利益を満足させることを目的とすること，あるいは追完請求権は本来の履行請求権とは異なり，追完請求権の効果として特定物売買でも代物請求権が導かれること，代物給付義務の存否は売買目的物の交換可能性に従って判断され，種類物売買か特定物売買か，または当事者の合意が何かは問題にならないことに論拠を求める。2006年の連邦最高裁判決もこの立場に立った[150]。もっとも，後説も，新古車の売買のような代替的特定物売買の場合にも，買主の代物請求権を否定するのではなく，肯定するが，その論拠を当事者の意思に求める者が多い。これらの者は，かような場合売買客体が解釈により探求されるべき当事者意思，ないし，仮定的当事者意思により他の客体によって取り替えられうるか否かが標準となる[151]。ローレンツによれば，標準的に当事者意思に従って決定されるべき売買客体の取替え可能性を問題とする場合には，(制限的)種類債務が存在するのであり，売主が追完履行の方法で突然に他の物の給付義務を負う，すなわち，客体が履行に適しないが，追完履行には適するという理論的に困難な問題は全く生じない。しかし，その問題が種類売買および特定物売買という概念によっては把握されえないとしても，消費用品売買指令は，いずれにしてもかような解釈の仕方を提示する。しかし，それは，特定物売買において相当な当事者意思を考慮しないで他の物の給付による追完履行請求権を肯定し，または，種類債務の範疇を総て放棄することを要求するものではない。その問題を当事者意思に基づく取替え可能性および制限種類債務によって解決するならば，履行請求権と追完履行請求権との分裂においてみら

---

(149) Dauner-Lieb u. a. (Hrsg.), Komm. z. BGB., Bd. 2, Teilbd. 1, 2002, S. 995 [Pfeiffer]; S. Lorenz, Schadensersatz wegen Pflichtverletzung, JZ 2001, S. 743〜744; P. Huber, Der Nacherfüllungsanspruch im neuen Kaufrecht, NJW 2002, S. 1006. この問題については，田中「ドイツ新債務法における引渡前の代物請求権」阪大法学55巻6号 (2006) 1614頁以下，同・前掲論文私法69号142頁以下，今西・前掲論文関西大学法学論集53巻4，5合併号283頁以下参照。

(150) BGHZ 168, S. 64＝NJW 2006, S. 2839 (事故車を無事故車と偽って販売した事例)。本判決については，円谷駿・前掲論文横浜国際経済法学17巻3号33頁以下参照。

(151) Spickhoff, Der Nacherfüllungsanspruch des Käufers, BB 2003, S. 590; E. Lorenz (Hrsg.), Karlsruher Forum 2005, S. 118 [S. Lorenz].

れる（推定上の）評価矛盾もまた解決される。この場合，瑕疵ある取替え可能な物が危険移転前に滅失した売主がド民275条1項により給付義務を免れる一方，危険移転後は他の物を給付しなければならないかどうかという問題が生じる(152)。カナーリスは，二つの状況を比較できないと指摘する(153)。筆者（半田）は，いわゆる新古車は，それが特定物であるとしても，目的物に瑕疵その他の不具合があった場合，他の物をもって給付に代えても買主は別段の支障を生じないのが一般であり，当事者の通常の意思は代物給付を許容するというものであると考えられるがゆえに，代物給付を許容すると考えたい（履行請求権と追完履行請求権の同一性の有無から論理必然的に導かれるものではない）。

㈡ 追完履行義務の限界

(a) 追完の費用

ドイツ民法439条2項は，売主が追完費用を負担しなければならないと規定し，運送費，交通費，労務費および材料費を例示している。買主が瑕疵の有無の調査をするために支出した費用については旧法時代にこれを認めた判例があり(154)，現行法上もド民439条2項，670条を類推してこれを認める見解もあるが(155)，瑕疵の除去には関係していないため，損害賠償請求（ド民280条1項）の問題とする見解もある(156)。売買目的物が購入場所から遠方に運ばれて売主が修補のために遠方に出張するために要した費用の負担については，過分の費用を理由とする追完拒絶（ド民439条3項）の問題になるとされている(157)。これに対して，買主が瑕疵があると思って売主に対して瑕疵修補を請求したところ，客観的には売主が引き渡した目的物に瑕疵がなかったため，売主が余計な費用を負担した場合は，売主が買主にその返還を請求すべきかが問題になる。

---

(152) E. Lorenz (Hrsg.), Karlsruher Forum 2005, S. 118 [S. Lorenz].
(153) Canaris, a. a. O., JZ 2003, S. 1156. 同旨：E. Lorenz (Hrsg.), Karlsruher Forum 2005, S. 118 [S. Lorenz].
(154) BGHZ 113, S. 251.
(155) Oetker/Maultsch, Vertragliche Schuldverhältnisse, 2. Aufl., 2004, S. 102; Staudingers Komm. z. BGB., para. 433 〜 487, 2004, S. 292 [Matusche-Beckmann].
(156) Münch. Komm. z. BGB., Bd. 3, 5. Aufl., para. 439 Rn. 15 [Westermann]; Erman, Komm. z. BGB., Bd. 1, 11. Aufl., 2004, para. 439 Rn. 5 [Grunewald]. 岡・前掲論文広中俊雄先生傘寿記念論文集718頁。
(157) Münch. Komm. z. BGB., Bd. 3, 5. Aufl., para. 439 Rn. 15 [Westermann]. 岡・前掲論文広中俊雄先生傘寿記念論文集720頁。

ドイツ連邦最高裁は，このような事件で買主が瑕疵の不存在の原因が自己の責任領域に属することを知り，または過失によって知らないときは，瑕疵修補請求は過失のある契約違反であり，損害賠償義務を発生させるとした[158]。本事例では，買主が電気設備業および火災報知機営業を営む専門会社として従業員を配置して故障の原因を知るべきであったことが前提となっている。この場合に買主に課される義務は契約終了後の義務であり，契約締結上の過失の場合と同様に付随義務（誠実義務）と位置づけられうる。またこの場合本判決のように売主に買主の債務不履行による損害賠償請求という構成のほかに，事務管理構成，不当利得構成も考えられる[159]。

(b) 不相当な費用がかかる場合

ローレンツによれば，売主の追完履行義務の限界は，ド民 275 条ならびに狭い作用領域しかないド民 275 条の特別の事例と考えられている，不相当な費用がかかる場合の追完履行の拒絶権を定めるド民 439 条 3 項により刻印されている。それからまず，ド民 275 条 2 項，3 項に基づく給付拒絶権の行使も，追完履行に対するド民 439 条 3 項の抗弁の提起も，すべて帰責事由とは無関係な給付に代わる損害賠償請求権には導かないこと[160]，ないし，それ自体が故意を確定するものではないことが導かれる。すなわち，ド民 439 条 3 項の準用が，給付義務の拒絶に関するド民 275 条 2 項，3 項の法的思考の特別の刻印と理解されるならば[161]，理論的にみると，抗弁の性質が債務者に債務を超えた給付のオプションを与える，不能と同視される構成要件が問題となる。不能の場合に不給付自体ではなく，不能に導く事情が帰責事由の関係点であるように，ド民 275 条 2 項，3 項の場合，および，ド民 439 条 3 項の場合もまた，帰責事由の関係点は，抗弁の提起ではなく（その場合常に故意の義務違反が存在する），抗弁を基礎づける事情である。給付とともにする損害賠償の場合は，売主が瑕

---

(158) BGH. NJW 2008, S. 1147 = JZ 2008, S. 636 = MDR 2008, S. 373（売主が電気設備業者に通報装置を引き渡したが，作動しなかった。買主が装置に欠陥があると考えて売主に修補を請求したが，原因は旧装置と新装置のケーブル接続が中断していたことにあった。そこで売主が修理のための費用（出張費用）の賠償を求めた）．

(159) 青野博之「買主の不当な瑕疵修補請求に対する売主の損害賠償請求」駒沢法曹 5 号（2009）41 頁以下参照．

(160) 反対：Ehmann/Sutschet, Schadensersatz wegen kaufrechtlicher Schlechtleistungen, JZ 2004, S. 64〜65.

(161) Begründung des Regierungsentwurfs, BT-Drucks. 14 / 6040, S. 232.

第 3 章　第 1 節　一般売買法

疵ある物の給付自体につき帰責事由があることが必要である。抗弁を基礎付ける事情が契約締結後生じたときは，給付に代わる損害賠償責任は売主がこれについて責任を負うことを前提とする[162]。

いつ追完履行費用の不相当性が認められうるかの問題に関する議論は一層緩和されている。その限りで，売買代価ないし瑕疵のない物の価値を上限とすることが提案された[163]。すなわち，実際上，売主が瑕疵について帰責事由がないという前提のもとで，売買代価を超える追完履行義務は，ある点で給付に代わる損害賠償と比較しうる法律効果に導く[164]。しかし，ド民 275 条 2 項，3 項および 439 条 3 項の基礎にある主観的公平という原理は，かような厳格な標準を認めない。物の市場ないし評価価値は，売主がもたらさねばならない最小費用のみを印するが，特別の非財産的利益の場合はそれを超過することもある。これに対して，学説上提案された割合的限界は恣意的であり，手がかりとして評価しえない[165]。

ド民 439 条 3 項により売主は，それが不相当な費用がかかる場合に買主により選ばれた，追完履行の種類を拒絶しうる。この場合の比較の基準は，売主の利益ではなくて，買主にとっての追完履行の利益である[166]。ツェレ上級ラント裁判所は，売主が追完履行期間がすでに徒過し，買主の解除権または給付に代わる損害賠償請求権がすでに生じ，かつこれを否定する場合にも，この抗弁を主張しうるかどうかの問題を扱った[167]。この考慮は，もちろん解除権および損害賠償請求権が，追完履行請求権が抗弁によって対抗される場合にそもそ

---

(162)　E. Lorenz (Hrsg.), Karlsruher Forum 2005, S. 121 [S. Lorenz].
(163)　U. Huber, Festschr. f. Schlechtriem 2003, S. 545 f.; Ackermann, Die Nacherfüllungspflicht des Stückverkäufers, JZ 2003, S. 383 f. 岡・前掲論文広中俊雄先生傘寿記念論文集 719 頁参照。
(164)　Canaris, Die Behandlung nicht zu vertretender Leistungshindernisse beim Stückkauf, JZ 2004, S. 224.
(165)　E. Lorenz (Hrsg.), Karlsruher Forum 2005, S. 121 [S. Lorenz]. 同旨：Münch. Komm. z. BGB., Bd. 3, 5. Aufl., S. 225 [Westermann].
(166)　ド民 275 条 2 項についての BAG. NZA 2005, S. 118 参照。
(167)　OLG Celle, ZGS 2006, S. 429（キャンピングカー（新車）の売買でモーターブロックの不具合で油漏れが生じ，完全な修理をするためには多額の費用がかかる場合，買主の解除と損害賠償の請求（利用利益を控除）が認められたが，①売主が代わりの車を給付することは不相当とはいえない，②ド民 439 条 3 項の不相当性の抗弁は買主が契約を解除するまで主張しうると述べる）．

も生じうるかどうかという問題を前提とする。すなわち一般給付障害法では，ド民273条1項（留置権）の抗弁という例外はあるが，すでに抗弁の存在が，ド民286条（債務者遅滞），281条1項（債務不履行の場合の填補賠償請求），323条1項（契約解除）がその文言を超えて期限が到来しただけでなく，実行しうる請求権を前提とするがゆえに，ド民286条の意味の遅滞の発生だけでなく，解除権および給付に代わる損害賠償請求権の発生を妨げることが認められている[168]。しかし，このことはド民439条3項に基づく抗弁についても当然にあてはまるわけではない。ド民439条3項の売主の抗弁との関係は以下の如くである。修補および代物給付のいずれも過分な費用を要するときは，買主は追完請求を売主から拒絶されるため，契約解除権または代金減額権の行使だけが認められる（ド民440条，441条）。給付に代わる損害賠償については，売主が抗弁を理由づける事情について責めを負うかどうかが問題になる。

(c) 瑕疵ある物を除去する必要のある場合

売主が追完履行をなすためにすでに引き渡された（取り付けられた）瑕疵ある物を除去する必要があり，そのために（莫大な）費用を要する場合はどうなるか。カールスルーエ上級ラント裁判所で争われた事件は，次のようなものである。売主が価額1100ユーロで床タイルを売却し，買主の居宅にその床タイルを貼り付けたが，そのタイルに瑕疵があり，新しいタイルの給付を求めただけでなく，すでに貼り付けられたタイルの除去をも求めたが，そのための費用が1万ユーロ以上かかるという事例［ケース13］で，裁判所は，買主の追履行請求権を認めたが，ド民439条3項にいう不相当性は，売買代金に対する追履行の費用の関係によってではなく，追履行によってえられる価値の増加に対する追履行費用の関係によって決まるから，除去および取りつけの費用が売買代金を何倍も上回っているという事実は考慮されないとした[169]。しかし，こ

---

(168) S. Lorenz, Fünf Jahre neues Schuldrecht im Spiegel der Rechtsprechung, NJW 2007, S. 6.

(169) OLG Karlsruhe, ZGS 2004, S. 432. OLG Hamm, IPRax 1996, S. 269 も，イタリアの売主がドイツの買主に営業目的で窓一式を売却したが，それに瑕疵があった事例で，国連統一動産売買法を適用して窓を取り替えるための費用の賠償を認めた。売主は，最初に引き渡された物に瑕疵があったことにより買主に生じた総ての新たな損失を，代物を引き渡すことによって除去することができない限り，買主に賠償しなければならないというのがその理由である（CISG 45条1項b号）。CISGは損害賠償請求権につき帰責事由を要件としていない。

第 3 章　第 1 節　一般売買法

の判決に対しては，①当事者は請負契約を締結したのではなく，売買契約を締結したのであり，物品を取り付ける債務は負っていない，このことは追履行請求権にもあてはまるのであり，追完履行の履行場所が瑕疵ある売買目的物がある場所であるとしても変わらない，②ドイツ民法は基本的に売主に帰責事由がある場合にのみ買主に損害賠償を認めるのであり，帰責事由を要件としない追完履行請求権に基づいて同じ結果を達成することを認めることになるという批判が加えられた[170]。そして前記床タイル事件について，連邦最高裁は，売主が瑕疵除去（すでに給付した物の撤去）に要する費用が多額になることを理由として追完を拒みうるとすることが指令 3 条 3 項 1 文および 2 文に反するかどうか，また売主がこの撤去の費用を負担しなければならないかどうかについてヨーロッパ裁判所に先決的判決を求めることを決定した[171]。

　ローレンツは，取りつけにつき売主は追完履行という手段で責任を負わないが，瑕疵ある物品の除去については，売主はド民 439 条 4 項により代物の引渡と引き換えに瑕疵ある給付物の返還請求権を有し（取戻義務），しかも給付物の返還請求権（取戻義務）の履行場所は現にその物の存在する買所であるから，解除による巻き戻し的清算に基づいて売主の取戻義務は引き渡された物の除去にも及ぶと主張する。買主の（再度の）取りつけ費用は，売主の過失を要件として（この場合はメーカーに責任がある）損害賠償という方法によってのみ求めることが可能となる[172]。しかし，筆者（半田）はこのようなローレンツの主張に与することはできない。売主の除去義務は解除に基づく巻き戻しの清算関係から導かれるとされるが，清算関係に立つのは売主の新たな取りつけ義務と買主の瑕疵ある物の返還義務であり，後者と売主の除去義務とは同じではないし，除去のための（巨額の）費用の負担と解除に基づく巻き戻しの関係から導こうとすることには無理があると考えられるからである。

---

(170)　S. Lorenz, a. a. O., ZGS 2004, S. 411. ペーター・フーバー（益井訳）「新ドイツ売買法における履行と損害賠償の関係に関する近時の諸問題」日本法学 74 巻 1 号（2008）217 頁以下参照。
(171)　BGH. Beschl. NJW 2009, S. 1660.
(172)　Lorenz, a. a. O., ZGS 2004, S. 408. 同旨：OLG Köln, ZGS 2006, S. 77, NJW-RR 2006, S. 677（瑕疵あるタイルの供給の事例で，瑕疵あるタイルの供給に基づく損害賠償請求権（ド民 437 条 3 号，440 条，280 条，281 条）は，代わりのタイル，その運送費用ならびに瑕疵あるタイルをはがして，返還する費用のみを包含し，新しくはりつける費用を含まないとする）.

第Ⅰ部　ドイツ新債務法7年の歩み

　追完履行義務の履行地は，通説によれば，解除の場合と同様，物が債務の本旨に従って見出される場所である[173]。売主は，ド民439条2項によって追完履行費用もまた負担しなければならないのだから，これは，瑕疵除去の方法による追完履行の場合に，買主がその間に客体を据え付けた場合，瑕疵除去のために必要な解体もまた，帰責事由から独立した追完履行義務の構成部分たりうることを意味する。しかし，追完履行請求権は，当初の履行請求権以上のものではない。かように瑕疵除去の方法による追完履行も，新しい給付による追完履行も，買主がすでにその指定に適った利用に導いた売買客体の新しい据付の義務を負わせない[174]。かような請求権は，もっぱら給付とともにする損害賠償として，すなわち，帰責事由に依存して生じうる[175]。したがって，ド民284条に依拠することは，この関係では不要である。帰責事由とは無関係な再据付に対する請求権は，売買契約と据付義務を伴った売買契約ないし請負契約との間の限界を混同し，更に立法者により意識的に放棄された過失とは無関係な契約費用の賠償請求権を再生させることになろう。過失とは無関係な再組み立て請求権は，新しい給付による追完履行の場合は，判例がすでにこれまで売買法上の解除の場合にしてきたように，ド民439条4項，346条1項に基づく売主の瑕疵ある物の返還請求権と相当な返還請求権を一致させようとする場合にのみ生じうる。屋根瓦事件[176]において理由づけられる判例のこの側面は，新売買法のもとでも維持されうる。立法者においては，本判決[177]のこの側面が明示的に議論され，適切にもこれがド民旧467条2文[178]と関係がないとされた[179]。従来の解除権（Wandlungsrecht）が同様に過失とは無関係な解除権にとって代わられたという事実は，異なった観察方法には強いない[180]。

(173) Begründung des Regierungsentwurfs, BT-Drucks. 14 / 6040, S. 231.
(174) 反対：OLG Karlsruhe, ZGS 2004, S. 432.
(175) 同旨：前掲OLG Köln, NJW-RR 2006, S. 677.
(176) BGHZ 87, S. 104（瑕疵ある屋根瓦が給付された事例で，裁判所は，買主は瑕疵ある瓦をはがす費用の賠償請求権がある（ド民旧284条1項，旧286条1項）としたが，被告（売主）は，買主の解除により屋根瓦をはがし，それを除去する義務を負う（返還義務の履行地は買主の住所地だ）と述べる）．
(177) 前掲BGHZ 87, S. 104.
(178) ド民旧467条2文「ド民（旧）352条（物の加工，他の種類の物への変更の場合の解除権の排除）の場合，瑕疵が物の変更の場合に始めて現れたときは，解除は排除されない。」
(179) Gegenäusserung der Bundesregierung, BT-Drucks. 14 / 6857, S. 59.

第 3 章　第 1 節　一般売買法

(4) 代金減額権, 解除権

　現行ドイツ民法は, 担保責任の第二次的な効果として代金減額権と解除権を定める (ド民 437 条 2 号)。旧法では, 瑕疵による目的物の価値の減価を求める場合, 買主に代金減額請求権を与えていたが (ド民旧 462 条), 現行法は代金減額権を付与し, それが形成権であることを明らかにした (ド民 441 条 1 項)。減額の方法に関しては, 新法はいわゆる折衷説をとることを明らかにしている (ド民 441 条 3 項)。これに対して解除権は, 現行法上①売主が給付または追完履行を最終的に拒絶し, ②追完履行が不奏功に終わりまたは買主にとって期待しえない場合に生じる (ド民 440 条)。新法のもとでは, 売主の瑕疵ある物の給付または追完不能がその責めに帰すべきでない事由に基づく場合でも, 買主の解除権が許容される (ド民 323 条 1 項)。

　問題となるのは, 物または権利の瑕疵が比較的軽微な場合である。ドイツ新民法には, 義務違反が重大でない場合, 買主は契約を解除することができないという規定が置かれており (ド民 437 条 2 号, 323 条 5 項), 新車の売買で, エンジンの燃費量がメーカーの説明と食い違う場合, その相違が 10% に満たないときは, 解除権は認められないという判例が出ている[181]。しかし, 売主が瑕疵の存否について悪意で欺罔した場合はこの限りでなく, 連邦最高裁の見解によれば, 瑕疵ある物の給付における義務違反の概念は, 物の瑕疵, すなわち給付義務の違反にだけでなく, 前契約上の義務の違反にも関わるから, 重要でない瑕疵の場合でも, 売主が欺罔した場合は, 買主は契約を解除して全部の給付に代わる損害賠償を請求しうる[182]。本判決のような立場 (総合判断説) を支持する学説も少なくない[183]。しかし, 学説上は反対説も有力であり, 義務違

---

(180)　E. Lorenz (Hrsg.), Karlsruer Forum 2005, S. 119～120 [S. Lorenz].
(181)　BGH NJW 2007, S. 2111.
(182)　BGHZ 167, S. 19 (本判決については, 円谷・前掲論文横浜国際経済法学 17 巻 3 号 45 頁以下参照)；NJW　2006, S. 1960 (原告が被告から瑕疵担保免責条項つきで建物を購入した (代価 84363 ユーロ)。しかし原告は湿気による損害を発見し, その除去のために 2500 ユーロかかることが判明した。被告は修補を拒否した。裁判所は, 売主が瑕疵が重要でない場合であっても, 売主がそれを詐欺的に黙秘したときは, 解除および損害賠償の請求は原則として否定されないとした)。
(183)　Bamberger/Roth (Hrsg.), Komm. z. BGB., Bd. 1, 2. Aufl., para. 282 Rn. 67 [Grüneberg]; para. 323 Rn. 39 [Grothe]; Staudingers Komm. z. BGB., 2004, para. 281 C 33 [Otto]; para. 323 C 30 [Otto]; M. Andreae, Die aktuelle Rechtssprechung zum Gebrauchtwagenkauf, NJW 2007, S. 3459.

反の重大性は売主の行為態様とは無関係であり，この場相瑕疵担保に基づく解除は認められない（給付義務違反限定説）[184]，または，新法は解除の要件として売主の帰責事由を外しており，本事例では売主が瑕疵を知りながら告げなかったのであるから帰責事由があるが，義務違反は重大でないから，買主は解除することはできず，瑕疵修補請求権や代金減額権を行使しうるにすぎないとする（帰責事由不考慮説）[185]。この場合に契約締結上の過失に基づく契約解除権または詐欺に基づく契約解消権が認められるかどうかも問題となり，ローレンツはいずれも肯定するが[186]，ロートは，瑕疵担保規定の優先適用を認めていずれの権利も否定し，買主は，追完，代金減額または小さな損害賠償を請求しうるだけだとする[187]。

買主が修補しうる瑕疵のある特定物を有責に破壊して売主の修補を不能にするなど，債権者が解除にもっぱらまたは主として責任がある場合に，ド民323条6項により債権者は解除権を有しないか。通説は，この場合に同条項を適用して解除を認めないが，有力説は，給付客体の債権者の責めに帰すべき事由による滅失は解除権を排除せず，解除権者は返還義務の不能の場合，ド民346条2項の価値賠償義務を負うとする。後説は，かような場合買主に解除原因についてもっぱらまたは主として責任があるかどうか明らかでないことが多いことや売主に解除の重要な前提，すなわち，瑕疵について責任があることも論拠とする。ド民323条6項の適用は，担保責任においては追完履行義務に重点が置かれ，ド民433条1項の違反が背景に退く場合にのみ正当化されるというのである[188]。

(5) 損害賠償請求権

(イ) 損害賠償請求の要件と賠償の範囲

瑕疵ある物の給付を受けた買主がそれによって履行利益，瑕疵惹起損害，履行期を徒過したことによって被った損害（遅延損害）を受けたときは，売主の

---

(184) S. Lorenz, Arglist und Sachmangel—Zum Begriff der Pflichtverletzung in para. 323 V 2 BGB, NJW 2006, S. 1925.

(185) H. Roth, JZ 2006, S. 1026. この問題については，青野博之「売買目的物の瑕疵と売主の悪意」駒沢法曹4号（2008）33頁以下。

(186) S. Lorenz, a. a. O., NJW 2006, S. 1925 f.; ders., a. a. O., NJW 2007, S. 4.

(187) Roth, a. a. O., JZ 2006, S. 1024 f.

(188) Looschelders, Unmöglichkeit—ein Störenfried in der Dogmatik, Remien (Hrsg.), a. a. O., S. 83.

第 3 章　第 1 節　一般売買法

帰責事由を要件としてその賠償を求めることができる。買主の損害賠償請求権は，債務者が給付を真摯かつ最終的に拒絶し，または両当事者の利益を考慮して損害賠償請求権の即時の主張が正当化される場合（ド民 281 条 2 項），売主が追完履行をそのために不相当な費用がかかることを理由に拒絶し，または追完履行が不奏功に終わりまたは買主にとって期待しえない場合は，期間の指定を要しない（ド民 440 条）。瑕疵惹起損害は，債務者が債務関係に基づく義務に違反した場合として，買主はド民 280 条 1 項に基づき賠償を請求できる[189]。

　近時の判例では，ペットの売買で先天的な瑕疵の治療が瑕疵修補請求とはされず，その治療費の賠償請求がド民 311 a 条（原始的不能）に基づいて認められるかどうかを問題にしたものがある。買主が売主からダックスフンドを購入したが，犬の種類に固有の足の関節の不具合のために極端な O 脚になった。売主が犬の手術を拒否した後で，買主はプレートで固定する治療をした。買主は売主にすでに費やした治療費とこれからかかるであろう費用の賠償を請求した［ケース 14］。控訴審は，ド民 281 条により原告の請求を肯定した。除去しうる瑕疵についての挙証責任（ド民 476 条）が問題になったが，ド民 280 条 1 項 2 文により育種家の責任が肯定された。それに対して連邦最高裁は，瑕疵が除去できないものとした。犬の治療は肉体的な欠陥を除去するものではなく，ド民 439 条 1 項の瑕疵の治療とはいえないというのである。他の健康な犬の給付が 5 ヶ月間のその犬とのつながりのために問題となりえないがゆえに，他の物の給付もまた不可能とされた。連邦最高裁は，ド民 311 a 条 2 項により，犬の骨の発育の不良は売買および引渡の時点では売主にとって認識しえなかったことから，被告は契約締結時には給付障害を知らずかつその不知につき責任もなかったのだから，買主の請求は認められないとした[190]。ダウナー・リープは，売主の帰責事由にとって決定的なのは売買契約締結時に売主が瑕疵を知りまたは過失によって知らなかったかどうかではなく，瑕疵の除去の不能を知りまたは知るべきであったかどうかだとするが，本判決を結果的に支持する[191]。

　瑕疵によって生じた営業喪失や機械の買主が瑕疵のためにそれを使えなかっ

---

(189)　Schimmel/Buhlmann, Frankfurter Handbuch zum neuen Schuldrecht, 2002, S. 224.
(190)　BGH ZGS 2005, S. 348（O 脚のダックスフンド事件）.
(191)　Dauner-Lieb, Die Nacherfüllung——Ein Irrweg? Remien (Hrsg.), a. a. O., S. 198.

たことによって被った損害はド民280条2項の意味における給付遅滞による損害賠償か，それともド民280条1項の意味における給付とともにする損害賠償か。この場合催告の要件のような評価の問題と並んで，瑕疵ある物を給付した売主の義務違反をド民433条1項（瑕疵のない物の給付義務）違反の中にみるか，それとも不適時給付が問題になるという視点に立つかどうかが問題になる。前の立場は遅滞とは無関係な損害賠償義務に[192]，後者はド民280条2項により原則として催告を前提とする，付遅滞後生じる損害が賠償されることに導く[193]。

(ロ) 追完履行の不能の場合

売主が修補のために瑕疵ある目的物を買主から返還を受け，自社の工場で保管中に売主の責めに帰すべきでない事由による類焼により焼失した場合，買主の給付に代わる損害賠償請求権にとってもっぱらド民283条が問題になる。ド民283条の適用のために必要な帰責事由は，標準的な完全な不能の事例の場合は，債務者の自然的給付義務の免責に導いた事情に関わってくる。これを性質的な不能の事例に直ちに適用しようとすると，売主が追完履行の不能について責任を負うかどうか，すなわち，その限りでもっぱら給付の欠缺の不除去が問題になる。当初の瑕疵のない給付義務の違反の帰責事由はそもそも問題にならず，その結果売主の給付に代わる損害賠償請求権は拒絶されるべきである。売主が故意に瑕疵ある物を給付した場合も同様である[194]。

ローレンツも同じ立場に立ち，売主は給付に代わる損害賠償責任を負わないが，給付とともにする損害賠償義務のみを負うと主張する。これは追完給付の不能または遅滞に対する責任としての瑕疵担保責任の問題であり，稀にしか生じないと考えられる。しかし，新法の理論的な貫徹にとっては重要である。帰責事由の関係点および損害の種類の区別にとって重要な意味を有するからである。給付とともにする損害賠償請求では，瑕疵を知りながら物を給付したド民

---

(192) Canaris, Begriff und Tatbestand des Verzögerungsschadens im neuen Leistungsstörungsrecht, ZIP 2003, S. 326; Huber/Faust, Schuldrechtsmodernisierung, S. 360; Lorenz/Riehm, Lehrb. z. neuen Schuldrecht, S. 293～294; Lorenz, Neues Leistungsstörungs-u. Kaufrecht, 2004, S. 26.

(193) Dauner-Lieb/Dötsch, Schuldrechtsreform: Haftungsgefahren für Zwischenhändler nach neuem Recht? DB 2001, S. 2537.

(194) Dauner-Lieb, a. a. O., Remien (Hrsg.), a. a. O., S. 198～199.

433条1項の義務違反によって責めを負う。しかし，彼は，この損害を除去しうることから出発しうる場合，給付に代わる損害賠償責任を負わない。請負の場合は，仕事の瑕疵が請負人の責めに帰すべき事情によるときは，請負人が不履行による損害賠償義務を負う。ド民旧635条は，請負人が追完履行の不作為について責めを負うことを考慮しないで責任を負うという解決を展開したが，新給付障害法はド民旧635条ではなく，債務者遅滞の場合の債権者の受領拒絶の威嚇を伴った期間指定を定める旧326条に由来する[195]。

売主が物の瑕疵自体につき責めを負うかどうかを問わず，彼に追完履行をしなかったことにつき帰責事由がある場合は，常に給付に代わる損害賠償責任を負うことについて争いはない。かくして売買目的物の当初の瑕疵に関する免責だけでは，債務者の義務違反による損害賠償義務につきその帰責事由を要件とするド民280条1項2文の枠内で，債務者の免責には十分ではない。これに対して実際上従属的な意味しかもたないとしても，売主が瑕疵ある給付について責めを負うが，追完履行をしないことにつき責めを負わない逆の事例は議論されている。学説上通説は，この場合もまた給付に代わる損害賠償責任の肯定に傾く。かくして売主は，瑕疵ある物の給付または有効な追完履行をしないことにつき責めを負う場合に責任を負う[196]。原則として追完履行をしないことに向けられるとする反対の見解は，2006年のツェレ上級ラント裁判所判決[197]を援用する。本判決は，一義的でなく，過大評価すべきでない。本判決によれば，給付に代わる損害賠償について定めるド民281条の枠内で損害賠償の問題にとって売主が売買目的物の瑕疵について責めを負うかどうかではなく，彼が指定期間内の代償給付の不存在について責めを負うかどうかが問題になる。

(6) 瑕疵担保請求権の時効

(イ) 新法制定後の議論

買主の瑕疵担保請求権は，新法によれば，以下のような時効規定に服する。ド民438条（瑕疵担保請求権の時効）「(1) 437条に述べられた請求権（買主の完全履行請求権，損害賠償請求権）は，1　瑕疵が(a)それに基づいて売買目的物の返還が請求されうる第三者の物権，または(b)土地登記簿に登記されたその他の

---

(195) E. Lorenz (Hrsg.), Karlsruher Forum 2005, S. 171～172 [S. Lorenz].
(196) U. Huber, Festschr. f. Schlechtriem, 2003, S. 528～529; Palandt, Komm. z. BGB., 67. Aufl., S. 627 [Weidenkaff].
(197) OLG Celle, ZGS 2006, S. 429.

権利にあるときは，30年，2(a)土地工作物，(b)その通常の使用方法に従って土地工作物のために用いられ，その瑕疵を惹起した物に関する場合は，5年，3 それ以外の場合は2年で時効にかかる。(2)時効は，不動産の場合は引渡，その他の場合は物の引き取りとともに開始する[198]。(3)第1項2号および3号および第2項とは異なり，売主が瑕疵を悪意で黙秘したときは，請求権は通常の消滅時効に服する。しかし，第1項2号の場合は，時効は，そこに定められた期間の徒過の前は効力を生じない。(4) 437条に述べられた解除権については，218条（解除の無効）が適用される。買主は，218条1項による解除の無効にもかかわらず，彼が解除に基づいてその権利を有するであろう限り，売買代価の支払いを拒絶しうる。彼がこの権利を行使したときは，売主は，契約を解除しうる。(5) 437条に述べられた減額請求権には，218条および4項2文が準用される。」

民法438条の時効規定は，給付された物に権利または物の瑕疵がある場合の買主の請求権に適用される。本条は後続損害にも適用されるが，給付または瑕疵に関係しない付随義務違反には本条は適用されず，通常の時効が適用されると解される[199]。しかし，それでは時効について物の瑕疵に関係する付随義務違反と他の義務違反とを区別することになって問題を残すと指摘されている[200]。売主に故意がある場合は通常の時効が適用される（ド民438条3項）。これは売主の立場を弱くするといわれている。売主に認識された瑕疵が売買目的物の受領後30年を過ぎる直前に買主を身体上または健康上の侵害に導いた場合，買主に損害賠償請求権が帰属することになる（ド民199条2項）。瑕疵を理由とするその他の損害賠償請求権については，期間は10年，損害の発生が非常に遅い場合は30年である（ド民199条3項）[201]。

学説上は，民法823条1項で保護されている法律上の財産（生命，身体，健

---

(198) 消費用品売買指令5条1項は，「消費用品の給付後2年以内に契約違反が明らかになったときは，売主は，3条に従って責任を負う。2項による請求権について国内法で消滅時効が適用されるときは，給付のときから2年の期間の経過の前には時効期間は終了しない」と規定している。

(199) Palandt, Komm. z. BGB., 67. Aufl., S. 630 [Weidenkaff]; Bamberger/Roth (Hrsg.), Komm. z. BGB., Bd. 1, 2. Aufl., S. 1918 [Faust].

(200) ヴェスターマン（小川訳）・前掲論文ジュリ1245号166頁。

(201) 永田誠他編・法律学的対話におけるドイツと日本（2006）248頁［レーネン（永田訳）］。

第 3 章　第 1 節　一般売買法

康，所有権）に対する瑕疵後続損害の賠償請求権，例えば，購入した機械が，売主の被用者が有責に惹き起こした製造中の瑕疵によって給付後 2 年以内に爆発を起こした場合の買主の負傷や建物の損壊による損害の賠償請求権は，民法 438 条の適用範囲から外れる（目的論的縮減）とする見解も有力に主張されている[202]。その論拠は，①損害賠償請求権は帰責事由を要件とすること，②挙証責任の観点からも担保責任の特別時効を，帰責事由を要件とする法的救済手段に用いるべきでないことに求められている。しかし，起草者が物の瑕疵から生ずる総ての請求権をド民 438 条の時効に服せしめる意思であったこと，瑕疵損害と瑕疵惹起損害の区別は困難な場合が多いことから，立法者の意思に従うべきだとする見解もある[203]。

　㈹　追完履行と時効

　追完履行の場合にド民 438 条に規定された買主の担保請求権の時効が新たに開始するかどうか。レーネンによれば，追完履行の中に同様にド民 212 条 1 項 1 号の意味の（決定的な）承認がある場合は，時効はすでにこの理由から新たに開始する。それ以外の場合は，まずド民 203 条の停止が問題になる[204]。しかし，売主が追完履行の方法で新しい物を給付したときは，買主が立法者により相当とされた瑕疵発見期間内に権利を行使しえたがゆえに，承認の問題とは独立してド民 438 条の時効の新たな開始を問題とすべきである[205]。瑕疵除去

---

(202) Canaris, a. a. O., Karlsruher Forum 2002, S. 98 f.; G. Wagner, Mangel-und Mangelfolgeschäden im neuen Schuldrecht? JZ 2002, S. 479. 永田誠他編・前掲書 255 頁［レーネン（永田訳）］。

(203) Haas u. a. (Hrsg.), Das neue Schuldrecht, 2002, S. 248 [Haas]; Bamberger / Roth (Hrsg.) Komm. z. BGB., Bd. 1, 2. Aufl., S. 1918 [Faust]; Dauner-Lieb u. a. (Hrsg.), Rechtsanwalt Komm. z. BGB., Bd. 2, Halbbd. 1, S. 589 [Büdenbender].

(204) OLG Koblenz, ZGS 2006, S. 117（中古自動車の売買でセンサーに異常があった。約款には時効期間を 1 年とすると定められていた。裁判所は，時効完成前に買主の請求した追完請求権は直ちにかつ最終的に否定されない限り時効を停止し，両当事者間の協議が中断した場合は，時効停止終了後 3 ヶ月で時効が完成するとした。また時効完成前に解除した場合は，約款に 1 年で時効にかかると規定されているにもかかわらず，その後 3 年（ド民 195 条）で時効にかかるとした）。

(205) 同旨：Bamberger/Roth (Hrsg.), Komm. z. BGB., Bd. 1, 2. Aufl., S. 1929 [Faust]。反対：Auktor/Mönch, Nacherfüllung——nur noch auf Kulanz? NJW 2005, S. 1687（承認がある場合にのみ新たな時効の進行の開始が認められる）; S. Lorenz, a. a. O., S. 5. 岡・前掲論文広中俊男先生傘寿記念論文集 719 頁参照。

による追完履行の場合は，追完履行の客体である瑕疵により理由づけられる請求権に関してのみ時効の新たな開始が問題となる。しかし，連邦最高裁は，大手の建築会社と材木類の供給業者との間の供給契約において，建築会社の作成した「供給業者による追完履行の方法で新たに供給されまたは修補された部分については時効期間が（追完履行のときから）新たに進行を開始する」という約款上の条項を建築会社が一方的に相手方の費用で自己の利益を追求するもので権利の濫用だとした（ド民307条）[206]。

　ドイツの売主の瑕疵担保責任期間は引渡し後6ヶ月であつたが（ド民旧490条），新法のもとではそれが最短2年に延長された。経済団体は，期間が4倍になったことによる製造と取引の負担を許容することはほとんど不可能だと批判し，多くの企業は，2年間という負担を買主が6ヶ月経過後に目的物にすでに給付のときから瑕疵があったことを証明しなければならないという特約を一般化することによって縮減する試みをしているといわれる[207]。

(7)　瑕疵担保責任と詐欺取消および契約締結上の過失による解除との競合

　通説によれば，法律行為的な決定の自由の保護（詐欺取消（ド民123条））は，担保法により排除されないのだから，かような場合買主は売買契約を取り消すことができる[208]。これは債務法改正以前から認められている。これに対して，契約締結上の過失に基づく解除と瑕疵担保に基づく解除との関係については議論がある。旧法下においては，ド民旧459条以下は購入物の性状に瑕疵がある場合について完結的な準則を規定しているという理由で，目的物の性状または性質に関して売主の過失により説明懈怠または誤った説明がなされた場合，危

(206)　BGHZ 164, S. 196 = NJW 2006, S. 47（消費者団体たる原告が建設業者たる被告にド民307条（約款規制）に基づいて約款上の条項の無効を求めて提訴した事例で，原審はこの条項を有効とした）。ド民307条（内容の規制）「(1)普通契約約款中の規定は，それが信義則に反して使用者の相手方を不相当に害する時は無効である。不相当な不利益は，規定が不明確であり，かつ理解し難いことからも生じうる。(2)不相当な不利益は，疑わしい場合には，規定が①相違している法律上の規定の重要な基礎的思考と一致せず，または，②契約の性質から生じる，重要な権利または義務が制限され，その結果契約目的の到達が危殆化されるときにも，認められうる。(3)1項および2項ならびに308条（評価可能性を伴なった条項の禁止）および309条（評価可能性のない条項の禁止）は，法律規定と相違し，またはこれを保管する取り決めが合意される，普通契約約款中の規定にのみ適用される。他の規定は，1項1文と結びついた1項2文にしたがって無効となりうる。」

(207)　永田他編・前掲書258頁［レーネン（永田訳）］。

第 3 章　第 1 節　一般売買法

険移転後は契約締結上の過失責任は排除されるとされたが[209]，売主の説明懈怠または誤った説明が故意による場合および性質保証がなされている場合（ド民旧463条参照）や権利の瑕疵に対する責任（ド民旧434条）が問題となる場合は[210]，契約締結上の過失責任が重畳的に適用された[211]。また旧法下において，売主の説明が物の性状または性質に関する物ではない場合[212]や企業売買で売主が企業の収益または売り上げに関して誤った説明をした場合[213]，不動産売買で不動産の収益または税制上の利益に関して誤った説明をした場合[214]は，そもそも瑕疵担保責任は問題とならないとされた。旧法下では，物の性状は原則として有形的な特徴によって判断され，また有形性以外の物の外在的な事情（性質）も考慮に入れられたが，それは，物自体の性質に瑕疵の原因があり，物自体に由来し，または物自体に一定期間付着していることが要件とされたことが[215]このような立場をとる論拠となった[216]。

　新法のもとでもこのような瑕疵担保規定の優先的適用肯定説が多数を占めている。その論拠は，旧債務法でも認められていたように，売主の担保責任に関する特別規定を重視すべきであること，および新債務法による担保責任法の展開が契約締結上の過失による買主の付加的な保護の必要を減殺したことに求められている。新法によれば，売主の給付に代わる損害賠償請求権は，性質保証や詐欺的な瑕疵の黙秘の場合だけでなく，ド民280条以下，特にド民311a条2項により総ての過失に拡大されたというのである。同時に新売買法は，正当な買主の期待を保護しており（ド民434条1項2文2号），売買目的物に付帯すべき性質が問題になる限り，売買の担保責任法により買主の期待が十分に保護されている。その限りで契約締結上の過失による固有の付加的な信頼関係は必要

---

(208)　反対：H. Roth, JZ 2006, S. 1026.
(209)　BGHZ 60, S. 319（海岸土地判決）; BGHZ 114, S. 263; BGH NJW 2004, S. 2301（旧法下の判決）など。
(210)　BGH NJW 2000, S. 803; BGH NJW 2001, S. 2875 など。
(211)　古谷貴之「ドイツ新債務法における瑕疵担保法と契約締結上の過失の交錯」同志社法学60巻5号（2008）81～82頁。
(212)　BGH NJW 1962, S. 1196（旋盤事件：引渡を受けた旋盤が契約当事者間で予定した設置場所に納まらなかった事例）。
(213)　BGH NJW 1997, S. 1536.
(214)　BGH NJW 1998, S. 302.
(215)　BGH NJW 1985, S. 2472.
(216)　古谷・前掲論文同志社法学60巻5号83頁参照。

ではない(217)。この立場ではまた，①契約締結上の過失による責任は通常の時効にかかるため，瑕疵担保責任の時効完成後も売主の責任が追求されることになること，②新法では追完請求権の優先が規定されているため，契約締結上の過失責任の競合を認めるとこれを無視する結果になること，③瑕疵担保は等価性利益の保護を，契約締結上の過失は決定自由の保護を目的とするが，後者は等価性利益の保護をも目的とし，両者の目的はその限度で共通性を有することを論拠に求めている(218)。これに対して，有力説は，①有責に振舞った売主に瑕疵担保責任の短期時効による特権を与えることはできない，②物の買主は，給付と反対給付との等価性に関してだけでなく，自己の財産への損失を回避するためにも，正確な説明を受ける利益を有するという理由で，瑕疵担保責任と契約締結上の過失責任との競合を肯定する(219)。なお学説上は，規範調整の立場から両責任の競合を認めながら，契約締結上の過失に基づく請求権についてド民438条の類推適用を検討するもの(220)や契約締結上の過失に基づく請求権を行使するためにはまず追完請求権を行使することが必要だとする見解がある(221)。新法では瑕疵は主観的瑕疵を含むことが明記されたため（ド民434条1項），性状の継続性や付着の要件は問題にならないとするのが多数説になっており(222)，また権利の瑕疵も物の瑕疵と同様に瑕疵担保責任法に服することになったため（ド民433条1項），権利の瑕疵の場合にも，多数説によれば契約締結上の過失責任は排除されることになるが(223)，売主が悪意の場合については，旧法下の多数説の立場を維持し，契約締結上の過失責任との競合を認める見

---

(217) Schulze/Ebers, Streitfragen im neuen Schuldrecht, JuS 2004, S. 463; H. Roth, a. a. O., JZ 2006, S. 1026.
(218) Weiler, ZGS 2002, S. 254. 古谷・前掲論文同志社法学60巻5号89頁以下参照。
(219) Häublein, Der Beschaffenheitsbegriff und seine Bedeutung für das Verhältnis der Haftung aus culpa in contrahendo zum Kaufrecht, NJW 2003, S. 391; Lorenz, a. a. O., NJW 2006, S. 4. PECL 4 : 119条は，明示的に責任競合を肯定する立場をとっている。
(220) Reischl, Grundfälle zum neuen Schudrecht, JuS 2003, S. 1079 f.
(221) Häublein, a. a. O., NJW 2003, S. 393.
(222) Weiler, a. a. O., ZGS 2002, S. 255 f.; Häublein, a. a. O., NJW 2003, S. 389 f.: Roth, a. a. O., NJW 2004, S. 330 f; Schulze / Ebers, a. a. O., JuS 2004, S. 463 など。反対：U. Huber, AcP 202, S. 224 f; Herrstahl, a. a. O., JZ 2003, S. 126 f.
(223) Weiler, a. a. O., ZGS 2002, S. 256; Palandt, Komm. z. BGB., 67. Aufl., para. 311 Rn. 16 ［Grüneberg］, para. 437 Rn. 51 a ［Weidenkaff］など。

解[224]と新債務法のもとでは売主が悪意の場合であっても瑕疵担保法上の追完請求権が優先し、契約締結上の過失を重畳的に適用することでこのことが空洞化されてはならない、また売主が悪意の場合には通常の時効期間（ド民195条）が適用されるため、契約締結上の過失責任を認める実益はないとする見解[225]が対立している。古谷教授は、新法のもとでは契約締結上の過失責任の適用領域が制限されることになり、説明義務、情報提供義務の役割が十分に評価されないことになるのではないかとの危惧を表明される[226]。

(8) 売買における担保（Garantie）

ローレンツによれば、売買における担保の概念は全く不必要な議論をもたらした。その原因は、この概念が最高に様々な方法で用いられることにある。まず各々の給付約束にはこれを履行するという自明的な約束が内在している。かような通常の担保は同時に、知られたまたは過失により知られていない給付障害について責任を負おうとする約束を含む。それを超えてその概念は、法律が明らかに、通常の担保を超えて、特定の義務違反について過失とは無関係に責任を負おうとする約束もまたなすことを許容するがゆえに、ド民276条の帰責事由との関係で重要性を帯びる。そういう場合であるかどうか、そしてかような約束がどの範囲にまで及ぶかは、もっぱらもちろん受領者の側からある類型化をなしうる当事者意思に依存する。かくして、瑕疵ある特定物または種類物の給付における過失とは無関係な損害賠償義務の意味における担保の引き受けおよび範囲は、これからもずっと当事者意思の問題であり、従来の法とは異なって解答されえない[227]。旧規定中には、売主の売買目的物の性状についての言明（Zusicherung）に無過失責任を負わせる規定があった（旧463条）。この規定は、物の性質についての保証（事故車でないなど）を要件とするものであったが、新法の担保（Garantie）の引受は、売買目的物の性状に関する売主の表明に限らない。ただし、売主はその言明がもたらす法律効果を引き受ける意思をもっていることを明示しなければならない[228]。それに反して性質保証または耐用年数の保証の場合、買主が法定の担保責任とは無関係に保証責任を

---

(224) S. Lorenz, a. a. O., NJW 2007, S. 4 ; Rösler, AcP 207, S. 603.
(225) Mertens, AcP 203, S. 830.
(226) 古谷・前掲論文同志社法学60巻5号94〜95頁。
(227) E. Lorenz (Hrsg.), Karlsruher Forum 2005, S. 122 [S. Lorenz].
(228) ヴェスターマン（小川訳）・前掲論文ジュリ1245号156頁。

負うとする。ド民443条1項は，消費用品売買指令に由来する空虚な形式を表す。その規定は単に構成要件上独立し，または独立していない担保を定め，それに際して製造者の担保として必然的に独立の担保を，売主の担保として通例非独立的な担保を規定する，融通無碍な担保の概念を定義する。その規定は，法律効果として「契約は遵守されるべきだ」以外のことを包含していないがゆえに，純粋に宣言的である。耐用期間の保証のある場合は，その期間内に生じた物の瑕疵は担保責任を生ぜしめると推定されるとする。ド民443条2項は，本質的に従来の連邦最高裁判例と一致する[229]，担保期間中に生じた瑕疵に関する解釈原則ならびに立証負担の原則を包含する[230]。

立法者の関与により今や責任排除と瑕疵担保免責の合意がある場合でも，売主が瑕疵を悪意で黙秘し，または物の性質保証を引き受けた限りにおいて責任を免れないとするド民444条の担保と責任排除との関係が問題となりうる。新法下の判例によれば，免責特約付きで建物およびその敷地を購入した場合に，売主が瑕疵について悪意であれば，すなわち，欠陥を基礎づける事情を知りまたはそれがありうるとみていれば，買主は無催告で解除しうる[231]。売主が保証（損害担保約束）をした場合については，個別的契約でも保証があれば売主のあらゆる責任制限は不可能になるのではないか，特に企業買収において売主の瑕疵担保責任を一定の最高限度額に制限することも不可能になるのではないかが議論された。ドイツの学説は，①ド民444条をそのまま適用し，売主が物の性質を保証した（損害担保約束をした）場合は，売主は責任を免れないという見解と②この場合損害担保が当初から制限された内容で引き受けられているときは，新444条は適用されないとする見解（ヴェスターマンなど多数説）に分かれている[232]。ローレンツも，ド民444条は，すでにその最初の定式化にお

---

(229) BGH NJW 1996, S. 2504（新車の売買で「引渡後1年間担保の責めに任じる」という約款の規定があった事例（旧法下の事件である），裁判所は，法定の時効期間を超える買主の非独立的担保約束の場合，瑕疵が買主の責任領域に属する外部的作用によることは売主が立証すべきだとした）.

(230) E. Lorenz (Hrsg.), Karlsruher Forum 2005, S. 122 [S. Lorenz].

(231) BGH. Beschl. NJW 2007, S. 835（大雨が降ると地表の水と地下水があふれ出してガレージや地下貯蔵室が水びたしになった事例）; 前掲BGHZ 167 ＝NJW 2006, S. 1960（購入した分譲住宅に湿気損害（額は売買代金の3％）があった事例。原審は，軽微な瑕疵だから解除できないとしたが，連邦最高裁は，売主が悪意で告げなかったときは，債務者の利益を尊重する必要はないとした）.

いて自明的なこと，すなわち，責任の排除は，独立のまたは独立していない担保と矛盾すべきではないが，担保の範囲は自明的に担保供与者の私的自治に基づく決定に委ねられることを定めている。それによって持分および事業の売買の分野で通常の制限的な担保が自明的にこれからもずっと可能である。それはもちろんすでに新法が明らかにする前に（2004年12月2日（2004年12月8日施行）の金融サービスにおける通信取引契約に関する規定の変更法1条6号[233]）一義的であった[234]。

---

(232) Vgl. Dauner-Lieb u. Hensler (Hrsg.), Unternehmenskauf und Schuldrechtsmodernisierung, Fachtagung der Bayer-Stiftung für deutsches und internationals Arbeits- und Wirtschaftsrecht am 6. und 7. Juli 2002, S. 57 f. [M. Lieb, G. Picot]. 渡辺拓「帰責事由としての性質保証と損害担保」静岡大学法政研究8巻3・4号（2004）177頁以下，ヴェスターマン（小川訳）・前掲論文ジュリ1245号157頁参照。
(233) BGBl 2004 1, S. 3102（ド民444条および639条の修正）。2004年の改正までは，ド民444条，639条は，瑕疵担保責任減免の合意があるときでも，売主が瑕疵を悪意で黙秘しまたは物の性質保証を引き受けた場合は，売主，請負人は責めを負わないと規定していたが，2004年の改正により「場合は」が「限りにおいて」に改められた。
(234) E. Lorenz (Hrsg.), Karlsruher Forum 2005, S. 123 [S. Lorenz].

第1部 ドイツ新債務法7年の歩み

第2節　消費用品売買

1　はじめに

　ローレンツは次のように述べる。私的自治に関して最も決定的なものは，疑いもなく，消費用品売買指令により提示された消費用品売買法のルールである。この規定の最も重要な特徴は，例えば，ド民476条[1]のような買主を保護する規定と並んで，ド民475条による事業者と消費者の間の関係における私的自治の大幅な制限である。この領域ではどの中心に私的自治のために残された裁量の問題があるかという重要な詳細な問題が議論されている。ド民478条，479条の供給者の償還に関する規定が私的自治のルールのためにどの範囲まで余地を残すかという問題もまだ解明されていない。この問題の解答は，指令に適った解釈の命令およびその売買法および給付障害法への拡大によって決定的に影響を受ける[2]。

　立法者が消費用品売買指令を全売買法の模範として採用することにより，本来の消費用品売買指令がド民474条以下において概観しうる素材となった。この場合重点は，消費者のための私的自治の制限（ド民475条），標準時における瑕疵の存在の挙証責任の転換（ド民476条），もはや本来の消費用品売買には関しないが，これと結びついた供給者に対する償還の規定（ド民478条，479条）に置かれている。これに対して，実務にとってド民474条2項により定められたド民445条（公競売における担保責任の制限）および447条（送付売買における売主の運送人等への商品の交付時危険移転）の不適用は，特に送付売買において，その他にも事業者と消費者との関係において代価危険の異なった分担が実行されるがゆえに，重要な変更ではない。その他ド民447条の不適用は，履行地および事物危険の問題をなんら変えない[3]。ローレンツは，ド民475条1項によって命じられた排他的な性質は，その内容が消費用品売買指令の国内施行に

（1）　ド民476条（挙証責任の転換）「危険移転後6ヶ月以内に物の瑕疵がみつかったときは，この推定が物または瑕疵の種類と相容れない場合を除いて，その物が危険移転時にすでに瑕疵があったものと推定される。」

（2）　E. Lorenz (Hrsg.), Karlsruher Forum 2005, S. 35 [S. Lorenz].

228

よって定められた規範にのみ関わるべきであって，ド民474条2項に規定されたド民447条との違いはこの規範には属しないから，組織的な送付売買の分野で契約上のド民447条への再帰という選択は実際上許されるとする。ド民474条2項が，当事者がド民447条に一致した対価危険の分担を合意しうるという効果を伴った任意法規かどうかという問題は肯定されうるが(4)，ド民474条2項の指導形象機能が普通約款上のかような合意を排除するがゆえに実際上は問題とはならない(5)。

消費用品売買の適用範囲

(1) 事業者概念と利益獲得目的

ド民474条以下は，人的には売主としての事業者と買主としての消費者の関係についてのみ適用される。ド民14条(6)の事業者概念について連邦最高裁は，利益獲得目的を放棄し，継続的に独立してまたは営業として活動しているが，単に趣味から行っている活動による損失を減少させようとしている者も事業者に分類した(7)。商人概念（ド商1条(8)）についても利得追求目的の要件を維持

---

(3) BGH NJW 2003, S. 3341（新債務法適用前の事例である）; S. Lorenz, Leistungsgefahr, Gegenleistungsgefahr und Erfüllungsort beim Verbrauchsgüterkauf, JuS 2004, S. 105 f.; Münch. Komm. z. BGB., Bd. 3, 5. Aufl., S. 466 [S. Lorenz]. 反対：Brüggemeier, Das neue Kaufrecht des Bürg. Gesetzbuches, WM 2002, S. 1386.

(4) Münch. Komm. z. BGB., Bd. 3, 5. Aufl., S. 468 [S. Lorenz]; Canaris, Schuldrechtsmodernisierung 2002, S. ⅩⅩⅩⅣ; Bamberger/Roth (Hrsg.), Komm. z. BGB. , Bd. 1, 2. Aufl., S. 1981〜1982 [Faust]. 反対：Haas/Medicus/Rolland/Schäfer/Wendtland, Das neue Schuldrecht, 2002, S. 267 [Haas]: Oetker/Maultzsch, Vertragliche Schuldverhältnisse, 2. Aufl., 2004, S. 183.

(5) Münch. Komm. z. BGB., Bd. 3, 5. Aufl., S. 468〜469 [S. Lorenz].

(6) ド民13条(消費者)「消費者とは，その営業上の活動にも，またその独立職務的活動にも加えられない目的で法律行為を締結する総ての自然人をいう。」ド民14条（事業者)「(1)事業者とは，法律行為の締結に際して営業上または独立職務的な活動において行為する自然人，法人または権利能力を有する人的会社をいう。(2)権利能力ある人的会社とは，権利を取得しまたは義務を負担する資格を付与された人的会社をいう。」両法条の経緯および立法的当否に関する議論については，佐藤啓子「人としての消費者」名古屋大学法政論集201号（2004）459頁以下参照。

(7) BGH NJW 2006, S. 2250（被告はアラビア馬の種付け業者である。原告が被告から馬を購入し，引渡を受けたが，購入後6ヶ月が経過する前に健康上の瑕疵（夏湿疹というアレルギーの一種）を発見して解除の意思表示をした。裁判所は，消費用品の売買であることを認めながら，本件ではド民476条の瑕疵の推定は認められないとした）。

するかどうかについては，連邦最高裁は，立場をはっきりさせていない。かなり前から連邦最高裁は，売主に事業者であると欺いた消費者は，ド民242条（信義則）により消費者だと主張しえないとした[9]。判例の立場もまたヨーロッパの基準と一致している。しかし，これらの事例を度外視すると，消費者保護の理由から，事業者概念と消費者概念は客観的である，すなわち，相手方にとっての認識可能性を考慮することなしに決定されうるという原則にとどまっている。権利外観責任，権利濫用禁止および錯誤論の原則による是正は，この場合排除されない[10]。

困難を提供するのは，法律行為の締結が一義的に私的なまたは事業上の目的に帰属されえない場合（営業上にもまた私的にも使われるパソコンの調達のような二重の使用）である。一つの立場は，これらの場合常に私的なまたは事業上の行為を認める。ヨーロッパ裁判所[11]は，EuGVU（民事および商事事件における裁判の管轄および裁判の強制執行に関する条約）13条[12]の消費者の裁判管轄に関して職業―，営業的目的が全く従属的な役割しか演じない場合にのみ消費者資格を認める。本判決によれば，消費者保護規定を援用する者は，彼が法律行為

---

(8) ド商1条（商人）（1998）「(1)本法典における商人とは，商業を営む者をいう。(2)商売とは，その事業が種類または範囲に従って商人的な方法で行われる事業を要求しない場合を除く総ての事業である。」

(9) BGH NJW 2005, S. 1045（中古自動車の買主が実際は事業者ではないのに事業者と表示した場合，買主は消費用品売買についての民法の規定（免責約款の効力制限規定）の保護を受けられない）．

(10) Herrestahl, Scheinunternehmer und Scheinverbraucher im BGB, JZ 2006, S. 699 f.

(11) EuGH., Urt. v. 20. 1. 2005, C‑464 / 01 (Gruber/BayWaAG), NJW S. 653.

(12) EuGVU (1968) 13条（消費者事件における訴え）「ある者がこの者（消費者）の職務上または営業上の活動に帰されえない目的のために締結した契約に基づく訴えについては，4条及び5条5号（支局等のある場合）を除いて，①分割払いの動産売買が問題になる場合，②不払いで返済される消費貸借またはかような物の売買の融資のための他の与信契約が問題になる場合，その他の契約については，それがサービスの提供または動産の引渡を目的とする場合，(a)消費者の居住地国の契約締結に明示的な申し込みまたは広告が先行し，かつ(b)当該国の消費者が契約の締結に必要な法律行為を行った限りにおいて，管轄は本条項に従う。消費者の相手方が条約国の領土に住所を有しないが，条約国に支店所在地，代理人その他の居所を有するときは，彼はその事業に基づく紛争のために彼が当該国の領土に住所を有しているごとくに扱われる。本条項は，運送契約には適用されえない。」

締結時に職業―,営業的目的が単に従属的なものでしかなかったことを挙証しなければならない。これに対して有力説は,主に私的に利用されるものであればよいとする[13]。この議論は,営業上または独立の職業上の活動の承認に役立つ生計維持行為についてもあてはまる。これは通説,判例によれば,ド民507条[14]とは逆に消費者行為ではない[15]。これに対して,大量取引でなく,極めて高額な商品の取引がなされたというだけでは,消費者取引を否定すべきではない[16]。

(2) 競　　売

ド民474条1項2文[17]により公競売における中古品の売買は,消費用品売買法の適用領域から排除されている。連邦最高裁は,公競売の概念がド民383条3項[18]のそれと一致する。すなわち,競売が競売地で選任された執行官,競売の権限を有する他の官吏または公に選任された営業規則(GewO) 34b条5項[19]の意味の競売人により公になされた場合にのみ満たされることを明ら

---

[13] Pfeiffer, Vom kaufmännischen Verkehr zum Unternehmensverkehr, NJW 1999, S. 173; Palandt, Komm. z. BGB., 67. Aufl., S. 657 [Weidenkaff]; Fikentscher/ Heinemann, Schuldrecht, 10. Aufl., 2006, S. 279 など。

[14] ド民507条(生計維持者への適用)「ド民491条〜506条(消費者信用契約)は,純消費貸借額または実際に支払った金額が5万ユーロを超える場合を除き,営業地または独立した職業上の活動のために消費貸借,支払いの延期またはその他の融資の援助を供与せしめ,またはこの目的で分割供給契約を締結する自然人にも適用される。」

[15] BGHZ 162, S. 253 =NJW 2005, S. 1273 (勤務医として働いていた医師が非従属的事業者となるために勤務先の団体の持分を取得した。しかし,その団体の他の持分権者からパートナー契約の解消を通告され,示談金の支払いを要求された。パートナー契約に含まれている調停手続条項の効力が問題となり,当該医師は,自分は消費者だから,調停条項が単に契約書面に記載されているだけでは足りず,調停手続に関する合意のみを含む,当事者が署名した特別の書面が必要だと主張したが,裁判所はこの主張を斥けた)。

[16] EuGH., v. 27. 4. 1999 -Rs. C- 99 / 96 (Hans-Hermann Mietz/Intership Yachting Sneek BV), Slg. 1999, I 2277 (クルーザー事件) (12万5000ユーロで建造されたモータークルーザーの売買,代金を5回に分割して支払うものとされた)。

[17] ド民474条1項2文「消費者が個人的に関与しうる公的競売で売却される中古品にはこれ(消費用品売買に適用される規定(475条以下))は適用されない。」

[18] ド民383条(供託できない物の競売)「(3)競売は,競売の場所のために指定された執行官または競売の権限を有する他の職員または公的に雇用された競売人により公的になされねばならない(公的競売)。競売の時期および場所は物の一般的な表示のもとに公的に知らされねばならない。」

かにした[20]。

(3) 代理行為

　ド民475条による事業者，消費者関係における担保権の契約上の制限の大幅な禁止は，特に中古車販売で，売上税上の差額への課税の導入の前に実行されていた代理行為の再生に導いた。顧客の中古車を新車の販売に際して引き取った自動車業者は，再びこれを顧客の名で転売する。消費者への転売は，その場合消費用品の売買ではないから，ド民475条の狭い限界からの担保責任の排除が可能である。連邦最高裁が判示したように，代理行為は，すでにそれ自体としてド民475条1項2文の脱法禁止の違反ではなく，原則的に許容されうる。脱法の禁止は，販売業者が売主に最低価格を保証し，経済的契約危険を負担することにより，自動車の売主とみなされうる場合に観察に現れる[21]。そうであるとすると，連邦最高裁は，法律効果において中古車商人と買主の間の契約の擬制を認める傾向にあるようにみえる[22]。本最判の事例では，事業者が新車の買主から下取りに出された中古車を自己の名前でなく，新車の買主の名前で売却した［ケース15］。この者がド民13条の意味における消費者だとしても，中古車の買主との売買契約は，ド民474条以下の人的適用領域には属しない。かくして合意による担保責任の排除の可能性という効果を伴ったド民475条1項は適用されない。代理取引では回避行為は，（消極的）契約自由が事業

---

(19) 営業規則（GewO）34ｂ条5項「申し立てにより特別に専門的な競売人が一般的に公的に選任されうる。管轄権を有する官署である法人はその例外である。これは，競売人の被用者のために準用される。選任は，このために競売サービスの必要がある限り，特定の種類の競売のためになされうる。1文により公的に選任された者は，彼がその任務を良心的に，誰からも指図を受けず，かつどの立場にも捉われないで実行することを宣誓しなければならない。」

(20) BGH NJW 2006, S. 613（猟刀の競売で，競売人は公的な資格を有しなかった。本競売条項には瑕疵担保免責条項があった）。

(21) BGH NJW 2005, S. 1039.

(22) Bamberger/Roth (Hrsg.), Komm. z. BGB., Bd. 1, 2. Aufl., S. 2032 [Faust]（ファウストは，BGH NJW 2007, S. 759（中古車の売買で，買主が引渡後その車のエンジンがかなり磨耗していることがわかった。その売買では中古車販売業者が売主（被告）の代理人になった。裁判所は，瑕疵担保責任の免除を受けるために事業者たる売主が消費者を仮装したときは，脱法行為として売主が瑕疵担保の責めを負うことを一般論としては認めながら，本事例では自動車に瑕疵がないとした）を挙げる）; Münch. Komm. z. BGB., Bd. 3, 5. Aufl., S. 480 [S. Lorenz].

者に，下取りを拒絶し，新車の取得者にその中古車を他の方法で自ら譲渡することを指示することもまた許容するがゆえに，原則として存在しえない(23)。

　代理行為には構成要件の回避ではなく，常に許容される行為の回避がある。既述のように事業者がその買主の中古車を自己の名前で消費者に転売した場合だけでなく，それを超えて下取りに出した買主に最低額を保証し，彼に転売のときまで新車の売買代価を猶予した，すなわち，それに際して（代理法上の顕名主義を超えた）透明性原則が問題になることなしに，経済的な観点において契約危険を負担する場合にのみ，代理行為が回避行為になりうる。買主にとって事業者が自己の名前でなく，他の消費者の名前で行為していることが明らかでなかった場合は，この者がすでにド民164条2項[24]によって自ら義務を負い，その結果ド民474条以下の人的適用領域が，ド民475条1項2文の回避行為の禁止に基づいて開かれる(25)。

　回避行為は，事業者が物の売買について意識して消費者を間接代理人（わら人形）として介在させた場合にも問題になる。これはド民474条以下の適用を回避するため，特にド民475条1項1文に反して消費者（買主）の契約上の権利の制限を惹起するために行われる(26)。判例は，わら人形形式の場合も，代理形式の場合と同様に事業者が責任を免れないときは，中古自動車買主は，事業者たる新車売主（わら人形の本人）を相手方として瑕疵担保責任を追求すべきであるとする(27)。これに対してローレンツによれば，この場合も回避行為が肯定される場合は，法的効果としてもちろん事業者と消費者の間の契約が擬制されるのではなく，事業者の事業者性が売主として現れた消費者（売主）に帰せしめられうる。総てのそれ以上のものはこれらの者の内部関係に委ねられ，買主と事業者の間の直接的請求権は契約締結上の過失によってのみ考えられる（ド民280条1項，311条2項，3項，241条2項）[28]。

---

(23) S. Lorenz, a. a. O., NJW 2007, S. 7. 反対：Schlechtriem, Schuldrecht Bes. Teil, 6. Aufl., 2003, S. 44（一般的に許容されない脱法行為）.
(24) ド民164条（代理人の表示の効果）「(2)他人の名で行為する意思が表面的に認めえないときは，自己の名で行為する意思の欠缺は考慮されない。」
(25) E. Lorenz (Hrsg.), Karlsruher Forum 2005, S. 126 [S. Lorenz].
(26) Münch. Komm. z. BGB., Bd. 3, 5. Aufl., S. 479 [S. Lorenz].
(27) BGH. NJW 2007, S. 759.

(4) リース契約

顧客に賃貸借契約上の担保請求権の排除のもとに，リース業者の売主に対する売買法上の担保請求権が譲渡される，リースに類型的な譲渡構成においても，連邦最高裁は，それを脱法行為とはしていない[28]。したがってリース業者は，顧客に消費用品売買の場合のような権利を与える義務を負わない[30]。これは消費用品売買指令の基準とも一致する。かくして特に売主は，リース業者との間でド民475条の狭い限界の外で責任の限界を合意しうる。リース業者と顧客の間の法律関係について，買主としてのリース業者と売主の間の許容される担保の排除の間接的なリース法上の効果はそれと区別されうる。リース業者が顧客に対してその場合存在しなかった担保請求権の譲渡と引き換えに賃貸借法上の担保を排除したとすれば，この排除はド民307条1項1文により無効である[31]。リース契約におけるこの注意深い法律関係の分類は支持されうる。総てのそれ以外の解決は，そうでなくても疑わしいド民475条における私的自治の制限を間接的に事業者間の関係に移すことになろう[32]。

3 責任制限のための残された余地

ローレンツによれば，ド民475条は，事業者と消費者の関係について担保の制限のために狭い余地のみを与える。帰責事由とは無関係な買主の法的救済（追完履行，解除，代金減額）は，ド民475条2項によれば，中古品の場合においてのみ1年という時効期間に制限されうる。したがって，実務がすぐにド民475条の適用領域を回避する道を探求したことは驚くに値しない。この場合ド

---

(28) Münch. Komm. z. BGB., Bd. 3, 5. Aufl., S. 480 ～ 481 [S. Lorenz]; S. Lorenz, Die Rechtsfolgen eines Verstosses gegen das Umgebungsverbot im Verbrauchsgüterkaufrecht bei Agentur-und Strohmanngeschäften, Festschrift für Westermann, 2008, S. 423 ～ 424. 反対：Bamberger/Roth (Hrsg.), Komm. z. BGB., Bd. 1, 2. Aufl., S. 2032 [Faust]（ファウストは，①新車の買主が事業者に中古車を売却し，更に事業者が中古車を転売する（中古車の買主はド民474条以下の適用を受ける），②新車の買主から中古車の買主に売買がなされるが，後者には事業者に対する担保請求権が帰属するという二つの構成を提唱する）．

(29) BGH NJW 2006, S. 1066.

(30) 反対：v. Westphalen, Auswirkungen der Schuldrechtsreform auf das Leasingrecht, ZIP 2006, S. 1635 f.

(31) 前掲 BGH NJW 2006, S. 1066.

(32) Lorenz, a. a. O., NJW 2007, S. 7～8.

第3章　第2節　消費用品売買

民434条の主観的瑕疵概念が最初の攻撃点となる。疑いもなく売買目的物自体の契約適合性の問題が，消費用品売買においても当事者の処分に委ねられている，すなわち，客観的指標を排除する性質合意の可能性が主観的瑕疵概念の枠内で残っているからである。それに際してもちろんもっぱらかような性質合意の文言ではなく，当事者の一致した事実上の意思が問題とされるべきであり，その結果当事者の一致した意思に従って事業に関して素人細工の自動車または金属くずとして譲渡された自動車という表示は，その限りでド民475条1項2文の規定の潜脱とみるべきであり，瑕疵担保責任の排除に導きえない。ド民475条2項[33]の意味における中古品という概念もまた，当事者の処分に委ねられない。その結果ちょっと乗っただけの新車は中古品として売却されえない。

　中古品の概念は，この場合連邦最高裁の見解に従えば，客観的に決定されうる。すなわち，当事者の主観は排除される。新古車のような事実上使用されていない客体は，中古品として売却されえない。連邦最高裁は，この関係で家畜がド民475条2項の中古品となりうるかどうかという問題について見解を表明した。この場合家畜がどのような目的に役立つか，そのためにすでに使われたことがあるかという問題とは無関係に，出生後ある期間の経過だけにより中古品となるかはペンディングのままである。いずれにせよ若い家畜は新しいものとみなされうる[34]。

　事業者が契約締結前に具体的瑕疵を指示し，かつ，ド民442条1項の法定の担保責任の排除を惹起した場合は，当然にド民475条1項により許容されない消費者に不利な合意は存しない[35]。許容される性質合意ないし責任を排除する表示とド民475条により許容されない責任制限との決定的な限界は，買主が知れていない瑕疵の危険を負担するかどうかにある。これを相当な代価の値引と引き換えに買主に移転させることを，ド民475条1項は，帰責事由とは無関

---

(33)　ド民475条2項「ド民437条に列挙された請求権の時効は，合意が法定の時効の開始時から2年以下の時効期間，中古品の場合は1年以下の時効期間に導く場合は，事業者への瑕疵の通知の前に法律行為により軽減されえない。」
(34)　BGH. Urt. v. 15. 11. 2006, VIII ZR 3 / 06.
(35)　OLG Oldenburg ZGS 2004, S. 75（中古自動車の売買で，買主が修理して使う（Bastlerauto）と契約書に表記されていた事例，裁判所は，このような表記のある中古自動車の売買でも，買主が自ら修理する能力のない消費者であり，かつ代価が4900ユーロである本事例では，ド民475条1項1文の脱法行為として当該条項は無効となるとした）。

係に彼に帰属する法的救済に関して排除する。この激しい契約の自由への侵害により消費者から同時に意味がありかつ利益を生み出す危険行為の可能性が奪われることは[36]、法政策的に誤りであるが、憲法適合性を問題にしない限り受け入れられうる。意識的に類型化された規定の性質に鑑みて、個別化された観察方法の枠内で、消費者に個々の場合にド民 242 条（信義則）に従ってド民 475 条 1 項の援用を拒絶することもまた排除されうる[37]。消費者概念自体もまた当事者の処分には委ねられない。ド民 474 条以下の人的適用領域の問題は、消費者が事業者に対して自ら事業者として振舞う場合は、これとは区別されうる。ドイツ連邦最高裁は、この場合ド民 474 条以下の適用可能性を否定し、担保責任の排除を有効とした[38]。

4　ド民 476 条の瑕疵の推定

新売買法に関する連邦最高裁の最初の判決はド民 476 条の瑕疵の推定の範囲に関わるものである[39]。連邦最高裁は、推定をもっぱら消費者によって立証

---

(36)　Vgl. Canaris, Wandlungen des Schuldvertragsrechts——Tendenzen zu seiner Materialisierung, AcP 200 (2000), S. 362～363.

(37)　Adomeit, a. a. O., JZ 2003, S. 1054; Schulte-Nölke, Anforderungen an haftungseinschränkende Beschaffenheitsvereinbarungen beim Verbrauchsgüterkauf, ZGS 2003, S. 187（消費者に十分に情報が提供されて、消費者がそれに基づいて契約締結を決定した場合は、消費者の契約の自由が認められてよいが、約款に基づいて行われる性質合意や説明ではいずれにしても不十分であり、ド民 475 条 1 項により事業者は免責を主張しえない）。

(38)　前掲 BGH NJW 2005, S. 1045. Vgl. E. Lorenz (Hrsg.), Karlsruher Forum 2005, S. 125～126 [S. Lorenz].

(39)　BGH NJW 2004, S. 2299（中古オペルの売買、買主が購入後半年近く経ったときに（走行距離 128000 キロ）エンジンが故障した。売主が無償修理を拒絶した。裁判所は、ド民 437 条が、引渡後 6 ヶ月以内に生じた物的瑕疵が危険移転後にすでに存在したという推定をしているだけで、本件ではその後もエンジンに故障があったのではないから、同条の推定は働かず、本件ではむしろ運転ミスによる可能性があるとした）; BGH NJW 2005, S. 283（グラスファイバー製の水槽に水漏れが生じた事例、購入後取り替えてもらったが、再び水漏れが生じたため契約を解除した。裁判所は、売主の協力者がそれを据え付けた場合でも推定は排除されないとした）; BGH NJW 2005, S. 3490（走行距離 13435 キロの中古車の売買で、引渡後 1 ヶ月で買主が車体の瑕疵を理由に解除を主張したが、瑕疵がいつでも発生しうるもので危険移転時に存在したと確実に結論づけられるようなものでないときは、ド民 437 条の推定は働かないとした（そのような瑕疵は素人にも明らかな外部的瑕疵である））。

されるべき物の瑕疵の生じた時点に制限することによりその適用領域を強く制限する。それによれば，ド民476条は，危険移転後最初の6ヶ月間に生じた物の瑕疵は，危険移転時にすでに存在したという時間的な関係においてのみ作用する推定を包含するが，連邦最高裁によれば，自動車の売買で瑕疵がいつでも発生しうるものや経年劣化により生じたもので，危険移転時にすでに存在したと結論づける十分な根拠がない場合は，本条の瑕疵の推定の対象ではない[40]，アラブ産の生産者から買った牡馬がアレルギー（夏湿疹）に罹患していた事例［ケース16］でも，連邦最高裁は，動物の疾病の感染と発病との時間的間隔はしばしば不確かで，感染が引渡の前か後かわからないから，瑕疵の推定規定が瑕疵の性質と相容れないことが多いとする[41]。学説上はド民476条の推定を制限的に解する連邦最高裁の立場に批判的なものが少なくない。ローレンツによれば，ドイツの立法者により意図されたド民476条による消費者の保護を大幅に反古にするこの見方に対しては，指令5条3項[42]によれば，事実上単に商品の供給後6ヶ月以内に明らかになった契約違反がすでに供給時に存在することのみが推定されるがゆえに，指令適合性の欠如は非難されえない。しかし，同時にそれはド民476条の定式化との違いを明らかにする。すなわち，それによれば，危険移転後6ヶ月以内に物の瑕疵が明らかになった場合は，物に危険移転時にすでに瑕疵があったことが推定される。従って，生じた物の瑕疵が危険移転時にすでに存在したことが推定されるだけでなく[43]，最初の6ヶ月内

---

(40) 前掲 BGH NJW 2004, S. 2299; 前掲 BGH 2005, S. 3490; BGH 2006, S. 434（中古自動車の排気ガスタービン圧縮機に瑕疵があった事例，圧縮リングの瑕疵が突然に生じたときは，危険移転時の瑕疵の存在を結論づけるものではないとした。走行距離が20万キロ以上に達していた事例である）．田中宏治「ドイツ新債務法における瑕疵の証明責任」平井宜雄先生古稀記念　民法学における法と政策（2007）348頁以下，円谷・前掲論文横浜国際経済法学17巻3号30頁以下参照。連邦最高裁はまた，商人間取引においてド民476条に一致した推定規定の約款による合意をド民307条1項により無効とする（前掲 BGHZ 164, S. 196 ＝NJW 2006, S. 47（大手の建設業者と材料供給業者の間の取引））．

(41) BGHZ 166, S. 2250 ＝NJW 2006, S. 2250.

(42) 消費用品売買指令5条3項「反対の立証があるまで，商品の引渡後6ヶ月内に明らかになった契約違反は，引渡のときに存在したものと推定される。この推定が商品の種類および契約違反の種類と相容れない場合はこのかぎりでない。」

(43) それは連邦最高裁の事例では，モーターの損害が危険移転後に生じたことが疑われていないがゆえに，否定されている。

に生じた瑕疵がすでに危険移転時に存在した基礎的瑕疵の結果であったことが推定される。その規定の原理もまたかような見方を支持する。消費者が，後で生じた当初明白な物の瑕疵を惹起した基礎的瑕疵を消費者が立証しなければならないとすれば，一般売買法と比べて消費者を利せず，かつ，立法理由に従って不相当によい状況にある事業者の認識可能性[44]をほとんど考慮しないことになろう。当初は使えたが，不知の理由で使えなくなった電気製品を考えることができよう。連邦最高裁に従えば，この場合もまた瑕疵の時点にのみ関わる推定が否定され，かつ，消費者は，どうして使えなくなったのかを事業者に証明しなければならない。しかし，法はまさにこの悪魔の証明を消費者に省略させた。ドイツ法はこの場合，指令8条2項により許容されていることであるが，消費用品売買指令の基準を超えている。かくしてド民476条は，この場合単にド民443条の意味での耐用性の担保とは厳密に区別されるべき立証責任原則が問題になっているにもかかわらず，機能的にかような耐用性の担保に非常に近いものになる。危険移転後生じる瑕疵が基礎的瑕疵への十分な逆推論を許容しない事例は，物の種類ないし瑕疵の種類との不適合によりド民476条によって規定された推定の排除により解決されうる[45]。

グゼルもまた連邦最高裁の立場には反対であるが，その論拠をド民476条の除外規定（但し書き規定）が表見証明であることに求める。すなわち，原始的な基本的瑕疵であるという蓋然性のない場合はド民476条の適用が認められないが，売主がこの蓋然性がないことの証明（表見証明）に成功したとしても，買主はそれをゆるがせるだけで，再び同条の表見証明が働く（買主は反証で足りる）と主張する[46]。これに対しては，過失，因果関係という法的評価を含む事実の証明以外は表見証明は問題とはならない，グゼルの表見証明の説明は，売主が結局危険移転後に瑕疵が発生したことについて本証を挙げなければならないことに等しいと批判されている[47]。

---

(44) Begründung des Regierungsentwurfs BT-Drucks. 14 / 6040, S. 245.

(45) E. Lorenz (Hrsg.), Karlsruher Forum 2005, S. 127～128 [S. Lorenz]; S. Lorenz, a. a. O., NJW 2007, S. 3～4. 田中・前掲論文平井宜雄先生古稀記念論文集354頁以下参照。

(46) Gsell, Die Beweislast für den Sachmangel beim Verbrauchsgüterkauf, JuS 2005, S. 967 f.

(47) Stein/Jonas/Leipold, Komm. z. ZPO., para. 286 Rdnr. 16, 95, 100. 田中・前掲論文平井宜雄先生古稀記念論文集360頁以下参照。

第 3 章　第 2 節　消費用品売買

5　供給者への償還請求

　ドイツ新債務法は，瑕疵ある物を売却した売主（事業者）への供給者に対する償還請求権について特別規定を置いた。それによれば，ド民 478 条（事業者の求償権）「(1)事業者が，売却された新しく製造された物をその瑕疵の結果として回収しなければならなかった場合，または消費者が売買代価を減額した場合は，消費者によって主張された瑕疵のために，彼にその物を売却した事業者（供給者）に対する，437 条に述べられた，事業者の権利のために，それ以外の場合は必要な期間の指定は不要である。(2)事業者は，新たに製造された物の売買において，消費者によって主張された瑕疵が事業者への危険移転時にはすでに存在していた場合，事業者が消費者との関係で 439 条 2 項に従って負担しなければならない，費用の賠償をその供給者に主張しうる。(3) 1 項および 2 項の場合には，476 条が，期間が消費者への危険の移転時に開始するという標準とともに適用される。(4)事業者の不利益において，433 条〜 435 条，437 条，439 条〜 443 条ならびに（本条）1 項〜 3 項および 479 条と相違する，供給者への瑕疵の通知より前になされた合意を，供給者は，償還債権者に同価値の代償が許容されない場合には，援用しえない。第 1 文は，307 条にもかかわらず，損害賠償請求権の排除または制限のために適用されない。第 1 文に述べられた規定は，それが異なった構成により回避される場合も適用される。(5) 1 項〜 4 項は，債務者が事業者である場合，供給者および供給の鎖を構成する，それ以外の買主の，各々の売主に対する請求権に準用される。(6)商法 377 条は，影響を受けない。」479 条（償還請求権の時効）「(1) 478 条 2 項に規定された，費用償還請求権は，物の引取後 2 年で時効にかかる。(2)消費者に売却された，新しく製造された物の瑕疵による，供給者に対する事業者の請求権の時効は，事業者が消費者の請求権を履行したときから早くとも 2 ヶ月で効力を生じる。この満了の停止は，供給者がその物を事業者に引き渡したときから遅くとも 5 年で終了する。(3)前記の条項は，債務者が事業者である場合に，供給者および供給の鎖を構成しているそれ以外の買主の各々の売主に対する請求権に準用される。」
　ド民 478 条，479 条に規定された供給者への償還請求の問題は，個々的には学説上も未解明のままである。ヴェスターマンは，この新しい規定につき制定直後に，①前主が外国の会社である場合は，求償の鎖が断たれるという問題が起こる，②末端売主が売った物の瑕疵のために数年後に瑕疵惹起損害を理由と

239

して損害賠償請求を受けた場合に，ド民 478 条 1 項，2 項を類推適用すべきかどうかが問題となりうる，③求償の規律を新たに製造された物でなくても適用すべきでないかを問題となしうると指摘した[48]。他方においてダウナー・リープは，ド民 479 条 2 項が時効の満了停止を定めることにより求償権者が保護される一方で，ド民 478 条 2 項が，固有の，過失とは無関係な費用賠償請求権を与えることによっても責任を軽減されるが，このようなルールは民法中では異質だから，制限的に解釈すべきだ（求償権者が実際に買主のために支出した修補，代物給付費用に限られる。共益費や権利行使のための費用の賠償は請求できない）とする[49]。

　ローレンツによれば，立法者は，償還請求権に関して当事者の私的自治を決して制限しない消費用品売買指令の基準に反して，ド民 478 条，479 条に包含された規定をその経済的な結果において強制的に形成した。それは今日の企業の現実を全く無視して，消費者に売却する小売業者は，そのより強力な前主である卸売商または製造者と比較して保護に値することから出発している。事業者−（規模の小さい）中間的事業者—消費者という図式は，危険な形象である。法規定によれば，今や部分的に変容された担保請求権は，償還請求権者に同様の請求権が許容されていない限り，かような事業者関係においてもはや約定されえない（ド民 478 条 4 項）。どのようなものがかような同じ価値を有する代替物とみなされうるか，特に従来実行されてきた一括された補償の体系がこの標準を満たすかどうかは，実務にとって必要な法的安定性とともに判例によって始めて解決されうる完全に開かれた問題である。フォン・ザクセン・ジェサッペによれば，償還規定の半強行法的性質と自治的な回避メカニズムの間の緊張領域の釣り合いは，この領域での実務の本来の職分である[50]。実務を先取りしないように，それは立法資料においてもそれ以上に具体化されないという立法者の理由づけは[51]，慰めになるというよりも皮肉に感じられる。立法者が

---

(48)　ヴェスターマン（小川訳）・前掲論文ジュリ 1245 号 161 〜 162 頁。
(49)　Dauner-Lieb, Der Letztverkäuferregress in der Praxis, Abels/Lieb (Hrsg.), AGB und Vertragsgestaltung nach der Schuldrechtsreform, 2005, S. 91 f.; J. Böhle, Der Rückgriff in der Lieferkette gemäss der para. 478, 479 BGB nach dem Schuldrechtsmodernisierungsgesetz, 2004, S. 200.
(50)　v. Sachsen Gessaphe, Neues Kaufrecht und Lieferbedingungen im Geschäftsverkehr, Festschrift für Sonnenberger zum 70. Geburtstag, 2004, S. 112.
(51)　BT-Drucks. 14 / 6040, S. 249.

第 3 章　第 2 節　消費用品売買

この場合必要なしに設けた契約自由の重要な制限をある程度緩和することだけが期待されうる[52]。判例は，大手の建築会社と原材料の供給業者との間の約款，すなわち，建築会社の顧客が購入した物に瑕疵があり，建築会社が顧客に損害を賠償した場合につき，原材料の供給業者への償還請求権は，消費用品売買が問題にならない場合にも生じ，建築会社は供給業者に損害賠償義務や出費賠償義務を負担させうるとする約款につき，ド民307条違反で無効だとした[53]。特殊に消費者保護法的な個々の取引の不利益を救済しようとするルールをこのような方法で拡大することには正当な利益は存在しないとされている[54]。

---

(52)　E. Lorenz (Hrsg.), Karlsruher Forum 2005, S. 129 [S. Lorenz]. ベリングハウゼンは，最終売主と供給者があらかじめ合意（取り決め）をなすべきことを提案する (Bellinghausen, Zulässige Einschränkungen der para. 478, 479 BGB durch AGB im Verhältnis von Hersteller und Händler, Abels/Lieb (Hrsg.), a. a. O., S. 74 f. 同旨：J. Böhle, a. a. O., Abels/Lieb (Hrsg.), a. a. O., S. 201. ユートは，第一買主の第一売主に対する担保請求権および損害賠償請求権が第二買主に移転される（ド民 285 条（代償請求権）類推）という法的構成を提案する（B. Jud, Haftung bei Weiterveräusserung einer mangelhaften Sache, Festschr. f. U. Huber z. 70. Geburtstag, S. 367 f.)。
(53)　BGHZ 164 S. 196 = NJW 2006, S. 47.
(54)　S. Lorenz, a. a. O., NJW 2007, S. 8.

第1部　ドイツ新債務法7年の歩み

第3節　賃貸借契約

　現在の賃貸借法の体系は，債務法現代化法とは独立して，その4ヶ月前の2001年9月1日に施行された2001年6月19日の賃貸借改正法（Mietrechtsreformgesetz）[1]に遡る[2]。このときまで賃貸借の規定は，動産賃貸借を念頭に置いており，土地および建物賃貸借については，一部は後で民法典の中に挿入され，また一部は特別法中に制定された数多くの特別規定が適用されていた。このことは制度を概観することを困難にし，建物賃貸借の特別の役割には不適切なものであった。立法者は，賃貸借改正法により賃貸借法を根本的に新たに整序し，同時に最も重要な以前の特別法である賃料増額法（Miethöheregelungsgesetz）などを訂正のうえ民法典に組み入れた。第1節（535条以下）には賃貸借関係全般のための一般規定が，第2節（549条以下）には建物賃貸借関係に関する規定が，そして第3節（578条以下）には，他の物，すなわち土地その他の場所（実際上重要な営業場所の賃貸借も含まれる）および船舶に関する賃貸借規定が置かれている。

　建物賃貸借契約の領域では，①解約告知期間の改定（ド民573c条1項），②住居所有権取得者からの解約告知権の制限の改訂（ド民577a条），③賃借人の相続人に対する解約告知要件の緩和（ド民564条），④定期賃貸借契約の整備（ド民575条1項）がなされた。他方において，期間の定めのない建物賃貸借には，従来通り賃貸人の正当な利益（ド民573条）と賃借人にとっての苛酷さ（ド民574条）という二重の存続保護が適用される。その他新法は，⑤賃借人死亡の場合の非婚生活共同体の保護（ド民563条），⑥建物賃借人たる障害者に対する配慮

---

(1)　BGBl I 1149.
(2)　本法の制定の経緯，立法の目的については，B. Grundmann, Die Mietrechtsreform, NJW 2001, S. 2497; ders., Mietrechtsreformgesetz (Materialien, Texte, Dokumente), 2001, S. 1 f.; Sternel, Probleme des neuen Mietrechts (Teil 1), ZMR 2001, S. 937; ders., Probleme des neuen Mietrechts (Teil II), ZMR 2002, S. 937 など。邦語文献としては，藤井俊二「ドイツにおける賃貸借法改正概説」龍谷法学34巻4号（2002）59頁以下，小野秀誠・土地法の研究（2003）198頁以下，田中英司「ドイツ使用賃貸借法の新たな展開と住居使用賃借権の存続保護」京都学園法学42号（2003）50頁以下，関西借地借家法研究会「ドイツ賃貸借改正法新旧対照仮訳」龍谷法学34巻4号38頁以下，35巻1号1頁以下，3号（2003）38頁以下，4号30頁以下。

第 3 章　第 3 節　賃貸借契約

(ド民 554 a 条), ⑦賃料改訂手続の改正 (ド民 558 条) を含む。上記のような改訂の部分を除くと, 以前の法状態と比べた内容的な変更はほとんどなく, その結果大部分のそれまでの判例, 学説が参照できる。2001 年の債務法現代化法が履行障害法上の大きな変更をもたらしたとしても, 民法は依然としてド民 536 a 条 1 項[3]が示すように賃貸借固有の担保責任を定めている。すなわち, 賃貸人は, 過失とは無関係かつ瑕疵除去の可能性なしに契約締結時にすでに存在する瑕疵について損害賠償義務を負う。売買法 (ド民 437 条) や請負契約法 (ド民 634 条) におけるようなド民 280 条以下, 311 a 条, 323 条, 326 条 5 項の準用は存在しない[4]。

2001 年の賃貸借改正法の給付障害法の一般給付障害法との調整は厳密には手付かずのままである[5]。特に若干の伝統的に賃貸借法上認められている原則が部分的に債務法改正の結果として売買および請負契約法でも効力を生じたがゆえに, 賃貸借法の特別扱いは不要であろう[6]。これは物および権利の瑕疵の同一取り扱い, 契約責任説ならびに賃貸借に関する判例が過去においてすでに不適当と感じられるド民旧 306 条, 旧 307 条[7]の法律効果を回避し, 積

---

(3)　ド民 536 a 条 1 項 (瑕疵による賃借人の損害および出費賠償請求権)「契約締結時にド民 536 条の意味の瑕疵が存在し, またはかような瑕疵が賃貸人の責めに帰すべき事情により後発的に発生し, あるいは, 賃貸人が瑕疵の除去について遅滞に陥ったときは, 賃借人はド民 536 条に基づく権利とは無関係に損害賠償を請求しうる。」ド民 536 条 (物および権利の瑕疵の場合の賃料の減額)「⑴賃貸借の目的物に, 賃借人への引渡のときにその契約に適った利用の適性を失わせる瑕疵があり, または賃貸借期間中にかような瑕疵が生じたときは, 賃借人は, その適性が失われた期間賃料の支払い義務を免れる。その適性が減少した期間については, 彼は相応に減額された賃料のみを出捐すべきである。適性の重要でない減少は考慮されないものとする。⑵ 1 項 1 文及び 2 文は, 保証された性質が欠如または後発的に喪失した場合にも適用される。」

(4)　Fikentscher/Heinemann, Schuldrecht, 10. Aufl., S. 492.

(5)　債務法改正の賃貸借法への影響については, Unberath, Mietrecht und Schuldrechtsreform, ZMR 2004, S. 309; Derleder, Mängelrechte des Wohnraummieters nach Miet-und Schuldrechtsreform, NZM 2002, S. 676; Emmerich, Neues Mietrecht und Schuldrechtsmodernisierung, NZM 2002, S. 362; Gruber, Mietrecht und Schuldrechtsreform, WuM 2002, S. 252; Hau, Schuldrechtsmodernisierung 2001 / 2001 ――Reformiertes Mietrecht und modernisiertes Schuldrecht, JuS 2003, S. 130.

(6)　Unberath, a. a. O., ZMR 2004, S. 309 f.

(7)　ド民旧 306 条, 旧 307 条は, 原始的に不能な給付を目的とする契約は無効であるが, 契約締結時に不能を知りまたは知るべき当事者は, 相手方に信頼利益の賠償義務を負うという規定である。

極的利益の請求権を許容したという事実についてあてはまる[8]。

この枠内でも残された特殊な問題の若干を簡単に指摘しうる。ド民535条1項2文[9]の契約に適った状況の回復を目的とする賃借人の請求権のための追完履行のために不相当に高額の費用がかかる場合は、売主、請負人が追完履行を拒絶しうるとする、ド民439条3項、635条3項に一致したいわゆる犠牲限界のルールは規定されなかった。判例は、費用が不相当な場合にすでに瑕疵を否定した[10]。このような立法者の立場は、債権者の給付に対する利益と債務者の給付費用とが著しく権衡を失する場合は、債務者が給付を拒絶しうるとする、ド民275条2項が規定された現在では維持するのは困難であろう[11]。給付不能を目的とする契約も有効とするド民311a条2項とは異なり、ド民536a条1項によれば、賃貸物の原始的瑕疵について賃貸人の担保責任が存在する。これは賃借人の保護によって正当化されうるが[12]、本条項の契約締結または賃借人への引渡までという時間的適用範囲に鑑みて[13]、不分明さを帰結する[14]。すなわち、住居の引渡しが瑕疵の重大さのためにそもそも考えられな

---

(8) 原始的に除去しえない瑕疵がある場合につき、BGH NJW 1999, S. 535（医療用の部屋の賃貸借で歴史的建築物保護のために賃貸人の改装工事ができなかった事例、債務者が必要な注意を尽くしていれば、契約締結時に給付障害を知りまたは知りえた事情があれば、無制限に給付義務を負う）; BGHZ 93, S. 142（原告（賃貸人）の前主に対して被告（賃借人）が埋蔵物採掘権を有しており、原告がその土地を取得することにより用益賃貸人としての地位を取得したが、その土地が洪水防止地区にあったため、埋蔵物採掘の許可が下りなかった。裁判所は、瑕疵の除去が客観的に不能な場合でも賃貸人はド民旧538条により責任を負い、責任の範囲は信頼利益に限られないとした）。

(9) ド民535条1項2文「賃貸人は、賃貸借の目的物を契約に適った利用に適する状態で賃借人に引渡し、かつ賃貸借期間中それをかかる状態において保持すべきである。」

(10) BGH NJW-RR 1991, S. 204（原告が被告にダンプカーを賃貸したが、賃借人の使用中に前ブレーキが損傷し、修理のために10万マルク以上がかかることが明らかになった。裁判所は、賃借人への目的物の引渡し後その責めに帰すべきでない事情により目的物が損傷し、その回復を賃貸人に期待できないときは、ド民旧275条、旧323条1項により当事者は契約上の義務を免れるとした）。

(11) Unberath, a. a. O., ZMR 2004, S. 311.

(12) BT-Drucks. 14 / 6040, S. 41.

(13) Vgl. BGHZ 136, S. 102（建物の転借権の譲渡を受けた者がレストランの営業許可が下りなかったため、転借人に対して信頼利益の賠償を請求。裁判所は、賃貸人の担保責任は原則として賃貸借の目的物が賃借人に引き渡された場合に始めて生じ、また契約締結上の過失責任は賃貸人に詐欺的態様のある場合に認められうるとした）。

(14) Unberath, a. a. O., ZMR 2004, S. 312.

第3章 第3節 賃貸借契約

い場合は，原始的不能給付を目的とする契約を締結した場合に，債務者の過失を要件として債権者に給付に代わる損害賠償請求権または出費賠償請求権を認める，ド民311 a 条 2 項に基づく賃貸人の過失に依存する責任が問題になるが，住居が引き渡された場合は，ド民536 a 条 1 項の担保責任が適用される[15]。

賃貸借終了後のド民546条[16]に基づく賃貸物の返還請求権に関する給付に代わる損害賠償請求権の要件および内容は，まだ最終的には解明されていない。この場合形のうえでド民571条[17]が特別規定を定める住居賃貸借法以外では，返還の遅滞の場合実際上一種の強制購入に導かれうる。この状況は，もちろん以前の法でも，給付が遅滞により債権者にとってなんの利益も与えなくなった場合は，債権者が不履行による損害賠償を請求しうるとするド民旧286条 2 項に基づき考ええた[18]。

---

(15) E. Lorenz (Hrsg.), Karlsruher Forum 2005, S. 132 [S. Lorenz].
(16) ド民546条（賃借人の返還義務）「(1)賃借人は，賃貸借関係終了後賃貸借目的物を返還する義務を負う。」
(17) ド民571条（建物の返還が遅れた場合の更なる損害賠償）「(1)賃借人が賃貸借関係終了後賃貸された建物を返還しないときは，賃貸人は，返還が賃借人の責めに帰すべき事由によりなされない場合にのみ，ド民546 a 条 2 項の意味の更なる損害の賠償を請求しうる。損害は，公平が損害の填補を要求する場合にのみ賠償されるべきである。これは賃貸人が（解約）告知したときは適用されない。」
(18) E. Lorenz (Hrsg.), Karlsruher Forum 2005, S. 132 ～ 133 [S. Lorenz]. Vgl. OLG Düsseldorf NJW-RR 1996, S. 480（原告が被告に家具の運送と保管を委託したが，被告の不注意でそれが一事行方不明となり，原告がそれに代わる家具を購入した。裁判所は，運送人は契約上の付随義務違反により遅滞に基づく責任を負い，債権者の給付に対する利益が失われた場合は，不履行による損害賠償を請求しうるとした）。

第4節　請負契約

1　新債務法における請負契約法の枠組

　請負契約法もまた債務法現代化法により改正された。請負契約法上の担保責任は一般給付障害法と連動したものになった。変更は，売買法と比べると著しく少ない。請負契約と売買契約の相違点は，請負契約法では，売買法とは異なり，請負人と消費者との関係に関する特別規定が置かれていないことにもある[1]。新債務法における請負規定の主な変更点を以下に列挙しよう[2]：①請負人による請負工事の見積もりを従来の通説に従って有償とした（ド民632条3項）。②請負についても権利の瑕疵に対する規定を置いた（ド民633条1項）。③請負給付の瑕疵に関する新しい定義づけが行われた（ド民633条2項）。④給付の瑕疵の場合の注文者の解除権，損害賠償請求権が債務不履行の一般的ルールによるべきことになった（ド民636条）。⑤仕事に瑕疵がある場合の注文者の権利の消滅時効について新たな規定が設けられた（ド民634a条）。⑥製作物供給契約について新規定を置いた（ド民651条）。

　請負人は以前から瑕疵のない仕事の完成ないし追完の義務を負った[3]。売買法と請負契約法は改正により合接近したものになった。売買契約との主な構造上の違いは，ド民635条1項により，請負人は追完と新しい製作の選択権を有するが，売買では選択権が買主に帰属することにある。これは，選択権を注文者に与えていた政府草案，整理草案の立場を，①請負人が売主以上に物の製作過程に深く関与している，②請負人はその専門知識に基づいて追完の方法を容易に判断できるという理由で改めたものである[4]。注文者の追完請求については，追完に過分の費用がかかるときは請負人がそれを拒絶できると規定さ

---

(1) Drexl, Zwingendes Recht als Strukturprinzip des Europäischen Verbrauchervertragsrechts? Festschrift für Sonnenberger zum 70. Geburtstag, 2004, S. 780 はこれを批判する。

(2) 邦語文献としては，芦野邦和「ドイツ新債務法における請負法の改正」駿河台法学17巻1号（2003）4頁以下，今西康人「ドイツ新債権法における仕事の瑕疵に関する請負人の責任」関西大学法学論集52巻4・5合併号（2003）86頁以下。

(3) 新債務法制定以前の瑕疵修補と新規製作との関係については，原田剛・請負における瑕疵担保責任（2006）5頁以下参照。

第3章 第4節 請負契約

れているが（ド民 635 条 3 項），より一般的な規定であるド民 275 条 2 項との関係が問題になる。更に請負契約では，注文者は，自力修補権（ド民 637 条[5]）を有する一方，買主にはかような権利は原則として帰属しない。旧法でも注文者の瑕疵修補権は認められていたが，請負人が瑕疵除去を催告されたにもかかわらず，それを怠っていることに過失がなければならなかった。新法では，①相当な催告期間内に追完がなされなかったこと自体が注文者の請負人に対する信頼を損なっている，②遅滞に陥ったのが請負人の過失に起因するかどうか通常注文者は判断できないという理由で過失の要件が外された。しかし，新法のもとでも請負人に追完を期待できないときは，注文者は相当な期間を定める必要はない（ド民 637 条 2 項）。

　注文者の瑕疵ある仕事に基づく解除権は，原則的に一般給付障害法の規定に従う。注文者が相当な期間を定めて追完を請求したにもかかわらず，請負人が追完しなかったときは，注文者は契約を解除できる（請負人の帰責事由は要件ではない）（ド民 634 条 3 号，323 条）。しかし，仕事の瑕疵が軽微な場合や主として注文者の帰責事由に起因する場合は解除は認められない（ド民 323 条 5 項，6 項）。また請負人が給付を断固としてかつ終局的に拒絶する場合や定期行為である場合，特別な事情がある場合は即時解除が認められる（ド民 323 条 2 項）。追完が客観的に不能である場合も同様である（ド民 326 条 5 項）。解除による原状回復も，一般の給付障害の場合と同様である（ド民 346 条，347 条）。現代化法では，注文者は，仕事に瑕疵がある場合に報酬の減額をすることができる。旧法ではこれは減額請求権とされていたが，形成権とされた。そのため注文者が複数であるときは，報酬減額権の行使は全員が共同して行わなければならない（ド民 638 条 2 項）。報酬減額権は仕事の瑕疵が軽微な場合も行使することができる（ド民 638 条 1 項）。減額の算定は，契約締結時における瑕疵がない状態の仕

---

(4) 岡「ドイツ債務法現代化法における請負契約上の若干の問題」下森編現代民事法学の構想　内山尚三先生追悼（2004）426 頁，今西・前掲論文関西大学法学論集 52 巻 4・5 合併号 90〜91 頁。

(5) ド民 637 条（自力執行）「(1)注文者は，請負人が追完を正当に拒絶しえないときは，仕事の瑕疵により，彼により追完履行のために定められた相当期間が経過したにもかかわらず，追完履行されなかった場合には，瑕疵を自ら除去し，必要な費用の賠償を請求しうる。(2) 323 条 2 項が準用される。期間の指定は，追完履行が不奏功に終わり，または注文者にとって期待しえない場合にも，必要とされない。(3)注文者は，請負人に瑕疵の除去のために必要な費用の前払を請求しうる。」

第 I 部　ドイツ新債務法 7 年の歩み

事の価値と実際の価値とを比較して行われる（ド民638条3項）。

　仕事に瑕疵がある場合に注文者が受けた損害の賠償請求権は，請負人の帰責事由を要件とする。仕事の瑕疵による給付の遅滞に基づく損害（ド民634条4号[6], 280条2項），瑕疵損害（ド民634条4号，280条3項），瑕疵惹起損害（ド民634条4号，280条1項）のいずれについても同様である。無駄になった費用の賠償請求も認められうる（ド民634条4号）。債務法現代化法以前は，判例は，直接的な瑕疵惹起損害とより遠い瑕疵惹起損害を区別し，それは時効に関して意味をもった。現行法上は，総ての瑕疵に関する損害賠償請求権は，ド民634条4号に服し，その結果統一的にド民634a条の時効規定が適用される。したがって，様々な瑕疵惹起損害の間の区別はもはや必要ではない[7]。

　ド民634a条は，「(1) 634条1号，2号および4号に述べられた請求権（追完履行請求権，注文者が自ら瑕疵を除去した場合の費用の賠償請求権，損害賠償請求権，無駄になった費用の賠償請求権）は，1　その結果が物の製作，整備または変更，またはこのための計画または監視業務にある仕事の場合は，2号を留保して2年間，2　建設工事およびその結果がこのための計画または監視業務の実現にある仕事の場合は[8]，5年間，3　その他の場合は，通常の時効期間が経過すれば時効にかかる。(2) 時効は，1項1号および2項の場合は，引取のときから開始する。(3) 1項1号および2号および2項とは異なり，請負人が

（6）　ド民634条4号「仕事に瑕疵があるときは，注文者は，以下の規定の要件が存在し，かつ異なった約定の無い限り，① 635条により追完履行を請求し，② 637条により瑕疵を自ら除去し，かつ必要な費用の賠償を請求し，③ 636条，323条および326条5項により契約を解除し，または638条により報酬を減額し，④ 636条，280条，281条，283条および311a条により損害賠償または284条により無駄になった費用の賠償を請求しうる。」

（7）　Fikentscher/Heinemann, Schuldrecht, 10. Aufl., S. 603.

（8）　ド民634a条1項2号の「計画——または監視業務」にあたる者とは，建築設計者，構造力学専門の技師，地質専門の技師などを指す。5年の時効期間内に建築設計者が瑕疵の徴標を知った場合は，彼はこれを追求し，注文者に伝えねばならない。彼がこの契約上の付随義務に違反した場合は，この第二次的請求権は，ド民634a条ではなく，通常の時効に服する（Bamberger/Roth, Komm. z. BGB., Bd. 2, 2. Aufl., S. 312〜313 [Voit]）。判例によれば，住宅の建築請負において住宅の一部に瑕疵があったときは，請負人に対する請求権はド民634a条の時効にかかるが，建築の瑕疵を調査し，それを除去するために建築主を補佐する義務を負っている建築士がその義務に有責に違反した場合（積極的侵害）は，同条の適用を受けない（BGH. NJW 2007, S. 365）。

第 3 章　第 4 節　請負契約

瑕疵を悪意で黙秘した場合には，請求権は，通常の時効期間が経過すれば時効にかかる。しかし，1 項 2 号の場合は，そこで定められた期間の経過前は時効は効力を生じない。(4) 634 条に述べられた解除権については，218 条が適用される。注文者は，218 条 1 項に従った解除の無効にもかかわらず，彼が解除に基づいてそれにつき権利を有したであろう限りにおいて，報酬の支払いを拒絶しうる。彼がこの権利を行使する場合は，請負人は，契約を解除しうる。(5) 634 条に述べられた報酬減額権には，218 条および（本条）4 項 2 文が準用される」と規定する。したがって，請負の目的が有体的な結果に向けられていない場合，例えば，鑑定を目的とする場合（ド民 634 a 条 1 項 3 号）や請負人に故意がある場合（ド民 634 a 条 3 項）は，通常の時効が適用される。現行法上これらの場合，請負人の責任は，長期間の後に始めて発見される瑕疵については，民法 199 条 2 項～4 項の客観的な最長の期間の満了まで延長される。請負人に認識された瑕疵が製作物の受領後 30 年を過ぎる直前に注文者を身体上または健康上の侵害に導いたときは，注文者に損害賠償請求権が帰属する（ド民 199 条 2 項）。瑕疵を理由とするその他の損害賠償請求権について，期間は 10 年であり，損害の発生が非常に遅い場合は 30 年である（ド民 199 条 3 項）[9]。

　請負人が仕事の瑕疵について悪意でも，また請負人が無形の仕事を請け負った場合でもない場合は，引取時から 2 年ないし 5 年で注文者の権利が時効にかかるため，例えば，警報装置の設計と取り付けに瑕疵があり，そのため注文者が引き取ってから 10 年後に装置が作動しなかったために，自宅に泥棒が侵入して損害を受けたような場合は，注文者の権利は時効にかかることになる（ド民 634 a 条 1 項，2 項）。そこで学説上はこのような場合に無形の仕事を承認する見解もある[10]。また請負人の仕事の瑕疵により注文者の生命，身体に損害が生じた場合において，それを請負人の過失と評価しうる場合は，民法 634 a 条によれば，注文者の権利は短期消滅時効に服することになるが，多数説は，瑕疵により人身損害が発生した場合は，不法行為との競合を認めて，不法行為による損害賠償請求権を認めるべきだとしている（ド民 195 条，199 条）[11]。

　注文者の無理由告知権（ド民 649 条）は，旧法と同様に存続することになった。

---

(9)　永田誠他編・法律学的対話におけるドイツと日本 248 頁［レーネン（永田訳）］。
(10)　Dauner-Lieb/Heidel/Lepa/Ring (Hrsg.), Das neue Schuldrecht, S. 283 [Raab]。
(11)　岡・下森編前掲論文現代民法学の構造 453～455 頁。

249

第 I 部　ドイツ新債務法 7 年の歩み

同条は，①売買の場合にはこのような規定はない，②注文者告知の場合，実務上請負人は，出捐した費用が無駄になったことの立証ができなくて十分な報酬を受けることができなかったという理由で，討議草案の段階では削除されていたが，①債権者の責めに帰すべき事由による不能の場合と同断である，②判例[12]が注文者の告知権を排除する約款を無効だとしているというペータースの反論[13]があった，③ヨーロッパ各国の民法典が注文者の無理由告知権を認めているといった論拠から，2001 年 3 月の整理草案では復活した[14]。

2　ケーススタディ（1）

B が U との間で U が B に建物を建設するという合意をなした。このために必要な材料，特に窓を U が供給者 L のところで買った。建物建設後 B はそれを受け取り，U の報酬を支払った。3 年後 L から買った窓が認識することも回避することもできない製造者の加工上の瑕疵により水漏れを起こすことが明らかになった。B は U に事実関係を伝え，彼に 3 週間の追完期間を指定した。U はそれに応じなかった。B は U に対してどのような権利を有するか［ケース 17］[15]。

少し違った事例：追完履行請求後に U が窓を取り替えた。彼は L に対してなお何らかの権利を行使しうるか［ケース 18］[16]。

(イ)　追完履行請求権（ド民 634 条 1 号，635 条 1 項）

まずケース 17 から論じよう。B は追完履行請求権を有する。その場合 B と U との間には有効な請負契約が存在し，仕事に瑕疵があるのでなければならない。①B と U との間には，請負契約に関する規定もまた適用がある有効な請負契約が存在する。ド民 651 条は製作または製造されるべき動産についてのみ売買法が適用されることを規定する[17]。②その仕事は通常の使用には不適当であり（ド民 633 条 2 項 2 号），それゆえに瑕疵がある。従って B は U に対し

---

(12)　BGH NJW 1999, S. 3261.
(13)　Ernst/Zimmermann (Hrsg.), a. a. O., S. 282 [Peters].
(14)　岡・前掲論文下森編現代民事法学の構想 434 〜 436 頁。
(15)　Vgl. www.schuldrechtsmodernisierung.com, S. 42.
(16)　Vgl. www.schuldrechtsmodernisierung.com, S. 42.
(17)　不代替物の製作，製造に関する場合は，請負に関する規定もまた準用されうる（ド民 651 条 3 文）。

て不履行による請求権を有する。売買法におけるとは異なり請負契約では請負人に追完履行の請求権の種類（瑕疵除去または新しい仕事の製作）の間の選択権が帰する（ド民635条1項）。

　追完履行請求権が消失したかどうかが問題になる。これは期間の指定によりなされうる。ド民281条，323条によれば，（受領拒絶を伴った期間指定を要したド民旧326条におけるとは異なり）指定期間の経過後履行請求権は消滅しない。注文者は期間指定により単に付加的な権利を取得するが，履行請求権は失わない。従ってBはUに対して追完履行を請求しうる[18]。

　(ロ)　自力執行

　Bはド民634条2号，637条1項に基づく瑕疵の自力の除去費用の賠償請求権を有する。①請負契約と瑕疵という請求権の要件が存在する。②それを超えてド民637条1項の要件もまた存在する：a）UがBによって指定された相当期間内に瑕疵を除去しなかった。自力執行権はもはや遅滞には依存しないから，帰責事由は要件とされない（ド民旧633条3項[19]参照）。b）Uが追完履行を正当に拒絶しなかった。③結局Bは費用を前払いとしてもまた請求しうる（ド民637条3項）。従ってBはすでに瑕疵の除去前に費用賠償請求権を有する[20]。

　(ハ)　解除

　Bはド民346条1項（解除の効果），634条3号に基づく瑕疵ある仕事の返還および収取した果実の引渡しと引き換えの報酬の返還請求権を有する。その場合BとUの間には有効な請負契約が存在し，Bがこの契約を有効に解除しうるのでなければならない。①BとUの間に有効な請負契約が存在する。②Bが請負契約を有効に解除しうるかどうかが問題になる。仕事には瑕疵がある。しかし，二つの理由から疑問が生じる：a）ド民323条1項は解除の有効性のために債権者が債務者に追完履行のための相当期間を定めたが徒過したことを要求する。これはこの場合にはド民636条[21]に従ってもまた不要とはならな

---

(18)　www.schuldrechtsmodernisierung.com, S. 42.
(19)　ド民旧633条3項「請負人が瑕疵の除去につき遅滞に陥るときは，注文者は瑕疵を自ら除去し，かつ必要な費用の賠償を請求できる。」
(20)　www.schuldrechtsmodernisierung.com, S. 43.
(21)　ド民636条（解除および損害賠償のための特別規定）「281条2項および323条2項以外に，請負人が追完履行を635条3項に従って拒絶し，または追完履行が失敗に帰しまたは注文者にとって期待しえない場合にも期間指定は不要である。」

い。しかしBはUにすでに追完履行のための相当期間を指定した。b）ド民323条5項2文によれば，債権者は債務者の義務違反が重要でない場合は契約を解除しえない。本事例はその場合である。気密性のない窓は，それ以外は全体として瑕疵のない家の場合は重要でない瑕疵である。従って，Bは請負契約を解除して，仕事の返還および収取した果実の引渡しとの引き換えの報酬の返還請求することはできない[22]。

㈡　報酬減額

Bはド民638条4項（報酬減額），346条1項，634条3号に基づきBが報酬減額の結果としてUに支払った増加額の償還を請求しうる。その場合BとUとの間には有効な請負契約が存在し，Bは有効に減額をなしうるのでなければならない。①BとUの間に有効な売買契約が存在する。②Bが売買代価を有効に減額請求しうるかどうかが問題になる。仕事には瑕疵がある。ド民638条1項1文の「解除に代えて」という定式には報酬減額の要件が原則的に解除の要件と同じであることが表明されている。a）報酬減額の有効性についてもまたド民323条1項は，債権者が債務者に相当な追完履行期間を定めたが徒過したことが必要とする。本事例はその場合である。b）ド民638条1項2文は，解除と減額の要件の同一性の原則の例外を定める。同規定によれば，減額の場合ド民323条5項2文は適用されない。これは債権者が重要でない債務者の義務違反の場合も減額しうることを意味する。従ってBは義務違反が重要でないにもかかわらず減額しうる。その結果Bは減額を請求し，報酬減額の結果Vに支払った増加額の償還を請求しうる[23]。

㈢　給付に代わる損害賠償（小さな損害賠償）

Uは瑕疵につき過失がない。従ってBはド民280条1項1文，281条1項1文，634条4号に基づく損害賠償支払い請求権を有しない[24]。

㈣　全部の給付に代わる損害賠償（大きな損害賠償）

Bは同じ理由で全部の給付に代わる損害賠償請求権を有しない。

結論：BはUに対して追完履行を請求するか，瑕疵の自力除去費用の賠償

---

[22]　www.schuldrechtsmodernisierung.com, S. 43.
[23]　www.schuldrechtsmodernisierung.com, S. 43.
[24]　www.schuldrechtsmodernisierung.com, S. 44.

請求または減額請求をなしうる。請負契約では売買契約とは異なり、①追完履行の種類の選択権は請負人に帰する。②請負契約では更なる権利として自力執行がある。③建築職人のための担保の事例は（ほとんど）除去された。また旧請負契約法とは異なり、①請負契約法の適用領域はド民651条により厳格に制限された。②引き取り後もまた注文者は瑕疵の除去だけではなく追完履行、すなわち、場合によっては新工事もまた請求しうる。③自力執行は過失をもはや前提としていない[25]。

3 ケーススタディ（2）

(イ) Uの権利

LがUに引き渡したときには窓にはすでに瑕疵があった［ケース18］（少し違った事例）。加工の瑕疵が問題になり、追完履行は少なくとも代わりの窓の引渡しにより可能なのだから、Uは瑕疵のない窓の引渡しの形でのみ追完履行を請求しうる[26]。

(ロ) Uの権利の実行可能性

UがLに対してこの請求権を実行しうるかどうかが問題になる。ド民438条1項3号により動産の物的瑕疵の場合瑕疵担保請求権の時効期間は原則として引渡しのときから2年であり、この期間はすでに徒過しているから、これに対する疑問が生じる。しかし、ド民438条1項2b)号により立法者は、建築職人に対する担保責任を除去した。それによれば、建物にとっての通常の使用方法に従って使用され、かつその瑕疵が原因となった物の瑕疵に基づく請求権は5年で始めて時効にかかる。窓の事例がそうである。従って、追完履行請求権はまだ時効にかかっていない[27]。

結論：UはLに対して追完履行を求めうる。解除（ド民438条4項）および減額（ド民438条5項）の権利にはド民218条[28]が適用される。供給者に対するLの請求権についてもド民438条1項2b)号が適用される。しかし、Lは（少なくとも法律の文言によれば）、ド民478条，479条により保証されている供給

---

(25)　www.schuldrechtsmodernisierung.com, S. 44.
(26)　www.schuldrechtsmodernisierung.com, S. 45.
(27)　www.schuldrechtsmodernisierung.com, S. 45.

第 1 部　ドイツ新債務法 7 年の歩み

者に対する解除権を有しない。この規定の適用については供給の鎖の末端に消費用品売買があり，請負契約は存しないという前提がある[29]。

---

(28) ド民 218 条(解除の無効)「(1)不履行または債務の本旨に適わない履行による解除は，給付請求権または追完履行請求権が時効にかかり，かつ債務者がそれを援用する場合は無効である。これは，債務者が 275 条 1 項〜3 項，439 条 3 項または 635 条 3 項により給付をするに及ばず，かつ給付請求権または追完履行請求権が時効にかかっている場合にも準用される。216 条 2 項 2 文は影響を受けない。(2) 214 条 2 項が準用される。」

(29) www.schuldrechtsmodernisierung.com, S. 45.

第 4 章　消費者保護法

第 1 節　消費者保護法

1　EC 共同体法における基準

　ローレンツによれば，EGV（ヨーロッパ共同体設立条約）3 条(1)lit. t[1]には，消費者保護の改善が明示的に EC の任務として述べられている。EGV 153 条 1 項[2]において消費者の利益促進のために列挙された具体的項目の中に，消費者の経済的利益もまた含まれることになった。それに関して特に，情報提供に対する消費者の権利が促進されることになっている。それに一致してヨーロッパ裁判所は，判決の中で，平均的な情報が与えられ，注意深くかつ賢い消費者という消費者の指導形象を展開した[3]。情報提供により消費者の判断能力は，競争機能が最良の結果をもたらしうるように改善される。必要な情報の入手可能性においてすら，情報伝達の費用と骨折りは大変なのだから，消費者はそれにもかかわらず，しばしば彼の相手方である事業者よりも低い情報の入手状況にある。これは，消費者の無知およびそれと結びついた情報の不均衡と呼ばれる現象の結果である[4]。ヨーロッパの立法者は，それに多数の契約法に関わる一連の指令によって答えた。これらの指令は，しばしば事業者の負担

（1）　EGV 3 条(1)lit. t「2 項（共同体の任務）の意味における共同体の活動は，本条約の標準およびその中に定められている時間の経過に従って消費者保護の改善への寄与を含む。」
（2）　EGV 153 条(1)「消費者の利益の促進および高い消費者保護の水準の確保のために共同体は，消費者の健康，安全および経済的利益の保護ならびに彼らの利益の確保のための情報提供，教育および団体の結成への権利の促進のための寄与をなす。」
（3）　EuGH. 16. 7. 1998, Rs. C-210 / 96 -Gut Springenheide, Slg. 1998, I-4657 Tz. 31.
（4）　ドイツの情報提供義務論の展開については，H. Fleischer, Informationssymmetrie im Vertragsrecht, 2001. 邦語文献として，潮見佳男・契約法理の現代化 142 頁以下など。

における情報提供義務，契約締結のための様式性という要件および事業者のための撤回権を含んでいる。指令が個々の契約類型（例えば，パック旅行指令，消費用品売買指令など）に関する場合，契約上の義務がより詳細に具体化された。総てのこれらの基準は，通例半強行法的なものになっている。すなわち，これが消費者の同意を得て契約内容とされた場合ですら，消費者に不利となる限度で効力を生じない[5]。法案の公的な脚注の中で，民法典のルール（消費者保護関係規定）がどのヨーロッパ指令に基づいているかが明らかにされている。このことは，ドイツ民法の解釈にあたって重要である。ヨーロッパ指令の国内施行である各国の国内法は，指令に適って解釈されねばならない[6]。

2 事業者と消費者

消費者保護規範の適用は，事業者と消費者が法律行為の締結に関与することを前提とする。事業者と消費者については，消費用品売買の箇所ですでに述べたように，その定義はド民13条，14条に見出される。自然人のみ消費者となりうる。事業者としての資格はもちろん，法人および法人格を有する人的会社にも帰属しうる。その他行為の目的も問題になる。営業上のまたは独立的な職務上の活動が問題になる場合，ないし当該行為が営業上または独立した職務上の活動に役立つ場合には，事業者としての活動が生じる[7]。それ以外の場合は，消費者の活動となる。規範の保護目的によれば，労働契約の締結時には労働者もまた消費者である[8]。ドイツではもともと（旧）約款規制法（AGBG）23条1項が労働契約には同法が適用されないとしていたが，2001年の民法改正によって労働契約に対する適用除外を削除する形で民法典に統合された（ド民310条4項）。現在では労働契約において労働者は消費者かという問題について肯定説と否定説が相半ばしている[9]。その結果自然人は，その活動の目的

---

(5) Fikentscher/Heinemann, Schuldrecht, 10. Aufl., S. 277～278.
(6) Fikentscher/Heinemann, Schuldrecht, 10. Aufl., S. 278; Brechmann, Die richtlinienkonforme Auslegung, 1994. 例：EuGH. 13. 11. 1990, Rs. C-106／89-Marleasing, Slg. 1990, I-4135 Tz. 8.
(7) 前掲 BGH NJW 2005, S. 1273.
(8) BAG NJW 2005, S. 3305（弁護士事務所の被用者が病気休業中の賃金を求めた。裁判所は，就業規則中の請求権の除斥期間規定（債務者が支払いを拒絶した場合は，4週間内に訴えを起こさねばならない）がド民307条1項1文，2項1号に違反し無効としたが，この場合は法定の時効期間が適用されるとした）.

第 4 章　第 1 節　消費者保護法

にしたがって消費者になったり，事業者になったりする(10)。更に営業とは，(ド商 1 条 2 項の商行為概念(11)として）独立的雇用の場合を除いて(12)対価を得て行う商品またはサービスの計画に適った提供である(13)。

3　撤　回　権

　ドイツ民法は，撤回権という概念を統一的には使用していない。隔地者間の意思表示は，ド民 130 条 1 項(14)によりその到達前は撤回されうる。同意，懸賞広告，委任，寄託も撤回しうる（ド民 183 条, 658 条, 671 条, 690 条)。他の関係でも撤回が問題となりうる。ド民 355 条の意味の撤回権（クーリングオフ権）は，消費者保護的な契約解消権である。ド民 355 条以下は，撤回権の行使および法律効果に関する一般規定である。それらは，消費者に法により撤回権および返還権が許容され，明示的にド民 355 条, 356 条(15)が準用されている場合は常に適用される。法律上定められていない場合でも，当事者は撤回権をいつでも合意しうる(16)。撤回権に関する規定は，民法典上解除権と同じ章に規定されている。このことおよびド民 357 条(17)で法定解除に関する規定が準用されていることから，撤回権および返還権では，解除権の変容された形式が問題になる(18)。ド民 355 条以下では，総ての撤回権および返還権のための様式が統一されている。撤回期間は撤回権について教示されたときから 2 週間である（ただし，ド民 188 条 2 項参照）。個々の撤回権のための特殊性は，各々の関係で異なったことが定められた場合にのみ存在する(19)。

　もともとドイツのクーリングオフ権は，各々の消費者保護特別法ごとに異なって規定されていた（1974 年割賦販売法，1976 年通信教育受講者保護法，1986

---

(9)　これについては，丸山絵美子「労働者は消費者か？」融合する法律学（筑波大学法科大学院創設記念・企業法学専攻創設 15 周年記念論集）上巻（2006）252 頁以下。
(10)　Fikentscher/Heinemann, Schuldrecht, 10. Aufl., S. 278.
(11)　ド商 1 条 2 項「商業とは，事業が種類および範囲に従って商人的な方法で整えられた事業を要求しない場合を除く，総ての事業である。」
(12)　拙稿「西ドイツにおける雇用契約に関するリープの提案」千葉大学法学論集 3 巻 1 号（1988）141 頁以下参照。
(13)　Fikentscher/Heinemann, Schuldrecht, 10. Aufl., S. 279.
(14)　ド民 130 条 1 項(不在者に対する意思表示の効力発生時期)「相手方に対してなされた意思表示は，それが相対でないときになされたときは，それが彼に到達したときに有効になる。それは，相手方に対してそれ以前または同時に撤回の意思表示が到達したときは効力を生じない。」

257

第 I 部　ドイツ新債務法 7 年の歩み

年訪問行為撤回法，1990 年消費者信用法など)。それらは「買主が意思表示を撤回しない場合に，当該意思表示は始めて有効になる（割販 1 b 条 1 項，訪販 1 条 1 項，消信 1 条 1 項など)，」「受講者は意思表示を撤回した場合，当該意思表示に拘束されない（通教 4 条 1 項)」等というものであり，撤回期間中は，前者は浮動的無効，後者は浮動的有効と解されるものであった。学説は，これらの違いを類型化した上でその論拠を探求し，あるいは浮動的無効を原則とすることによる消費者の不利益を論難した[20]。そして 2000 年 6 月 30 日には，1997 年 5 月 20 日の通信取引指令（EC 指令）の国内法化である，「通信取引（契約)，消費者法のその他の問題ならびに規定中のユーロへの置き換えのための法律」により，撤回の効果に関する統一規定が民法典中に置かれ，「消費者が期間の定めに従い撤回した場合には，消費者は事業者との契約の締結を内容とする意

---

(15) ド民 355 条(消費者契約における撤回権)「(1)消費者に法によりこの規定に従って撤回権が許容されるときは，彼がそれを期限内に撤回した場合は，彼は，もはや契約締結に向けられた意思表示に拘束されない。撤回は，いかなる理由も包含せず，かつ文書の方式においてまたは物の返送により 2 週間以内に事業者に対して表示されるべきである。期間の遵守には，適時の発送で十分である。(2)期間は，彼に利用された情報伝達手段の要求に従ってその権利を明らかにする，撤回権に関する明確に形成された教示が，消費者に，その者に対して撤回権が表示されるべき者の氏名および宛名および期間の開始および 1 項 2 文の規定の指示をも包含する，文書の形式で通知された時期に開始する。教示が契約締結後なされたときは，その期間は，1 項 2 文とは異なり，1 ヶ月である。契約が文書により締結されるべき場合は，期間は，消費者に契約証書，消費者の文書による申し込みまたは契約証書または申し込みのコピーもまた委ねられる前に，進行を開始しない。期間の開始につき争いのある場合は，立証責任は事業者に帰する。(3)撤回権は，遅くとも契約締結後 6 ヶ月で消滅する。商品の供給の場合は，その期間は，その受領者への到着の日より前には開始しない。1 文とは異なり，消費者がその撤回権につき債務の本旨に適って教示を受けなかったときは，撤回権は消滅しない。」356 条（消費者契約における返還権)「(1) 355 条による撤回権は，これが明示的に法により許容されている限り，契約締結に際して契約上売買のパンフレットに基づいて無制限の返還権により代替されうる。その要件は，1　売買のパンフレットの中に返還権に関する明示的に構成された教示が包含されており，2　消費者が事業者がいない場合に売買のパンフレット（の内容）を立ち入って知ることができ，かつ，3　消費者に返還権が文書の形式で許容されることである。(2)返還権は，物の取得より前には進行を開始しない，撤回期間内に，物の返送によってのみ，また物が小包によって送付されえない場合は，返還請求によって行使されうる。355 条 1 項 2 文が準用される。」
(16) ド民 311 条 1 項(法律行為的なおよび法律行為に類似した債務約束)「法律行為による債務関係の発生ならびに債務関係の内容の変更のためには，法が異なった規定を置いていない限り，当事者間の契約が必要である。」

258

第 4 章　第 1 節　消費者保護法

思表示にもはや拘束されない」と定められた（ド民 361 a 条 1 項）。本条項は債務法現代化法では 355 条 1 項となる。これによって撤回期間中の契約は浮動的有効と解すべきことになった[21]。撤回権の規定の統一により，消費者と事業者の間に存在する不均衡状態において存在する一般的特徴が問題となるが，現行法上は，通信販売では消費者に商品が到達したときに撤回期間が開始すると明示されているのに反して（ド民 312 d 条 2 項）[22]，訪問販売では，買主が契約締結とともに目的商品を確認していない場合，買主には履行請求権が付与されるのみで，消費者が商品を現実に確認することは，撤回期間進行開始の要件とはなっていないと指摘されている[23]。

2001 年 11 月の債務法現代化法では，消費者消費貸借契約における撤回権に関するド民 495 条が，支払い猶予その他の融資援助（ド民 499 条），ファイナン

---

(17) ド民 357 条（撤回および返還の法的効果）「(1)撤回権および返還権には異なった定めがない限り，法定解除に関する規定が準用される。286 条 3 項に規定された期間は，消費者の撤回および返還の表示とともに開始する。(2)消費者は，物が小包により送付されうる場合，解除権が行使されると，返還義務を負う。返送の費用及び危険は，撤回および返還の場合，事業者がこれを負担する。撤回権が存在する場合，供給された物が注文された物と一致しない場合を除いて，消費者には，40 ユーロの額までの注文の場合，通常の返送費用が契約上課せられうる。(3)消費者は，彼に遅くとも契約締結時に，文書の形でこの法的効果およびそれを回避する可能性が指示された場合は，346 条 2 項 1 文 3 号とは異なり，規定に適った物の使用により生じた毀損に対する価値賠償を給付すべきである。これは，毀損がもっぱら物の検査に帰せられうるときは，適用されない。消費者が，撤回権につき債務の本旨に従って教示され，または他の方法でそれを知った場合には，346 条 3 項 1 文 3 号は適用されない。(4)それ以上の請求権は存在しない。」青野教授は，3 項の規定を消費者保護にとっては後退だと評価される（岡孝編・契約法における現代化法の課題（2002）145 頁［青野博之］）。

(18) 学説上は撤回権を取消権類似のものとして理解すべきだという見解もある（Reiner, Der verbraucherschützende Widerruf im Recht der Willenserklärungen, AcP 203 (2003), S. 27 f.

(19) 丸山絵美子「ドイツ消費者信用契約における撤回，返品制度」クレジット研究 30 号（2003）90 頁以下，比較法研究センター・潮見佳男編・諸外国の消費者法における情報提供・不招請勧誘・適合性の原則（別冊 NBL　121 号）（2008）14 ～ 15 頁［寺川永］など参照。

(20) 山本弘明「撤回期間と履行請求権」北海学園大学法学研究 41 巻 2 号（2005）166 頁以下。

(21) この間の経緯につき，右近純一「撤回概念明確化のための覚書」同志社法学 53 巻 1 号（2001）267 頁以下，今西康人「ドイツ民法典の一部改正と消費者法」関西大学法学論集 50 巻 5 号（2000）200 頁以下。

第 I 部　ドイツ新債務法 7 年の歩み

スリース契約（ド民 500 条），分割払い取引（ド民 501 条）に準用されることになった。また撤回権に関する一般規定が修正されて，撤回権は契約締結の意思表示から 6 ヶ月後には消滅するものとされ，受領した目的物の滅失，毀損についての危険負担および用途に沿った使用による価値減少の場合の価額償還義務に関するルールが，前者については，消費者が撤回教示を受けているか，別の方法でこれを認識している限り，自己の過失に基づかない不意の事故によって生じた滅失，毀損についても価額償還義務を負う限りにおいて，また後者については，新法のもとではそれまでとは異なり一定の要件のもとに消費者負担とされた限りにおいて（ド民 357 条），消費者に不利に変更された[24]。更に，ハイニンガー事件[25]を契機として制定されたドイツ民法の改正（上級ラント裁判所代理権改正法[26]）により，訪問取引を含む不動産担保信用契約の適用除外規定の削除，撤回権に関する教示への署名要件の削除，撤回権の消滅に関する規定の修正などが行われた[27]。

　上記のような法改正につきローレンツは次のように述べる。消費者保護的な撤回権の民法典への組み入れもまた根本的な問題を提供しない。EG 法により

---

(22)　ドイツでは 2000 年 6 月 30 日に通信販売についてもクーリングオフ規定が導入された（これについては，鶴道倫道「ドイツ法における通信販売への撤回権の導入の議論」神奈川法学 36 巻 2 号（2003）55 頁以下，川地宏行「通信販売における情報提供義務とクーリングオフ」専修法学論集 89 号 57 頁以下参照）。日本では 2008 年に特定商取引法の改正により通信販売につきクーリングオフ規定が導入された（特定商取引 15 条の 2）。筆者も消費者保護の観点からこのような立場を支持したい。このような立場をとる場合には，通信販売で商品を購入した消費者が贈られてきた商品を見て，カタログやテレビで見た商品とはかなり異なるため落胆するという事態は防げることになろう。ただし，日本では，販売業者が広告に反対の意思を表示していた場合はこの限りでないし，クーリングオフがなされた場合の商品の返還費用は，購入者が負担すると規定されている（特定商取引 15 条の 2）。

(23)　山本・前掲北海学園大学法学論集 41 巻 2 号 232 〜 235 頁。

(24)　丸山・前掲論文クレジット研究 30 号 82 頁以下，95 頁以下，鶴道・前掲論文 NBL 762 号 39 頁参照。労働者が自宅または職場で雇用契約または雇用関係を解消する契約を締結した場合に撤回権が認められるかも問題となり，①被用者は使用者の消費者ではない，②消費者保護法と労働法は各々固有の保護メカニズムを有するといった理由で，否定説が優勢であった（レーヴィッシュ（出口・本間訳）・前掲論文立命館法学 312 号 214 〜 215 頁）。

(25)　BGH NJW 2000, S. 521; EuGH NJW 2002, S. 281.

(26)　2002 年 7 月，BGBl. I S. 2850.

(27)　丸山・前掲論文クレジット研究 30 号 83 頁以下。

第 4 章　第 1 節　消費者保護法

指示された訪問行為撤回法（HWiG），通信取引法（FernAbsG），一時的居住権法（TzWohnRG）および消費者信用法（VerbrKrG）のルールがおおむね支障なく民法典に受け入れられ，まったく疑いなしに法典を完全無欠なものにすることに寄与した。そのことは，民法典により枠をはめられた特別私法という方向の消費者保護法の事実上疑わしい分岐に別れを告げるものである[28]。

　事業者と消費者との間の対等な関係の保護のためには，事業者による契約に関する情報の提供義務を課することが適切である。ドイツでは，債務法現代化法以前から各々の消費者保護特別法において契約内容に関する情報提供義務と並んで撤回権，撤回受領者の氏名，住所について教示義務を課し，それに違反した場合は撤回期間が延長されるとしていた（訪販 2 条 1 項，消信 7 条 2 項，一時的居住 5 条 2 項など）。2002 年 8 月 1 日には，民法上の情報提供義務に関する規則（BGB-Informationspflichten-Verordnung（民法に基づく情報提供および証明義務に関する規則））[29]が公布され，消費者契約全般における事業者の情報提供義務に関するルールが作られた。その 14 条には，撤回教示の形式が規定され[30]，別表 2 には撤回教示の雛形も掲載されている。このモデルは，教示に瑕疵がある場合に永久に消費者から撤回権を行使される可能性のある事業者の負担を軽減するために示されたといわれている。しかし事業者はこのモデルを用いる義務はない。ローレンツは次のようにこれを評価する。民法上の情報提供義務に関する規則という柔軟な方法もまた，基本的に成功しているようにみえる。それは，民法典に概観できないほど詳細な規定を積みすぎることなしに，新しい，いつも厳粛とはいえない実務に規則制定者の迅速な対応可能性を保証する。同時にそれは，その利用が法定の要件を満たす見本が提示されることに

---

[28]　E. Lorenz (Hrsg.), Karlsruher Forum 2005, S. 21 [S. Lorenz].
[29]　BGBl. I S. 2958.
[30]　BGB-InfoVO 14 条（撤回および返還の告知の方式，見本の使用）「(1)撤回権に関する告知は，付表 2 の見本が文言の様式として用いられる場合は，ド民 355 条 2 項の要件およびこれを補充する民法の規定を満たす。(2)返還権に関する告知は，付表 3 の見本が用いられる場合は，ド民 356 条 1 項 2 文 1 号の要件およびこれを補充する民法の規定を満たす。(3)事業者が告知のために付表 2 または 3 の見本を用いるときは，彼は，見本のフォーマットおよび文言の大きさを変えかつ会社または事業者の表示のような付加的文言を加えうる。(4)事業者が消費者に撤回権または返還権に関する付表 2 または 3 の見本の利用なしに告知するときは，彼は告知において彼に呼び出し可能な住所を述べなければならない。」

より，提供者の側のためにもまたより大きな法的安定性を保証する（BGB-InfoVO 14条および Anl. 2，3参照）。細部については，債務法現代化法が旧法のもとでの法状況と比較して結局消費者の自己責任の強化に導いたことが確定されうる。その地位は，その撤回権の効果に関して著しく悪化し，そのことは，消費者の保護と自己責任との間の歓迎に値する新しい繊細な調整に導いた[31]。

消費者保護法上の細目規定の氾濫，特に，それにより強化された教示の形式主義は批判されうる。確かに，部分的に非常に概観しにくい，EG指令に依拠した，教示，情報提供および行為義務の競合の中にも若干の矛盾がある。そのほとんど概観しえない数，その過度に複雑な規定の全体およびその部分的に理解することが困難な目的に鑑みて，事業法上の情報提供義務が実務で遵守されうるかどうかが問題となる。しかし，この問題ならびにその奥にある保護のメカニズムという一般的な問題は，すでに各々の指令の中に存在しているのであり，その結果としてドイツの立法者にとってはヨーロッパ法上の国内施行義務に鑑みて，もっぱらこれらの規定が法典上どこに置かれるかという問題のみが立てられる。それらを民法の統一という理由で民法典の中に置くことは，規定の概観可能性を強め，その実務上の意味を考慮に入れ，かつ，少なくとも傾向として民法上の消費者保護の特別私法としての形成からの好ましい決別を実現する。この場合もまた体系の転換は確定されえない[32]。

4 消費者消費貸借契約

現行消費者消費貸借契約法の前身は，1894年の割賦販売法である。割賦販売法の目的は，売主が賦払金の不払いの場合に留保所有権に基づいて売却された物を回収し，同時に更なる賦払金の請求をすることから買主を保護することにあった。割賦販売法は，融資付き売買において二人の契約当事者が二つの分離した契約において対立する状況を規定していなかった。かようなルールは，割賦販売法に取って代わった1990年の消費者信用法により規定された。それは，融資付き売買契約のための効果（与信契約に対する売買契約に基づく抗弁の接続）を伴なって，前記のような消費者信用のための一般的な撤回権を導入した。債務法現代化法により消費者信用法が民法典に編入されたが，消費者信用

---

(31) E. Lorenz (Hrsg.), Karlsruher Forum 2005, S. 21 〜 22 [S. Lorenz].
(32) E. Lorenz (Hrsg.), Karlsruher Forum 2005, S. 22 [S. Lorenz].

第 4 章　第 1 節　消費者保護法

契約は，消費者消費貸借契約，消費者金融援助，分割供給契約などに類型化された。現行ド民491条以下は，消費者信用法を受け継いでいるが，技術的な変更がなされている。国内立法者は，当該ルールの形成において全く自由なのではない。指令に適った国内法の解釈にとっても意味を有するEC消費者信用指令の基準が考慮されるべきである(33)。ド民491条以下は，一般的な消費貸借規定を補充し，事業者から信用を受けた消費者を情報提供義務，要式の必要性，撤回権ならびに結合契約に関するルールによって保護する(34)。

　消費者消費貸借契約に関しては，ド民492条が書面方式を（消費者の署名（自署）が必要，また電子方式は認められない），ド民494条が方式瑕疵の効果を定め，これらの規定の一部は，支払い猶予またはその他の有償の金融援助を与える契約（ド民499条1項），ファイナンスリース契約（ド民500条），分割払い契約（ド民501条）に準用されているが，分割払い行為については必要的記載事項と方式瑕疵の効果につき独自の規定も置かれている（ド民502条）。これに対して分割供給契約は，民法総則の原則規定（ド民126条）に従った書面方式が要求されている（ド民505条2項）。消費貸借仲介契約も同様であるが（ド民655b条），同条は必要的記載事項も規定している(35)。

---

(33)　Richtlinie 87 / 102, EWG（消費者信用に関する加盟国の法および行政規定の平準化に関する幹部会指令），v. 22. 12. 1986 (ABl. 1987 L 42 / 48).

(34)　Fikentscher/Heinemann, Schuldrecht, 10. Aufl., S. 548～549; C. Godefroid, Verbraucherkreditverträge, 3. Aufl., 2008, SS. 29 f., 155 f., 254 f.

(35)　C. Godefroid, a. a. O., SS. 70 f., 344 f., 404 f., 462 f. 角田美穂子「ドイツ消費者信用契約における書面方式の要求」クレジット研究30号（2003）31頁以下，小野秀誠・前掲論文一橋法学6巻2号586頁以下。

第1部　ドイツ新債務法7年の歩み

第2節　約款規制法

1　約款と約款規制法

しばしば小さな活字で契約に挿入される、あらかじめ定式化された条項は、法律行為的な意思に加えられるが、原則として明示的または黙示的に客観的に表示されたものとされ、その内容は取引倫理の枠内で検討される。約款がどのようにして契約の構成部分になるのかは、1977年4月1日の約款規制法の施行までは議論があった。約款は客観的な法であり、経済の独自に生成された法であるという説（グロースマン・デルト）がその対極にあった。しかし法治国家では、規範設定および法の制定は立法者に留保されている。約款は契約の構成部分であり、当事者間でのみ効力を生じるという考えが多数説であったが、その中でも、約款規制法施行まで服従説と指図説という二つの見解が対立していた。連邦最高裁は、当事者がその使用を知りまたはそれを考慮に入れねばならない場合に、当事者の約款への服従と言う言葉を使った。そしてそれに際してそれが契約内容となるためには認識される必要はないとした[1]。それに対して通説は、約款は、契約締結の単純化のために契約文言の中に取り入れられるべきではないのだから、当事者は、契約の中で約款の文言を指示しようとすると主張した。指示説によれば、両当事者は、約款が効力を生じることを理解していなければならないが、その内容を知っている必要はない。ド民305条2項[2]は、指示説に従っている[3]。

---

(1) BGHZ 9, S. 1 ; 17, S. 1. いずれも運送約款に関する事件で、黙示的な約款への付従は、契約の相手方が、運送人がその契約内容の基礎を約款に置くのが通常であることを知りまたは知る（考慮に入れる）べき場合に認められるとした。

(2) ド民305条2項(約款の契約への組み入れ)「普通契約約款は、使用者が契約締結に際して、①相手方に明示的に、契約締結の種類により明示的な指示が不相当な困難のもとにのみ可能なときは、契約締結の場所での明らかに視覚可能な掲示によりそれを指示し、かつ②相手方に期待しうる方法で、使用者にとって認識しうる相手方の身体的な障害もまた相当に考慮したうえで、その内容を知る可能性を作り出し、同時に、相手方がその効力を理解したときにのみ、契約の構成部分となる。」電子商取引における約款の契約への組み入れの要件については、田中康博「ドイツ法における事業者、消費者間電子商取引における約款の組入れ」NBL 762号（2003）28～32頁参照。

(3) Fikentscher/Heinemann, Schuldrecht, 10. Aufl., S. 96～97.

第 4 章　第 2 節　約款規制法

　約款の許容性は，まずド民 138 条（良俗違反（独占的地位））により，次いでド民 157 条，242 条（取引倫理を考慮した信義則）により判断された。1977 年 4 月 1 日に詳細なルールを定めた約款規制法が効力を生じた。1993 年には EG 約款指令が公布され，ドイツ法に若干の変更をもたらした[4]。そして債務法現代化法によって約款規制法は，他の特別法とともに民法典に組み入れられた（305 条以下）[5]。民法典中の約款ルールは，指令に適合したものであり，それゆえにヨーロッパ約款指令に従って解釈されるべきである[6]。約款に関するルールは，民法第 2 編（債務法）第 2 章にある。規定の位置については議論がある。約款は，民法総則（特に約款の組み入れ，無効の効果，一般的法律行為論）だけでなく，物権法（例えば担保行為）にも関わっている。それゆえに，約款に関するルールを分割し，第 1 編（民法総則），第 2 編（債権法）に分けて概観し，あるいは約款法全体を民法総則に規定することが提案された[7]。しかし起草者は，それに従わず，約款法の重心を債務法に置いた。

　ローレンツによれば，約款規制法は，内部的な変更ではなく，民法典への組み入れを問題とすべきである。しかし，債権総論のどの箇所に位置づけるかについての危惧される理論的な困難は，少なくとも実務上は問題とされていない。内容的にはド民 305 条～310 条は，旧約款規制法の規定に対してわずかな変更をしたにとどまる。この関係では，ド民 307 条 3 項 2 文，1 項 2 文[8]の透明性の命令のような従来の，部分的に指令に従った解釈ないしその発展に基づく法曹法の法典化のみが歓迎されるべきものである。ド民 305 条 2 項 2 号の顧客の身体障害の組み入れもまた，従来の法と異なるものではない。ド民 305 a 条[9]の約款の組み入れの権限の付与の制限も同様に，実務を著しく混乱させるものではない[10]。

---

(4)　Richtlinie 93 / 13 /EWG（消費者契約における濫用的条項に関する 1993 年 4 月 5 日の幹部会指令），ABl. L 95 / 29.
(5)　新約款法の梗概については，レービンダー（高橋弘訳）「ドイツ債務法改正による約款法」広島法学 28 巻 1 号（2004）192 頁。
(6)　Fikentscher/Heinemann, Schuldrecht, 10. Aufl., S. 97.
(7)　Lorenz/Riehm, Lehrbuch zum neuen Schuldrecht, S. 47 f.
(8)　ド民 307 条 1 項（内容のコントロール）「普通取引約款中の規定は，それが使用者の相手方に信義則の命令に反して不相当に不利益を与える場合は無効である。不相当な不利益は，その規定が不明確で理解し難い場合にも生じうる。」

265

第 I 部　ドイツ新債務法 7 年の歩み

2　保証責任と約款上の保証の引受または調達危険

以前の法とは異なり，種類債務の場合も（ド民旧 279 条），原始的主観的な不能の場合も，法律上当然に過失とは無関係な責任は問題とはならない。拡大されたド民 276 条 1 項によれば，過失とは無関係な責任は，むしろ個々の場合に解釈の方法による場合であっても，保証の引受または調達危険が当事者意思から導かれることを前提とする。これが種類債務ないし調達危険の引受によりすでに認められるか，またどの程度まで認められるかは議論されており，判例によっても明らかでない。しかし判例は，原始的不能，権利の瑕疵の場合に，新債務法のもとではこれが認められず，契約上の保証引受の場合にのみ認められることを明らかにした[11]。しかも連邦最高裁は，ドイツ債務法現代化法の立法者は，物の瑕疵の場合と権利の瑕疵の場合の責任の違いを平準化することにより，それまでの責任の体系を意識的に捨てたのであり，責任約款の内容規制に際して売買における法定の権利の瑕疵責任のこの違いは考慮されるべきだとし[12]，2002 年 1 月 1 日までドイツではそうでなく，ウィーン統一動産売買法も原則的に過失とは無関係な売主責任から出発していたにもかかわらず，新し

---

(9)　ド民 305 a 条(特別の場合の編入)「305 条 2 項 1 号，2 号に述べられた要件を遵守しない場合でも，相手方がその効力について合意したときは，1　管轄交通局の認可によりまたは国際協定に基づいて公布された，鉄道の運賃表および施行規則，および旅客運送法の基準に従って認可された，路面電車，トロリーバスおよびリニアモーターカーの運輸規則は，運送契約に，2　遠隔通信および郵政監察局の公報で公にされ，かつ使用者の営業所で用意されている普通契約約款は，(a)業務地外で郵便ポストへの郵便物の投入により締結される，運送契約に，または，(b)普通契約約款を不相当な困難のもとにおいてのみ契約締結前に相手方が入手しうる場合は，遠隔通信，情報および遠隔情報伝達手段の投入により直接に，かつ遠隔情報伝達サービス給付の実現の間一度だけ実現される，その他のサービス給付に関する契約に編入される。」

(10)　E. Lorenz (Hrsg.), Karlsruher Forum 2005, S. 19 [S. Lorenz].

(11)　BGHZ 164, S. 196 ＝ NJW 2006, S. 47（大手の建設業者と原材料の供給業者との間の約款につき，ド民 307 条違反となるかどうかが問題になった事例。それによると，緊急の場合には，作成者が瑕疵の除去または損害賠償を供給業者に対して請求しうる，あるいは，供給者がその責めに帰すべからざる事由による権利の瑕疵の場合に損害賠償責任（ド民 437 条）を負うという約款がド民 307 条により無効だとされたが，売主の過失とは無関係な責任が認められるためには，そのための売主の保証約束（Beschaffenheitsgarantie）がなされていることが必要だとする）.

(12)　前掲 BGHZ 164, S. 196 ＝ NJW 2006, S. 47.

い法律状態に約款規制法のための指標機能を付与したと評価されている[13]。判例によれば，約款によるかような保証の契約上の引受は，それが売主を予測しえない損害賠償責任にさらすがゆえに，ド民307条1項により事業者間においても無効になる。しかし，契約上の引受の場合にのみ，法律上の規定に従って過失とは無関係な損害賠償義務が売主に帰するという事実から，同時にかような合意をしないことが法律上責任排除ではなく，単に構成要件の回避を意味することが導かれる。したがって，保証の明示的な排除は，責任排除約款の標準では図られえない。それは，ド民475条1項にもかかわらず，消費用品売買法でも可能である。約款ではそれはド民307条3項1文[14]により規制を受けないことになろう（保証の明示的な排除が有効になる場合がある）[15]。

3 約款上の損害賠償請求権の制限

これに対して損害賠償請求権は，事業者，消費者の関係においても一般的限界の中で合意により変更しうる（ド民475条3項）。かような一般的な限界は，特にド民307条，309条の約款上の禁止である[16]。この約款上の禁止は，実務上今でも効力を保持している一般化の禁止と結びついて，警戒心のない約款利用者（作成者）にとって危険な事例であることが証明されうる。それは中古品を目的とする消費用品売買におけるド民475条2項[17]により許容される時効の短縮化に結びついた[18]。しかし，実務はそのことに対して十分な心構えをしたように思われる。いずれにしても自動車取引約款への一瞥は，生命，身体，健康の侵害ならびに重大な義務違反の場合の顧客の請求権を明示的に留保すべしという推奨は，実りある方法で決着をみたことを示す[19]。連邦最高裁は，

---

(13) S. Lorenz, a. a. O., NJW 2007, S. 2.
(14) ド民307条(内容のコントロール)「(3) 1項，2項ならびに308条，309条は，それによって法律規定とは異なった，またはそれを補充するルールが合意された普通取引約款上の規定についてのみ適用される。それ以外の規定は，1項2文および1項1文に従って無効となりうる。」
(15) S. Lorenz, a. a. O., NJW 2007, S. 2.
(16) ド民307条に関して，青野博之「約款規制におけるヨーロッパ法とドイツ民法との関係——不公正条項に関するEC指令をめぐって」駒沢法曹2号（2006）1頁以下参照。
(17) ド民475条2項「437条に述べられた請求権の時効は，合意が法定の時効の起算点から2年未満，中古品の場合は1年未満に導く場合は，法律行為により軽減されえない。」
(18) Leenen, Die Neuregelung der Verjährung, JZ 2001, S. 557 f. など。

最近学説上以前から指摘されてきた問題を扱った。ド民309条7a号によれば，約款上生命，身体または健康に対する損害に対する責任は制限されえない。同じことはド民309条7b号により重過失責任についてあてはまる[20]。連邦最高裁が明らかにしたように，時効期間の契約上の短縮もまたこれにより許容されない責任制限である。ローレンツによれば，かような時効条項が明示的にド民309条7a号，7b号に列挙されている事例を排除しないとすれば，それは効力を保持している一般化の禁止のために全部について，すなわち，それ自体可能な追完履行，解除または代金減額の時間的制限に関してもまた無効となる[21]。それはもちろん，一般的に責任制限の総ての種類のために事業者，消費者の関係の外部でもあてはまる。したがって，約款実務にとってもこれからも約款中の列挙された種類のド民309条7a号，7b号に列挙されている請求権を明示的かつわかりやすく責任制限条項の総ての種類から排除することが不可避的に推奨される[22]。

4 個別的労働法における適用可能性

ローレンツによれば，旧約款規制法23条1項は，労働契約への約款規制法の適用を認めていなかったが，これは労働法の領域では，不当な条件からの弱者の保護は，労働法に固有のルールや労働特別立法によって実現されるべきだとの考えによるものであった。しかし，学説上約款規制法の基本思想の援用が

---

(19) E. Lorenz (Hrsg.), Karlsruher Forum 2005, S. 20 [S. Lorenz].
(20) ド民309条7号(評価可能性のない条項の禁止)「法律上の規定との相違が許容される場合においてもまた，普通契約約款上，(a)（生命，身体，健康の侵害）使用者の過失による義務違反または使用者の法定代理人または履行補助者の故意または過失による義務違反に基づく，生命，身体または健康の侵害に基づく損害に対する責任の排除または制限，(b)（重過失）使用者の重過失による義務違反または使用者の法定代理人または履行補助者の故意または重過失による義務違反に基づく，その他の損害に対する責任の排除または制限（(a)および(b)は，それらが旅客の不利益において1970年2月27日の路面電車，トロリーバスならびにリニアモーターカーのための普通運送約款に関する政令と相違しない限りにおける，旅客運送法の基準に従って認可された，路面電車，トロリーバスおよびリニアモーターカーの運送約款および運賃表における責任制限には適用されない。(b)は，国家的に認められた宝くじまたは賭博契約に対する責任制限には適用されない）は無効である。
(21) BGH, Urt. v. 15. 11. 2006, Ⅷ ZR 3 / 06.
(22) S. Lorenz, a. a. O., NJW 2007, S. 8.

第 4 章　第 2 節　約款規制法

説かれ，債務法現代化法は，労働者に対する保護基準を私法の保護基準より下位に置いてはならないとの趣旨から，旧約款規制法 23 条 1 項の適用除外規定を廃止した[23]。新法のもとでも，労働協約，就業規則，服務規則といった集団的労働法上の規律には約款規制法は適用されず，個々的な労働契約について同規制法の適用が問題となるにすぎないが，一般的な労働契約条件について合意が成立し，団体協約上の規律がこれを補充する場合は問題である。例えば，労働協約において被用者に疾病により就業日に労働をなしえないことの報告が義務づけられている場合において，個々の労働契約で被用者にこの場合に医師の証明書の提出が義務づけられているような場合である[24]。

　ド民 310 条 4 項 2 文は，普通取引約款規制に際して労働契約の特殊性を考慮することを要求している。2004 年連邦労働裁判所判決[25]は，あらかじめ使用者によって作成された労働契約における違約罰条項は，労働契約の特殊性の考慮から直ちにド民 309 条 6 号[26]により無効となるものではないが，当該条項が信義誠実の原則に反して労働者を不利に扱うものである場合には，ド民 307 条 1 項 1 文により無効となるとしている[27]。ド民 310 条 4 項 2 文は更に，労働契約にド民 305 条 2 項，3 項[28]は適用されないとする。立法者は，その論拠を使用者が証明法（Nachweisgesetz[29]）2 条 1 項 1 文によって労働者に重要な契約条件を手交することを義務づけられていることに求めているが[30]，証明法は契約条件の有効要件を定めるものではなく，また契約締結前や締結時における開示および総ての契約条件の開示を確保するものでもないので，ド民 305 条 2 項，3 項と同じ機能を果たしえないという指摘もある[31]。消費者契約

---

(23)　BT-D. 14 / 6040, S. 242; BT-D. 14 / 7052, S. 189.
(24)　レービッシュ（出口・本間訳）・前掲立命館法学 312 号 212 ～ 213 頁。
(25)　BAG BB 2004, S. 1740（被告と原告（使用者）との間の雇用契約で，被告が当初から勤め先に現れなかったので，契約後 1 週間で原告が告知し，違約罰の請求をした。被告は除斥期間の経過による権利の失効を主張。被告勝訴）．
(26)　ド民 309 条 6 号「法律上の規定との相違が許容される限りにおいてもまた，普通契約約款上，給付の不受領または引取の遅滞，支払いの遅滞の場合または相手方が契約を解消する場合のために，使用者への違約罰の支払いが約定される規定（違約罰），は無効である。」
(27)　丸山・前掲論文融合する法律学上巻 262 頁。
(28)　約款上の条項が契約内容となる要件を定める約款の組入れ段階の規制。
(29)　1995 年 7 月 20 日 BGBl. I S. 946.
(30)　BT-Dr. 14 / 6857, S. 54.

269

に関する特別規定であるド民310条3項が労働契約に適用されるかも問題とされており，2005年連邦労働裁判所判決[32]は，「雇用関係上生ずる請求権は，相手方がこれを拒絶する場合には，4週間以内に訴求しなければならない」という条項の効力が問題となったが，労働裁判所は，労働者がド民13条の消費者に含まれることを認めたうえで，ド民310条3項が労働契約にも適用されるとし，この条項が多数の契約のためにあらかじめ定式化され，被告により原告に提示されたものであれば，被用者が当該条項内容に影響を及ぼしえた場合に有効となると判示した（破棄差戻し）[33]。

ローレンツによれば，約款法の分野における最大の不安定は，立法過程で比較的後になって始めて導入された，ド民310条4項2文[34]による労働法上の特殊性の相当な顧慮のもとで個別的労働法のために道を開いたことである。しかし，この場合もまた完全な体系の転換の危惧は存しない[35]。通説はむしろ目測による約款規制法の慎重な移行の立場に立った。判例もまたこの道を歩んでいるように見える[36]。その結果原則として体系を転換する革新のおそれは存し得ない。体系および法的安定性に基づいて，すでに従来連邦労働裁判所の判例により約款規制法に強く依拠してなされた組み入れのコントロール，ならびに，ド民242条，315条[37]ないし部分的に問題になった憲法上の平等取り扱

---

(31) Gotthardt, Der Arbeitsvertrag auf dem AGB-richtlinien Prüfstand, ZIP 2002, S. 280; Hromadka, Schuldrechtsmodernisierung und Vertragskontrolle im Arbeitsrecht, NJW 2002, S. 2525 など。
(32) BAG ZIP 2005, S. 1699.
(33) 丸山・前掲論文融合する法律学上巻264〜266頁参照。
(34) ド民310条(適用領域)「(4)本章は，相続法，家族法および会社法の分野の契約ならびに労働協約，営業および雇用上の合意には適用されない。労働契約への適用に際しては，労働法上認められている特殊性が考慮されるべきである。305条2項及び3項は適用されえない。労働協約，営業および雇用上の合意は，307条3項の意味における法規定と同視される。」
(35) S. Lorenz, a. a. O., NBL 2007, S. 20. 同旨：A. Schlodder, Der Arbeitsvertrag im neuen Schuldrecht, 2004, S. 243.
(36) 前掲 BAG NZA 2004, S. 727（約款による雇用契約においては，労働法上の特殊性を相当に考慮して（ド民310条4項2文），違約罰の約定は原則的に有効であり，かような合意の無効は，労働者の不相当な不利益に基づいて認められうる（ド民307条1項）；2005, S. 182（労働者が使用者たる会社に対して賃金債権を有する場合においてその会社が倒産したときは，その会社の破産管財人がその会社の無限責任社員に対して行使する賃金請求訴訟は労働裁判所に提起できるとした）；2005, S. 1111（除斥期間）。

第4章 第2節 約款規制法

いの議論に依拠した，普通労働約款の内容規制が実定法に依拠し，その結果それに法律上の指標が与えられることは歓迎すべきことである。判例は今や，コントロールの方法を本質的に変更し，もはや普通労働約款と個別的労働契約の区別のない内容コントロールは行わないことに強いられるであろう[38]。いずれにせよチュージングの評価は適切であり，個別的労働法の組み入れは，この法分野で他の問題に影響を及ぼさないことには導かない[39]。決定的な基礎的問題は，連邦労働裁判所がこれまで明らかにしていなかった，労働契約の締結または解消における労働者の消費者性，労働法の特殊性の概念，ならびに，判例が（一般的に拘束力を有するものではない）労働協約をド民307条2項1号の法律規定とみるかどうかという問題にある[40]。

---

[37] ド民315条（一当事者による給付の指定）「(1)給付が契約当事者の一方により定められるべきときは，疑わしいときは，指定が公平な裁量によりなされるべきことが認められうる。」
[38] 前掲 BAG NZA 2005, S. 1111（債務法現代化法施行後は，ド民242条による一般的な内容コントロールは認められない）.
[39] Thüsing, Inhaltskotrolle von Formulararbeitsverträgen nach neuem Recht, BB 2002, S. 2666 f.
[40] E. Lorenz (Hrsg.), Karlsruher Forum 2005, S. 20 ～ 21 [S. Lorenz].

第Ⅱ部　日本の債権法改正の論点

第1章　消滅時効法の改正提案とその検討

1　時効期間の統一化，短縮化

　ドイツでは 2001 年の債務法現代化法によって債権の消滅時効期間は原則 30 年から 3 年（プラスアルファ）に著しく短縮された。ヨーロッパ契約法原則でも債権の消滅時効期間は原則 3 年とされている。ドイツでは，現行日本民法と同様，通常時効（ド民旧 195 条，日民 167 条 1 項（10 年間）），2 年，4 年といった短期の時効（ド民旧 196 条，旧 197 条）（商事時効は通常これによらせた（日本では 5 年間の商事時効規定（日商 522 条）がある））のほか，二重期間制限規定（ド民旧 824 条，日民 724 条など）もあって，時効規定が各々の権利によって不統一であり，複雑であるため，これを統一化して，一般の人々にとってわかりやすいものにしたいというのが立法の動機であった。わが国でも金山グループ提案や民法（債権法）改正委員会の試案は基本的にこれと同様の立場に立っている。金山教授によれば，①商事時効や短期時効と普通時効の境界は不明確である，②短期消滅時効制度は，権利者，義務者の社会的，階級的地位がそのまま債権に差異をもたらし，その結果債権の抽象的等質性が認められていなかった時代の産物であり，封建社会の階級性が打破され，資本制が浸透してくると，短期消滅時効制度の正当性は認められなくなっている，③民法 724 条の定める不法行為責任の期間制限規定は不備があり，被害者を実際に救済できない場合が少なくない[1]。今日では時効期間の短縮化の傾向が世界的にみられるが，その根本原因として，①現代では市場が拡大し，取引の量が飛躍的に増大することに

---

(1)　金山直樹編・消滅時効法の現状と改正提言（別冊 NBL 122 号）(2008) 4～7 頁 ［金山］，広中・星野編・民法典の百年Ⅱ (1998) 411 頁以下 ［金山］(金山・時効における理論と解釈 (2009) 78 頁以下所収)。

第II部　日本の債権法改正の論点

よって領収証の保存期間を短縮する必要がでてきたこと，②民事責任が認められる場合が拡大し，かつその権利行使の容易さが確保されることが多くなってきたこと（インターネットの普及，司法補助専門職の拡充，科学的証明手段の発達など）を列挙される[2]。

　しかし筆者は，かような見解の総てに従うことはできない。まず現行日本民法の短期時効制度が封建的身分制度に胚胎する古い制度であり，近代資本主義社会とは相容れないという点については，確かに民法の短期時効制度には，現代社会ではすでになくなった古い社会制度を前提にするものもあるが（この点は平成16年の民法口語化法により一部訂正された），これらの短期時効制度は，日々の毎日のように繰り返される取引を前提としたもので（金額も一般的には低額である），合理性を有したのであり[3]，今日のように取引形態が近代化して，カードによる決済，コンピューターによる債権管理が一般化した時代にあってはすでに時代遅れになり，一般的な時効に解消してもよいというように理解すべきである。また5年の商事時効も，商人間の取引では，大量取引，取引の反復，継続性，当事者の専門知識を前提とした債権管理，取引の迅速性，取引の早期決済が要請されることから，一般の時効よりも短い時効期間を定めても不当ではないといえるのであり，今日の取引社会でもこのことは広く一般に認められているといえる。

　ドイツ，ヨーロッパ契約法原則（PECL）（3年間），フランス（5年間）[4]で統一的な短期の時効期間が導入されていることは周知の如くであるが，短期にすぎるとモラルハザードを招いて必ずしも妥当な結果を生まないのではないかと筆者は考えている。しかし，現行民法のように数多くの異なった時効期間を定めることは煩雑であり，かつ権利者に思わない過誤をもたらすことがありうるから，時効期間は20年，10年，5年，3年という幾つかの基準となる時効期間を定めておいて，それらのいずれかによらせることにしてはどうかと考えている。既述のようにドイツでは，ドイツではそれまで30年という一般的な時効期間が定められており，幾つかの短期時効期間も規定されていたが，2001

---

(2)　金山編・前掲書7～9頁［金山］。
(3)　金山編・前掲書24頁［平野裕之］参照。
(4)　民事時効改正に関する2008年6月17日法（Loi n° 2008-561 du 17 juin 2008 portant réforme de la prescription en matière civile）。金山編・前掲書165頁［金山・香川］参照。

第 1 章 消滅時効法の改正提案とその検討

年の債務法現代化法では，時効期間を原則 3 年とする新規定が制定され，その後のドイツの実務では，これに対する反論はほとんどみられないとされている。その理由として考えられるのは，①ドイツでは原則 3 年の時効が定められているが，その起算点については歳末時効といわれる独特の緩和措置が講じられており[5]，ドイツの実務（年末に会計の締めを行い，早期の取立てを行う）とミスマッチを起こしていないこと，②新法では広い範囲で時効の停止や満了停止の制度が導入され（当事者間の交渉や ADR 手続の利用により時効の進行が停止するのが代表的（ド民 203 条，204 条）），債権者にとって苛酷な事態となるのを防ぐ装置が容易されていること，③ドイツの国民が新しい時効制度をよく理解し，新法のルールに沿って実務を行っているため，問題があまり起こっていないこと，④弁護士，その他の司法補助機関や消費者相談制度などが発達していて市民の多くが適切なアドバイスを受けられるようになっていること，⑤既述のようにドイツではそれまで実務上 30 年の消滅時効が適用される事例はそれほど多くなく，2〜4 年の短期時効の規定が多くの事例で適用されていたことなどである。

　他方において，2008 年に制定されたフランスの新時効法は，原則として 5 年という一般的な時効期間を定める[6]。またわが国でこれまで出されている民法（債権法）改正委員会の試案や金山グループ提案，加藤グループ試案も，時効起算点や期間の満了時期など必ずしも一致していない点もあるが，原則として 5 年間という時効期間を定めている。金山教授は，一方において時効期間の著しい短縮には慎重であるべきで，しばしば時効の短縮化の根拠として挙げられる現代における生活のリズムの速さも説明として十分ではないと主張しておられ，このような考え方も立法提案の基礎となっていると考えられる[7]。民法（債権法）改正委員会の試案は，時効期間が長いと時効の成否をめぐって訴訟が長期化し，紛争処理に多くの費用と時間を要する結果になるという点も

---

(5) ドイツでは新時効法制定以前から短期消滅時効については歳末時効の制度が導入されていた（ド民旧 201 条）。

(6) フランスにおける時効法改正までの時効法の変遷については，北村一郎編・フランス民法典の 200 年（2006）484 頁以下［金山］（金山・時効における理論と解釈 140 頁以下所収）参照。

(7) 金山他「座談会：時効の過去，現在，未来を語る」判タ 1251 号（2007）27 頁［金山］（加藤雅信他編・現代民法学と実務（上）(2008) 207 頁所収）。

挙げるが，短期の時効期間にすると紛争の早期決済が図れる反面，真実の権利関係が実現されない場合が多くなって正義に反し，モラルハザードを招くという負の側面があることも否定できない。もっとも民法（債権法）改正委員会の試案では，時効期間を短縮することによって債権者が受ける不利益を緩和するために，債権者による債権保全の現実的可能性を高めること，時効障害事由をもっと機能的にすることが提案されている（2008年12月23日全体会議）。これは確かに重要な観点であり，ドイツやフランスの新時効法では交渉やADR手続開始を時効停止事由に加えるなどの改正が時効期間の短縮化の実現の背景をなしていると考えられる。債権者にとって権利の保全が簡易になされ，また時効停止ないし中断事由が拡大されて債権者が容易に時効の停止（中断）をなしうるのであれば，時効期間を短縮しても債権者の不利益はかなりの程度緩和されるといえよう。

2　時効期間の起算点

(1)　一般の債権

(イ)　近時の諸外国の改正立法

既述の如くドイツ新債務法は，原則3年の時効といわゆる主観的な時効起算点を採用するとともに，それより長期間の客観的な起算点を有する時効（10年間（ド民199条4項））との二重の期間制限の規定を置いた。ユニドロワ契約原則（PICC）も，債権者が権利行使を可能にする事実を知りまたは知るべきであった日の翌日から起算して3年間または権利が行使可能となった日の翌日から起算して10年で時効にかかると規定する（10.2条）。これに対してPECLでは，債務者が履行をなすべき時から3年で債権は時効にかかり（14：203条2項），債権者が債務者または債権発生原因事実を知りもまた合理的にみて知ることもできない間は時効期間は進行を停止するが（14：301条），普通時効期間については10年という上限期間が置かれている（14：307条）[8]。2008年フランス新債務法も，権利者が権利行使を可能とする事実を知りまたは知りうべきときから5年間（2224条），時効の起算点が延期され，時効が停止または中断する場合でも最長権利発生時から20年（2232条1項）で時効にかかると

---

(8) 野々村和喜「時効法改革とヨーロッパ契約法原則（PECL）第14章」同志社法学59巻4号（2007）23～26頁参照。

第1章　消滅時効法の改正提案とその検討

規定した。もっとも，事業者の財産ないしサービスを消費者に提供したことによる訴権は2年で消滅時効にかかると規定されている（フランス消費法典 137-2 条）。

(ロ)　日本の改正提案とその評価
(a)　はじめに

これまでに伝えられている債権法改正委員会の時効に関する立法提案も，近時のドイツ，フランスの新立法と同様二重の期間制限を予定している。すなわち，同委員会によれば，①債権者が債権を行使することができることおよび債務者を知り，または合理的にみて知ることができるときは，その知りまたは知ることができたときから3年ないし5年の経過により時効期間が満了するとともに（第一のテーゼ），他方において，事実関係の曖昧化から生ずる負担や危険からいずれは人々が解放されなければならないという視点からは，原則的な時効期間として，債権者の認識などの事情に左右されずに債権者が権利を行使することができるときから10年で時効期間が満了する（第二のテーゼ）。このうち第二のテーゼは，現行の日本の債権法の消滅時効制度と同様であり（日民166条1項，167条1項），異論は少ないであろう。問題となるのは，金山グループ提案では債権の弁済期が到来したときから10年となっていることである。金山グループ提案では短期の時効起算点を債権者の権利行使を期待できるときとしているため，それとの区別を明確にするために弁済期到来時としたものと考えられる。

第一のテーゼは，3年説を採用する場合には（歳末時効を度外視すれば）ドイツの新消滅時効法の規定とほぼ同じ内容となる。筆者はドイツのこの新時効法の規定には反対である。金銭消費貸借，売掛代金債権，清算金債権その他諸々の債権について，債権者は弁済期が到来すれば大抵の場合その行使に法律上障害はないであろうし，債務者が誰であるか知りまたは合理的にみて知りうるのが通常であろうから，普通は弁済期が到来すれば直ちに3年の時効が開始することになるが，それでは債権者にとって苛酷となる場合がしばしば生じ，また債務者のモラルハザードを招く場合が多くなると考えられるからである。このことは，時効期間を5年間とする場合でもかなりの程度あてはまる。これに対して，金山グループ提案のように時効の起算点を債権者にとって権利行使が期待できるときとする場合には，債権者が救済される範囲が民法（債権法）改正委員会の提案よりも広がるであろう。いずれにせよ5年の一般的な時効期

277

間を導入することについては国民的なコンセンサスが必要であろう。なお，ドイツ民法のように債権者が債務者を知りまたは合理的にみて知りうべきときを起算の要件として加えることは，不法行為や不当利得の場合を除いてあまり合理的とはいえない。債務者が誰かわからないという事例は一般的にはあまり生じないと考えられるからである。

(b) 各種の立法提案

以下には，民法（債権法）改正委員会の試案を含む，現在までに現れている日本の時効に関する各々の立法提案について詳しくみていこう。民法（債権法）改正委員会の試案では，債権時効[9]は原則として債権を行使できるときから10年（1項）または債権者が債権発生の原因および債務を知ったときは，その知ったときまたは債権を行使できるときのいずれか後に到来したときから3年（4年または5年）の経過により完成する（2項）。この期間を3年とするときは，債権を行使できるときから10年以内に債権発生の原因および債務者を知ったときは，その知ったときから3年が経過するまで債権時効は満了しない（3項）[3.1.3.44]（2009年3月31日試案）。この試案は，ドイツ新債務法の二重期間制限を下敷きにしながら，それをやや変えて，主観的起算点については，債権者が債権発生原因および債務者を知ったときまたは債権を行使できるときのいずれか後に到来したときを起算点とする。しかし，既述のように不法行為の場合以外の通常の債権では，債権者が債務者および債務の発生原因を知らないというのは通常ではないから，前記ドイツ新時効法に対する批判がそのままあてはまるだけでなく，この場合に債権を行使できるときとは，弁済期が到来したような場合を指すと考えられるが，そうだとすると，1項とバランスを欠くのではないか。また3項に至っては，趣旨が必ずしも明らかでない。債権者が債権を行使できるときとは，すでに債権発生の原因および債務者を知っていることを前提とするのではあるまいか。

---

(9) 民法（債権法）改正委員会では，債権は消滅時効にかかるのではなく，債権時効にかかるという立場がとられている。所有権または債権以外の財産権が消滅時効の対象となる[1.7.04（1項）]。これは債権について時効期間が満了した場合，債権が消滅するのではなく，債務者が単に履行拒絶権を取得するのみという考え方が委員会を（かなりの程度）支配しているためだと考えられる。ただし，不動産賃借権は，地上権と同様に扱われることや物権化が語られることが珍しくないこと，不動産登記の対象となる権利であるために権利の消滅を認める必要があることに鑑みて，消滅時効の対象とされる（民法（債権法）改正検討委員会編・債権法改正の基本方針（2009）81頁）。

第 1 章　消滅時効法の改正提案とその検討

　その他民法（債権法）改正委員会試案では，定期金債権に基づいて各期に生じる債権が3.1.3.44条の時効に服するほか，すでに発生した定期給付債権が最後に弁済されたときから10年が経過したときにも（定期金債権の）時効期間が満了したものとみなされるが，定期給付債権の債権者がいつでも債務者に対して承認（更新の証拠）を求めうるという特則が置かれる［3.1.3.48］。

　金山グループ提案によれば，現状の国民のコンセンサスを考慮し，ないし現実的期待可能性と公益説に基づく消滅時効制度の調和を図るために，債権は，債権者に権利行使を期待できるときから5年または弁済期から10年で時効にかかる（提案167条1項）。商事時効は廃止されるが，事業者の消費者に対する債権は3年の時効に服する（消費者契約法10条の2，第1項（案））。事業者は消費者に対して適切な権利行使をなすことが期待されるためである[10]。年金債権のような定期金債権（基本権としての定期金債権）は弁済期から10年で時効が完成する（提案169条1項）。

　これに対して加藤グループ試案では，（債権を含む）財産権は，権利を行使することができるときから時効が進行を開始するが（試案106条1項），債権は，用益物権を除く物権とは異なり（試案106条2項），5年の期間満了日以降の最初の年度末まで行使しないときは，その年度末に消滅する。ただし，時効停止期間（試案98条，試案99条）および時効の完成が猶予される期間（試案100条，試案101条）は，この5年の期間に算入されない（試案107条3項）。また元本が政令（省令）に定める額に満たない債権については，期間を（5年でなく）2年とする。ただし，判決および判決と同一の効力を有するものが確定したときに弁済期が到来している債権について新たな時効の進行があったとき（試案102条1項1号，2号）はこの限りでない（試案107条4項）。時効の起算点につきドイツ新債務法の立場を採用したことについて，加藤教授は，毎年の年度末に債権の一括管理をし，債権額により消滅時効期間が5年か2年かを考え，必要な場合に時効の停止措置または催告による時効完成の猶予を行えばよいことになり，債権管理が簡易なものになるであろうと主張される[11]。

---

(10)　金山編・前掲書30～31頁［平野］，40頁［香川］，平野「消滅時効の期間についてどう考えるか」椿他編・民法改正を考える（2008）99頁以下。
(11)　加藤雅信「日本民法典財産法改正試案」判タ1281号11頁（民法改正研究会・民法改正と世界の民法典23頁所収）。

第Ⅱ部　日本の債権法改正の論点

(c)　あるべき時効期間に関する考察

　金山グループ提案では，5年と10年の二重時効期間の制度が導入されているが，加藤グループ試案では，債権については権利を行使しうるときから5年（元本が政令（省令）に定める額に達しないものについては2年）の期間満了日以降の最初の年度末（毎年3月）に権利が消滅する（試案107条3項，4項）。金山グループ提案は，2008年に制定されたばかりのフランスの新時効法をモデルにしているとのことである。また原則3年の時効期間は国民のコンセンサスが得られないであろうという理由で見送られている。加藤グループ試案の立場は，端的にいって，現行日本民法の債権については原則として時効期間は10年というのを5年（小額債権については2年）（プラスアルファ）に短縮するものである[12]。筆者は，ドイツの新時効法が時効期間を（起算点がやや債権者にとって厳しくなっているものの）3年としたことに対してこれを批判し，現行日本民法の10年で特に問題はないのではないかと述べた[13]。これに対して金山グループの平野教授は，①10年の時効を原則とすると短期消滅時効の問題が残される，②現在は時効法の内容を変えることが避けられない状況にあると批判を加えられた[14]。筆者は，10年の一般的時効期間を短縮することについては国民的なコンセンサスが必要であり，また短期時効制度（日民170条以下）も全く合理性がないわけではないと考えている。金山教授も，現行民法典の定める短期時効制度（日民170条以下）については，最高裁判例は個々の事案で5年または10年の通常の時効期間の適用を認める場合もあるが，民法の定める短期時効制度が社会生活の中にしっかり根づいている場合も少なくないとされてい

(12)　現在ではドイツ新債務法，フランス新時効法，PECL，PICC，民法（債務法）改正委員会試案，金山グループ提案，加藤グループ試案の立場のように主観的起算点を有する短期時効と客観的起算点を伴なう長期時効との組み合わせを立法提案として支持する学者が多くなっている（金山他「消滅時効法の改正に向けて」私法71号（2009）77頁［佐久間毅］，120〜121頁参照）。

(13)　拙著・ドイツ債務法現代化法概説407頁。松本教授も，市民に使いやすい司法制度が物的にも人的にも整備されないままでの10年以下の一般的時効期間制度の導入に反対される（松本克美「消滅時効の起算点，中断，停止の立法について」椿他編・民法改正を考える103〜104頁）。また小川教授は，証拠関係が明白なときは時効期間が経過していても（権利濫用，和解などにより）権利行使が実務上認められることが少なくないという理由で時効期間の短縮に反対される（金山他・前掲私法1号78〜79頁［小川英明］）。

(14)　金山編・前掲書29頁［平野］。

第1章　消滅時効法の改正提案とその検討

る(15)。したがって筆者は，短期時効の制度ももっとシンプルな形で（例えば，5年，3年に統一するなどして）存置すべき余地もあるとの考えである。この点加藤グループ試案では，小額債権については2年という短期期間を予定するが，筆者は，2年とするか3年とするかはともかく，小額債権について短期の期間を予定することは合理的であり，支持に値すると考える。もともと現行の短期時効規定は，日々反復継続して生じる比較的小額の売掛債権，報酬債権を念頭に置いたものであることに留意すべきである。

　金山グループ提案も，加藤グループ試案も，ドイツのように3年間という思い切った短い期間にせず，5年間という比較的穏当な期間を原則的な期間とする点で評価できるものである。5年間というと商事時効期間でもあるし，公法上の債権の時効期間でもある（会計30条，地方自治236条1項など）。しかし両提案は，起算点および期間満了点が異なる。加藤グループ試案では，起算点は現行民法166条1項と同様権利を行使しうるときが起算点であり，ただ期間満了点が期間の満了日以降の最初の年度末とされているにすぎない。この立場は，前記のように現行の10年の一般的時効期間を5年プラスアルファに短縮するという以上の意味を有するものではない。したがって現在の10年の時効期間を5年（プラスアルファ）にすることが国民的コンセンサスを得ることができるかどうかという問題にストレートに向き合う必要が出てくる。なお，この試案が期間の満了日以降の最初の年度末（3月末）としていることは，現在の日本の市民の日常生活を考えると現実的とはいえない。ドイツと異なり日本では，商人（事業者）間または商人（事業者）を債権者とする取引や官公庁の実務（財政11条）以外の一般私人間の取引において，このような取引慣行は存在しないからである。これに対して債権者が単に権利を行使しうることではなく，債権者の権利行使を（現実に）期待できるときを起算点としたうえで，その上弁済期から10年という最長期間を定める金山グループ提案の立場は，起算点の要件を厳しくしたうえで，さらに現行の10年の期間とあまり違わない大枠を定めるものであり，現行の時効制度との断絶をより小さくする提案として受け入れやすいものである。提案では債権者の債権の発生および債務者の認識は起算

---

(15)　金山他編・前掲座談会判タ1251号27頁［金山］（加藤他編・現代民法学と実務(下) 211頁），広中・星野編・民法典の百年Ⅱ 413〜414頁［金山］（金山・時効における理論と解釈80〜81頁所収）。

の要件とはされていないが，債権者にその権利の行使が期待できるときとは，近時わが国の判例，学説上権利者が権利を行使しうるときという要件を絞る概念として受け入れられている定式で[16]，債権者を一般的に5年という時効に服せしめる代償として導入するに値するものといえる。

そうすると残る問題は，通常の市民（庶民）が債権者になった場合に時効期間を10年間から5年間に切り下げることの適否である。商事債務については商人たる債権者に迅速で適切な債権管理を期待しても不都合とはいえないがゆえに5年とされていると考えられるが，庶民が債権者である場合には，一般的には適切で迅速な債権管理は期待できないかもしれない。ただ時効期間が10年であると，債権者がこの期間内債務の弁済を猶予して，債務者の経済的更生を助けるという面があるといえる。その意味では10年の時効期間が定められている現在は（古き）良き時代なのである。しかし，（最初から）借りた金は全く返済する気が無い場合も決して少なくない。このような場合は弁済期から5年経っても弁済しない債務者は10年経っても弁済しない。ただ債務者に敵失がある場合に債権者が返済してもらえる場合が出てくる（うっかり債務を承認したら時効が中断される）にすぎない。時効裁判で時効（10年）完成まであと僅かというときに訴えを起こす例がよくみられる。債権の証拠があれば債権者は問題なく勝訴できる（はずである）が，その証拠がないと，債務者が敵失をしない限り，債権者は普通敗訴に終る。この場合時効の存在理由をすでに弁済したのに，その証拠（領収書）を保管していなかったために債務者が敗訴するのを防ぐ制度だと捉えると[17]当然だということになり，現役の裁判官の中にも，時効完成間際になって訴えを起こす事例は筋が悪いと主張される方もあるが，普通の市民でこのような訴えを起こすのは，多くの場合，実際に債権者であるが（金を貸したが），時効にかかってしまうのはいかにも惜しいというものではないかと考えられる。時効期間を10年から5年にしても，証拠を持たない債権者がこのような事例で勝訴することはできない。また逆に5年を10年にしたからといって債権者が救われるわけではない。この意味で時効の原則的期間を10年から5年にしても実態はあまり変わらないかもしれない。

---

(16) 星野英一「時効に関する覚書き」民法論集4巻（1978）310頁，拙稿「判批」判時990号（2008）173頁（判例評論589号11頁）。

(17) 星野・前掲論文民法論集4巻303頁。

第1章　消滅時効法の改正提案とその検討

　しかし，これだけで議論が尽きるわけではない。一般的な時効期間を10年から5年とすると，債権者が有している証拠の確かな債権もまた5年の時効に服することになる。債権者は10年の間債務者の履行を猶予することはできない。これは債権者にとって大きな損失といえる。債権の消滅時効期間を10年から5年に短縮することは，金銭消費貸借に基づく債権だけでなく，委託金の返還請求権，清算金の支払い請求権，不当利得返還請求権，解除に基づく返還請求権，その他諸々の債権が5年の時効に服することを意味する。これら多種多様の債権について一律に5年の時効期間を定めることになると，例えば，債権者がその債権が発生していることに気がつかないまま5年が経過する場合が生じることも少なくないと考えられる。しかしこの点については，金山グループ提案はうまく工夫をこらしており，債権者に権利行使を期待しえないときは，5年の時効期間は進行を開始せず，債権発生時から10年の時効にかかることになる（提案167条）。したがってこの提案の立場では，債権者は，債権の発生を知りえなかったような場合は，現行法とほとんど同じ条件で債権を失う結果になるにすぎない。問題となるのは，被相続人が銀行等に預けていた預金債権や貸金債権，清算金債権その他の債権を相続人が知らないまま5年の期間が経過したような場合である。相続人が，被相続人がこのような債権を有していることをはっきりと知らないまま5年以上の期間が経過したとすると，これらの債権は，①被相続人に権利行使を期待できるときから5年で時効にかかる（相続人の知，不知の点は問わない）のか，それとも②相続人について権利行使が期待できるときから（遺産の整理中に当該債権の存在を知ったときから）5年で時効にかかるのか。相続人が被相続人と同居していたような場合は問題であるが，②説をとるのがよいのではないかと考えられる。この場合でも弁済期到来時から10年の長期時効の方が先に到来すれば，その時に時効にかかる可能性が出てくる。もっとも，売掛代金債権や報酬債権，立替金債権，不当利得返還請求権のような債権については一般的に5年の短期時効期間を導入することに合理性が認められるとしても，銀行預金債権や投資信託に基づく預託金返還請求権のように私人や法人が金融機関に預託した債権については5年の時効を認めるべきではないと考える。なぜならば，これらの債権については金融機関に出し入れの記録が残っているはずであり，また預金者または預託者の側からみても，特にへそくりのような場合は，預金者等が死亡したり，知的能力が低下したりするとその存在すら不明になって，本人またはその相続人による比較的短期間

第Ⅱ部　日本の債権法改正の論点

内の権利行使が不可能になる場合が多いからである。その意味で筆者は，金融機関等への預託金債権については従来通りの10年の期間制限のみを適用する（5年の時効が適用されないとする）ことを提案したい（預託金債権の特例）。民法（債権法）改正委員会試案によれば，普通預金債権等については，法令または公正な取引慣行により債務者が債権に関する記録を作成し，債権者からの照会に応じるべきものとされている場合として，主観的基準により起算点が定まる3年（4年または5年）の時効は，債務者が債権者に対して債権の内容または債権がないときはその旨を示して債権時効の進行を開始させる旨の通知をしたときに進行を開始する［3.1.3.46（1項）］。そしてこの通知は，債権の弁済期から起算して3.1.3.44条2項の期間が経過したとき，またはやむを得ない事由があるときでなければすることができないとされる［3.1.3.46（2項）］。このような通知義務を金融機関に課すことができれば，預金者の保護としては申し分ないことになろう。またこのような手立てが講じられることになれば，時効期間は短くてもよいであろう。ただし，預金者の住所がわからないとか，相続が開始して債権者の確定が困難だとかの場合は，特別の扱いが必要となろう。なお，3.1.3.46条は，短期時効［3.1.3.44条（2項）］の特則であるにすぎず，10年の時効［3.1.3.44条（1項）］による預金債権等の時効消滅には影響がないとされている[18]。

(d)　ま　と　め

現行の原則的な債権の消滅時効期間10年間（日民167条1項）をどうして3年間，4年間または5年間（民法（債権法）改正委員会試案［3.1.3.44条（2項）］あるいは5年間（金山グループ試案167条1項）ないし5年間プラスアルファ（加藤グループ試案107条3項）にするのか，一般的消滅時効期間を短縮化することに果たして合理性があるのか，またそれは誰のためなのかが今般の消滅時効法改正では問題の中心をなす。もちろんこれについては各提案者も大いに関心を持っており，市場世界の拡大，権利義務の日常化した世界の実現，社会秩序の維持，取引の迅速化への要請といった言葉が挙げられているが[19]，いずれ

---

(18)　民法（債権法）改正検討委員会編・債権法改正の基本方針201頁。しかし，これに対しては，債権管理の負担が過重になるという理由で，実務家は批判的な態度を表明している（井上他「民法（債権法）改正に伴う金融取引への影響」金法1866号（2009）17〜18頁［藤原彰吾］，18〜19頁［高山嵩彦］）。

(19)　金山「時効法の現状と改正の必要性」NBL 887号（2008）43頁以下。

も理由づけとしては十分とはいえない[20]。むしろ消滅時効期間の短縮化は，金山教授も指摘しておられるように，企業のための法改正としての側面が強いことが特筆される。時効期間を短縮化すると権利の実現のために十分な法的手段を活用することが実際上あまり期待できない庶民が割を食う場合が多いと考えられるからである。これに反して企業や国家，公共団体は，その組織力からして時効中断，停止の措置をとることは比較的容易であると考えられる。このような観点からは，現行の債権の一般的な時効期間は10年間，商事時効は5年間という枠組は極めて穏当なものだということになろう。

　しかし，今日の世界の立法の趨勢は，このような枠組を大きく打ち破る新たな枠組を提示している。3年とか5年といった短い時効期間のもとでは，各債権者は債権の発生の当初からその取立てのための算段をしておかなければならないし，時効期間が満了するまでの比較的短い期間内に時効中断，停止の措置を含めて債権管理のための手立てを講じておくことが不可欠となろう。時効期間を短くすることによって紛争の早期決済が計られることも疑いない。また時効期間短縮の反面としてADR手続や当事者間の交渉の開始などに時効中断，停止事由を拡大することも当然に考えられるべきである。更に，金山グループが提案するように，5年の時効の進行開始時期を権利行使が現実的に期待可能なときとし，そうでない場合は10年の時効期間に服させるという定式も大いに考慮に値する。いずれにしても金銭消費貸借に基づく貸付金返還請求権や顧客の銀行や証券会社に対する預託金返還請求権については，通常の短期時効を文字通りに適用しない特例措置を設けることが必要であろう。

(2)　損害賠償請求権

　損害賠償請求権についても，立法に工夫をこらすことによって大方の理解の得られる新しい時効制度を作ることが可能である。不法行為による損害賠償請求権については，現行日本民法は，被害者が加害者および損害を知ったときから3年，行為時から20年のいずれか先に到来したときとしている（日民724条）。本規定は，ドイツの1896年民法典第一草案をモデルにしたものといわれているが，ドイツの2001年の新法は，不法行為による損害賠償請求権も，債務不履行による損害賠償請求権も，通常の短期時効に服するほか（ド民195条，199条1項），時効起算点をそれとは異にする長期の時効にも服し，それらのい

---

(20)　金山他・前掲私法71号63〜64頁［大村敦志］，121頁。

第II部　日本の債権法改正の論点

ずれかが到来したときに請求権が時効にかかる。長期期間制限は，新法では，①生命，身体，健康または自由の侵害に基づく損害賠償請求権は，その発生およびその認識または重過失による不知を考慮することなく，行為，義務違反またはその他の損害を惹起する出来事から30年，②その他の損害賠償請求権は，(a)認識または重過失による不知を考慮することなくその発生時から10年，または(b)その発生およびその認識または重過失による不知を考慮することなく，行為，義務違反またはその他の損害を惹起する出来事から30年（のいずれか早いとき）である（ド民199条2項，3項）。PECLも，損害賠償請求権については，その損害を発生させる行為のとき（14：203条1項），継続的な作為義務ないし不作為義務に対する債権の場合は，義務違反のときから（14：203条2項）3年で時効にかかるが，債権者が債務者または債権発生原因事実を知りもまた合理的にみて知ることもできない間は，時効期間の進行は停止する（14：301条）。ただし，人的損害に関する債権は30年，他の損害に関する債権は，一般の債権同様10年という上限期間の定めがある（14：307条）[21]。フランスの新時効法では，財産上の損害の賠償請求権は通常の時効に服するが，人的損害から生じた損害の賠償請求権は，契約責任に基づく場合も，また不法行為責任に基づく場合も，権利発生時から10年の時効に服し，その発生時は，最初の損害または深刻化した損害の確定時とされている（フ民2226条1項）[22]。そしてこの請求権にはフ民2232条1項の上限期間の規定が準用されない（フ民2232条2項）。生物医療上の研究から生じた損害賠償請求権（フランス公衆衛生法1126-7条），保険衛生の専門家，公的および私的保険衛生機関に対する民事責任訴権で，予防，診断または看護に関する行為によって生じたもの（同法1142-28条）も同様である。

　金山グループ提案では，契約上の債権の履行に代わる損害賠償請求権を除き[23]，被害者またはその法定代理人が損害および賠償義務者を知り，かつ権

---

[21]　野々村・前掲論文同志社法学59巻4号31〜32頁。
[22]　拷問野蛮行為，暴力または未成年者に対する性的侵害を原因とする民事責任訴権は20年で時効にかかる（フ民2226条2項）。
[23]　給付に代わる損害賠償請求権の時効起算点は，本来の給付請求権を行使しうるときとするのが従来の判例，多数説である（最判平成10・4・24判時1661号66頁）。しかし，以前から給付に代わる損害賠償請求権の時効起算点は，損害が発生したときだとする見解も有力である。

利者に権利行使が期待できるときから5年，損害発生時から10年のいずれか早い方の期間が経過したときに不法行為または債務不履行による損害賠償請求権が時効にかかる（提案168条）。この案は，被害者保護と言う立場からも支持を得やすいように思われる。生命，身体および自由の侵害や故意による不法行為のような違法性の高い類型の損害賠償請求権については，客観的起算点（行為時ないし損害発生時）から20年といった長期間の時効の余地を残しておくことがよいのではないかと考える[24]。金山グループ提案も人身損害に関する損害賠償請求権については特則を設けている（提案168条2項（損害発生時から20年で消滅時効にかかる））。2009年3月の民法（債権法）改正委員会試案では，生命，身体，名誉その他の人格的利益に対する侵害による損害賠償請求権は，債権者が権利を行使しうるときから30年，債権者が債務者および債権発生原因を知ったときは，原則としてその時から5年（10年）で時効にかかるとされている [3.1.3.49]。民法（債権法）改正委員会の試案や金山グループ提案でも，ドイツ新債務法におけると同様に不法行為に基づく損害賠償請求権の消滅時効の特則は削除され，通常の消滅時効の適用を受ける[25]。しかし，人格的利益の侵害による損害賠償請求権といっても，けんかや交通事故，労働災害，名誉毀損，貞操侵害，財産侵害などその態様は千差万別であり，また被害の程度も軽いものから重篤なもの，一回的なものから蓄積的，継続的なもの，更には後遺障害まで多様であるから，20年といった長期の時効にかかるのは，生命，身体その他の人格権侵害にかかる場合であって，かつ被害の程度が重篤であるか，または，被害が蓄積的，潜在的なものに限るべきであり，それ以外の一般の不法行為は，金山グループ提案168条のような損害賠償請求権に一般に適用される時効規定によらせるべきである。

(3) **債権以外の権利の時効**

(イ) **物　権**

　2009年3月の民法（債権法）改正委員会試案によれば，消滅時効は，所有権または債権（ただし，不動産賃借権を除く）以外の財産権を対象とする [1.7.01（2項）][26]。消滅時効にかかる財産権は，権利を行使しうるときから20年間行

---

[24]　金山他・前掲私法71号121頁参照。
[25]　松久三四彦「損害賠償請求権の期間制限規定を見直す必要があるか」椿他編・前掲書378頁以下。

第II部　日本の債権法改正の論点

使しないときに起算日に遡って消滅する［1.7.04（1項）］。時効障害事由としては，時効期間の更新，時効期間の満了の延期および時効期間の進行の停止が認められる［1.7.06～08］。もっとも，債権以外の財産権の消滅時効は，物または権利の支配をめぐる争いにおいて問題となるのが通常であり，そこでは，長期にわたって継続した支配に対して法的保護が与えられるため，その途中において支配をめぐる争いが起こったとしても，それによって支配が覆らなかったのであれば，支配を継続した者に法的保護が与えられてよいから，協議の合意等の合意による期間進行の停止は一般的に認められない［1.7.07(ウ)］[27]。

金山グループ提案は，債権以外の権利の時効についても規定を置いている。以下にはその概略を示して，ドイツ，フランスの新時効法との比較を行いたい。所有権は消滅時効の対象とはならないが（提案167条2項），所有権に基づく請求権が権利不行使による消滅時効の一般規定の適用を受けることを排除するものではない（解釈に委ねられる）[28]。債権，所有権以外の財産権については，現行法と同様権利者がその本来の内容の権利を行使しうるにもかかわらず，20年間行使しない場合は，その権利は時効消滅する（提案167条3項）。地上権，永小作権，地役権，入会権（共有の性質を持たないもの）の場合がそうである。これらの権利については権利関係の早期安定に対する実務上の要請が特にないためである。しかし，同条項は抵当権には適用されない（提案396条参照）。抵当権は被担保債権とは独立して消滅時効にはかからないのが原則であるが，債務者，抵当権設定者以外の第三者は，抵当権の存在について悪意または有過失であっても抵当不動産を時効取得しうる（提案397条1項）。抵当権者は抵当不動産が第三者によって占有されていないかを確認すべきであり，それを怠ったときは，一種の権利不行使を理由として抵当権は消滅時効に服する。抵当権者は占有者に対していつでもその承認を求めることができる（提案397条2項）[29]。

これに対して加藤グループ試案は，（債権を除く）財産権は10年間行使しない

---

(26) 債権は既述のように債権時効という時効の範疇に含まれる。また形成権は，消滅時効の対象外としたうえで，期間制限につき別個に定めることとされている［1.7.01（3項）］。
(27) 民法（債権法）改正検討委員会編・債権法改正の基本方針84頁参照。
(28) 金山編・前掲書302頁参照。
(29) 金山グループ提案における債権，所有権以外の財産権の消滅時効については，金山他・前掲私法71号91～93頁［松尾弘］参照。

第 1 章　消滅時効法の改正提案とその検討

ときは消滅するが（試案 107 条 1 項），物権については用益物権を除いてこの限りでない（試案 107 条 2 項）という簡単な規定を置くのみである。

現行日本民法では所有権の消滅時効は認められていない。所有権に基づく請求権も多数説は消滅時効を否定するが，不動産の譲受人が所有権移転登記をまだ経ていない場合は，譲受人の所有権に基づく引渡請求権が認められるとする説もある[30]。松尾教授は，このような部分的肯定説に触発されて，主要部分が未完成の権利変動プロセスでは，変動した所有権または制限物権に基づく請求権が時効消滅することを認める余地があると主張される[31]。しかし，不動産の買主がその所有権を取得したが，まだ移転登記も引渡も行われていないという場合は（民法 176 条につき現在の多数説に従う限り）稀な事例に属するから，このような規定がどこまで実効を有するかは疑問である。ドイツ民法 196 条は，土地所有権の移転ならびに土地に対する権利の設定，移転または廃止あるいはかような権利の変更の請求権ならびにその反対給付請求権は 10 年の消滅時効にかかると規定するが，これは権利者が所有権を取得していない場合の権利であり，所有権に基づく権利とは異なる。ドイツ民法は，所有権および他の物権的権利に基づく返還請求権は 30 年の消滅時効に服すると規定しており（197 条 1 項 1 号），この規定との比較が問題になる。2001 年の法改正前にもドイツでは所有権に基づく物権的請求権が 30 年の時効に服すると解されており，1980 年代にペータース・ツィンマーマンが物権的請求権を時効にかからせる立場はあまり実益が無いと指摘していたにもかかわらず，2001 年の新時効法で維持されたものである[32]。所有権に基づく権利を時効（20 年）に服させるという立法提案は，ドイツでは実益がないと解されていることからも，慎重に扱う必要があると考えられる。次に，債務者または物上保証人以外の第三者に対する関係では抵当権の時効消滅を認めるという立法提案（試案 397 条 1 項）についても，被担保債権の時効消滅により抵当権もまた消滅する場合が多いこと，第三

---

(30) 四宮和夫・請求権競合論（1978）148 〜 149 頁（部分的肯定説）。
(31) 金山編・前掲書 82 頁 [松尾]。
(32) ジールも所有物返還請求権には時効はいらないとする（Siehr, Verjährung der Vindikationsklage? ZRR 2001, S. 346）。ライナー・フランク [常岡史子訳]「所有権に基く返還請求権の消滅時効」比較法学 38 巻 2 号（2005）117 頁以下参照。フランスでも所有権の永久性が認められているが，新時効法は従来の解釈論を踏襲して，不動産に関する物的訴権が 30 年で時効にかかると規定した（フ民 2227 条（起算点は，権利者がその権利の行使を可能とする事実を知りまたは知るべきであったときである））。

者の側の取得時効の余地も開かれていることから，これもまた実効性の点で問題の余地を含むと考えられる。

(ロ) 取消権，解除権およびそれに基づく返還請求権

現行日本法では，取消権は追認をなしうるときから5年間，行為時から20年間で時効消滅する（日民126条）。取消に基づく返還請求権は取消のときから10年の時効に服するが[33]，物権は取消とともに取消権者に復帰し，時効には服さないと解するのが一般である。解除権は，明示の規定はないものの，通常の場合は，解除権が発生したときから10年の時効にかかり，解除に基づく原状回復請求権も，解除時から10年の時効に服する[34]。ただし，所有権は解除とともに直ちに解除者に復帰する。もっとも，今日の有力説は，解除権者は，解除権の消滅時効期間内に原状回復請求権も行使しなければならないとする[35]。民法（債権法）改正委員会（2009年3月31日）試案によれば，取消権は追認できるときから3年間行使しないときは（時効によって）消滅する。行為の時から10年を経過したときも同様である［1.5.59］。また取消権者が法律行為の相手方からの履行請求権に対して取消権を行使してその請求を免れようとする場合には，前項の期間経過後も取消権を行使することができる（抗弁権の永久性）［1.7.13（5項）］。

金山グループ提案では，取消権の消滅時効は，追認をすることができるときから3年または行為の時から10年の経過によって完成する（提案126条1項）。取消によって生じる債権の消滅時効期間は取消のときから5年の経過によって消滅する（提案126条2項）。解除権の消滅時効は，解除原因を知ったときから5年または解除原因が発生したときから10年の経過によって完成する（提案

---

(33) 大判昭和12・5・28民集16巻903頁，石田穣・民法総則（1992）492頁，内田貴・民法Ⅰ［第4版］（2008）318〜319頁，佐久間毅・民法の基礎［第3版］（2008）229頁など。しかし，学説上は今日では取消による返還請求権にも民法126条の期限内に行使すべきだとする見解（一段階構成）が多数となっている（我妻栄・新訂民法総則（1965）498頁以下，川島武宜・民法総則（1965）542頁，加藤雅信・民法総則［第2版］（2005）415頁，四宮・能見・民法総則［第7版］（2005）236頁，河上正二・民法総則講義（2007）430頁，583頁など）。
(34) 大判大正7・4・13民録24輯670頁。
(35) 我妻栄・債権各論上巻（1954）208頁，近江幸治・民法講義Ⅴ［第2版］（2003）106頁，加藤雅信・新民法大系Ⅳ（2007）89頁，鈴木禄弥・民法総則講義［改訂版］（1990）269頁。

第1章　消滅時効法の改正提案とその検討

545条の2)。解除によって生じる債権の消滅時効は，解除のときから5年の経過によって完成する（提案548条の2，第2項）。金山グループ提案の特徴は，①取消については追認をなしうる時から3年，行為時から10年とし，現行の時効期間より短縮されていること[36]，②解除について解除原因を知ったときから5年または解除原因の発生時から10年とし，債権の一般的な消滅時効期間と平仄を合わせていること，③取消についても解除についても，それらから生じる返還（原状回復）請求権が取消，解除の時効とは別個に固有の時効に服するものとし，各々5年の一般の時効期間があてられることである。

　①の期間の短縮化は，一般の時効期間を従来の半分の5年としたことと平仄を合わせたとされているが，前段の3年については，(a)取消権の行使は相手方に対する意思表示のみで足りること，(b)相手方は取消を常に受け入れるべき立場にあるとは限らないこと，(c)取消は第三者にも効力が及びうるため，取引安全のために権利行使期間を短縮する必要があること，また後段の10年については，20年間は長期に過ぎて，債権一般に関する消滅時効期間より長期化すべき合理的理由がなく，同時にそれは時効期間の単純化という視点からも望ましいことに根拠が求められている[37]。取消権の最長期間を行為時から20年でなく10年としたことは，一般に理解を得やすいであろう。これに対して短期の期間を，追認をなしうるときから5年ではなく3年としたことは問題の余地がある。3年とした論拠は，取消の場合は債権の行使のように面倒な手続がいらない，相手方や第三者の利益を保護する必要があるという点に求められているが，制限行為能力者，被疑罔者，被強迫者の保護も考えなければならないからである。しかし，この3年の期間は追認をなしうるときが起算点であり，しかも取消権の行使は，単に相手方に対する意思表示で足りるから，3年間としてもあまり問題は生じないかもしれない。

　次に②の点，すなわち，解除権の消滅時効に関する特別規定を設けることについては，あまり異論はないであろう。本来の債権の時効と当該債権を生ぜしめた契約の解除権の時効との関係，なかんずく，本来の債権が時効消滅したのに，その原因となった契約の解除権を行使しうるかが問題となりうるが，履行遅滞，履行不能による解除では，給付請求権と債務者の不履行による契約解除

---
(36)　この点は民法（債権法）改正委員会の試案も同様：[1.5.59]。
(37)　金山編・前掲書93＝94頁［武川幸嗣］。

第II部　日本の債権法改正の論点

権（日民541条以下）の発生時期は重なり合う場合が多いし，不完全履行請求権（担保責任）では債権者がすでにその物の給付を受けているのが一般であるから，現実にはあまり問題を生じないであろう。履行期到来後目的物が債務者の責めに帰すべき事由により履行不能となったり，債権者が目的物受領後履行不完全を発見したりした場合は，本来の給付請求権が時効消滅した後で解除権を行使しうるかが問題となりうるが，前者については，履行不能による損害賠償請求権の消滅時効の起算点は本来の給付請求権の発生時ではなく，履行不能時だとする説もあること[38]，後者は不完全履行（担保責任）の時効（後述）に解消されることに留意すべきである。今日の不完全履行論（担保責任論）においては，債権者が修補請求権や代物給付請求権を有する場合は，債権者がこれらの権利を遅滞なく行使しなかったときには，債権者の給付請求権の時効起算点（給付請求権の行使を期待できるとき）と契約解除権の時効起算点（債権者が解除原因を知ったときまたは解除権が発生したとき）との間に時間的間隔が生じることが考えられる。債権者が代物請求権，瑕疵修補請求権の行使を期待できるようになったときと債権者がこれらの権利を行使して債務者に催告をしても債務者がそれに応じず，または債務者の努力が奏効しなかったために債権者に解除権が発生したとき（日民541条）との間に有為的な時間的間隔が生じるためである。しかし，不完全履行の場合は，一旦給付がなされているのだから，追完請求権が本来の給付請求権と法的性質を同じくするかどうかという問題があるにせよ，本来の給付請求権の時効完成のいかんを問わず，債権者の追完請求を認めるべきであろう（追完請求権は独自の期間制限に服する）。

　最後に③について，金山グループの立法提案では，いわゆる二段階構成の立場がとられており，取消権者，解除権者は，取消，解除したときから5年間返還（原状回復）請求権を行使しうる。このような二段階構成に対しては，権利の存続が不当に長期化するという批判もあるが[39]，提案者によれば，(a)提案では時効期間が一般的に短縮化されている，(b)取消ないし解除をいつまでにすべきかの問題と原状回復ないし給付の返還の実現に向けてどのような措置をいつまでにとるべきかの問題とは異なる，(c)返還請求権（原状回復請求権）が生

---

(38)　前掲最判平成10・4・24参照。
(39)　民法126条の取消について多数説が二段階構成ではなく，一段階構成をとっているのは，場合によっては20年＋10年＝30年といった長期の取消期間が予定されるからではないかと考えられる。

第1章　消滅時効法の改正提案とその検討

じた以上，それにつき債権一般の消滅時効を問題となしうるとその論拠が述べられている(40)。これらの指摘はもっともなことであり，支持すべきである。もっとも金山グループの提案では，一段階構成に立った学説を考慮した成果，取消，解除に基づく返還請求権が追認可能時または解除原因を知ったときから5年，解除原因発生時から10年の時効にかかるとする代替案も用意されている。

(ハ)　担保責任期間

現行日本民法では権利または物の瑕疵，数量不足による担保責任に基づく権利は，判例，学説により買主が事実を知ったときから1年内に裁判外の権利行使を含む権利主張によりその権利を保存する必要があるが（日民570条，566条3項，565条，564条)(41)，この場合でも買主の権利は，その権利を行使しうるとき（引渡時とされるのが通例）から10年で時効にかかると解されている(42)。この売買に関するルールは，賃貸借のような他の有償契約にも準用されるが（日民559条），請負契約については，一般の仕事の場合は引渡後1年（日民637条），建物その他土地の工作物の請負については引渡後5年，特に堅固な構造の工作物の場合は10年の期間が定められている（日民638条）。民法637条の期間は権利保存期間とするのが判例である(43)。これに対してドイツ新債務法では，立法過程の中で一般の時効に統一するかどうか議論があったものの，結局売買契約では，①権利の瑕疵については引渡後30年，②土地工作物またはそのために用いられ，その瑕疵を惹起した物については引渡後5年，③それ以外の物は引取後2年（ド民438条（ただし，売主が悪意で黙秘した場合は例外)），請負契約では，①建設工事およびそのための計画または監視業務については5年，②それ以外の物の製作，整備または変更またはそれらのための計画または監視業務については2年の時効にかかり，③それ以外の仕事を目的とする請負および①，②の場合で請負人が瑕疵を悪意で黙秘した場合は，通常の時効に服する（ド民634a条）。PECLでは，消費者売買でも買主は引渡後2ヶ月を標準とする通知

---

(40)　金山編・前掲書94頁，96頁。
(41)　大判昭和10・11・9民集14巻1899頁（数量指示売買），最判平成4・10・20民集46巻7号1129頁（瑕疵担保責任）．学説上は出訴期間説や短期消滅時効期間説が古くから主張されてきた（拙著・担保責任の再構成（1986）286頁以下）。
(42)　最判平成13・11・27民集55巻6号1311頁。
(43)　大判大正5・2・17民録22輯408頁。

293

第II部　日本の債権法改正の論点

義務を負い、また買主は引渡後2年を経過すると原則としてもはや請求権を行使できない（PECL 4:302条）。不適合の通知をした買主が追完請求または解除の請求を選択する場合には、不適合通知後合理的期間内にその旨を通知しなければならない（PECL 4:305条）。不適合通知をした買主に認められる不適合に基づく請求権は通常の時効に係り、引渡のときから消滅時効期間が起算されるが、買主が瑕疵を知るまで時効の進行は停止されるため（PECL 14:301条）、結局瑕疵を知ったときから3年で買主の権利は消滅時効にかかることになる[44]。

日本では1998年の段階で能見教授により立法提案がなされていた。それによれば、債務不履行を理由とする履行、損害賠償、解除は、その権利を行使できるときから（作為、不作為を目的とする債務の場合は、義務違反があったときから）10年間請求できるという基本的な立場をとったうえで、「(1)物の引渡を目的とする債務において給付の受領があった場合には、給付受領者は、給付を受領したときから3年間または瑕疵（ないし契約の不適合）を発見したときから1年内に契約不適合を理由とする権利を行使しなければならない。ただし、給付者が契約不適合について悪意である場合には、給付受領者は契約不適合を発見したときから1年間の権利行使期間の制限を受けるにとどまる。(2)瑕疵ある給付によって生じた拡大損害の賠償請求については、損害の発生したときから1年の間に請求しなければならない。」また「契約の目的物について第三者の権利主張があった場合については、第三者の権利の存在を知ったときから1年間に限りその権利（履行、損害賠償、解除）の請求をすることができる」とされている。ただし、売買や請負の目的物によって異なる規定を設けることが必要になることを留保される[45]。本提案の特徴は、期間制限の原則的期間を10年とする立場をとっていることのほか、瑕疵に基づく権利の行使期間を給付受領時から3年間または瑕疵発見時から1年間としたこと、売主が悪意の場合は前者の期間制限が適用されないとしたこと、および瑕疵に基づく拡大損害の賠償請求権の行使期間を損害発生後1年間としたことである。これらの権利行使期間が時効か除斥期間かはペンディングのままにされている。またこの提案では、現行法およびそれに基づく判例[46]とは異なり、これらの権利を行使した

---

(44)　金山編・前掲書109頁［北居功］。
(45)　山本他編・債権法改正の課題と方向（別冊NBL 51号）（1998）144〜145頁［能見善久］。
(46)　前掲最判平成4・10・20。

第1章　消滅時効法の改正提案とその検討

後，一般の時効期間が進行するという立場はとられていない。瑕疵に基く権利の行使につき受領時から3年間としたことはドイツの新規定（ド民438条）を髣髴とさせるが，それと選択的に（権利の瑕疵を含む）瑕疵の発見時または拡大損害発生時から1年間としていることは，買主（債権者）の保護の観点からは問題の余地があるように思われる。これらの時点から1年間の訴え提起を要求することは現実的ではないと考えられるからである。

　2009年3月の民法（債権法）改正委員会の試案は，担保責任の期間制限を一般の債権の消滅時効規定に解消しつつ，給付された物に数量の不足や瑕疵がある場合に，買主に遅滞なくそれを売主に通知する義務を課すのが特徴である。すなわち，権利の一部が移転不能である場合，売主の責任は時効の一般原則［3.1.3.44］に委ねられる［3.2.1.D］。その結果現行法とは異なり，権利の全部が移転不能の場合の売主の責任と同じ期間制限に服することになる。目的物の利用を妨げる権利が存在し，または目的物の利用に必要な権利が存在しない場合［3.2.1.E］も同様である。物に瑕疵がある場合は，売主が悪意である場合を除いて，買主は，目的物受領時または受領後に瑕疵を知ったときは，契約の性質に従い，合理的な期間内にその瑕疵の存在を売主に通知しなければならない［3.2.1.18（1項）］。買主がこの通知をしなかったときは，やむを得ない事由による場合を除いて，買主は瑕疵に基づく権利を行使しえない［3.2.1.18（2項）］。買主が事業者であるときは，買主には受領後検査義務が課され，買主は瑕疵を発見した場合だけでなく，それを発見すべきであったときも通知義務が課される［3.2.1.19］。売主悪意の場合の適用除外，通知義務違反の効果は，3.2.1.18と同様である。本提案では，合意された数量が不足する場合は，数量的瑕疵のある場合として物に瑕疵がある場合と同様一般の時効規定に服すべきことになる[47]。すなわち，本提案によれば，買主はその売主が瑕疵ある給付をしたことおよび瑕疵ある給付により解除権等が発生したことを知ったときから3年（4年または5年），権利を行使しうるときから10年のいずれか早い時期が到来したときにその権利を失う。しかし，債権者が債務者および損害の法的原因を知ったことは権利行使可能性発生の前提になるのではないか。本提案ではまた買主に瑕疵通知義務を課しているが，これについては消費者たる買主の保護という視点から賛成できない（後述）。これに対して3.2.1.19の

---

　(47)　民法（債権法）改正検討委員会編・債権法改正の基本方針92頁，277頁参照。

第II部　日本の債権法改正の論点

規定は、現行規定（日商526条）をやや拡大するものであり、あまり異論はないと思われる。

　金山グループ提案は以下の如くである。担保責任に基づく権利の消滅時効は、買主が事実を知ったときから5年または引渡のときから10年の経過によって完成する（提案570条の2，第1項）。もっとも売主がその瑕疵または数量の不足につき悪意であった場合を除いて、第1項の定める期間の経過前であっても、買主は事実を知ったときから合理的な期間内に瑕疵または数量の不足について通知をしなければ、その権利を失う（提案570条の2，第1項）。この提案のうち問題点として挙げられるものは、①担保責任の時効が買主が事実を知ったときから5年とされている点、および②それと選択的に担保責任の時効が引き渡し示から10年とされている点、更に③売主が悪意であるときを除いて買主に事実を知ったときから合理的な期間内に売主に通知する義務が課されている点である。

　①は、権利行使を期待できるときから5年間とする通常の時効に合わせたものである。したがって、その文言は一般的な時効期間を5年間とすることに対すると同様な評価に服することになろう。②は、現在日本の裁判所で認められている、瑕疵担保も通常の時効にかかりその起算点は引渡時であるという立場[48]と同一に帰し、問題はないように思われるが、土地の売買で地下にフッ素が含有されており、引渡時にはそれが有害だと認められていなかったが、その後それが有害物と認められ、都条例も改正されたという事案では、引渡時を起算点とすると買主が救済されない[49]。現行のように権利を行使しうるときを起算点とすれば（日民166条1項）、買主が救済される余地が出てくる。

　③は、前記PECLの規定と同様なルールをとり入れたものであるが、わが国で現在とられている買主が事実を知ったときから1年内に裁判外の権利行使を含む権利主張をなすことが必要とする立場（日民566条3項，564条）と一脈相通じるところがある。わが国の判例はこの場合の権利行使を文字通りに解し、買主が責任追及の意思を表明するのでは足りず、賠償額算定の根拠を示すなどの要件を課しているが[50]、事業者以外の通常の買主を考えるとそれでは買主

---

(48)　最判平成13・11・27判時1769号53頁。
(49)　棚村友博「瑕疵担保責任の存続期間について」ビジネス法務9巻2号（2009）21頁（東京高判平成20・9・25）。
(50)　前掲最判平成4・10・20。

第1章　消滅時効法の改正提案とその検討

の保護に不十分であることが学説によって指摘されている[51]。買主が事実を知ったときから合理的期間内に売主に対してその通知義務を課することは，事実通知義務を課するだけだから，権利行使を要求する立場よりも貸主にとって容易といえるが，1年内でなく合理的期間内にそれをなすことを求める点では，現行よりも買主にとってかなり厳しいものとなる。

　筆者は，買主に一般的に通知義務を課する前記民法（債権法）改正委員会の試案や金山グループ提案の立場は，特に消費者が買主である場合を考えると，むしろ売主の免罪符となる場合が多くなって妥当でないと考える。まず，買主がストックないし備蓄として購入する場合の多くは，実際に使ってみないと明らかにならない瑕疵の場合は，購入後数年して瑕疵の事実を知るのが通常だから，合理的期間内の要件を緩く解するとしても，買主は保護されない。また試案では売主が悪意の場合は買主の通知義務は免除されるが，悪意の立証責任が買主（消費者）に課される限り，買主（消費者）は保護されない。売買においては（単なる転売の場合はそうではないともいえるが）物に隠れた権利または物の瑕疵があるかどうかは，買主よりも売主の方がより知りやすい立場にある場合が多いといえる。今日では大量生産が多いが，製品について設計，製造上の瑕疵があることが一般消費者からのクレームなどにより次第に明らかになった場合は，特に売主が当該商品の専門業者や情報を得やすい立場にある流通業者であるときは，買主から合理的な期間内に個別的な瑕疵がある旨の通知を受けなければ，売主の責任を追求できないのであろうか。その他売主が自らまたは子会社や系列企業に商品を生産させたり，自ら品定めをしたうえで商品を輸入したりしたような場合に，商品に内在する瑕疵を知らなかったという理由で，合理的期間内に瑕疵の通知がない場合に免責を認めてよいのであろうか。更に，瑕疵の中には買主（消費者）が使用を続けているうちに次第に程度が大きくなったり，突然に発現したりするものもあるし，消費者の行動を観察するとすぐに売主にクレームをつけない場合も多い。このような場合の多くは合理的期間内の瑕疵通知の要件を満たさないため，買主が後で責任を追求できないことが常態化する。

---

(51)　拙稿「判批」判時1461号210頁（判例評論415号48頁），曽野裕夫「売主担保責任の裁判外追及と期間制限」民法学と比較法学の諸相　山畠・五十嵐・藪先生古稀記念第2巻（1997）49頁以下。

第II部　日本の債権法改正の論点

このような瑕疵通知ルールを売主の側から考えてみよう。売主が買主から瑕疵があるという通知を受けた場合は，売主は事の真偽を確かめ，瑕疵の除去の方法を考慮し，買主のために瑕疵の除去とか，代品の給付，減額，解除，損害賠償など適切な措置をなすだけでなく，瑕疵の原因を調査し，今後の予防について配慮するだけでなく，同種商品についても同じ瑕疵が発生することを考慮して適切な対策を講じる。この場合なによりも重要なことは，自己にその商品を納入した前主に対して早期に，買主に支払ったまたは瑕疵処理に要した費用の償還を請求することが可能になることである。しかし，買主が合理的な期間内に瑕疵を通知しなかった場合はどうなるのであろうか。まず，その商品の不具合が商品の瑕疵なのかどうかわかりにくくなることが考えられる。もっとも，商品や瑕疵の種類等によってはそのようなことも考えられるが，このような場合は一般的には限られた場合といえよう。通知が遅れまたはそもそもなされないと，売主は瑕疵に対する適切な対応をとりにくくなることが考えられる。しかし，既述のように同種の商品の不具合が寄せられる場合は，当該買主からの瑕疵通知がなくても，売主は業界報や情報ネットなどで容易に同種商品の瑕疵を知ることができるし，そもそも瑕疵ある物を売却して，買主から不当に代金を受け取り，あるいは買主に損害を発生させた売主を早期に免責させる必然性は一般的には存しない。売主が瑕疵ある物を自分に売却した前主に償還請求すべき場合は問題であるが，合理的な期間内の通知が一般的に必要とされない前記の理由はこの場合により一層強くあてはまるといえるし，なにより流通に携わる商人がその扱う商品の瑕疵や不具合の有無の検査やそれが生じた場合の措置を平素から講じておくことは当然であり，早期に免責させる理由はどこにもない。売主の求償に関する規定を設けたドイツ新債務法が，PECLとは異なり，買主に瑕疵通知義務を課さなかったことも想起すべきである。

3　時効の中断，停止

(1)　近時の諸外国の立法

ドイツの新時効法では時効中断事由の多くが時効停止事由に移され，しかも時効停止事由は以前よりも拡大された。また時効の停止につき進行停止と満了（完成）停止が区別されるようになった。PECLも，進行停止と満了停止を区別する。前者に属するのは，①債権者が債務者または債権発生原因事実を知らず，かつ合理的にみて知ることができない場合（14:301条），②裁判手続，仲

第 1 章　消滅時効法の改正提案とその検討

裁手続またはそれらと同等の効力をもつ手続が開始され，その手続が継続中である場合（14：302 条），③債権者がその支配を超える障害によって債権の行使を妨げられ，しかもその障害を回避または克服することを合理的に期待できない場合（14：303 条）であるが，①は時効の進行の開始を妨げるものであり，また③は時効期間の最後の 6 ヶ月間に当該障害が発生し，または存続している場合にのみ停止事由として認められるに過ぎない（14：303 条 2 項）。②はドイツ民法と同様に訴え提起を停止事由としたものである。後者（満了停止事由）に属するものは，①当事者間の交渉の継続（14：304 条），②当事者の行為無能力（14：305 条 1 項），③当事者の死亡と相続の開始（14：306 条）の三つである。各々交渉における最後の通信のときから，無能力者が能力者となり，または代理人が選任されたときから，または相続人または相続財産の代理人により，またはこれらの者に対して債権の行使が可能になったときから 1 年で時効が完成する。PECL では，時効中断（更新）は，①債務者の承認（14：401 条）と②債権者による強制執行の申し立て（14：402 条）の場合に認められる[52]。

　PICC では，時効停止事由は，①裁判手続，倒産手続，法人の清算手続き，仲裁手続または代替的紛争解決手続き（ADR 手続）において債権者が権利を行使し（10.5～10.7 条），②債権者が不可抗力により時効の停止措置をとることができず（10.8 条 1 項），または③債権者または債務者の能力の制限または死亡の場合（10.8 条 2 項）に認められる。②，③の停止事由は，3 年の時効についてのみ適用があり，また障害が消滅してから 1 年を経過する前は時効期間は満了しない。PICC の認める時効中断事由は，承認のみである（10.4 条）。10 年の時効期間は承認によって中断しないが，3 年の時効期間が承認によって中断したときは，10 年の長期時効期間を超えることも認められうる[53]。

　2008 年のフランス新時効法では，以前の停止事由についての個別的列挙主義の立場が改められて，「法律，合意または不可抗力に起因する障害によって訴えることが不可能な者に対しては，時効は進行を開始せず，または停止する」と規定された（フ民 2234 条）。またドイツの交渉による時効停止の制度を集成し，当事者が紛争発生後調停または斡旋を行うことを合意し，またはその第

---

(52)　金山編・前掲書 185～186 頁［鹿野菜穂子］，野々村・前掲論文同志社法学 59 巻 4 号 26～30 頁。
(53)　金山編・前掲書 188～189 頁［鹿野］。

第II部　日本の債権法改正の論点

一回目の会合のときに時効が停止すると規定した（フ民2238条1項）[54]。しかしドイツとは異なり，承認と執行行為だけでなく，裁判上の請求もまた中断事由とされている（フ民2241条）。法律家の習慣を急変させてはいけないというのがその理由だとされている[55]。

(2) 日本の立法提案

日本の消滅時効法の改正提案は，時効の中断，停止についてかなりドイツの新時効法（ツィンマーマンの提案）を採り入れたものになっている。2009年3月の民法（債権法）改正委員会の試案によれば，①時効障害事由の終了後に時効期間が再開する進行の停止，②時効期間の満了がその事由の終了または消滅のときから一定期間延期される満了の延期，③一定の事由の発生により新たな時効の進行を開始する更新が区別され［3.1.3.51］，進行停止事由は，訴えの提起，裁判上の和解の申し立て等，請求またはそれに準ずる事由（催告を除く），民事執行，民事保全の申し立て，債権者と債務者の間における債権に関する協議をする旨の合意，裁判外紛争処理手続きの利用であり［3.1.3.56（1項）］，主たる債務者に対する時効期間の進行の停止は，保証人，その他の主たる債務を履行する債務を負う他人に対してもその効力を生じる［3.1.3.56（2項）］。訴えの提起，裁判上の和解の申し立て等がされたときは，その時に時効期間の進行は停止する（債権の一部について行われた場合の特則あり）［3.1.3.57（1項）］。債権の存在が確定されないまま手続が終了したときは，その時点から進行が再開するが，手続終了の時から6ヶ月（1年）が経過するまで時効期間は満了しない（この間にされた履行の催告は満了延期の効力を持たない）［3.1.3.57（3項）］。保証人，その他の債務者以外の者を相手として訴え提起がされた場合［3.1.3.57（4項，5項）］，民事執行の申し立て［3.1.3.58］，民事保全申し立て［3.1.3.59］の場合，債権に関して協議する旨の合意が成立した場合［3.1.3.60］，仲裁，認証ADR，その他の裁判外紛争処理手続が利用される場合［3.1.3.61］も，3.1.3.57（1項～3項）に準じた処理がなされる。ただし，協議の場合は，進行再開は，債務者の協議を続行する通知が債権者に到達したとき，または協議継続の合意がある場合を除いて，最後の協議から3ヶ

---

(54) 時効は調停または斡旋の終結が宣言された日から進行を再開し，その後少なくとも6ヶ月内は完成しない（フ民2238条2項）。
(55) 金山編・前掲書168～169頁［金山・香川］。

第1章　消滅時効法の改正提案とその検討

月（6ヶ月）が経過したときである［3.1.3.60（2項）］。改正委員会試案では，訴えの提起等，民事執行，民事保全手続は時効進行停止事由であるが，手続の中途終了の場合も，終了後一定の期間は時効期間は満了しない。交渉，仲裁，認証ADR手続による進行停止の場合も同様であるが，仲裁，認証ADR手続の場合は，当事者間でこれらの手続に委ねる旨が合意されたときは，交渉合意による停止が先行し，これらの手続に移された時点で，交渉合意による停止の効力は終了する。次に満了の延期事由は，催告と現行民法158条から161条までに定める事由である［3.1.3.62（1項）］。主たる債務者に対する満了延期は，保証人，その他の主たる債務を履行する債務を負う他人に対してもその効力を生じる［3.1.3.62（2項）］。催告の時から6ヶ月（1年）が経過するまでの間は，その催告にかかる債権の時効期間は満了しない［3.1.3.63（1項）］。他の満了延期事由も，延期される期間は6ヶ月（1年）である［3.1.3.64〜67］。

　確定判決，裁判上の和解，調停，仲裁，その他確定判決と同一の効力を有するものによって確定された債権は，確定の時（弁済期がその後で到来する場合は弁済期）から10年で時効消滅する［3.1.3.47（1項，2項）］。そしてその効力は，保証人，その他他人の債務を履行する債務を負う者に対しても及ぶ［3.1.3.47（3項）］。民事執行，債務者による債権の承認も更新事由である。これらもまた保証人，その他の主たる債務を履行する債務を負う他人にも効力を生じる［3.1.3.52］。ここにいう民事執行は，仮差押，仮処分を除外し，また単なる手続の申し立てではなく，差押え手続がなされたことを指す。民事執行による更新は，執行手続終了時に効力を生じ，また民事執行が債務者以外の者に対してされるときは，債権者または執行を受ける者がそれを債務者に通知しなければ更新は生じない［3.1.3.53］。債務者が債務の一部を履行したときは，債務者はその債権の全部を承認したものと，また債務者が利息債務，遅延損害金債務，その他付随的債務を履行したときは，その債権を承認したものと推定する［3.1.3.54（2項）］。更新後の期間は，当事者の合意ある場合を除いて3年（4年または5年）とする［3.1.3.55（1項）］。但し，確定判決等債権［3.1.3.47］または人格的利益の侵害による損害賠償請求権［3.1.3.49］については，更新後の債権時効期間は，更新前の3.1.3.47に定める期間または3.1.3.49（2項）に定める期間の更新時における残存期間が経過するまで満了しない［3.1.3.55（2項）］。また3.1.3.46に定める場合については，更新後の債権時効期間についても3.1.3.46を適用する［3.1.3.55（3項）］。

第II部　日本の債権法改正の論点

　金山グループ提案によれば，債権者の訴え提起などの権利行使により時効が停止し，確定判決またはそれと同一の効力を有するものによって権利が確定したときに中断を生じる（提案159条2号，3号）。それに伴ない現行民法の定める権利行使型中断事由は，総て停止事由に移る。天災，法定代理人の不存在等による権利行使の困難（提案147条3号），支払督促（提案151条），訴え提起前の和解および調停（提案152条），破産手続き参加等（提案153条），差押え，仮差押および仮処分（提案147条2項，154条），夫婦間の権利（提案157条），相続財産に関する権利（提案158条）だけでなく，催告（提案148条1項）や当事者間の交渉（提案149条）も停止事由に含まれる。ただし，ここにいう停止は，時効期間が通算される進行停止ではなく，満了（完成）停止であり，停止事由が終了したとき，具体的には，催告，（交渉につき）時効により利益を受ける者による最後の対応，裁判上の請求の却下，取下げ，支払督促の失効，破産債権等の届け出の取下げまたは却下，仮差押，仮処分の実行，差押え，仮差押，仮処分の取消，天災等の事由の消滅，制限行為能力の治癒または権限の補充の時から6ヶ月で時効が完成する。これに対して承認，確定判決は時効中断事由である。強制執行（差押え）中は時効の進行が停止され，執行終了は中断事由である。債権者の責めに帰することのできない事由によって失効が取り消されたときも中断効が生じる[56]。

　立法提案の中で，不可抗力による権利行使の困難の場合に，事由消滅後2週間内の権利行使を要求している現行規定（日民161条）を6ヶ月に延長するという規定（提案155条）は支持されうる。現行法と同趣旨の規定（提案156条〜158条）も，（適用事例があまり見られないとはいえ）反対すべき理由はない。最大の問題である，裁判上の請求，差押え，仮差押，仮処分，破産手続き参加，支払督促，和解，調停の申立てを中断事由から停止事由に移したことについては，取下げ，却下，敗訴の場合は，現行法上も中断効は生じないし，草案でも確定判決またはそれに準じる債務名義や執行に時効中断効が与えられ（提案159条2号，3号），その限度であまり違いはないようにみえる。仮差押，仮処分後（仮差押，仮処分手続が裁判所の係属を離れたときから）6ヶ月で時効が完成するとする点（提案154条1項）も，仮差押中は時効中断（停止）効が存在するとする従来の判例[57]の延長線上にあり，支持に値すると考えられる。

（56）　金山編・前掲書294頁以下参照。

第1章 消滅時効法の改正提案とその検討

　加藤グループ試案でも，時効の進行障害についてはツィンマーマンないしドイツの新時効法の影響を強く受けた立法提案がなされている。それによれば，権利行使があった期間，具体的には，訴訟係属，督促手続，裁判所および認証紛争解決事業者による和解，調停もしくは仲裁手続，破産手続き，再生手続または更生手続，強制執行または保全手続き期間中は時効は停止する（試案98条1項）[58]。交渉も時効停止事由である。権利の実現について権利者と相手方との交渉継続の合意がある間は時効は進行しない。この合意は3ヶ月間協議が行われなかったときは，失効したものとみなす（試案99条1項）。この合意による交渉継続期間の満了または失効が，時効期間満了前1月以内に生じたときは，その満了または失効時から3ヵ月後に時効期間は満了する（試案99条2項）。ドイツ新債務法や金山グループ提案で時効の満了停止となっているところは，加藤グループ試案では時効完成の猶予というよりわかりやすい表現で呼ばれている。それによれば，時効期間満了前3ヶ月以内に権利行使のための催告がなされた場合には，その時から3ヶ月間時効は完成しない（試案100条1項）[59]。また①未成年者または成年被後見人に法定代理人がいない場合は，これらの者の有するまたはこれらの者に対する権利は，これらの者が行為能力者となったとき，または法定代理人が就職したとき，②未成年者または成年被後見人が法定代理人に対して有する権利は，それらの者が行為能力者となったとき，または後任の法定代理人が就職したとき，③夫婦の一方が他方に対して有する権利は，婚姻が解消したとき，④相続財産に関する権利は，相続人が確定したとき，管理人が選任されたとき，または破産手続開始の決定があったとき，⑤天災等の不可抗力により時効の停止または時効完成の猶予ができない場合は，その不可抗力となった事由が消滅したときから6ヶ月が経過するまでは時効は完成しない（試案101条）。時効の中断という事由はもはや認められないが，①確定判決によって権利が認められたとき，②裁判上の和解，調停，その他確定判決と同一の効力を有するものによって権利が認められたとき，③相手方の承認があったときは[60]，その時から時効は新たに進行する（試案102条1項）。加藤グループ試案には，時効停止，時効完成の猶予，時効の新たな進行について，その効

---

(57)　最判平成10・11・24民集52巻8号1737頁。
(58)　強制執行，保全処分が時効の利益を受ける者以外に対してなされたときは，その者に通知をしなければ時効停止の効力を生じない（試案98条2項）。
(59)　催告による時効完成の猶予の効果は1回のみである（試案100条2項）。

303

第Ⅱ部　日本の債権法改正の論点

力が相対的であることを規定する条文も置かれている（草案103条）。以上のような加藤グループ草案の特徴は，なんといっても時効の停止，完成の猶予，新たな進行が消滅時効，取得時効を含む，時効総則として規定されているところにある。

(3)　時効停止事由としての当事者間の交渉

特に問題となると考えられるのは，当事者間の交渉（の合意）による時効停止である。この時効停止事由には，債務の承認（時効中断，更新事由）との区別が実際上はなかなかつけにくいという古くて新しい問題が不可避的に伴な う[61]。つとにわが国でも，債権者の催告に対する債務者からの債務調査を理由とする確答猶予要請が（一応の）承認といえるかどうかについての議論がある[62]。また承認との区別という論点のほかに，当事者間の交渉による時効停止には，その開始時期，終了時期はいつか，進行停止事由となしうるかなど様々な問題点がある。金山グループ提案では，既述のように当事者間の交渉（の合意）による時効停止を満了停止事由と捉えたうえで，義務者が最後に対応した時から6ヶ月が経過するまで時効は完成しないとする（提案149条）[63]。

(60)　承認による時効の新たな進行は，承認をする者（債務者）が行為能力または処分権限を有することを必要としない。
(61)　ドイツでは債務者の承認による時効の更新が認められるためには，請求権の存在の認識が二義を許さず生じ，そのため債務者が時効期間経過後の時効を援用しないであろうという債権者の信頼を基礎づける（少なくとも）債務者の事実上の行為が必要であり，債務者はなにかを給付する義務を負うと表示することまたはそのように評価されうる決定的行為をなすことが必要である（Birr, Verjährung und Verwirkung, 2. Aufl., S. 102）。これに対して交渉による時効停止は，債権者に債務者が請求権の正当さについての議論に加わることを認めさせる，当事者間の請求権または請求権を基礎づける事情についての意思の交換で十分であり，債権者保護のために広く解されるが，債務者が即時に交渉を拒絶した場合はこの限りではない（Birr, a. a. O., S. 73）。
(62)　曽野裕夫・前掲論文山畠・五十嵐・薮先生古稀記念　民法学と比較法学の諸相Ⅱ 55～56頁。
(63)　現行日民570条（566条3項）の売主の担保責任期間を短期消滅時効期間と捉えたうえで，債権者の催告に対する債務者からの債務調査のための回答猶予要請に関する判例などを手がかりに当事者間の交渉を満了停止事由と解すべきことを主張するものとして，曽野裕夫・前掲論文山畠・五十嵐・薮先生古稀記念前掲44頁以下がある。金山グループ提案で当事者間の交渉を進行停止事由ではなく，単なる満了停止事由にとどめた根拠として，交渉がなされているかどうかの判定が実際上困難な場合が多いことのほか，交渉が権利行使とまではいえない弱い時効障害事由であることも挙げられている（金山他・前掲私法71号104～105頁［松久］）。

第1章　消滅時効法の改正提案とその検討

この点加藤グループ試案では，権利の実現に関する権利者と相手方との間の交渉継続の合意がある場合の時効の進行の停止が認められ（満了停止に限られない）（試案99条1項），また合意による交渉継続期間の満了または失効が時効期間満了前1ヶ月以内に生じたときは，その満了または失効時から3ヶ月後に時効期間が満了する（試案99条2項）。すなわち，加藤グループ試案では，交渉の継続による満了停止も認められるが，金山グループ提案とは異なり，交渉継続期間の満了または失効が①時効期間満了前1ヶ月以内に生じたことが必要であり，②この場合はその満了または失効の時から3ヶ月後に時効期間が満了する。当事者間で3ヶ月間協議が行われなかったときは，失効したものとみなされる（提案99条1項）。

筆者は，(a)加藤グループ試案が交渉継続（の合意）を満了停止事由であるとともに，協議の進行停止事由でもあるとしている点は，交渉が継続したといえるかどうかはっきりしない場合が多いという点を度外視すると，債権者（被害者）の保護に厚く，評価したいと考える[64]。(b)交渉（の合意）が満了停止事由（時効完成の猶予事由）となる場合につき，加藤グループ試案が，交渉継続期間の満了または失効が①時効期間満了前1ヶ月内に生じたときに，②その満了または失効時から3ヶ月後に時効期間が満了するとしている点は（試案99条2項），各々6ヶ月とする金山グループ提案の立場を支持したい。債権者（被害者）にとって1ヶ月や3ヶ月という期間は短すぎると考えられるためである。(c)金山グループ提案では，義務者が最後に対応したときから6ヶ月が経過するまで時効は完成しないとされているが，加藤グループ試案では，進行停止，満了停止を通じて交渉継続の意思は，3ヶ月間協議が行われなかったときは失効したものとみなされる。筆者はこの期間を6ヶ月とすべきだと考えるが，3ヶ月間協議が行われない場合にこれを失効したものとみなすとすることは簡明であり，疑義を生じることの少ない要件といえる。これに対して金山グループ提案の立場は疑義を生じやすい。この立場では債務者の巧妙な対応により債権者が適切な措置をとることが妨げられるおそれが大きいと考えられる。交渉は，完成停止事由であるため，時効完成前6ヶ月以内でなければ，いくら当事者間で交渉をもっても時効の進行には影響を与えない。当事者間で断続的に交渉がもたれ

---

[64] 松本教授も，当事者間の交渉を進行停止事由とすべきだと主張される（松本克美・前掲論文椿他編・前掲書104〜105頁，金山他・前掲私法71号102頁［松本］）。

第II部　日本の債権法改正の論点

て時日が経過し，時効完成6ヶ月余り前に債務者が債権者に前向きな（期待を持たせるような）対応をした後で，債権者がそれを期待して待っている間に時効期間が経過したとしよう。この場合債権者はなんら得るところがない。債務者の対応を広く捉えれば（例えば，話し合いたい，あの件はどうなったのかという問に対するはいとかうんといった対応も含むとすれば），債権者の保護の範囲は広くなるが，それを狭く捉えれば（例えば，債務者の義務の認否またはそれを前提とした支払方法等に関する議論に移る段階に達していることが必要とすれば），債権者の保護の範囲は狭くなる。この場合何より問題なのは，債権者にとってどのような場合に時効の停止が認められるのかはっきりしない場合が多いこと，および債務者の上手な逃げ口上（手練手管）によって債務を免れることが可能になることである。信義則（に基く時効援用の禁止）を活用することも考えられるが，かなりひどい場合に限られる可能性がある。また信義則による個別的解決は当事者にとって予測可能性を欠き，必ずしも合理的とはいえない。

　交渉による時効の停止は，もともと不法行為の場合にドイツ民法で認められていた制度で（ド民旧852条2項），不法行為の3年の時効期間（ド民旧852条1項，日民724条）が短きに過ぎることおよび交通事故等不法行為の場合は示談が行われる場合が多いことから，かなりの役割を果たしてきたが，債務一般について拡大した場合，交通事故や労災のような場合以外は，そんなに繁用はされないのではないかとも考えられる。時効完成まで後6ヶ月を切ったという時期に債権者が交渉を債務者に求めても債務者は言を左右にして交渉を回避する場合も多いと思われるからである。また場合によっては前述したように債務者側の手練手管によって債権者が満足を得られない結果になってしまう可能性もある。ドイツ新債務法のように交渉による時効の停止の終期を当事者のいずれかが拒絶したときとすることも考えられるが（ド民203条），この立場でも拒絶の意思を表示しない場合は，いつ拒絶したといえるか認定困難な場合がしばしば出てこよう。要するに，交渉による時効停止は，ADR手続[65]や支払督促，催告などによる時効中断（停止）とは異なり，債務者の良心を前提とするものであるため，債務者が良心的でない場合はむしろ逆効果に作用する場合も考えられる（交渉のためにテーブルに着いたのではなく，単に話しを聞くために出席したという抗弁など），むしろ債権者が適切な中断（停止）措置をとることを妨げる場合すら生じうるのであり，立法にあたっては，このような問題をクリアしておく必要があろう[66]。このような観点からは，交渉による時効の停止は，債権者か

第1章　消滅時効法の改正提案とその検討

らの最後の対応のときから時効期間が進行を開始するとする方が債権者の保護に厚いため，この立場をとるべきだということにもなろうが，例えば，債務者が債務（責任）があるかどうか調査しますという解答をした場合に，その後で債権者がそのための交渉を求めたときはどうなるのであろうか。交渉による時効の停止は，交通事故や労災等の示談交渉，債権者（集団）との間の債務支払猶予を求める交渉などを除いて，またこのような場合を含めて，特に金山グループ草案のように交渉の継続を時効の満了停止事由としてのみ認める立場では，時効完成前の一定期間内でなければなんら時効完成に影響しないという点で疑義を生じることの多い，ひいては実効性の点で問題のある制度だといえるかもしれない[67]。

4　時効に関する合意

以前は比較的長期間の一般的時効期間が採用されていたせいもあって，時効期間を短縮する合意は有効だが，それを延長することはできないとされてきた。しかし，一般的時効期間が3年とか5年に短縮されたことに伴ない，時効期間延長の合意も許容する立法例が多くなっている。ドイツでは，改正前は時効の要件を軽減する合意は可能だが，時効要件の加重は認められていなかった（ド民旧225条）。しかし新規定では，時効を30年の最長期間まで延長することも

---

[65] 現行法上は，「裁判外紛争解決手続きの利用の促進に関する法律（ADR法）(2004)」25条1項が，認証紛争解決手続きによっては和解が成立する見込みがないことを理由に，当該認証紛争解決手続きを終了した場合に，当事者がその旨の通知を受けたときから1ヶ月内に訴え提起をしたときは，当該認証紛争解決手続きの請求の時に時効中断があったものとすると規定している。同旨の規定として，個別労働関係紛争の解決の促進に関する法律16条，公害紛争処理法36条の2がある。ADR手続による時効中断（停止）効については，森田宏樹「裁判外紛争解決手続に対する時効中断効の付与」平井宜雄先生古稀記念 民法学における法と政策（2007）129頁以下参照。

[66] フランス新時効法は，誠実な交渉による時効停止を認めることになるとそもそも何が誠実な交渉といえるのか，またいつ始まり，いつ終わるのかはっきりしないおそれがあり，それがまた訴訟の原因となるから，単なる交渉ではなく，当事者が調停または斡旋を行うことで合意したとき（その書面がないときは，調停または斡旋の第一回目の会合のとき）に時効が停止すると規定したが（フ民2238条1項），本文に述べたようなことから理解できるところである（金山編・前掲書168頁［金山・香川］参照）。

[67] 当事者の交渉を時効停止事由とすることには一定以上の支持があるが（金山他・前掲私法71号119頁参照），裁判所の関与していない時効停止事由であるとして懐疑的な意見もある（金山他・前掲私法71号103頁［吉岡伸一］）。

第Ⅱ部　日本の債権法改正の論点

可能となった（ド民202条2項）。PECLでも，時効の要件は時効期間を短縮または伸張するなど，当事者の合意によって変更できるとされているが（14：601条1項），合意による伸張の上限は30年，短縮の下限は1年とされている（14：601条2項）。PICCでは，時効期間に関する合意のみが許容されるが，3年の時効期間を1年未満に短縮する合意，10年の時効期間を4年未満に短縮し，または15年を超えて伸張する合意は認められない（10.3条）。したがって，PECLでは，債権者の認識可能性にかかわらず弁済期から1年とする合意は有効であるが，PICCでは認められない[68]。

　フランス新時効法では，当事者は，1年未満に短縮しまたは10年を超えて延長する場合を除いて，合意によって時効期間を短縮または延長することができる（フ民2254条1項）。また当事者は，合意によって時効の中断または停止事由を付加することができる（フ民2254条2項）。ただし，合意による中断，停止事由の付加によって，20年の上限期間の制限（フ民2232条）を超えて時効の完成を遅らせることはできない。また賃金，定期金，定額小作料，扶養定期金，賃料，賃借人の負担費用または貸金利息に関する支払訴権または返還訴権，1年毎または1年より短期の期間で定期的に支払うべきものに関する支払訴権については，1項，2項の規定は適用されない（フ民2254条3項）。その他フ民2254条の規定は，事業者，消費者間の取引（消費法典137-1条）や保険契約（保険法典114-3条）には適用されない。保険法典は，保険契約者の保護のため2年の法定の時効期間を短縮する合意も認めていない（111-2条）。フランスでは，合意の自由と弱者保護の調和が図られているわけである[69]。

　従来わが国では，時効期間を延長する契約は無効であるが，その期間を短縮する契約は原則として有効と解されてきた[70]。2009年3月の民法（債権法）改正委員会の試案によれば，期間延長合意も認められ，債権者と債務者は債権発生の時までにその合意により時効起算点と期間の長さを変更することができるが，起算点は，債権を行使しうるとき以後でなければならないし，時効期間は原則として債権を行使できるときから6ヶ月（1年）以上10年（3.1.3.44（1項）の期間）以下でなければならない（合意により延長しうるのは，3.1.3.44

(68)　金山編・前掲書189頁［鹿野］。
(69)　金山編・前掲書169～170頁［金山・香川］。
(70)　川島編・注民（5）（1967）56頁［川井健］など。

第 1 章　消滅時効法の改正提案とその検討

（2項）の期間のみ）[3.1.3.50（1項～3項）]。また事業者と消費者の間でする時効の起算点および期間の長さに関する合意は，法律の規定による場合よりも消費者に不利な内容であるときは無効とする（V-8-7（4項））。

　金山グループ提案では，時効期間を伸張する特約は法律に別段の定めがない限り認められないが，①債務者の故意または重過失による債務不履行または不法行為に基いて生じた債権，②生命，身体，健康または自由に対する侵害を理由とする損害賠償請求権を除いて，契約により弁済期（損害賠償請求権については損害発生時）から1年まで短縮しうるとした（提案171条2項，3項）。ドイツでは債権一般につき30年を限度として合意による延長をなしうることを許容しているが（ド民202条），日本でこのような規定を認めると，貸金業者により濫用されるおそれが強いと指摘されている[71]。また金山グループ提案では，それ以外の時効に関する特約（例えば，停止事由や中断事由を追加する特約）の効力は認められない（提案171条1項）。消費者の事業者に対する債権の消滅時効期間は，民法1条2項の定める基本原則（信義則）に反して消費者の利益を一方的に害するものでないと認められる特別の事情があるときを除いて，契約で短縮することはできない（消費者契約（案）10条の2，第2項）。これに対して加藤グループ試案では，時効の完成を困難にする特約は無効とするとされているのみである（試案97条2項）。

　上記の試案・提案のうち民法（債権法）改正試案は，時効の起算点の変更も明文で許容する。しかし，それでは時効期間が通常の時効期間 [3.1.3.50] を超えるおそれがあるし，また何より権利行使をなしうるときよりも後の，当事者によって合理的と考えられた起算点というものが観念しにくい。時効期間を短縮しえない例外とされるのは，民法（債権法）改正委員会試案では法律の定める場合，金山グループ提案では①債務者の故意等，②生命等に対する侵害である。民法（債権法）改正委員会が事業者，消費者間の合意について片面的無効とする一般的規定を置く点（V-8-7（4項））は，例えば，事業者が消費者に耐用年数の短い商品を売却する場合など必ずしも適合的でない場合もでてくるのではないかと考えられる。そのため時効期間短縮の合意が消費者の利益

---

(71)　金山他・前掲座談会判タ1251号27頁［金山，加藤雅信］（加藤他編・現代民法学と実務（上）212頁所収）。平野教授は，一般に10年までは時効期間を延長する合意の効力を認めるべきだと主張される（平野・前掲椿他編・前掲書101～102頁。同旨：金山他・前掲私法71号108～109頁［鹿野］）。

第II部　日本の債権法改正の論点

を一方的に害する場合は無効とする旨の文言に改めるべきであろう。

5　消滅時効の効果

　2009年3月の民法（債権法）改正委員会試案では，債権時効の効果について，①債務者が履行拒絶権を有するものとするか，②時効を援用することができ，その場合はその債権が起算日に遡って消滅するとするかにつき議論がある。①説は，ドイツ民法で伝統的にとられてきた立場であり，②説は，現行の日本の実務や金山グループ提案，加藤グループ試案が援用により裁判所が時効を判断しうるとしているのに対して，時効の満了により債務者に時効援用権が発生するとしているが，債権の遡及的消滅を認める点は同じである（金山グループ提案144条1項，加藤グループ試案96条2項参照）。①説では，時効援用権者が債務者に限定される，時効完成後債務者が反対債権をもって相殺しうることが論理上当然に導かれるといった違いがあるが，債務者が時効援用権を行使したときは保証債務や担保物権は消滅する［3.1.3.68］。債務者は，時効満了後も目的物を留保する権利を失わない（抗弁権の永久性）［3.1.3.69］。主債務時効消滅後履行請求を受けた保証人等は，①債権者に主債務者に対して履行拒絶権を行使するか否かにつき催告をすべきことを請求して，その催告に対する主債務者の確答があるまで債務の履行を留保しうる（主債務者が催告の請求の時から1ヶ月内に履行拒絶権を放棄しないときは，保証人等との関係においては履行拒絶されたものとみなす）とするか，②時効援用権を行使することができ，この場合保証人等との関係において債権は消滅するとするかについて争いがある［3.1.3.70］。主債務時効消滅後債権者が物上保証人等に対して担保物権を実行したときも同様に，物上保証人等が①債権者に対して債務者に履行拒絶権を行使するか否か，②時効援用権の行使を認めるかにつき議論がある［3.1.3.70］。時効期間満了後債務者がその利益を受けようとしない場合は，①債務者が履行拒絶権を放棄しうるとするか，②時効の援用権を放棄しうるとするかにつき議論がある。①説でも②説でも，この場合その放棄の時から新たな時効が進行を開始し，この場合の債権時効期間を3年（4年または5年）とすること，またこの場合の援用が相対効しかないことについては一致がある［3.1.3.71］。時効期間満了後に債務者が債務を履行する旨債権者に対して表示した場合は，①債務者が履行拒絶権を行使しえないとするか，②援用権を行使しえないとするかにつき議論がある。この場合も新たな債権時効期間の進行開始とその期間，相対効が明示

第1章　消滅時効法の改正提案とその検討

される [3.1.3.72]。

　既述のように民法（債権法）改正委員会では，債権については消滅時効ではなく，債権時効が適用され，所有権または債権以外の財産権についてのみ消滅時効が適用される。債権時効の効果については，委員会内で履行拒絶権構成と援用権構成が対立していることは右に述べた通りである。債権が時効にかかった場合は，債権が消滅するのではなく，抗弁権が生じるだけだとする構成は，ドイツで採用されている立場であり，これは2001年の改正後も同様である。しかしこの立場では，時効にかかった債権も永久に存続することが認められることになって，必ずしも合理的とはいえないと考えられる。確かに時効完成後の債務者の任意弁済や相殺はうまく説明できるが，債務消滅構成をとった場合も今日ではそれが絶対的な意味で理解されているわけではないから，これらの事由が説明できないわけではない。むしろ相殺については法定の要件を満たした場合でなければ認められないし，提案の中で債務者以外の保証人や物上保証人への時効完成の効力 [3.1.3.70]，時効完成後の債務者の時効利益の放棄，喪失についても，抗弁権構成をとるか，撤回権構成をとるかによって具体的なルールは変わらない [3.1.3.71〜72]。更に，消滅時効にかかる財産権についても，消滅構成を採らないで虚有権構成（権利として機能しえないとする立場）をとることも不可能ではない。このように考えてくると債権についてもこれまで通り消滅時効と構成する方がよいのではないかと思われる[72]。この立場では何より学習者の混乱が避けられるし，債権時効とは別に消滅時効についても同様なルールを再度規定する必要はなくなる [1.7.04〜12]。

---

(72) 同旨：金山他・前掲私法71号71〜72頁 [金山]，99頁 [松久]。

第2章　債権法，契約法の改正提案とその検討

第1節　民法（債権法）改正委員会の立法提案

1　はじめに

　これまで日本でも債権法改正のための作業が進められてきた。その検討部会の名称は，「民法改正委員会債権法作業部会」というものであり（2002年12月発足），その委員の顔ぶれや実行計画等については，商事法務研究会のホームページに掲載されている。2006年3月には，ジュリスト誌上に二回に分けてこの民法（債権法）改正委員会の活動の現状が報道され[1]，それ以後も委員による研究論文や座談会が法律誌上に報道されている。また2006年秋には，この委員会の後を受けて「民法（債権法）改正検討委員会」が設置され，債権法の改正に向けて活動している。以下にはこれらの資料を手がかりとして現在までの債権法改正の動向をフォローし，それらの各論点に対する論評を加えてみたい[2]。

2　民法改正の基本方針

　今回の民法改正の動機は，現在の民法が1898年の施行以来100年以上を経過して，そろそろ内容的なオーバーホールの必要があると考えられることである[3]。すなわち，制定当時と比べて社会的，経済的な環境が激変していること，現在民法典の外にある多くの特別法によって新しく生じた問題に対処しているが，このような民法典の空洞化は好ましいとはいえないこと，日本民法典

（1）　内田貴他「債権法の改正に向けて——民法改正委員会の議論の現状」ジュリ1307号102頁以下，1308号134頁以下。
（2）　日本の債権法改正委員会の作業の流れを跡づけ，そこで打ち出されている提案を整理して論評を加えるものとして，長坂純「債務不履行責任（契約責任）法の再構築へ向けた基礎的考察」法律論叢80巻4, 5号（2008）1頁以下，6号1頁以下。
（3）　内田・前掲ジュリ1307号103頁。

の母法国であるドイツ、フランスで民法典の全面改正が実現されまたは企図されているだけでなく、契約法領域での国際的法統一の動きがみられることなどが日本での債権法改正を後押しする要因である。しかし、この場合留意すべき点は、外国で制定された最も優れた法典を日本に輸入するというのではなく、独自の文化的事業として内容的に優れた法典を編纂すべきだということである[4]。日本の民法における債権編は、制定以来ほとんど手つかずの状態のまま100年を経過し、その間判例、学説が進展するとともに、全く新たな問題も登場してきて、債権法の現代化の必要性が共通認識として存在するに至った一方では、現代の取引社会に合致した国際的統一ルールを定めた1980年の国連国際動産売買条約や1994年の国際私法統一協会（ユニドロワ）による国際商事契約原則、1996年のEU統合を背景にするヨーロッパ契約法原則が公表され、また1992年のオランダ民法典の改正、1994年のカナダのケベック州の民法典、2002年のドイツ債務法の改正、フランスの債務法の改正草案の提出、中国の民法分野の重大な法改正というように世界的にも債権法の改正が相次いでいること、日本でも、1998年の日本私法学会による民法施行100周年記念シンポジウム「債権法改正の課題と方向」および2006年の日本私法学会シンポジウム「契約責任論の再構築」の開催が持たれたことは、わが国での債権法改正の時期の到来と熟成を物語る[5]。

　起草の方針としては、①一般市民が読んでわかる民法を目指すことが挙げられている。これは法律の専門家であれば解釈上導かれることでも、原則的な規定であればできるだけ明文化しておくという意味であるが、教科書的な定義規定をどこまで入れるかについてははっきりしていない。②起草されるのが判例や通説のリステイトメントではないことも起草の方針とされている[6]。

3　契約内容の確定

　(イ)　合意原則の明記の可否

　契約に関する問題を扱う上で、契約が成立したかどうかということと同時に、その契約の内容がどのようなものかの確定が重要である。そのためまず冒頭で、

（4）　内田・前掲ジュリ1307号104〜105頁。
（5）　道垣内「銀行取引から見た債権法改正の検討課題」金法1800号（2007）7〜8頁。
（6）　内田・前掲ジュリ1307号106頁。

第2章 第1節 民法(債権法)改正委員会の立法提案

契約内容に関する基本原則を定めておく必要があると考えられる。これには積極,消極の二つの側面があり,前者は,契約の当事者は互いに合意したことに拘束される,すなわち,合意した以上その合意したことを守らなければならないというものである。これに対して,後者は,契約の当事者は,本法その他の法律の定めに基づく場合を除き,互いに合意していないことには拘束されないということである。法体系の基本思想,基本原理を明らかにし,それを周知させ徹底させるために,民法典でこの原則を宣言しておくべきである。この合意原則の明文化は,それを法律家の間で共有された不文の原則にとどめておくのではなく,誰にとっても紛争解決の基準となることを明らかにしておくという意味がある。またこの合意原則の明文化は,合意していない消費者は契約に拘束されないという論法を通じて,消費者の救済にも資する。しかし,合意原則は,抽象度の高い基本原則であるため,それを補完するルールが必要であり,合意ないし契約の内容を確定するための方法に関するルールである,契約の解釈に関するルールと,合意原則と整合性をもった形で約款(例えば,不意打ち条項や個別的合意など)が相手方を拘束するためにはどのような要件が必要かという約款に関するルールの二つが検討される[7]。

もっとも,このような合意原則に関する規定を新設し,しかもそれを信義則より前に置くという立場に対しては,現在の民法学の潮流から言えば,信義則を媒介にして客観的に妥当と思われる権利義務関係を創設していくことに期待するという傾向が強いのだから,合意からだけ権利が出てくるという原則に立ち返るべきだということであれば,それが幅広く受け入れられるかどうか疑問の余地があると反論されている[8]。これに対して,合意原則の論者からは,この立場は,当事者が明示であれ黙示であれ,自分たちの約束の内容として意図したことをできる限り尊重しようということであって,明示していない限り義務を認めないというものではない[9],または,当事者がしかるべき情報を与えられたうえで冷静に判断して合意したのであれば,それをできるだけ尊重すべきだということについては異論はない,更に,契約における合意の対象になっているのは,一定のカテゴリーとしての契約の重要な要素であることが多

---

(7) 山本・前掲ジュリ1307号119～121頁。
(8) 鎌田・前掲ジュリ1307号126～127頁。
(9) 山本・前掲ジュリ1307号127頁。

第II部　日本の債権法改正の論点

いから，当事者が契約のカテゴリー自体を合意で選んでいる以上，個々的な点について具体的な合意がなくても問題ではない[10]と反論されている。

　契約の熟度論との関係については，熟度論の論者は，事実としての契約当事者間の関係は，その交渉段階から完全な終了に至るまで強まったり弱まったりして推移していくため，当事者間の交渉の熟度と客観的な利害状況に照らして，場合によっては当事者間の中間的な合意の存在を認定したり，信義則上の義務を認定したりして，それらの義務の違反を理由に（履行利益を含む）損害賠償を認めてもよいと主張するが[11]，このような主張に対しては，契約の世界で意思が拘束力の根拠となるのは，確定的な合意すなわち契約と評価される合意のみであり，確定的な合意に至っていない交渉段階でのいわば中間的合意は，合意という観点から捉えるのではなく，交渉当事者の関係を規律する信義則に依拠させて交渉当事者を規律する行為規範として捉えるか，それとも，いっそあらかじめ交渉義務等についてなされた合意をまさに確定的合意，すなわち，契約と評価すればよいと反論される[12]。後者の立場では，最終的合意でなくても，あらかじめ交渉義務等についてなされた合意自体の強制履行やそれに対する違反に基づく履行利益の賠償も認められうることになる。

　2009年1月の全体会議では，契約は，当事者の意思およびその性質に照らして定められるべき事項について合意がなされることにより成立するという一般原則を置いたうえで［3.1.1.07（1項）］，契約当事者が契約内容について交渉しつつ合意を形成することによって成立する場合（いわゆる練り上げ型）をも念頭に置いて，当事者が契約を成立させる合意を留保したときは，その合意がなされるまで契約は成立しないという規定を置いた［3.1.1.07（2項）］。第2項は，契約の当事者が契約の内容について総て合意しながら，その内容で契約を締結する終局的合意は正式な契約書への署名を通じて行われる旨合意により定める場合を含む[13]。ここでは当事者間の合意ないし当事者の意思が当事者間の契約関係を決定する最高の要素だという立場（合意原則）が強調されている。このようなルールないし契約解釈に際しての出発点は，1804年のフラ

---

(10)　内田・前掲ジュリ1307号127～128頁。
(11)　鎌田・前掲ジュリ1307号128～130頁。
(12)　潮見・前掲ジュリ1307号128頁，130～131頁。
(13)　民法（債権法）改正委員会第14回全体会議資料（2009年1月24日），民法（債権法）改正検討委員会編・債権法改正の基本方針94頁。

第 2 章　第 1 節　民法（債権法）改正委員会の立法提案

ンス民法典中の文言「当事者間では契約は法である（フ民 1134 条）」の焼き直しといえるかもしれない。しかし，それは現代でもなお一般的には通用する基本的原則であると同時に，19 世紀においてすでに明らかになったように，社会的経済的格差のある当事者間では，一方が他方を支配する手段ともなりうることに留意すべきである。そのことはこれまで展開してきた約款法なり，社会，経済法の分野に属する様々なルールや理論なりを見れば明らかである。このような問題状況はこれからも変わることはない。民法学ないし民法典上の問題としては，それでもなおこのような合意原則を民法典中に規定する意味があるかどうかということになる。この問題は，消費者法や賃借人保護法，労働者保護法を民法典中にどこまで取り込むかという議論にもつながるが，何よりも重要なことは，契約を締結している人や契約の種類，目的のいかんを抽象した，当事者が平等だということを前提とした一般的ルールは，それ自体としては意味に乏しく，むしろ契約解釈にとっては有害な面を有するという点である（約款規制法を想起せよ）。

　2009 年 1 月の全体会議では，債権法の頭初に当事者が自由に契約を締結し，その内容を決定することができるという条文が置かれること［3. 1. 1. 01］，次いで諾成契約の原則［3. 1. 1. 02］，契約の両当事者に信義誠実に行動する義務を課する規定［3. 1. 1. 03］などが置かれることが提案されている。3. 1. 1. 01 からは，交渉相手方が契約交渉を破棄したことのみを理由として，他方当事者がこの者に対して損害賠償等の責任を追求することはできないことが派生するとされているが，交渉相手方による契約交渉の破棄の場合については，一定の要件のもとで損害賠償責任を課する規定が提出されている［3. 1. 1. 09（交渉を不当に破棄した者の損害賠償責任），3. 1. 1. 11（交渉補助者等の行為と交渉当事者の損害賠償責任）］。また事業者や消費者，消費者契約の定義規定だけでなく［1. 5. 07 〜 08］，約款に関する一般的ルールの導入も予定されており［3. 1. 1. 25 以下］，社会的格差のある当事者間の契約において生じる問題についてもドイツ民法的なスタンスで処理することが図られている。

　(ロ)　原始的不能給付

　次に，契約の有効性，特に，原始的不能給付を目的とする契約の効力が問題になる。これまでわが国では，原始的に不能の給付を目的とする契約は無効だとしたうえで，契約を無効とすることによって当事者の一方に生じる不利益を信頼利益の賠償により調整しようとしたが，賠償される利益が，原始的不能で

第II部　日本の債権法改正の論点

は信頼利益であるのに対して，後発的不能では履行利益であるという違いの大きさに焦点を当てて，原始的不能の給付を目的とする契約も有効であるとする見解も有力化していた[14]。起草者サイドでは，原始的不能給付を目的とする契約も当然無効になるのではなく，両当事者が契約の対象や給付の可能性についてどのような評価を下し，どのようなリスク負担を想定して契約を締結したのかが問題になるという基本的立場が採られる[15]。具体的には，実際には沈没していたインド洋上の船舶の積荷の売買で，契約時に積荷がないから無効というよりは，積荷が契約締結時に存在しなくても売主がその給付リスクを負担する形での船舶上の積荷の売買をしたという評価を下して契約を有効とするとか，ある研究所が画期的な技術を開発したという理由で，製薬会社との間でそれを製品化するための契約を締結したところ，その後になってその技術がデータ改竄に基づくものであることが明らかになったという場合に，その共同開発契約を有効とするなどが考えられる[16]。

　従来わが国でも原始的不能給付を目的とする契約を一般的に有効とするのではなく，不能な給付の債務者が契約の締結に際して履行の可能性を保証するような場合に，原始的不能にかかわらず給付義務を成立せしめ，有責の後発的不能と同じく相手方に対して履行利益の賠償を命ずべきものとすべきだとする学説が有力である[17]。1998年の能見教授の立法提案によれば，債務が原始的不能の場合にも原則として契約が有効に成立し，債務不履行の問題として処理されることを可能にするために，契約の目的物が契約締結前に滅失するなどの理由により給付が不能である場合にも契約の成立を妨げないとの一文が置かれる[18]。2009年1月の民法（債権法）改正委員会の全体会議では，契約上の債務の履行が契約締結時点ですでに不可能であった場合，契約に照らして債務者に合理的に期待できない場合に，その契約が反対の合意のない限り有効である

---

(14) 北川善太郎・債権各論［第3版］（2003）17頁，川村泰啓・商品交換法の体系(上)（1967）191頁，加藤雅信・民法総則（2002）217頁。
(15) 潮見・前掲ジュリ1307号121〜122頁。
(16) 潮見・山本・前掲ジュリ1307号125頁。
(17) 奥田昌道・債権総論(上)（1982）30〜31頁，潮見・債権総論Ⅰ［第2版］（2003）46頁，川角・前掲論文／川角他編・ヨーロッパ私法の動向と課題303頁注245（川角教授は，保証約束のある場合に無過失の信頼利益賠償責任を認める余地もあると主張される），拙著・契約法講義［第2版］（2005）76頁。
(18) 山本他・債権法改正の課題と方向（別冊NBL 51号）146頁［能見善久］。

第2章 第1節 民法（債権法）改正委員会の立法提案

こと［3.1.1.08］，もっとも，履行が不可能または履行することが合理的に期待できないときは，債権者は履行を請求できないとすること［3.1.1.56］が提案されている。ドイツ新債務法311a条1項，PECL 4：102条，PICC3.3条1項に倣ったこの規定は，卑見によれば，やや広すぎるのではないかと考える。両当事者が客観的原始的に不能な給付や誰がみても不可能な給付を目的とする契約を締結した場合，債務者がその給付を保証する意思でなかったときでも，本規定では有効となってしまう。債務者が合意された給付の実現を請合ったと認められる場合は，たとえそれが客観的に不能であったとしても，債務者に担保の責任（不完全履行の責任）を負わせるべきであるが，月の土地を売買するとかの場合だけでなく，契約の趣旨，内容からして債務者だけに給付実現のリスクを負わせるべきでない場合は，契約の有効性を否定する方がむしろ合理的ではないかと考えられる。もちろんこのように解する場合でも，債権者が信頼損害を被った場合は損害賠償請求の余地がある。

(ハ) 説明義務（情報提供義務）と契約締結上の過失責任

契約内容の確定の問題に関連して，契約上の義務をどのように理解するかが問題になる。①契約の準備交渉段階での説明義務や相手方の誤解を是正したり指摘したりする義務，信頼を裏切らない義務などは，当事者の合意から正当化することは不可能または困難である。これら交渉過程上の義務を不法行為法の問題としないのであれば，このような場合に債務不履行規範を適用するためのいわば連結点として，債務関係は契約交渉の開始によっても発生するといった規律を民法中に設けておくべきことになるが，前記合意原則との関係では，契約交渉過程の義務に対する違反があったときに債務不履行規範を適用するのは，この合意原則の例外と位置づけられることになる。具体的には，かような場合損害賠償の範囲や消滅時効の問題で通常の債務不履行とは異なった扱いを認めるべきことになる[19]。

これまでのわが国の契約締結上の過失論は，契約の中途挫折の場合の当事者の一方の保護が判例上問題になった昭和40年代から50年代にかけては，ドイツの理論の影響を受けて，契約が結局締結されなかった場合でも契約責任に準じた責任が発生すると学説によって説かれたが（責任要件，賠償範囲は民法415条，416条によることになり，時効期間も10年となる（民167条1項）），最高裁判

---

[19] 潮見・前掲ジュリ1307号123頁。

第II部 日本の債権法改正の論点

例は一貫して，契約の中途挫折の場合は契約責任に準じた責任を認めていない[20]。むしろこの場合当事者が不法行為に基く責任を追求してきた場合は，不法行為（取引的不法行為）に基く損害賠償請求権を許容している[21]。そして今日の学説は，契約締結上の過失が問題になる場合のうち，①契約の中途挫折（または無効）の場合（有効な契約が成立しなかった場合）と②契約は有効に成立したが，当事者の一方の相手方に対する契約締結時の情報提供や説明不十分により相手方が不利な内容の契約を締結した場合（ローレンツのいう私的自治の侵害）とを区別するものが多くなっている[22]。この立場では，①は不法行為責任に分類されるが，②は法律行為的責任ないし契約責任に帰属させるべきことになる。なおドイツ新債務法では，契約締結前後のいわゆる付随義務も契約上の義務に含められ（ド民311条2項，3項），また契約上の請求権と不法行為上の損害賠償請求権とに区別なく統一的な時効期間が適用されるため（ド民195条，199条），このような区別をする実益はほとんど存在しない。民法（債権法）改正委員会の2009年1月の全体会議では，当事者は契約の交渉を破棄したということのみを理由としては責任を問われないが，信義誠実の原則に反して契約締結の見込みがないにもかかわらず交渉を継続し，または契約の締結を拒絶したときは，相手方が契約の成立を信頼したことによって被った損害を賠償する責任を負うという提案がなされている［3.1.1.09］。当事者が，契約交渉のために使用した被用者その他の補助者，契約交渉を共同して行った者，契約締結についての媒介を委託された者，契約締結についての代理権を有する者など，自らが契約交渉または契約締結に関与させた者が契約の交渉を不当に破棄した場合も同様の責任を負う［3.1.1.11］。従来から判例，学説によって認められている契約の中途挫折の場合の契約締結上の過失責任を認めるものであり，この責任の法的性質は明確化されないままである。

改正委員会の試案では，当事者に契約交渉時の情報提供義務が課される。す

---

(20) 最判昭和59・9・18判時1137号51頁（歯科医のケース）など。
(21) 最判昭和56・1・27民集35巻1号35頁（村長の交代により工場誘致が挫折した事例）など。
(22) 川角・前掲論文川角他編・ヨーロッパ私法の動向と課題297頁以下（川角教授は，原始的不能や錯誤無効のケースも①に分類される），池田清治・契約交渉の破棄とその責任（1997）329頁以下，本田純一「契約締結上の過失理論について」遠藤他監修・現代契約法体系第1巻（1983）212頁，潮見・債権総論I［第2版］46～47頁。

第2章 第1節 民法（債権法）改正委員会の立法提案

なわち，当事者は，契約の交渉に際して当該契約に関する事項であって，契約を締結するか否かに関し相手方の判断に影響を及ぼすべきものにつき，契約の性質，各当事者の地位，当該交渉における行動，交渉過程でなされた当事者間の取り決めの存在およびその内容に照らして，信義誠実の原則に従って情報を提供し，説明をしなければならない［3.1.1.10（1項）］。この義務に違反した者は，それにより相手方が被った損害を賠償する責任を負う［3.1.1.10（2項）］[23]。消費者契約法では事業者の努力義務としての情報提供義務が規定されているが（3条），本試案は義務負担者の範囲を一般の契約の場合に拡げたうえで，法的義務として課している。しかし義務者の過失責任とはされていない。過失責任とする方が両当事者の諸事情をきめ細かに考量することが可能となって立法政策としては好ましいのではないかと考える。

②合意原則を基礎とすることは，契約成立後の義務の捉え方にも大きな影響を及ぼす。例えば，安全配慮義務は，判例上信義則を基礎として成立する社会的な特別結合関係から生ずるとされているが，合意原則からは，医師の診療義務の内容や売主の給付義務の内容と同じように，当事者が締結した契約の具体的な内容に立ち返るという観点から整序されるべきことになる[24]。しかし，当事者が合意したこと以外にも信義則上（付随）義務が課される場合も多いし[25]，反面契約書に明記されていてもその効力が認められない場合も少なくないこと（約款規制）を留意すべきである。

(二) 履行，弁済との関係

合意を強調して契約内容の確定が重要であると考え，また履行請求権を正面に出してくると，現行日本民法の弁済の箇所に存在する条文の幾つか，例えば，民法483条（特定物の現状における引渡），400条（特定物引渡の場合の注意義務），484条（弁済の場所），406条以下（選択債権に関する規定）は，債務内容の確定の箇所に移されるべきことになる。通貨高権的な発想に立った民法402条，

---

[23] 民法（債権法）改正委員会第14回全体会議資料（2009年1月24日），民法（債権法）改正検討委員会編・債権法改正の基本方針96頁参照。
[24] 潮見・前掲ジュリ1307号123～124頁。
[25] 森田修教授は，端的に当事者の事実としての当初合意の領分（事実としての意思）を契約規範の一要素として位置づけ（部分理論），それに解消されない責任根拠規範（規範としての意思）をも尊重する二元的な契約責任論の妥当性を説いている（森田修「民法典という問題の性格」ジュリ1319号（2006）36頁以下，同「履行請求権か remedy approach か」ジュリ1329号（2007）82頁以下。

403条は不要であるが，振替，振込みに関する規定は新たに設けるべきである。また金銭債権についての法定利率という考え方をやめ，例えば，長期プライムレートに連動させることが必要である[26]。最後の点については加藤グループ試案も同様の立場をとる。加藤グループ試案では，この変動利率は基準利率と呼ばれ，主務官庁が公示する者とされている（試案354条）[27]。学説上は尾島教授もこの立場を支持されるが，法定利率の適用対象（利息債権か遅延損害金か中間利息控除かなど）により利率を変える必要があることを指摘される[28]。

改正委員会の提案では，法定利率を固定方式から変動方式に移行させるとともに，短期および長期の二種類の法定利率を定め，利率の決定方法としては市場金利との連動を図る方法を用いるとされている［3. 1. 1. 48］。法定利率の決定方式が複雑になる場合には，具体的な決定方式の規定は政令に委任する。商事法定利率の特則を設けるかどうかは商法に委ねる。また人身損害の損害額の算定につき中間利息の控除を行うには長期の法定利率によるものとし，それ以外の場合の中間利息の控除については基準時を定めてその時点での短期の法定利率によるものとされている［3. 1. 1. 49］。

4　債務不履行

(1)　債務不履行の体系

(イ)　プロセスアプローチとレメディアプローチ

現行日本債権法の体系構成は，債権総則と契約総則を分けるパンデクテンの体系を採用しているが，起草委員会では，このような体系構成には必ずしも従わないという考えが支配的なようである。契約法典を民法典の外に置くという考えも提示されている。そして債権法ないし契約法の章立てないし記述の順序または方法として，契約の交渉から始まって，契約が履行され，あるいは契約が履行されないというところまでを順を追って規定するというプロセス（契約過程）アプローチと救済の面から整序するレメディ（救済方法）アプローチの二つがありうる規定方法として議論されている[29]。プロセスアプローチは，

---

(26)　道垣内・前掲ジュリ1308号158～161頁。
(27)　加藤雅信・前掲論文ジュリ1362号15頁，同・前掲論文判タ1281号11頁。
(28)　尾島茂樹「法定利率規定の見直しの必要性はあるか，利息債権についてどう考えるか」椿他編・前掲書188頁以下。
(29)　大村・前掲ジュリ1307号113～114頁。

第2章 第1節 民法（債権法）改正委員会の立法提案

事実としての契約過程を辿っていくという考え方で理解しやすいようにみえるが，成立はともかく，履行，不履行となると時系列に沿ってすべてを捉えられるわけでもないから，必ずしも十分に整理できるとはいえない。これに対して，レメディアプローチは，履行請求，損害賠償，解除といった救済の各々に着眼してその要件，効果を明らかにするというもので，特に法律家にとってはわかりやすいアプローチではないかとされている[30]。しかし，レメディアプローチをとると，各々の救済手段毎に問題を見ていくことになるため，債務不履行の規律全体の整合性が保てないという問題があることが指摘されている[31]。

委員会の内部では，当初債務不履行のルールをどういう形で組み立てていくかについて，このレメディアプローチと履行不能，遅滞，不完全履行などといった障害原因ごとにルールを組み立てていけばいいというコーズ（障害原因）アプローチが対立していたが，債務不履行が生じたときにどのような救済手段が債権者，被害当事者に与えられるべきかという観点から分類する方がわかりやすいのではないかということから，レメディアプローチとコーズアプローチの対立の中からレメディアプローチのみが取り出され，それが債務不履行の枠を超えて，債権法，契約法全般に通じるアプローチとして適切かという問題へと展開していったとされている[32]。そしてレメディアプローチが，権利を持っている人がその権利を侵害され，あるいは侵害されるおそれがある場合に，どのように権利保護を求めることができるのか，権利保護を求める者としてどういう効果をめざして立論していけばいいのかという権利救済の観点から，権利救済を求める側と相手方との間の権利主張と反論，防御の枠組の中でルールを組み立てていこうというものであり，債務不履行の場面だけでなく，契約成立レベルでの合意の瑕疵や契約交渉過程の場面を含む，債権法，契約法全体に通じるものだと指摘されている[33]。潮見教授は，1900年のドイツ民法

---

(30) 大村・前掲ジュリ1307号114〜115頁。レメディアプローチについては，Ole Lando, Principles of European Contract Law, RabelsZ 56 (1992), S. 270. 潮見「契約責任論の再構築」ジュリ1318号 (2006) 85頁注24参照。なお，日本でもすでに，山本他編・債権法改正の課題と方向−民法100周年を契機として（別冊NBL 51号）107頁以下［能見］には，履行請求権，損害賠償請求権および解除という三つの債権者の救済手段に分けて債務不履行の効果を整序する立法提案がなされていた。
(31) 潮見・前掲ジュリ1307号116〜117頁。
(32) 潮見・前掲ジュリ1307号118〜119頁。
(33) 潮見・前掲ジュリ1307号119頁。

第II部　日本の債権法改正の論点

の構想のようにまず債権者の債務者に対する履行請求権を措定し，債務者が履行行為をしない場合に履行請求権から転形した法的手段としての履行不能に基づく過失を要件とする損害賠償請求権を観念するという一元的構成は体系的優位において劣り，ウィーン統一動産売買条約（CISG）や PECL，PICC が採用しているような，債権者利益が実現できない場合はそのリスクを様々な救済手段のいずれかを用いて当事者のどちらにどのような範囲で負担させるべきかという観点からのアプローチ（レメディアプローチ）の方が優れていると主張される[34]。

　委員会では，レメディルールのもとで債務不履行の体系の整備が進められているようである。債務不履行の類型については従来履行不能，履行遅滞，不完全履行という三分体系を基礎とする分類が行われてきたが，債務不履行は必ずしもこの三つのどれかに該当するわけではなく，漏れてくるものがある等の理由で，今日ではそれに代わるものとして，債務の本旨に従わない履行[35]または PECL 8.103 条のように契約義務違反[36]に一元化すべきであるという考え方が支持を集めている。この債務不履行一元論には，債務不履行の問題が生じたときに債権者に与えられる救済手段の基礎となる原則ないし基本ルールを総ての債務不履行事例に共通のものとして立てることで，債務不履行に関し民法全体に通じる思想，理念において一貫した態度を示すという重要な意味がある。しかし，類型的な観点に基づくルール化には，債務不履行一元論のもとでのカズイスティックな処理に優るメリットがあるとの立場に立ちながら，委員会は，およそ一般に不能概念は必要かといったような問題提起のもとで抽象的になんらかの類型を確定することから始めるのではなく，個別の救済手段ごとの検討を加えた後に，民事救済ルールの体系的整合性と明確性という観点から必要な範囲と程度で類型化を試みるという方針で議論を進めてきた[37]。

---

(34)　潮見・契約責任の現代化（2004）408 頁。PECL や PICC は一般にレメディアプローチをとっていると見られている（Schmidt-Kissel, Schadensersatz wegen Vertragsbruchs im System der Rechtsbehelfe, Remien (Hrsg.), a.a. O., S. 88 〜 89）。これに対して森田修教授は，PECL や PICC も履行請求権の第一義性を否定しているわけではなく，コストの視点から remedy アプローチをとっているとはいえないと指摘される（森田・契約責任の法学的構造（2006）96 頁注 14）。

(35)　平井宜雄・債権総論 ［第 2 版］（1996）48 〜 49 頁，長坂純「不完全履行を独自の規定として加える必要はあるか」椿他編・前掲書 201 頁。

(36)　山本敬三他・債権法改正の課題と方向（別冊 NBL 51 号）116 頁 ［能見］。

324

第 2 章　第 1 節　民法（債権法）改正委員会の立法提案

　ここでいわれているプロセスアプローチとは，既述のように契約法ないし債権総論に関するルールを契約の交渉，契約の成立，契約の履行，契約の不履行といった順に整序するという立場であり，これに対してレメディアプローチとは，救済方法（特定履行，契約解除，損害賠償）に応じてルールを整序するという分類方法とされている。筆者のようにパンデクテン法学の分類に慣れ親しんだ者にとっては，レメディアプローチは真新しい分析視角であり，より大陸法的なコーズアプローチやプロセスアプローチとこのレメディアプローチのいずれが優れているかについての判断能力は持ち合わせていないが，少なくともここで指摘できることは，いずれのアプローチも新しい債権法（契約法）を制定するにあたって法文を整序するための視角（方針）を提供する一の道具概念にすぎず，どの立場をとっても他の要素による修正，再分類を余儀なくされるであろうこと，およびレメディアプローチが英米法の分類を念頭に置いたものであろうことである。この最後の点は，日本の新しい債権法が英米法的な債権法に近づくかどうかの試金石の一つであるとも考えられ，重要な論点であるといえよう。パンデクテン法学では，特定履行（日民 414 条），契約解除（ド民 323 条〜326 条，日民 540 条〜548 条），損害賠償（ド民 280 条〜285 条，日民 415 条〜416 条）は各々別の箇所にばらばらに規定されている。英米法ではこれに反して，特定履行（specific performance），契約解除（termination）および損害賠償（claim for damages）は，民事法の範疇を分ける大分類として広く知られているところである。

　しかし，学説上は，現行民法典の古典的大系（パンデクテン体系）構造は，レメディアプローチ，コーズアプローチ，プロセスアプローチの総合点検討のうえに成立しており，その中の一アプローチに偏った構造は妥当でないとするものもある[38]。実務家の中にも，民法典が単に裁判規範であるだけでなく，行為規範でもあることを考えると，レメディアプローチは必ずしも適切とはいえないとするものがある[39]。加藤グループ試案もまた，現行日本民法典の立場（パンデクテン方式）を前提とし（ただし，特定履行は民法総則編に規定），損害賠償を債権総論中に（試案 342 条），解除を契約総則中に（試案 477 条）規定し

---

(37)　潮見・前掲ジュリ 1308 号 134 〜 136 頁。
(38)　下森定「履行障害法再構築の課題と展望」成蹊法学 64 号（2007）63 頁。
(39)　加藤他編・現代民法学と実務（中）(2008) 151 頁 [加藤新太郎]。

ている。また履行不能（試案340条），履行遅滞（試案341条）を峻別する立場を維持している（副案も同様）。
  (ロ)　債務不履行と瑕疵担保責任
  (a)　瑕疵担保の法的構成

瑕疵担保責任について大方において各委員の合意が得られているのは，瑕疵担保を契約あるいはそこから生ずる債務への不適合という概念に吸収し，瑕疵担保についての規定を置かないという考え方である[40]。瑕疵担保に関する特定物ドグマでは，特定物売買に関して，合意内容がまさに一定のもの，つまりこの物に固定され，それ以外のものはそもそも合意内容には入らないと考えられていたが，このようなリジッドな合意内容の捉え方をもう少し当事者が実際に考えていたことに即して捉える方向へ転換すべきだという考え方が委員会では主流だとされている[41]。これは，いわゆる契約責任説に従うことに他ならない。ドイツの新債務法が瑕疵担保責任につき契約責任説を採用したことは起草者自ら述べるところである[42]。公表されている日本の民法（債権法）改正委員会の試案によれば，売主は合意の趣旨に従い瑕疵のない物の給付義務を負うことを前提に，売主の担保責任を債務不履行責任として再構成する立場が採られる[43]。これに対して加藤グループ試案では，現行日本民法の契約法の編を組み替えたうえ，売買に関する規定群の中で現行とほぼ同様の法典上の位置と規定内容が瑕疵担保責任に与えられている。
  (b)　隠れた瑕疵

瑕疵の意義については，目的物が備えるべき性能，品質，数量を備えていない場合等，目的物が契約当事者の合意または契約の趣旨に照らしてあるべき状態と一致していない状態にあることとされている（2009年1月31日民法（債権法）改正委員会全体会議［3.1.1.05］）。また瑕疵の存否に関する判断の基準時は危険移転時とされる［3.2.1.16（2項）］。主観的瑕疵と客観的瑕疵の双方を含みうるが，当事者が明示的に保証した性質等を欠く場合の取扱いは明らかでない[44]。また加藤グループ試案で，隠れた瑕疵および買主の善意要件がとどめられているのに反して（試案491条1項），改正委員会の試案では，隠れた瑕疵

---

(40)　大村・前掲ジュリ1307号124頁。
(41)　山本・前掲ジュリ1307号126頁。
(42)　Canaris (Hrsg.), Schuldrechtsmodernisierung 2002, S. 806.
(43)　民法（債権法）改正検討委員会編・債権法改正の基本方針92頁など参照。

第2章　第1節　民法（債権法）改正委員会の立法提案

であることは要件から外される[45]。これは売主が性質等の欠如に買主が気づくことができたことを主張，立証して責任を免れるのは不合理だという考えによるとされている。

　ローマ法以来の隠れた瑕疵要件を外すのは大英断であるようにみえるが，現在の実務でも瑕疵がすぐには発見できない多くの場合に隠れた瑕疵が認められているから[46]，隠れた瑕疵要件を外しても実務にそんなに大きな影響は生じないであろう。いずれにせよ，買主が瑕疵を知りまたは当然知るべきであったという場合は，売買契約締結に際してそれが考慮されていることが考えられ（夜店の売買など），問題になるのは買主が売主に対する権利を受領に際して放棄したが，後で気が変わったというような場合に限られよう（この場合買主は保護に値しない。禁反言則によるべきか）。現行実務では，隠れた瑕疵は買主の請求原因事実，買主の気づかなかった過失は売主の抗弁事実とされている[47]。これに対して改正委員会による立法提案では，隠れた瑕疵は要件事実とはならず，買主が瑕疵が表見しているあるいはそれを考慮に入れて売買契約を締結したのに，瑕疵担保責任（不完全履行責任）を追求してきた場合に，信義則違反，禁反言または権利放棄の事実を主張，立証して責任を免れるべきことになろう。この立場は，買主が隠れた瑕疵であることを立証しなくてもよくなる点で買主にとって有利であるとともに，売主の抗弁事実が（それが重過失に近いとしても）買主の過失でなく，禁反言や権利放棄の事実となる点でも売主にとって不利な場合が多くなると考えられる。しかし，これは瑕疵ある物の給付を受けた買主の保護という点では別段異とするに足らない。

(c)　瑕疵担保の法律効果

　改正委員会の試案では，瑕疵担保責任の効果については，これが債務不履行責任（の特則）と捉えられたことにより，債務不履行責任に関する一般原則が

---

(44)　（事業者間の取引などで）実務上用いられている，表明保証条項（契約に関する事実が契約時において真実かつ正確であることを当事者に表明保証させる条項）との関係については，岸本愛「売主の担保責任「瑕疵担保責任」－「債務不履行責任」がもたらす表明保証条項の書き換え」ビジネス法務9巻2号22頁以下参照。
(45)　つとに潮見・契約責任の体系387〜388頁で，隠れた瑕疵を買主の善意無過失と読み換えることに批判的な立場が主張されている。
(46)　拙著・担保責任の再構成（1986）175頁参照。
(47)　司法研修所編・改訂紛争類型別の要件事実（2006）14〜15頁，岡口基一・要件事実マニュアル上巻［第2版］（2007）505〜506頁。

第II部　日本の債権法改正の論点

適用されることになる[48]。2009年1月案によれば，この場合の救済手段は，①瑕疵のない物の履行請求（代物請求，修補請求等による追完請求），②代金減額請求，③契約解除，④損害賠償請求が挙げられており［3.2.1.16］，代金減額請求は，売主に免責事由がある場合でも，また買主が履行請求権を行使することができない場合も認められる［3.2.1.17(エ)］。また解除は，瑕疵ある物の給付または催告があっても瑕疵のない物を給付しないことが契約の重大な不履行にあたることを要件とする［3.2.1.17(オ)］。損害賠償請求権は，売主が免責事由を証明した場合は認められない［3.2.1.17(カ)］。この場合の売主の免責事由とは，2008年12月の全体会議によれば，契約において債務者が引き受けていなかった事由であり，売主に結果責任を負わせるものではなく，一の帰責事由ではあるが，売主の過失を必要とするものではない[49]。

しかしわが国の従来の民法学では，判例も含めて損害賠償責任を負わせるためには債務者の過失またはそれに準じた事由を要件とする立場がとられてきたし[50]，現在のわが国の民法学の中にも，ドイツ民法（276条）の規定するように，代金減額（請求）権は売主に過失がなくてもこれを認めるが，瑕疵により買主に生じた損害の賠償請求権については，過失責任の原則を維持することを支持する者が多い[51]。加藤グループ試案でも基本的にはこの立場がとられているが，正案では売主の瑕疵担保責任の規定（試案491条）には解除権と代金減額請求権が定められているだけである。正案では，瑕疵ある物を給付した売主にそれにつき帰責事由があるときは，債務不履行による損害賠償責任に関する一般規定（試案342条）に基いて，債務者がその債務の本旨に従った履行をしないことに起因する損害として賠償の責めを負うことになるのだろうと考えられる。なお，副案には瑕疵担保の規定中に効果として損害賠償請求権が生じることが明記されている（試案487条1項2号）。しかし，契約締結時のリスク負担を重視する立場では，約款などを通じて社会的経済的な弱者が損失を負担させら

---

(48) 民法（債権法）改正検討委員会編・債権法改正の基本方針266頁。
(49) 2008年12月21日全体会議第一読会，民法（債権法）改正検討委員会編・債権法改正の基本方針137頁，279頁参照。
(50) 森田宏樹教授は，瑕疵修補請求権を売主の給付義務の不履行に基づく損害賠償の方法の一つとして，金銭賠償に代えて一定の行為債務を売主に課すという現実の賠償としての法的性格を有すると説かれる（森田・契約責任の帰責構造（2002）246頁以下）。
(51) 下森・前掲論文成蹊法学64号71～72頁。

第2章 第1節 民法（債権法）改正委員会の立法提案

れる危険性が大きくなると考えられる。また従来の考え方では，定型的なリスク負担は，帰責事由の判断にさいして利益考量事由として斟酌されてきたのであり，明示規定とするまでもないように思われる。

次に，引き渡された目的物に瑕疵がある場合に買主に追完請求権を認めるかどうかは，日本でも近時肯定説支持者が多いが，2009年1月の改正委員会の試案では，ドイツのように追完履行請求権を優先的な救済手段とする立場がとられ，追完請求が認められる場合，買主が追完履行を催告しても売主がこれに応じない場合に限って代金減額請求が認められる［3.2.1.17(エ)］。しかし，本試案やドイツ新債務法のように追完履行請求権を優先的な救済権とし，（解除権や）代金減額（請求）権を第二次的権利とすることに対しては，瑕疵ある物を給付した売主のその後の態度などとも相俟って買主が売主に対して不信感を持っている場合などを考慮して，買主に追完履行と（解除または）代金減額の選択的行使を認めるべきだという見解が有力である[52]。加藤グループ試案の副案では，瑕疵担保の効果として瑕疵除去請求権または代物請求権（試案487条1項1号）を代金減額請求権，損害賠償請求権（試案487条1項2号），解除権（試案487条1項3号）と並べて（選択的に）規定している。

追完請求権については，①解除権や代金減額権と並列的に規定する立場（加藤グループ試案（副案）の立場），②追完請求権をこれらより優先的な救済手段とする立場（ドイツ新債務法，民法（債権法）改正委員会試案の立場），③追完履行請求権を一般的な救済手段として明記しない立場（現行日本民法，加藤グループ試案（正案）），④請負と異なり，売買では売主が瑕疵を修補する能力，設備を持たない場合も多いから，代物給付請求権はともかく，瑕疵修補請求権までも一般的に認めるのは行き過ぎであり，買主が代金減額，解除を求めてきた場合に修補権を認めるをもって足りるとする立場[53]が考えられる。筆者は，売主の給付した物が瑕疵のために売買契約を締結した目的を達しえない場合に，代品請求権までも否定することは好ましい結果をもたらさず（特に種類売買の場合），解除権や代金減額権，追完請求権のいずれを行使するかは買主の任意に委ねるのが筋であろうと考えられ（②説は否定），また売主が修補能力を有

---

(52) 今西康人「消費者売買指令と目的物の瑕疵に関する売主の責任」判タ1117号50頁。
(53) 鈴木禄弥・債権法講義［4訂版］(2001) 247頁，拙著・担保責任の再構成202頁。民法（債権法）改正委員会の立法提案が債務者の追完権もまた認めていること［3.1.1.58］は大いに評価したい。

329

するとは限らないことを考えると①説か④説に従うべきではないかと考える。①説に従う場合は，どのような範囲で売主が修補や代物給付の拒絶権を行使しうるかが実務上重要な問題となることは当然である。なお，②説の立場に立つ民法（債権法）改正委員会試案では，追完を債務者に請求することが，契約の趣旨に照らして合理的には期待できないときは，債権者は追完に代わる損害賠償を請求することができると規定しているため［3.1.1.57（3項）］，実際上は①説の立場に立った場合とほとんど異ならない。

　民法（債権法）改正委員会試案（2009年3月）では，追完の手段である修補請求と代物請求の関係についても詳しい規定が置かれ，代物請求は目的物の性質に反する場合は認められない［3.2.1.17(ｱ)］。修補請求は，修補に過分の費用が必要となる場合は認められない［3.2.1.17(ｲ)］。代物請求と修補請求のいずれも可能である場合，買主はその意思に従っていずれの権利を行使するかを選択することができるが，買主の修補請求に対し，売主は代物を給付することによって修補を免れることができる。また買主の代物請求に対し，瑕疵の程度が軽微であり，修補が容易であり，かつ修補が相当期間内に可能である場合には，修補をこの期間内に行うことによって代物給付を免れることができる［3.2.1.17(ｳ)］とされている(54)。なお同試案には，追完請求が可能な場合，損害賠償請求は，買主が相当期間を定めて追完請求をし，その期間が経過したときに行使することができ，期間が経過したときは，売主は追完請求の時点から損害賠償債務について遅滞に陥る［3.2.1.17(ｳ)］という法文も含まれるが，狭義の損害には遅延損害，履行利益（逸失利益），信頼利益，瑕疵惹起損害などが含まれ，これらの多くは本来の履行期が徒過すれば発生しうるのであり，追完期間の徒過時まで待つ必要はないと考えられる。

(2) **債務不履行の効果と要件**

(ｲ) 履行請求権

　ドイツ法的な債権理解では，債権者は債務者に対して合意内容に応じた給付請求権を行使しうるのは当然であり，国家がその実現を担保している（債権の請求力，掴取力）。しかし，これに対して近時，実体法上の履行請求権（森田修教授のいわれる履行請求権の第一義性）が判然としない英米法やヨーロッパにお

---

(54) 能見教授も，修補請求権を先ず行使すべきだという立場を主張される（山本他・債権法改正の課題と方向（別冊NBL 51号）112頁［能見］）。

第 2 章　第 1 節　民法（債権法）改正委員会の立法提案

ける統一法（プロジェクト）から示唆を得て，債務者の責任の成否を判断する際に決定的なのは，債権者の有する請求権が侵害されているかどうかではなく，債務者が自ら設定した契約規範に違反しているかどうかだということから，履行請求権は必ずしも当然に認められるべき性格のものではなく，むしろ債務者が契約に違反していることから，給付の本来的実現という形で債権者が満足を得ることを認めるべきかが問題になるという考え方が説かれ始めている。この立場ではいかなる要件のもとで債権者が債務者に対して履行請求ができるかを問題とすべきことになる[55]。

　起草委員会もこのような立場に立ち，債権者が債務者に履行を請求できることは，これまで債権の効力という文脈の中で請求力，訴求力，執行力あるいは掴取力という用語の中で語られてきたが，委員会では，当初履行請求権を救済方法として位置づけることが大枠として決まっていた。救済方法としての履行請求権とは，債務不履行に際して債権内容の実現に向けて国家に対して助力を求めることができる権能である。しかし，履行請求権を救済方法として捉えることを徹底させると，履行請求権は従来のように債権の効力から当然に導かれるものではなくて，いかなる要件のもとに導かれるかというように極めて法政策的な問題に逢着する。いずれにせよ，従来のように債権という実体的な存在から演繹的にいろいろな効力が導かれるという思考方法がとれなくなるおそれがある。このことはまた，ひいては民法の規定が救済のカタログ以上の意味を持たなくなり，債権概念の解体をもたらす（債権法という法体系の終焉をもたらす）ことにも結びつきうる[56]。委員会のこの考え方は，これまでのような，契約が締結されれば当然に請求権あるいは請求力が潜在的に認められるから，契約内容が実現されないときは，債務の不履行だなどと主張しなくても，契約に基づいて履行請求をすることができるというものではなく，債務の不履行があって始めて履行請求できるという捉え方である[57]。この立場は，総てのレメディを債務不履行に対する法定の効果として統一的に理解するというもので（法定効果一元論），契約の拘束力から導かれるのは給付保持力だけであり，それ以外の効果は，法が独自の考慮に基いて定めることになる。したがってこの

---

(55)　内田貴・契約の時代（2000）170頁以下，潮見佳男・契約責任の体系（2000）1頁。
(56)　角・前掲ジュリ1308号150〜153頁。
(57)　潮見・前掲ジュリ1308号154〜155頁。

331

立場では，債務者の行動の自由を可能な限り重視することにより，英米法と同じように金銭による損害賠償では意味がない場合に限って履行請求権を認めることも考えられる[58]。

これに対して伝統的な民法学の立場からは，次のように反論が加えられている。債権と切り離された救済手段として履行請求権を位置づける発想は，債権，債務概念の放棄に連なる問題を含み，多くの混乱が生ずる危険性があり，そこまでの危険を冒してまでこのような理論に基く立法をする必要性，有用性があるのか疑問である。また第一次的救済手段としての（強制的）履行請求権認容の有用性は，今日の商品交換取引社会においてもなお失われていない。このことは不代替物の特定物売買だけでなく，なす債務や代替物の種類売買，更には特定物売買においてもそうである[59]。本来的履行請求権の法的根拠は合意そのものとみればよく，その内容実現につき当事者間で更に保証の合意があったと構成する必要はない。債務者の帰責事由を要件とすべきでもない。自力救済を禁止し，その代わりに国家が公権力に基づき当事者の合意内容の実現を債務者の人格尊重に対する一定の政策的配慮に基く制限を加えつつ保証するシステムとしてこの法的救済手段が制度的に用意されているのだから，これを当事者間の保証（合意）に結び付けて説明する必要はない[60]。

日本を含めた大陸法系に属する国で一般に認められてきた，債権者が債務者に対して有する給付請求権は，もともと債権者と債務者の間で締結された契約の拘束力に基づいて，すなわち，約定の効力として認められるものであり，当事者間で締結された合意に基づいて債務者が債権者に対して合意された内容の給付義務を負う。現行民法では414条がその強制履行が可能なことを定めている。損害賠償義務は債権者に与えられた一つのオプションであり，損害賠償義務が可能だからといって強制履行の方法を断念する理由はない。しかるに改正委員会によって当初考えられていた案は，債務者の行動の自由を尊重するという観点から，損害賠償では意味がない場合にのみ一定の要件のもとで強制履行を認めるという立場ともいえるものである。このような立場は，不必要に債権者の利益を損なうということが可能である。そもそも当事者間の合意によって

---

(58) 山本敬三「契約の拘束力と契約責任論の展開」ジュリ1318号97頁。
(59) 下森・前掲論文成蹊法学64号68頁。
(60) 下森・前掲論文成蹊法学64号70～71頁。

第2章　第1節　民法（債権法）改正委員会の立法提案

債務者が一定の給付義務を負っているのに，それには強制力，実行力を認めないで，裁判所が個別的に認める例外的な場合にのみ強制履行を許容するというのは合理性を欠くこと甚だしいといえるのではあるまいか。特定履行を一般に認めない立場は，債務者が債権者に給付を約束した商品を，一般的に履行しないで（目的物の値段が上がった場合など）適法に他に転売することを認める立場である。債務者に行動の自由を認めるとはこのことを指すのであろうか。このような場合目的物が代替物であるときは，買主は他から（高い値段で）調達して，差額を填補賠償として債務者に請求することになろうから，その要件として債務者の帰責事由が要求されるかどうかを除いて，日本のこれまでの解決とイギリス法との間に違いはない。不代替物が目的物となっている場合は（例えば不動産の売買など），債務者は解除しないで履行期後何年経ってもその物の給付を請求する場合も多い（債務者が二重譲渡すれば損害賠償する以外にない）。イギリスでは裁判所が特に特定履行（specific performance）を認めた場合でなければ目的物の給付を請求することはできない。このようにみてくると，特定履行をなしうるかどうかを債権者の意思（選択）に委ねる日本の立場と裁判官の裁量に委ねるイギリスの立場は，債権者の自由（便宜）を尊重するという点で日本の立場の方が優れているといえないであろうか。もちろんその前提にはいったん給付を約束した債務者はその給付をなすのが当然だという判断が横たわっている。債務者が契約で約束した給付を裁判上一般的に強制することができないというのは，明らかにイギリスコモンローの歴史的な所産であり，決して一般化すべきでないと考えられる。

　内田教授は，代替物を目的とする場合は債権者が損害賠償義務の観点から代わりの物を自ら調達してそれに要した費用の賠償を請求させればよく，このような観点からは特定履行ではなく，損害賠償を債権の効果の原則とすべきだと主張される[61]。このような主張は正しい面を含んでいる。代替物を目的とする取引では債務者が履行しない場合，債権者は特にその目的物を追求することに利益がある場合を除いて通常他から同種の物を填補購入して当初の債務者に対しては契約を解除して，填補賠償の請求をする（日民541条, 545条3項）。そうしなければ債権者の受ける損害が拡大するからである。債権者が当初の目的物に固執する（特定強制の方法を選ぶ）のは，不代替物を目的とするとか，目

---

(61)　内田・契約の時代170頁以下。

第II部　日本の債権法改正の論点

的物の価格が高騰したような場合であろう。実務でも手続費用のせいもあるが，特定履行の方法を選ぶ場合は限られたものであろう。しかしだからといって英米法のように債権につき一般に給付請求権を観念せず，裁判官が特別に認めた場合にだけ目的物の引渡の強制を認めるのは行き過ぎだと考える。債権者は（強制執行が性質上認められない場合など）例外が多いとはいえ，一般的に特定強制も，また損害賠償請求も可能だとする（ドイツ，日本民法の立場の）方が債権強効に適するのではなかろうか。このような観点から筆者は現行法の立場を支持したい[62]。

　因みに PECL は，金銭債権についてもまた非金銭債権についても，原則としての履行請求権ならびに強制執行を求める権利を定め，前者については①合理的な代替取引が可能な場合および②債権者の反対給付が不合理な場合が（9：101条），後者については，①履行が違法または不可能な場合，②履行が債務者にとって不合理な努力または費用をもたらす場合，③履行が一身専属的または人的関係に依存する場合，④代替取引が合理的にみて不可能な場合が例外とされている（9：102条）[63]。この立場には英米法的な考え方も入っているが，立法論的にはこのような規定の仕方が参考になると思われる。然るに，2009年1月の全体会議では民法（債権法）改正委員会は，当初の立場を改め，債権の基本権能として債権者は，債務者に対し債務の履行を求めることができるという規定を設けることを提案した［3.1.1.53］。これは，現在多くの学説が認め

---

(62) 内田教授によれば，市場の存在する代替物については現実的履行の強制は，代替取引による損害軽減が期待できない場合，すなわち判決時（口頭弁論終結時）の評価で履行利益の賠償が全額認められる場合に限って肯定される。目的物の価格が下落している場合は代替取引をすれば損害も生じないから，強制履行は否定され，また中間最高価格による賠償請求の問題も独自の意義を失う（内田・契約の時代 194〜195頁）。しかし，そもそも代替物かどうかの判断が困難な場合も多いし（特に不動産売買），目的物の価格が不履行後値上がりするかどうかの問題も，当事者にとってははっきりわからない場合が多いから，このような（強制履行の認められる場合を限局する）定式を明文化すると当事者にとっては対応に苦慮する場合が多くなるのではないかと考えられる。むしろ一般的に債権の効力としての強制履行を許容したうえで，個別的にその許容されない場合を債務者に抗弁として主張させる方が得策ではあるまいか。

(63) ランドー／ビール編（潮見・中田・松岡監訳）・ヨーロッパ契約法原則 I, II（2006）405頁以下。フランス民法典は作為，不作為債務については強制履行を認めないが（フ民1142条），フランスの判例は間接強制（アストラント）の方法を認め，債務法改正草案では，現実履行の原則が明示されている（1152条，1154条など）。

第2章　第1節　民法（債権法）改正委員会の立法提案

ている，債権には履行請求力が内在することを定めたものであり，債務者が任意に履行をしない場合に，債権者が訴訟を通じて債権の実現を求めることができること，および敗訴した債務者が履行をしないときに債権者が国家の助力を得て債権の実現を受けることができることも認められる[64]。また改正委員会全体会議第1読会（2008年12月21日）によれば，前記のように履行が不可能な場合その他履行をすることが契約に照らして債務者に合理的に期待できない場合，債権者は債務者に対して履行を請求することができない［3.1.1.56］。
　これに対して加藤グループ試案では，履行の強制は，債権法のみならず，物権的請求権，親族，相続法上の権利等一般につき国家機関による強制的実現が必要なため，民法総則（第5章）に規定される[65]。試案109条2項は，義務者が任意にその義務を履行しないときは，権利の性質がこれを許さない場合を除いてその履行の直接強制を裁判所に請求することができると規定する（同条1項は間接強制，3項，4項は代替執行を定める）。この見解は，英米法のように特定履行（specific performance）を裁判所の裁量により例外的な場合にのみ認めるという立場と対蹠的な立場である。この立場は民法総則の役割を十分に考慮した極めて挑戦的な提言であり，物権，債権の峻別構成のもとでそれをどのように再構成することになるのかが問題とされることになろう。
　㈠　損害賠償
　(a)　免責事由
　まず損害賠償の免責事由が問題になる。わが国の伝統的見解は，債務者の行動の自由を保障するという観点から，債務不履行に基づく損害賠償が過失を要件とするとしている。
　もっともこの点必ずしも単純でなく，履行不能については民法415条後段は明示的に債務者の帰責事由を要件とするのに対して，履行不能以外の債務不履行については，起草時は債務者の帰責事由を要件とするかどうかはっきりとしていなかったが[66]，起草後の判例，学説は，金銭債務を除いて（日民419条2

---

(64)　民法（債権法）改正検討委員会全体会議第一読会（2009年1月24日），民法（債権法）改正検討委員会編・債権法改正の基本方針130頁。
(65)　加藤雅信「日本民法改正試案の基本枠組」ジュリ1362号（2008）5頁，同「日本民法典財産法改正試案」判タ1281号（2009）25〜26頁（民法改正研究会・民法改正と世界の民法典7〜8頁所収）。この立場は古くは，石坂音四郎・日本民法第3編債権(1)(1911) 76頁が主張していた。

335

第II部 日本の債権法改正の論点

項），ドイツ民法の過失主義の影響のもとに履行不能と同様帰責事由を要件とすることを明らかにした[67]。ただし，今日の実務では債務者の過失ないし帰責事由の要件は，特に債務者が事業者であるとか，専門家である場合にはかなり緩和される場合が多い。しかし，英米法ではこのような過失主義は採用されておらず，伝統的に契約責任は無過失責任（約束に対する責任）とされている。わが国でも学説上はこのような考え方に与するものが近時は少なくない。例えば，長尾教授は，債務者の責任は約束に対する期待が裏切られたことに対する債権者のための救済の制度だから，債務不履行が帰責事由を必要とする必然性はないとされ[68]，民法（債権法）改正委員会もこの立場に立っている。起草委員（潮見教授）によれば，当事者は有効に成立した契約に拘束されるから，行動の自由の保障よりも，むしろ契約内容から出発し，契約は守らなければならないとの原理，思想のもとで，契約によるリスクの引き受けという観点から，損害賠償責任の問題を捉えるべきであり，①どのような場合に債務の不履行があったと評価されるのかを契約内容から確定したうえで，②契約での想定を超えたところに存在するリスクが原因となって債務不履行が生じた場合，すなわち，不可抗力または偶発的な事故の場合，および債務不履行の原因が債権者の側にある場合にのみ，債務者が損害賠償義務から免責されると捉えるのが適切である（過失責任の原則を採らない）。そして契約内容と義務違反の確定にあたり，どのような因子が決定的な基準となるのかに関する規定を債権法の総則部分と各種の契約類型の冒頭の二箇所に設けるとともに，債務には結果の実現の保証がされている場合（いわゆる結果債務）と債務者の合理的な努力が債務内容となっている場合（いわゆる手段債務）があることも規定する[69]。上記のような契約によるリスクの引き受けという観点から損害賠償責任の内容と免責事由とを考える立場からは，履行補助者の問題は，①履行補助者の行為が契約の内容，債務の内容にどのように組み込まれるのか，また，補助者を選任したり，補助者に委託したりすることが契約の内容，債務の内容にどのように組み込ま

---

(66) 広中・星野編・民法典の百年III（1998）9〜10頁［中田裕康］など。
(67) 大判大正10・11・22民録27輯1978頁（履行遅滞），我妻栄・新訂債権総論（1964）105頁以下，広中・星野編・民法典の百年III 33〜34頁［中田裕康］など。
(68) 長尾治助・債務不履行の帰責事由（1975）216頁以下。
(69) 潮見・前掲ジュリ1308号136〜137頁，同・債権総論I［第2版］（2003）283〜306頁。

第2章 第1節 民法（債権法）改正委員会の立法提案

れるかという契約内容の確定問題に収斂されるとともに，他方で，②結果債務の場合には，補助者の行為が不可抗力等の免責事由にあたるかという免責事由の内容確定の問題に収斂されることになり，履行補助者に関する特別ルールを設ける必要はなくなる[70]。

しかし，債務不履行責任について過失責任主義を採らないという点については，現在採用されている過失責任主義と不可抗力免責の立場がどのような違いを生ずるか明らかにすべきだ，特に，医療過誤や運送契約上の義務違反の場合に，不法行為でいくと過失責任なのに，債務不履行でいくと無過失責任になるのはどのように説明されるのか，また無過失責任とすると帰責の根拠はどこに求められるのかと批判されている[71]。これに対しては，現在の債務不履行に基づく損害賠償の実務は，過失責任の原則のもとでは動いていない，債務不履行に基づく損害賠償の帰責の根拠は，当事者の合意の内容は何であったのか，当事者が契約において相手方に約束し，また相手方が期待できたのは何であったのかという観点から再構成される，あるいは，過失の内容を成す注意義務が，契約内容は何であったかという問題と関連付けられて捉えられ，契約規範（契約上の義務）として位置づけられると反論される[72]。この立場では，債務者が契約において約束したことを（不可抗力によらず）履行しないことも帰責事由の中に含まれる[73]，あるいは帰責事由は本旨不履行の有無に吸収されており，独自の要件としての意味を有さない[74]。しかしこれに対しては，このような立場では債務者は契約上定められた給付の実現を約束するが，不可抗力により給付が実現できない場合は実現する義務は負わない（債務不履行はない）という妙な結果を認めることになるから，債務の（本旨に適った）履行がないというただそれだけの意味での債務不履行と損害賠償責任を負わせるための要件としての行為義務違反とを区別すべきことが説かれる[75]。

債務者が債務不履行に陥った場合の損害賠償責任はその過失を要件としないというテーゼの基底をなしているものは，（債務者の）自己決定による自己責

---

(70) 潮見・前掲ジュリ1308号138頁。
(71) 鎌田・前掲ジュリ1308号139頁。
(72) 潮見・前掲ジュリ1308号139頁。
(73) 森田宏樹・契約責任の帰責構造（2002）55頁，吉田邦彦「債権の各種——帰責事由論の再検討」星野編集代表・民法講座別巻(2)（1990）48頁以下。
(74) 大村敦志・基本民法Ⅲ［第2版］（2005）109頁。

任という考え方である。しかしこのような考え方は，契約当事者となる個々の人間を抽象的にしか捉えていないという致命的な欠点を伴なうものである。契約締結時には履行できると考えていたとしても，それが様々な事情から不可能であることが履行期までに明らかになったような場合，この立場では債務者は損害賠償責任を免れないが，伝統的な過失責任主義の立場では，債務者の責任軽減のためのワンクッションが置かれ，債務者は悲惨な結果を免れる余地が開かれる。債務者が庶民，労働者である場合を考えるとこのような配慮は極めて合理的だといえるのではないか。更に事業者対消費者あるいは大企業対中小企業のような契約関係を考えると，契約内容はしばしば経済的社会的強者に有利に定められ，債務者に苛酷な義務が課される場合が多い。このような場合に，無過失責任の立場をとると経済的社会的弱者たる債務者は，ほとんど常に財産を貪り取られてしまい，生活の糧すら失う。過失責任の立場をとる場合には，経済的社会的弱者たる債務者の窮状はかなりの程度救えるのではないかと筆者は考える[76]。加藤グループ試案でも，現行民法と同様の過失責任主義（立証責任は債務者が負う）が採られている（試案342条2項）[77]。

　新しい立場の論者によって，履行請求に帰責事由が不要とされるのに対して，損害賠償請求に帰責事由が必要とされる理由が明らかでないと説かれることがある[78]。しかし，債務者が債務の履行をなしえなかったことにより債権者が被った損害の賠償を求めるという問題は，債権者が債務者に対して合意された履行を求めるという問題と決して同じレベルの問題であるのではなく，本来の給付請求を超えたところにある問題とみるのが正しいと考える。なぜならば，

(75) 平野裕之「契約上の債務の不履行と帰責事由」椿寿夫教授古稀記念 現代取引法の基礎的課題（1999）528～530頁。ただし，平野教授は，債務内容が特定していないなす債務の履行不完全の場合は，債務不履行自体の判断と行為義務の判断とが一元化することを留保される。
(76) 債務者が契約において約束したことを履行しないことも帰責事由に含まれるとする立場に至っては，無過失責任なのに帰責事由ありとするもので，誤導的であるとすらいえる。また筆者は，従来から説かれていた損害担保約束（日民420条，ド民旧276条1項，新276条1項）を帰責事由に含めることにも反対である。もっともこれについては異論もありうる（渡辺達徳・前掲論文判タ1116号29頁注39参照）。
(77) ただし，一部の債権につき帰責事由が問題にならず，このような場合は帰責事由不存在の抗弁が提出されないことを留保される（加藤・前掲論文ジュリ1362号19頁（民法改正研究会・民法改正と世界の民法典30頁所収））。
(78) 山本他・債権法改正の課題と方向（別冊NBL51号）113～114頁［能見善久］。

第2章 第1節 民法（債権法）改正委員会の立法提案

債権者が債務不履行を行った債務者に対して求める損害賠償請求権は本来の給付請求権と決して等価であるのではなく，しばしば後者をはるかに上回り，（特に債権者の言うがままにする場合は）債務者にとって巨額な負担となることが多いからである。帰責事由を要件に加えて債務者の保護ないし当事者間の調整を図る方が立法論としては優れていると考える。

　上記のように立法者（潮見教授）は，結果の実現が保証されているいわゆる結果債務と債務者の合理的な努力が債務内容となっているいわゆる手段債務を明文で規定することもまた提案する。このような立場は，主にフランス法学派に属する学者を中心にしてこれまでかなり広く日本でも主張されてきた[79]。これらの見解によれば，結果債務は不可抗力によらない結果の不実現があれば，債務者は責任を負うが，手段債務では債務者の具体的な行為態様の評価が問題になり，その結果過失主義があてはまる[80]。もっとも手段債務については，債務の本旨に従った履行がないというためには，債権者側で望ましい結果の不達成のみならず，債務者が最善を尽くして行為しなかったことまで証明しなければならないとする説もある[81]。

　フランスの学説に由来する結果債務，手段債務の区別は，ドイツや日本などでも議論されるようになったが，理念型としてはともかく，契約法中に一般的規定として定めることには問題が多い。なぜならば，①契約により債務者が一定の結果の発生を実現することが合意されている場合と債務者が（例えば，病気の治癒のために）一定の義務の履行を約束している場合を通じて，債務者がなすべき義務を履行したかどうか，それが履行できなかった場合に債務者にそれにつき過失があるかどうかは，共通の問題となる事柄であり，（手段債務の

---

(79) 伊藤浩「手段債務と結果債務」立教大学大学院法学研究2号（1981）44頁以下，織田博子「フランスにおける手段債務，結果債務理論の意義と機能について」早大大学院法研論集20号（1979）69頁以下，川島武宜・平井宜雄・契約責任（経営法学全集18）（1968）276〜277頁，吉田邦彦・前掲論文・星野編集代表民法講座別巻2，49頁。

(80) 森田宏樹・契約責任の帰責構造54頁以下（森田教授は，売買を含めた広い範囲の契約を結果債務に分類されるため，これらの契約では一般的に債務者が無過失責任を負うことになる），国井・倉田監修・要件事実の証明責任 債権総論（1986）107〜108頁［国井和郎］，船越隆司「民事責任の実体的構造と客観的義務違反の証明問題」判評304号（1984）6頁，山本他編・債権法改正の課題と方向（別冊NBL 51号）119頁以下［能見］（作為，不作為義務が手段債務とほぼ同旨という立場をとる）。

(81) 中野貞一郎「診療債務の不完全履行と証明責任」有泉他編・現代損害賠償法講座4（1976）91頁以下（同・過失の推認（1978）67頁所収）。

339

第II部　日本の債権法改正の論点

場合は、実際上債務者の負担している義務の内容（外延）の確定が問題となる場合が多いとしても）両者で全く異なった扱いをすべきだとはいえないと考えられるし、②典型的な場合はともかく、結果債務にも、また手段債務にも分類しえない数多くの中間的な契約類型が存在するのみならず（フランスでも両者の境界については意見が一致していない）[82]、一つの契約、例えば、売買を例にとっても、結果の実現的要素のほか、手段的要素（売主が標準的な使用上の注意や利用方法の教示をなすなど）も観念しえないではなく、一つの契約をとっても手段債務、結果債務のいずれかに分類することに無理がある場合が多いからである[83]。織田教授も、手段債務、結果債務という概念は、債務内容の分析道具概念として一定の有用性をもっているが、民法に明文の規定を置く必要はないと主張される[84]。

2008年12月の全体会議では、民法（債権法）改正委員会は、英米法的な立場からややトーンを下げて、債務者が同時履行の抗弁権［3.1.1.54］や不安の抗弁権［3.1.1.55］を有している場合に加えて、契約において債務者が引き受けていなかった事由により債務不履行が生じた場合を損害賠償の免責事由とする立場を明らかにしている［3.1.1.63］。起草者によれば、債務を履行しない債務者は債権者に対して損害を賠償すべきであるが、不履行原因が契約において想定されず、かつ想定されるべきものでもなかったときは、それから生じるリスクは当該契約により債務者に分配されていないため、このような損害を債務者に負担させることは契約の拘束力をもってしても正当化できないとされている。帰責事由という表現を避けたのは、帰責原理面で過失責任の原則をとらないことを示すためである。しかし、債務者に結果責任の意味での無過失賠償責任を採用するという提案をしているのではなく、契約上の債権において債務者が債務不履行責任から免責されるかどうかが契約に基づくリスク分配が基準になることを明らかにしようとしている[85]。しかし、このような意味の

---

(82)　手段債務、結果債務の区別を採り入れた1994年ユニドロワ契約原則（PICC）5.5条も相対的な基準を置くにすぎない。

(83)　同旨：加藤他編・現代民法学と実務(下)（2008）26頁以下［加藤雅信］、北川善太郎・注釈民法10巻（1987）399頁。

(84)　織田博子「手段債務と結果債務という概念を規定する必要があるか」椿他編・民法改正を考える185～187頁。

(85)　民法（債権法）改正検討委員会全体会議第一読会（2008年12月21日），民法（債権法）改正検討委員会編・債権法改正の基本方針137頁。

第2章 第1節 民法(債権法)改正委員会の立法提案

免責事由であれば，前記のような帰責事由とほとんど変わらない。これまでも帰責事由は純然たる過失責任と解されてきたのではなく，履行補助者の過失[86]や専門家，事業者の責任など（実際上）ほとんど結果責任に近いものも含まれる。提案されている免責事由が問題なのは，契約において債務者が（そのリスクを）引き受けていなかった事由というようにどのような意味にでもとれる（曖昧な）（実体のない）（捉えどころのない）尺度を用いるところにある。これでは約款ないし契約書作成のうえで主導権を握れる社会的経済的強者ないし事業者にとって有利な結果とならないか，またどのような根拠でリスクを両当事者に配分することになるのであろうかということである。起草委員の発想には，契約ないし債務によって債務または義務を負担した者は，その履行をしない限り（損害）担保の責めを負って当然だという考え方が基礎にあるように思われる。そのため帰責事由という要件を厳しく拒絶する。給付または義務の履行がなされていない限り，それについて責任を負うのは当然だというのである。債権者にリスクを負担させるべき場合とは，恐らくは不可抗力による場合とか，フラストレーションとされるような場合，あるいはリスクを債権者が負担する特約，慣行などがある場合であろう。しかし後者は，現行法でも認められるところで問題とはならないし，前者は，債務者に帰責事由がない場合と同断であり，リスク配分と言い換えることはむしろ誤導的な副作用をもたらすおそれが大きいと考えられる。

2009年4月29日開催の「債権法改正の基本方針」に関するシンポジウムでも，潮見教授は，契約違反に基づく損害賠償請求権の要件としての債務者が引き受けた事由とは何か，ないし従来の損害賠償の要件である過失または帰責事由が使い勝手のよいものだという質問ないし意見に対して，改正試案では損害賠償を不履行を生じさせた原因から生じるリスクを債務者が契約に照らして引き受けているかどうかに依存させる立場が採られていると述べられる[87]。しかし，既述のようにこのような基準は曖昧で，基準として不十分ではないかと

---

(86) 2009年1月の全体会議では，履行補助者につき，債務者が原則として債務の履行のために第三者を使用することができ，この場合第三者が債務の履行のためにした行為は，債務者自身の行為と同視されるという規定を置くことが提案されている［Ⅰ-4-3］。

(87) 児島幸良「シンポジウムレポート：債権法改正の基本方針」NBL 906号（2009）34頁［潮見］。

341

第II部　日本の債権法改正の論点

いう指摘があてはまりうるだけでなく，改正委員会が過失主義の立場に立たないことは確かであるとしても，現在までの日独の判例，学説が積み上げてきた債務者の過失またはそれに準ずる事由（帰責事由）という損害賠償の要件と実際上ほとんど異ならなくなるのではないかという疑問もまた生じうる。事業者にはその事業者としての，また労働者その他の経済的弱者にはその能力，資力に応じたリスク負担ということになれば結局帰責事由（領域的思考も含めうる）と大同小異となると考えられるからである[88]。

結果債務，手段債務の区別を導入するとともに，履行補助者論がこの問題に解消されて独立に制度化する必要がなくなるという当初の改正委員会の方針もまた，改正試案ではかなり後退し，結果債務，手段債務に関する定義規定だけでなく，この区別を前提とする一般規定も置かないこととされ，サービス契約の分野でこの区別を活かすにとどめるという立場がとられた[89]。履行補助者論についても，当事者が契約締結に際して用いた補助者の行為により交渉が不当に破棄された場合の相手方の損害賠償請求権に関する規定が設けられるほか［3.1.1.09］，債務者が契約または法律に別段の定めのない限り，債務を履行するために第三者を使用することができ，この場合に第三者のした行為を債務者自身の行為と同視するというこれまでの判例，通説と同じ立場に立った規定が設けられることとされた［3.1.1.60］。

(b) 債務不履行の類型と損害賠償

2008年12月の改正試案によれば，遅延賠償の請求権は，①確定期限のあるときは確定期限到来時，②不確定期限のあるときは，期限が到来したことを債務者が知り，または債権者が債務者に期限到来の事実を通知したとき，③期限の定めがないときは債務者が履行の請求を受けたときに発生する［3.1.1.64］。

---

(88) これに対して近時石崎教授は，これまでの日本の判例が帰責事由を予見可能性，結果回避義務といった過失の要素だけでなく，免責のための他の要素をその枠を超えるともいえるほど包摂してきたことから，もはや帰責事由を要件として維持すべきではなく，改正委員会提案のような免責の判断要素を要件とすることを明示すべきだとされる（石崎泰雄「債権法改正における債務不履行法体系の基本構造」（首都大学東京）法学会雑誌49巻2号（2009）112〜114頁）。しかし，このような日本の裁判例の見方は，潮見教授と同様に事業者，専門家（特に医師）の責任の領域だけしかみない皮相的なものであり，帰責事由（過失）という賠償義務の要件が賠償義務が場合により過大になるのを防ぐ安全弁の役割を果たしてきたことを看過すべきではないと考える。

(89) 民法（債権法）改正検討委員会編・債権法改正の基本方針125頁参照。

第2章　第1節　民法（債権法）改正委員会の立法提案

履行に代わる損害賠償請求権（填補賠償請求権）は，①履行が不可能であるか，履行をすることが契約に照らして債務者に合理的に期待できないとき，②履行期の到来の前後を問わず，債務者が債務の履行を確定的に拒絶する意思を表明したとき，③債務者が債務の履行をしない場合において，債権者が相当の期間を定めて債務者に対し履行を催告し，その期間内に履行がなされなかったとき，④債務を発生させた契約が解除されたときに発生する［3.1.1.65］。履行遅滞後履行が不能となったときも填補賠償の請求ができるが，履行が遅滞なく行われたとしても同一の結果が生じていた場合はこの限りではない［3.1.1.66］。3.1.1.64 は，現行法（日民 412 条）と同様である。3.1.1.65 は，従来の判例を整理したものである。

改正試案は，受領遅滞，受領拒絶についても規定を置き，債権者の受領遅滞，受領拒絶の場合，債務者が口頭の提供をしていれば，債権者には増加費用の負担，その後履行不能になった場合の解除権の喪失という効果が，債務者には保管義務の軽減，履行の停止権，反対給付請求権の存続という効果が帰属する［3.1.1.87］。債権者が受領義務その他の誠実義務に違反したときは，債務者は債権者に対して債務不履行に基く損害賠償請求権，契約解除権を有する［3.1.1.88］。債権者が履行の受領を合意していた時は，債務者は債権者に対して受領を強制しうる［3.1.1.89］。3.1.1.87 の各ルールは，伝統的な危険負担ルールを採用せず解除構成をとったこと，および過失責任主義をとらないことによって現行のルールが修正されたものである。しかし，保管義務が軽減されるが，過失責任主義は援用しないというのは言語矛盾ではあるまいか。提案では軽減された保管義務とはどのようなものなのかはっきりしない。3.1.1.88 は，ドイツ法主義を反映するものでもあり，比較法的にも珍しいものではないが，従来のわが国の実務とは異なる立場である。

(c) 損害賠償の範囲

最後に，損害賠償の範囲に関するルールが問題になる。現在までのわが国の通説は，民法 416 条 1 項が相当因果関係の基本ルールを定め，2 項が相当性判断に組み込まれる特別事情の範囲を定めているとしているが，同条と相当因果関係論の結合については批判が強い。委員会としては，不履行の結果として発生した損害について，両当事者が契約の中でどのようにリスク分配していたのかという観点から，債務者は，契約において自らが引き受けた損害のみを賠償すべきであるとの立場に立つとしている（相当因果関係説をとらない）（契約利

343

第II部　日本の債権法改正の論点

益説ないし予見可能性ルール）。このような立場では，①契約時に両当事者が予見可能であった（引き受けた）損害が賠償されるべきであり，さらに，②契約締結後であっても，債務者がその発生を予見できた損害については，債務者としては損害を回避するように行動すべきであったという観点から，この種の損害もまた賠償されるべきである［3.1.1.67］[90]。損害賠償の範囲については，原状回復的な損害賠償もまた問題とされるべきである。原状回復的損害賠償とは，本旨に適った履行があったとしたら債権者が置かれたであろう状況を実現するという損失の填補ではなく，本旨に適った履行がされるものと期待，信頼したことにより債権者が投下した費用その他の不利益を回復するという損失の填補である（2002年のドイツの費用賠償制度参照）[91]。例えば，劇場や体育館の賃貸借契約で，場所の賃貸が賃貸人により拒否されたため，そこで講演会や催し物をする予定であったのにそれができなくなった場合，履行利益の賠償請求もできるが，履行利益の立証が難しい場合は，パンフレットの印刷や配布等に要した費用の回復を求めることができるのではないか。このような原状回復的な費用賠償は，信頼利益の一部と共通するが，そのすべてを射程に収めたものではなく，例えば，機会の喪失による損失は含まれない[92]。

合意原則を中心にする立場からは，履行利益の賠償は，当事者がその契約によって債権者にそれだけの利益を確保させることを合意した，あるいは，そのようなリスクは債権者には負わせないことを合意したというところから認められるが，原状回復的な費用賠償は，債権者の自己決定権の侵害または契約締結への決定に対する侵害があり，それによる費用投下という損害が生じていることから，認められると解される[93]。それに伴なって，債務不履行による損害賠償の範囲を定めるルールは，偶然的な事故を通例とする不法行為に基づく損

---

(90)　潮見・前掲ジュリ1308号137頁，同「損害賠償責任の効果」ジュリ1318号（2006）135頁，民法（債権法）改正検討委員会編・債権法改正の方針140頁。加藤グループ試案の副案（渡辺，鹿野案）でも，過失責任主義をとっているにもかかわらず（試案342条1項），契約締結時に当事者が不履行の結果として生じることを予見し，または合理的に予見できた損害（債務不履行が故意，重過失による場合を除く）（試案343条1項），および契約締結後債務不履行の時点までに債務者が予見し，または合理的に予見できた損害に賠償範囲を制限する（試案343条2項）。

(91)　潮見・前掲ジュリ1308号138頁，同・前掲論文ジュリ1318号136頁。

(92)　潮見・前掲ジュリ1308号140頁。

(93)　山本・潮見・前掲ジュリ1308号142頁。

第2章 第1節 民法（債権法）改正委員会の立法提案

害賠償には類推しない立場がとられる[94]。

しかし，筆者は，このような起草者の損害賠償の範囲に関する考え方の総てを支持することはできない。右試案のうち，ドイツ新債務法で導入された費用賠償の制度を導入するという点（しかしこれはその後の試案では取り下げられている）については，従来わが国で信頼利益の賠償として議論されてきた問題[95]を明確な形で制度化するものであり，支持に値すると考える。その場合はドイツ新債務法制定後のドイツの判例，学説が参考となるであろう。現行民法416条の規定がドイツの相当因果関係の理論と結びつくかどうかの問題はここでは触れない[96]。問題は，起草委員（潮見教授）が，契約利益説（債権者の利益の満足のみを重視する立場）に立って賠償の範囲を契約時に両当事者が（合意の範囲で）引き受けた（両当事者によって予見可能であった）損害に原則的に制限する（拡大する）ことである。このような考え方は，契約責任について無過失責任を採用する立場と相俟って英米契約法の損害賠償論と符節を合わせるものであるが，そこでいわれている当事者が契約上引き受けた，あるいは債務者が債権者に確保させることを合意した利益（損害）の範囲は，債務不履行により債権者が被った損害の範囲に関する定式としては，一面において狭く，他の面においては広すぎる。また現行民法416条の賠償範囲に関する定式よりベターであるともいえない。債務者の債務不履行によって債権者が被る損害は，付随義務違反による損害を含めて，債務者が契約時に債権者に確保させることを合意した利益と一致するとは限らないのであり，しばしば当事者の予想を超えて広がることも少なくないし，また当事者が当初債権者に確保させることを合意した利益も場合によっては賠償の範囲に含めるべきではないことも生じうるのではないかと考えられるからである。更に，（債権者の主導により）契約書に債権者の契約目的や目的物の使用予定を網羅的にあるいは先々の予定も含めて詳細に記載しておくことにより（それにより債務者は特別になにかができると

---

(94) 民法（債権法）改正委員会全体会議第一読会（2008年12月21日）［Ⅰ-11-2］参照。
(95) 日本のこれまでの出費賠償に関する判例については，藤田寿夫「民法416条と無駄になった出費の賠償」新井他編・ドイツ法の継受と現代日本法　リース教授退官記念論文集（2009）283頁以下参照。
(96) 平井宜雄・損害賠償法の理論（1971）およびそれをめぐる幾多のわが国の論稿を参照。

第II部　日本の債権法改正の論点

いうわけではないにもかかわらず）賠償範囲が膨らむということはないのであろうか。取引（行為）の類型に着眼して，通常生ずべき損害は無条件で賠償させ，特別の事情によって生じた損害は債務者のそれについての予見可能性を要件とする，取引の目的や目的物の種類，当事者の地位，職業などは考慮すべき諸事情としての地位に後退するという現在の民法416条の基準を変える必要はないと考える。債務者がどのような損害の賠償を引き受けたか，当事者が債権者にどれだけの利益を保持させることを合意したかといった定式は，一般的には擬制的な色彩が強く，予想外の損害が生じた場合に対処することができないし，（特に組織力を有する債権者が当事者となる場合は）契約書の記載内容を工夫することにより債務者に苛酷な負担を強いるおそれが大きい。

　新提案はまた，金銭賠償を原則とし，損害を金銭に評価するに当たっては，債務の内容である給付の価値のほか，債務不履行により債権者が受けた積極的損失，債権者から奪われることになった将来の利益および債権者が受けた非財産的損失を考慮して，債務の履行があれば債権者が得たであろう利益の額を確定するという法文が含まれる［3.1.1.68］。物の価格が賠償されるべき場合は，3.1.1.65（1項）の各号に掲げた事由が生じた時点が基準時となるが［3.1.1.69］，債務不履行後に物の価格が上昇したときは，騰貴価格がなお維持され，かつ債務者が当該価格騰貴を予見すべき立場にあったのであれば，当該騰貴価格によって賠償されるべき物の価格を算定することができる。ただし，債権者が代替取引をすべきであったときには賠償額が減額される［3.1.1.70］。債権者が債務不履行後合理的な時期に代替取引をした時は，その額が合理的である限り，この額を物の価格とする［3.1.1.71（1項，2項）］。金銭債務の不履行による損害賠償は，法定利率または法定利率を超える約定利率によるが，それ以上の損害が生じた場合はその賠償を求めることも妨げないし，不可抗力の場合でも免責されないという規定は，一般の債務不履行の場合と平仄を合わせる趣旨で削除される［3.1.1.72］。債権者には損害の発生，拡大防止義務が課され，損害の発生，拡大の防止に要した費用の賠償請求権も認められる［3.1.1.73］。損益相殺［3.1.1.74］，賠償者代位に関する規定［3.1.1.76］も設けられる。損害賠償額の予定に関する規定も整備される［3.1.1.75］。現行法と異なり，裁判所は不相当に過大な賠償額を減額することが認められる[97]。

　上記の諸提案のうち，3.1.1.68～70, 3.1.1.72は，概ねこれまでのわが国の判例，学説が認めてきたところであり，異論はあまりないであろうと考えら

第2章　第1節　民法（債権法）改正委員会の立法提案

れる。3.1.1.71 は，（英米法の影響を受けて）これまで内田教授により強調されていたルールであるが，わが国の実務でも過失相殺法理として論じられてきた議論の蓄積があり，受け入れられやすい規定といえよう。これに対して 3.1.1.72 は問題が多い。これまでも金銭債務については債務者の不可抗力を抗弁となしえないと規定され（日民 419 条 3 項），他の一般的な時効と区別されていたが，新提案では債務一般について過失主義が適用されないため，（不可抗力による履行不能の場合を含めて）契約を締結した債務者は，金銭債務を負担する場合であるかどうかを問わず，債権者の受けた損害を契約のリスク負担と矛盾しない範囲で賠償する責任を免れない。しかも金銭債務の場合，法定または約定の利率の範囲に限られない。このことからみえてくることは，債務者が一旦契約によって義務を負うと（不可抗力で義務が履行できない場合を含めて）債権者がそれによって受けた損害は，契約上のリスク負担の埒外にあるか，債権者の損害回避義務違反の場合かでない限り，その全財産をもって賠償する義務を免れられないという法制が導入されようとしていることである。金銭債務の場合に不可抗力免責は認められないが，賠償の範囲は特別の場合を除いて一定の利率によるという現在の法制はそれに伴って捨て去られる。賠償額の予定条項にしても，現行法上は債務者の過失が立証されない場合でも賠償を認めるという特約も許されるが（日民 420 条），実際に生じた損害が約束された額を上回る場合でもその賠償が認められると解する論拠とはならない。提案ではこのような賠償額についての制約はなくなるが，裁判所が約定損害額が実際の損害額を上回る場合に減額をなしうるとしている。

(ハ) 解除——危険負担を含む

解除は，新債権法では，全体の構成として，解除総則と債務不履行による解除の二つに分け，解除総則は，解除権の発生原因，行使方法，不可分性，解除の効果，解除権の消滅原因などが，現行法を基本としつつ，幾つかの追加をして規定される。債務不履行による解除については大きな改正がなされる。まず，債権者が解放されるのは，契約の存在による事実上の拘束ないし負担からであり，契約上の債務からの解放には限られないという理由から，解除の対象となる契約は，双務契約には限らない。第二に，債務者の帰責事由は解除の要件と

---

(97) 民法（債権法）改正委員会全体会議第一読会（2008 年 12 月 21 日），民法（債権法）改正検討委員会編・債権法改正の基本方針 144 頁。

第II部　日本の債権法改正の論点

はならない。第三に，債務者の利益を図るために，重大な債務不履行が基本的な解除原因とされる。

第一の論点については，日本でも贈与契約のような片務契約について解除が認められるかどうかが議論されており，現行日本民法典では認められていないものの，受贈者の忘恩行為や事情変更による贈与者からの解除，贈与者が正当な理由なく贈与目的物を給付しない場合の受贈者からの解除権（および代償請求権）が考えられえた。民法（債権法）改正委員会の試案では，書面によらない贈与の撤回に関する規定が解除と読みかえられただけでなく［3.2.3.03］，忘恩行為などの背信行為を理由とする贈与者の解除権［3.2.3.05（1項）］およびその行使期間［3.2.3.06］に関する規定が設けられた[98]。なお，贈与が解除された場合，受贈者は，背信行為を理由とする解除の場合は解除原因が生じていたときに受けていた利益の限度で［3.2.3.05（3項）］，他の場合は解除時に利益を受けていた限度で［3.2.3.12］，返還義務を負う。

第二の論点，すなわち，債務者の帰責事由が解除の要件とはならないという点については，ドイツ新債務法やPECLなどの近時の立法例がこれを規定しているだけでなく，近時のわが国の多くの学説もまたこの立場を支持していることは周知の如くであるが[99]，加藤グループ試案では，解除の要件として債務者の帰責事由が外されるのは，契約未履行の場合に限られ，債務者がその債務の相当部分を履行している場合は，債務者は未履行部分の不履行が自己の責めに帰すべき事由によらないことを証明したときに解除権が否定される（試案477条2項）。加藤教授によれば，その論拠は，既履行契約を解除すると既履行給付の返還義務が発生することに求められる[100]。しかし，既履行部分がある

---

(98)　その他民法（債権法）改正委員会試案には，特殊の贈与［3.2.3.13以下］を除いて，①贈与の予約［3.2.3.02］，②種類物贈与の場合の贈与者の指定権［3.2.3.07］，③贈与者の保管義務（自己の財産に対すると同一の注意義務）［3.2.3.08］，④贈与者の債務不履行責任（引き受けていなかった事由により債務不履行が生じた場合の免責）［3.2.3.09］，⑤他人の権利の贈与の場合の特則［3.2.3.10］，⑥目的物に瑕疵があった場合の贈与者の責任［3.2.3.11］に関する規定が置かれている。

(99)　下森・前掲論文成蹊法学64号72頁，山田到史子「契約解除における重大な契約違反と帰責事由」民商110巻3号（1994）486頁以下，松岡久和「履行障害を理由とする解除と危険負担」ジュリ1318号（2006）143頁など。韓国では，解除の要件として債務者に対する帰責事由を残す立場が多数を占めている（梁彰洙「韓国の2004年民法改正案；その後の経過と評価」ジュリ1362号89頁注34）。

第2章 第1節 民法（債権法）改正委員会の立法提案

場合に契約を解除すると原状回復義務が生じるのであり，（未履行部分につき）契約を解除しうるかどうかを未履行部分の不履行が債務者の帰責事由によるか否かにかからせる必要はないと考えられる。契約を解除しうるか否かは，既になされた給付だけで債権者が契約を締結した目的を達しうるかどうかに依存させればよい。

契約解除の要件から債務者の帰責事由という要素を一般的に取り払うという立場に立つと，契約締結後に目的物が債務者の責めに帰すべきでない事由により滅失，損傷すると，債権者に契約解除権が発生するとともに，いわゆる危険負担（日民 534 条以下）の要件をも満たす。この場合①危険負担制度（新法では債務者主義が採られる）を廃止し，解除制度と統合するという方法と②危険負担制度を維持し，債権者に解除との選択を認めるという方法が考えられ，委員会では①説に傾いているとされる。潮見教授は，危険負担制度と債務不履行を理由とする解除制度とは，制度の適用対象である事案の点のみならず，契約からの離脱か契約への拘束かという制度目的の点でも共通性を有するから，より一般的な規定といえる解除制度のみをみとめれば足りる。すなわち危険負担制度を解除制度へと統合するモデルを採用するのが最も適当だと主張される[101]。潮見教授は，双務契約における一方の給付義務が履行不能になった場合に，危険負担の制度が排除されて，契約を解除することが必要とされる論拠は，新債権法では，一方の債務が履行不能で消えたとしても，契約は依然として拘束力をもっており，一方の債務が消えたから反対債務が自動的に消滅するものではないとするところに求められる[102]。しかし，これに対しては，給付が後発的に不能になると債務が当然に消滅する場合もあるのではないかという反論が加えられている[103]。

潮見教授は，自説の論拠として，ドイツの 2000 年の討議草案が，解除制度を再構成するにつき，後発的不能により給付義務が当然に消滅するなどという

---

(100) 加藤・前掲論文ジュリ 1362 号 19 頁（民法改正研究会・民法改正と世界の民法典 31 頁所収）。
(101) 潮見・契約法理の現代化 389〜390 頁。同旨：松岡・前掲論文ジュリ 1318 号 144 頁以下（反対給付債務の自動消滅を機械的に導くよりも，契約の拘束力を維持することに関する当事者の利益を尊重し，契約の維持か解消かという選択を認めるべきである）。加藤グループ試案の副案（渡辺，鹿野案）も同様の立場である。
(102) 潮見・前掲ジュリ 1308 号 148 頁。
(103) 鎌田・前掲ジュリ 1308 号 149 頁。

第II部　日本の債権法改正の論点

特別扱いを認めず，債務者の帰責事由を要件から外した上で，この場合を解除制度に統合した結果，債務者主義が採用される場合も債権者主義が採用される場合も，危険負担の規律としての独自性が奪われ，危険負担は解除制度に内在する問題と位置づけられることとなったことを挙げる[104]。ところが，整理案およびこれを受けた政府草案では，履行不能概念を復活させた上で危険負担を定める規定も復活させた。筆者は，ドイツの新債務法の立法過程における推移は，潮見教授の主張するように危険負担制度を解除制度に統合する論拠となるのではなく，逆に危険負担制度を解除制度に統合することが適切でないことを示唆すると考える。確かに討議草案275条は，金銭債務以外の債務につき実現不可能な場合に債務者に給付拒絶権のみを与え，当然の債務消滅を規定せず，立法理由として，その論拠が不能の原因が通例債務者の側にあり，債権者がそれを知るに及ばないことが述べられているが[105]。これはむしろ原始的不能給付を発生させる契約（債務）の有効説をとったことに伴って提案されたにすぎないもので，危険負担規定を契約解除制度に包含させるという議論の端緒を与えることになったが，反対給付義務の消滅を一般的に認めない立場が現実的な解釈論として不適切な場合が出てくるため取り下げられたとみるのが正しいのではないかと考えられる[106]。また討議草案444条も，実際上広い適用範囲を有する売買契約については現行ド民446条とほぼ同じ内容の危険負担規定（引渡時移転主義（債務者負担主義））を定めていたのである（危険負担の解除への統合は売買を除く契約に適用されるにすぎない）。現行ドイツ民法326条は，1項で

---

(104)　潮見・契約法理の現代化386〜388頁。すでに1992年のドイツ債務法改正委員会草案が，フーバーの学説（Bundesministerder der Justiz (Hrsg.), Gutachten und Vorschläge zur Überarbeitung des Schuldrechts, Bd. 1, 1987, S. 708 [U. Huber]）の影響のもとに，一般的な危険負担債務者主義を定めるド民旧323条を廃止するとともに，契約解消の要件として債務者の帰責事由を落としたときに（委員会草案323条），対価危険負担制度が解除制度の枠内で考慮されたと指摘される（下森・岡編・ドイツ債務法改正委員会草案の研究69頁［北居功］，小野秀誠「危険負担規定の改正は必要か」椿他編・前掲書275頁，森田修・契約責任の法学的構造72頁以下。しかし，同草案でも売買契約については引渡時危険移転の規定（446条）が置かれていた。

(105)　Canaris, Schuldrechtsmodernisierung 2002, S. 155.
(106)　Canaris, Die Reform des Rechts der Leistungsstörungen, JZ 2001, S. 508〜509．カナーリスは，履行不能の場合の反対給付請求権の当然の消滅の復活（整理草案326条1項）の論拠として，継続的債務関係における一部不能の場合に（法律上当然の消滅を認めないで）解除を必要とすると耐えられない結果を招くことを挙げる。

第2章 第1節 民法（債権法）改正委員会の立法提案

後発的履行不能の場合の反対給付請求権の消滅を定めると同時に，5項ではこの場合の債権者の解除権をも定めている（選択主義）[107]。

筆者も，当事者（特に債権者）にとって債務者の履行が不能になったかどうかはっきりしない場合も多いし（この場合は解除権の行使に実益がある），また危険負担制度（当然の反対給付請求権の消滅）を否定すると，給付が不能になったのに解除権の行使をしないでいるといつまでも債務関係の存続が認められることになって当事者にとって不利益を生ずると考えられるため，両制度の並立を認める立場を支持したい[108]。CISGが履行障害を理由とする契約の自動解消を認めないと説かれることがあるが[109]，前記ドイツの討議草案と同様CISGは66条以下に（対価）危険負担規定（受領時危険移転を基本とする）を定めており，これは売買が特定物を目的とし，または種類売買でも目的物が確定している（給付危険が買主に移転している）限りにおいて，対価危険移転より前に目的物が不可抗力により滅失したときは反対給付義務（代金支払義務）が当然に消滅することを規定していることを意味する。CISGは，49条1項(a)で売主の義務の不履行が重大である場合の買主の解除権をも定めているため，CISGは解除と危険負担との並立を認めていると解される。

①説（危険負担規定を廃止し，解除に統合する立場）に従う場合に生じる問題点は，給付が後発的に不能になったにもかかわらず，当事者が解除権を行使しない限り，債務ないし双務契約がいつまでも存続することにある。当事者としては給付が不能になった場合に，そのままに放置しておくことも多いであろう。この場合に債権関係の存続を認めることは好ましいとはいえない。加藤グループ試案の副案（渡辺，鹿野案）では，履行の全部が不能になったときは，契約は解除されたものとみなすとする（試案478条1項）。しかしこの解除されたものとみなすという文言または自動解除という概念は，引渡時危険移転主義のもとでは，引渡前に給付不能が生じたときは，危険負担債務者主義の言い換えであり，引渡後に給付不能が生じたときは誤りとなる。また目的物に保険が付されていたり，公用収用で代替物が帰属したりする場合は，自動解除を認めることは当事者の意思に反する（試案340条2項による手当てはあるが）。また目的物が

---

(107) Canaris, Schuldrechtsmodernisierung 2002, S. 1094参照。
(108) 同旨：山本他・債権法改正の課題と方向（別冊NBL 51号）139頁［能見］。
(109) 松岡・前掲論文ジュリ1318号145頁，曽野裕夫「債務不履行—売買目的物に瑕疵がある場合における買主の救済——国際的動向」比較法研究68号70～71頁。

第II部　日本の債権法改正の論点

不可抗力により損傷した場合（解除するほどでない場合）の解決のために狭義の危険負担制度を残しておくことが必要である。

　民法（債権法）改正委員会では，解除に統一するという方針をとりながら，法技術としての危険負担制度を廃止するとしても［3.1.1.85］，双務契約の履行過程において生じた目的物の滅失，損傷のリスクを負担する者は誰かという実質問題は残り，売買規定中にこのような意味での危険負担に関するルールを定めることとされている[110]。現在までに提示されている案は以下の如くである。引渡前に目的物が滅失，損傷したときは，買主は契約の重大な不履行を理由として契約を解除することにより代金支払義務を免れうる［3.2.1.27（1項）］。瑕疵ある目的物の滅失，損傷の場合は，引渡後目的物に滅失，損傷が生じた場合でも，買主は履行請求権を失わない。この場合買主は滅失，損傷により生じた減価について価額返還義務をも負う。また買主は履行請求権を放棄することにより価額賠償義務を免れることができる［3.2.1.28］。しかし，この試案は一般的なルールとしては安定性を欠くように思われる。まず一般規定については，①買主が解除の意思表示をしなかった場合はいつまでも法律関係が安定しないという問題があるほか，②重大な不履行といえない場合は，解除ができなくなり，買主がそのリスクを負担するか，減価による清算をするしかない。①，②の問題を統一的に解決するには，ドイツ民法446条，CISG 69条1項のように，民法典中に「（引渡時ないし受領時に）（対価）危険が移転する」という規定を設けるのが最も明快である。3.2.9.28は，瑕疵ある物が給付された場合，買主のもとで引渡後危険が生じ，それによって目的物が滅失，損傷しても買主の瑕疵に基く権利の行使には影響がないことを（むずかしく）言い換えただけであって，危険負担に関する一般規定を置いておけば，後は清算の問題として処理することができる。

　第三の改正点については，債務不履行について履行不能，履行遅滞，不完全履行の三分法を採らないで，重大な債務不履行を基本的な解除原因とすることが考慮されている[111]。具体的には，①一般の重大な債務不履行の場合は，解除した後も債務者に治癒の機会を与えることが考えられている。これに対して，②履行の遅延等の場合は，債権者がまず催告したうえで解除することが考えら

---

(110)　民法（債権法）改正委員会全体会議（2009年1月31日）［II-7-14］，民法（債権法）改正検討委員会編・債権法改正の基本方針286頁以下参照。

352

第2章 第1節 民法（債権法）改正委員会の立法提案

れている。不能は重大な債務不履行の一類型とされるが，契約不適合による解除の規定をどうするかが問題になる[112]。重大な契約違反による解除と催告解除の関係については，起草者は，不履行があれば，その重大性を証明できるかどうかを問わず，催告により解除できるとの立場をとり，後者は，催告をし，その後一定の期間が徒過したのになお履行しないという債務者の態度が不履行の重大性の程度を高めるという意味で，前者のカテゴリーを補完するとする立場を提示する[113]。このような立場からは，瑕疵ある物の給付を契約違反の一つの場合と捉える場合には，給付された物の瑕疵が軽微であっても，追完のために定められた相当の期間が経過することにより義務違反が軽微であるとはいえなくなり（重大な義務違反となり），解除も可能となるという考え方に逢着すべきことになる[114]。しかし，筆者は，瑕疵ある物の給付，一部遅滞を通じて買主が契約を解除しうるためには，その瑕疵または一部遅滞によって買主が契約を締結した目的を達しえないことを要する（日民566条1項，570条）と解する[115]。PECL 9：301条などで要件とされている契約違反または債務不履行の重大性とは，債権者がそれによって契約を締結した目的を達しえないというのとほぼ同義であり，またそれについての立証責任は一般的には債務者が負うと解すべきであろう[116]。2009年3月民法（債権法）改正委員会試案では，①契約当事者の一方に契約の重大な不履行があるときには，相手方が契約を解除でき，契約の重大な不履行とは，契約当事者の一方が債務の履行をしなかったことによって，相手方が契約に対する正当な期待を失った場合をいう［3.1.1.77（1項(ｱ)）］，②契約の性質または当事者の意思表示により特定の目的または一定の期間内に債務の履行をしなければ契約の目的を達成することができない場合において，当事者の一方が履行をしないでその時期を経過したときは，契

---

[111] つとに能見教授がこのような立場を提唱している（山本他編・債権法改正の課題と方向（別冊NBL51号）132頁以下［能見］）。能見教授の立場では，①債務者が催告期間を徒過したとき，②履行が不能であるとき，または③義務違反により当事者間の信頼関係が破壊されたときは，重大な義務違反とみなされる。
[112] 中田・前掲ジュリ1308号144～145頁。
[113] 中田・前掲ジュリ1308号149～150頁。
[114] 石崎泰雄「ドイツ新債務法における瑕疵担保責任の統合理論」駿河台法学17巻1号（2003）65頁。
[115] 松岡「契約責任論の再構築（シンポジウム）」私法69号（2007）40頁参照。
[116] 加藤グループ試案477条2項参照。

第II部　日本の債権法改正の論点

約の重大な不履行にあたる［3.1.1.77（1項(イ)）］，③契約当事者の一方が債務の履行をしない場合に，相手方が相当の期間を定めてその履行を催告し，催告に応じないことが契約の重大な不履行にあたるときは，相手方は契約の解除をすることができる［3.1.1.77（2項）］，④事業者間で結ばれた契約において，契約当事者の一方が債務の履行をしない場合，相手方が相当の期間を定めてその履行の催告をし，その期間内に履行がないときは，催告に応じないことが契約の重大な不履行に当たらない場合を除いて，相手方は契約の解除をすることができる［3.1.1.77（3項）］と規定され，催告期間内に履行がないというだけで当然に解除の要件を満たすという立場をとらないことを明らかにした[117]。

次に，履行期前の解除が認められうるかどうかも問題にすべきである。ドイツ新債務法ではこれが明文をもって規定され，債権者は，解除の要件が発生することが明らかな場合は，すでに給付の履行期の到来前に解除しうるとする（ド民323条4項。同旨：PECL 9：304条，PICC 7.3.3条）。わが国でも近時学説上履行期到来前の解除の是非が問題とされ，債務者の履行拒絶の意思が明らかな場合は債権者の解除権を認める見解が出ていた[118]。加藤グループ試案（正案）でも履行期前に債務者が履行を明白かつ最終的に拒絶している場合に，債権者の解除を認める（試案478条1項）。履行期に履行しないおそれがある場合は，あらかじめ履行期における履行を催告し，履行期にその履行がなされないことが明らかになったときに解除を認める（試案478条2項）。同副案（渡辺，鹿野案）は，正案の1項の場合と2項の場合を区別しないで，債務者が履行期に債

---

(117) しかし，①につき，「契約に対する正当な期待を奪う」という表現が定型的に契約締結時に決まるのではなく，当事者の行為態様について事後的に決せられる評価を含むため，解除について予測可能性が失われるおそれがある，また③につき，催告に応じないことが契約の重大な不履行にあたると評価される場合とはどのような場合を指すのか明確な基準が与えられていないから，実務に混乱をもたらすおそれがあるという指摘がなされている（東京弁護士会法友全期会債権法改正プロジェクトチーム編・民法改正を知っていますか（2009）51頁，53頁［白石友子］）。

(118) 北川・債権総論［第3版］（2004）184頁，平野・民法総合5（契約法）（2007）178頁。わが国のこれまでの判例，学説については，松井和彦「履行意思の欠如による履行期前解除法理の展開」阪法58巻2号（2008）59頁以下。ドイツにおける議論の展開については，松井・前掲論文阪法58巻5号43頁以下。松井教授も履行期前の契約解除を肯定されるが，履行期前の履行拒絶を付随義務（給付誠実義務）違反ではなく，給付義務それ自体の違反と見るべきとの立場に立たれる（同・前掲論文阪法58巻5号110～111頁）。

第2章 第1節 民法（債権法）改正委員会の立法提案

務を履行しないこと，およびそれにより契約を締結した目的を達することができないことが履行期前に明らかになったときに履行期前の解除を認める（試案479条）。当事者としては正案478条2項により一応催告して債務者の意思を確認する場合も多いであろうから，正案の立場に賛成しておきたい。

　最後に解除の効果の問題に移りたい。ドイツ債務法改正前（ド民旧351条～353条）や日本の現行民法（548条1項）では，解除権の要件を満たす場合でも，解除の目的物が解除権者の故意，過失によって著しく損傷し，返還不能となり，または加工，改造によって他の種類物になったときは，解除権は消滅したが，ドイツの新債務法では，これらの事由が生じた場合でも解除権者の解除権は消滅しないとしたうえで，解除権者に一般的に目的物の価値賠償義務を課す（ド民346条3項。同旨：PECL　9:3-9条，PICC　7.3.6条1項）。加藤グループ試案の正案は，現行日本民法548条をそのまま規定するとともに（試案483条），解除の効果としての解除権者の行為等により返還不能となった目的物の価値の返還義務を定めないが，同副案（渡辺，鹿野案）では，これらの場合の解除権の消滅を認めない代わりに，価額の償還義務を定める（試案482条2項）。

　そもそもこれらの事例では，債務者が給付した物や権利に瑕疵があり，債権者がそのために契約を締結した目的を達しえないために契約を解除することが認められている。債権者の行為または過失により給付された物，権利が滅失した場合において，それに重大な瑕疵があることが証明されるときは，債権者の解除権を否定したうえで清算させる（債権者は代金返還請求権を有さず，果実返還義務も負わない代わりに，代金減額請求権や損害賠償請求権を有する）か，債権者の解除を認めたうえで清算させる（原状回復およびそれに付随する問題として処理する）かの違いということになろう。いずれの立法主義が妥当かは，目的物や瑕疵の種類，目的物の返還不能の原因などにより様々な場合が考えられ，いずれとも決し難いが，解除事由とは無関係な債権者側の行為により返還不能となったときは，一般的に解除を否定して清算させる方が，このような場合の解除事由の立証の困難さとも相俟って実務には受け入れやすいのではないかと考えられる（正案に賛成）。ドイツの新規定は，債権者が自己のためにすると同一の注意を尽くしたにもかかわらず目的物が毀滅した場合に，債権者の解除権を消滅させないという趣旨で生かすべきであろう。民法（債権法）改正委員会試案も，解除権者の義務違反によって契約の目的物が著しく損傷しもしくは返還できなくなり，または加工，改造によって他の種類の物に変えた場合は解

除権は消滅するが，解除権者が契約に照らして負う義務の違反によらないで物が滅失等した場合はこの限りでないと規定する〔3.1.1.83（2項，3項）〕。

(3) 事情変更の原則

委員会では，事情変更の原則あるいはハードシップを明文化して使いやすくすること，具体的には効果として解除だけでなく，再交渉義務や契約改訂権を含めるとともに，債務不履行責任の免責事由としての機能を持たせることが計画されている。従来は事情変更の原則は，例外的なルールとしての位置づけしか与えられていなかったが，履行請求権を損害賠償請求や解除と並ぶ救済方法の一つとし，損害賠償請求権や解除は帰責事由を要件としないという債権法改正試案の立場では，債務者を免責する事実，事情がハードシップを構成する事実と重なってくる。立法論の方向を，債務の履行を困難にするような外在的な事情が生じたときに，当初の合意を超えた対応が認められるのはどういう場合かという観点から整理すると，①債権者の履行の停止と再交渉を効果として伴う，不安の抗弁権が問題になる場合，②契約改訂と解除を効果として伴う，目的不到達，③程度の大きさによって契約改訂や解除，または債務不履行免責を効果として伴う，外在的要因による重大な給付の不均衡（ハードシップ）という三つのカテゴリーに分類しうる。このような事情変更の原則と前述合意原則との関係は，事情変更の原則が，合意されていない部分，つまり処理されていないリスクを埋める法理だというように説明される[119]。学説上もアメリカの裁判例やドイツの再交渉義務論，PICC のハードシップ規定（6.2.2～3条）などの影響を受けて，わが民法でも事情変更に対応するための契約改訂のあるべきプロセス全体を示す一般規定を設けるべきだという見解が有力である[120]。しかし，履行請求権を債権の原則的効力としないことに問題があるばかりでなく，事情変更の原則に関する一般的規定を置くとしても，事情変更の原則の適用を安易に認めるとこれまでそれを厳格にしか認めてこなかった日本の判例の立場との一貫性が失われることになるのではないかとの危惧が生じる。また再

---

(119) 内田・前掲ジュリ 1308 号 155～157 頁。つとに能見教授は，事情変更の場合に，①それにより不利益を受ける当事者の再交渉請求権，②契約の解除または改訂を裁判所が命じることを求める権利，③契約解除権を段階的に認める立法提案をしていた（山本他編・債権法改正の動向と課題（別冊 NBL 51 号）136～138 頁〔能見〕）。

(120) 北川修悟「事情変更の原則」内田他編・民法の争点（2007）227 頁，森田修・契約責任の法学的構造 336 頁以下。

第2章 第1節 民法(債権法)改正委員会の立法提案

交渉義務も，特に当事者間に社会的経済的格差があるような場合は，ヨーロッパでも否定説も根強いことを看過すべきではない。

これに対して，ドイツ新債務法の事情変更規定のようなルールを日本でも規定すべきだとする見解が日本でも以前から有力である[121]。加藤グループ試案の副案（渡辺，鹿野案）では，ドイツ新債務法のような事情変更規定（厳格な要件のもとに認め，効果は①改訂の要求，②解除の順に生じる）の導入が提案されている（ド民476条）。しかし，同試案の正案では，事情変更の原則に基く解除の根拠規定を置くとそれを理由とする履行拒絶を誘発する危険があるという理由でこのような規定を置いていない。立法政策としてはこのような立場（正案の立場）の方が実際的であろうと考えられる。民法（債権法）改正委員会試案では，一般的なハードシップ条項を民法典中に規定する立場がとられ，①事情の変更が契約当事者の利害に著しい不均衡を生じさせ，または契約を締結した目的の実現を不可能にする重大なものであり，②当該事情の変更が契約締結後に生じ，かつ③当該事情の変更が両当事者にとって予見しえず，その統御を超えている場合に［3.1.1.91］，当事者が契約改訂のため再交渉を求める権利が認められる［3.1.1.92（1項〜3項）］。当事者が再交渉義務に違反し，または契約改訂の合意が成立しないときは，裁判所に契約解除または契約内容の改定を求めることができるが，契約改定請求権の可否を先決問題にする立場（甲案）と解除請求権の可否を先決問題にする立場（乙案）とが対立している［3.1.1.92（4項）］。また再交渉が求められたときは，両当事者は再交渉を行うのに相当な期間自己の債務の履行を拒むことができるが，この場合においても当該当事者は損害賠償責任を免れない［3.1.1.93］。また改正試案には，不安の抗弁権に関する規定も置かれている［3.1.1.55］。上記の改正試案は，PICCの影響を強く受けていると考えられるが，もともと英米法のフラストレーションの法理を基礎とするものであり，英米法のブリーチオブコントラクト（無過失賠償責任制度）のもとでそれを補完する意味合いが強い制度である。すなわち，無過失賠償責任制度のもとでフラストレーション（事情変更の法理）を幅広く認めることによって債務者の苛酷さがかなりの程度緩和されるという関係にある。なお，改正試案が当事者の再交渉義務を認める点については，ドイツ新債務法が当事者の力の不均衡を理由にして導入を見送ったことを想起すべき

---

(121) 五十嵐清「事情変更の原則の立法をどう考えるか」椿他編・前掲書272頁以下。

である[122]。また不安の抗弁権の適用範囲を従来よりも拡大して明文化する点についても，濫用される危険が高くなって契約の拘束力を弱めることになると批判が加えられている[123]。

5　各種の契約

(1) 売買契約

民法（債権法）改正委員会による売買契約に関する規定の改正試案（2009年1月）では，売買契約が双務有償契約の最も典型的な契約であることから，これを典型契約の頭初に置くとともに，消費者売買に関する特別規定を個々的に売買の規定の中に置くことが提案されている[124]。消費者契約である売買契約において消費者買主の権利を制限し，あるいは消費者売主の責任を加重する条項の効力について特別規定が設けられる。商事売買に関する商人間の特別規定は，修正を加えたうえで民法の一般規定としてまたは事業者間売買等に関する規定として民法の売買規定中に置かれる[125]。事業者間売買における売主の供託権，競売権，任意売却権に関する規定が置かれ（日商524条に代わる）[3.2.1.36]，事業者間の定期売買に関する規定が置かれる（日商525条に代わる）[3.2.1.26]。また既述のように，売主の担保責任に関する規定は，売主の債務不履行規定として再編，整理される[126]。他人の権利の売買についても同様であり，買主が悪意でも他人物の売主の責任を追求しうる [3.2.1.A]。権利の一部が他人に属する場合，目的物の利用を妨げる権利が存在する場合，目的物の利用に必要な権利が存在しない場合，抵当権が存在する場合の各々の売主の責任に関する規定も，同様な立場で整備される [3.2.1.11, 13, 15]。現行の買主の権利の短期期間制限は一般の時効に解消される [3.2.1.D, E]。瑕疵担保責任も整序され [3.2.1.16以下]，目的物の原始的一部滅失（日民563条）が物に瑕疵がある場合に含められるとともに [3.2.1.F]，指示数量不足の場合も瑕

---

(122) 東京弁護士会法友全期会債権法改正プロジェクトチーム編・民法改正を知っていますか66頁［寺田明弘］参照。
(123) 東京弁護士会法友全期会債権法改正プロジェクトチーム編・民法改正を知っていますか69〜70頁［寺田］。
(124) 民法（債権法）改正検討委員会編・債権法改正の基本方針266〜267頁。
(125) 民法（債権法）改正検討委員会編・債権法改正の基本方針267頁。
(126) 民法（債権法）改正検討委員会編・債権法改正の基本方針266頁。

第 2 章　第 1 節　民法（債権法）改正委員会の立法提案

疵の場合に準じて処理され［3.1.1.05］。これらの場合買主には合理的期間内の売主への通知義務が課される［3.2.1.18］。買主が事業者である場合の目的物の検査，通知義務に関する規定（日商 526 条）も整備したうえで民法典に移される［3.2.1.19］。新築住宅の売主の責任に関する規定も置かれる［3.2.1.21］。また買主の受領義務に関する規定も設けられる［3.1.1.88, 89］。

　加藤グループ試案では，売買が第 2 章契約，第 2 節所有権移転契約の中に分類され，かつ現行法と比べて各条文の位置関係に移動があるものの，現行売買法と同様の規定が残される。担保責任についても同様であるが，副案（渡辺，鹿野案）では契約責任的構成が前面に打ち出され，追完請求権が認められる。正案では，担保責任と同時履行に関する現行民法 571 条は無意味だとして削除されるが，正案，副案を通じて買主の権利行使期間の制限は，現行法と同様，買主が事実を知ったときから 1 年間である。加藤グループ試案では，その他商人間の売買については商法 524 条〜 528 条の規定が適用されることが民法典中に明示される（レファレンス規定）（試案 490 条）。

　以下に筆者の感想を述べたい。①担保責任に関する規定を権利の全部，一部が他人に属する場合，用益的権利による制限がある場合，指示数量不足の場合，物に瑕疵がある場合等に分けて規定を置くことは，両法案において基本的に同様であり，支持されうる[127]。②担保責任の問題を債務不履行（不完全履行）の問題（の一環）として処理すること，およびこの場合の期間制限を基本的に一般の時効に解消することも支持したい。③これに対して，瑕疵ある物の売買，指示数量不足売買で買主に合理的期間内の通知義務を課すことは，買主が事業者で平常取引をしている種類の物を買った場合を除いて反対したい。④消費者売買に関する特別規定を民法の売買の箇所に置くことは，ドイツ新債務法の立場と同様であり，支持したい。⑤商事売買に関する規定を民法典の中で単なるレファレンス規定として指示するにとどまらないで，事業者間売買に解消するなどして民法典中に取り込むこと（英米法の立場に近い）も考慮に値する。⑥買主が目的物を受領する義務を負う場合とそうでない場合を区別して規定することも支持したいと考える[128]。

---

[127]　拙稿「担保責任規定と債務不履行規定の関係をどう考えるか」椿他編・前掲書 285 頁。

359

第Ⅱ部　日本の債権法改正の論点

(2) 賃貸借契約

　民法（債権法）改正委員会は賃貸借についても改正提案を提示している。同試案の特徴は，①不動産賃借権の対抗力［3.2.4.05］，不動産所有権移転の場合の賃貸人の地位および敷金返還義務の承継［3.2.4.06］，賃借権に基く妨害排除請求権［3.2.4.07］に関する従来の判例を明文化したこと，②賃貸人が修繕義務を履行しない場合の賃借人の修繕の権利および費用の償還請求権を（任意法規として）規定したこと［3.2.4.11］，④目的物が一時的に利用できない場合の賃料の減額，解除権を規定したこと［3.2.4.15］，⑤用法に従った目的物の使用，収益義務を規定したこと［3.2.4.16］，⑥賃貸借の合意解除を転借人または（土地賃貸借の場合）その上の建物賃借人に対抗しえないことを明記したこと［3.2.4.20］，⑦目的物の滅失等による賃貸借契約の終了を明記したこと［3.2.4.25］，⑧賃貸借終了時の賃借人の原状回復義務を規定したこと［3.2.4.26］，⑨賃貸人の損害賠償請求権について時効の特則を設けたこと［3.2.4.27］などである[129]。これに対して，加藤グループ試案の特徴は，①建物所有目的の土地の賃貸借を30年とする現行借地借家法の規定を民法典に移すこと（試案515条1項），②期間を1年未満とする建物の賃貸借を期間の定めのない建物の賃貸借とみなすこと（試案515条3項），③賃貸借の存続期間の終期を賃借人の死亡時とする終身賃貸借を規定すること（試案516条），④建物所有を目的とする土地の賃借権の対抗要件に関する規定（借地借家10条）を民法典に移すこと，⑤小作料の減免に関する現行609条，610条を削除すること，⑥建物賃貸借および転貸借を含む賃貸借の更新に関するルールを整備し（試案532条），建物賃貸借および転貸借については更新拒絶の正当事由要件を明記したこと（試案533条）などである。

　いずれの試案も，それ以外は基本的に現行民法の賃貸借に関する規定と同様である。改正委員会試案の各ルールは，それらの多くが，これまでの日本の判例，通説とされてきたものの明文化であり，特に問題とするまでもないものが

---

(128)　ドイツでは原則的に買主の受領義務を認めるし（ド民433条2項），わが国でも一般的に買主の受領義務を肯定する見解が有力であることは周知の如くである。この立場は，売主が先給付義務を負っている場合に，売主の受領義務違反を理由とする解除，自助売却を容易に認めうる。

(129)　民法（債権法）改正委員会第17回全体会議（2009年2月7日），民法（債権法）改正検討委員会編・債権法改正の基本方針317頁以下。

第2章　第1節　民法（債権法）改正委員会の立法提案

大部分である[130]。これに対して加藤グループ試案は，借地借家法上の基本的なルールを民法の賃貸借規定に移行させるというものであり（①，④，⑥など），その意味では民法の抜本的な改正案である。終身賃貸借の規定を含むことも真新しい。ドイツ民法では民法典の賃貸借の箇所に不動産賃貸借の項目が置かれていて，2001年の法改正で特別法上のルールがかなり民法典中に移されたことが想起される。

(3) 消費貸借

改正委員会試案では，消費貸借は，現行民法とは異なり諾成契約とされる[131]。収益事業を行う事業者がその事業の範囲内で消費貸借をしたときは，特段の合意がない限り，法定の利率による利息を支払わねばならない［3.2.6.02］。無利息消費貸借の場合は，書面による場合を除いて，目的物の借主への引渡までは各当事者が解除しうる［3.2.6.03］とする規定も設けられる[132]。準消費貸借に関する現行規定は維持される［3.2.6.05］。消費貸借の予約がその後の当事者の一方の破産手続開始決定により効力を失うとともに，消費貸借の目的物が借主に引き渡される前に当事者の一方が破産手続開始決定を受けたときも，消費貸借は効力を失う［3.2.6.06］。目的物に瑕疵があったときの貸主の責任に関する規定も整備される［3.2.6.07, 08］。第三者与信型契約における抗弁の接続規定を置くかどうかは議論されている［3.2.6.D］。消費貸借の終了，それに伴なう目的物の返還については，現行規定（日民591条，592条）が維持される［3.2.6.11, 12］。本試案で問題となる最大の論点の一つは，消費貸借を諾成契約としたことである。ドイツ民法では2001年の改正にさいして消費貸借契約の諾成契約化が実現した。しかし，この立場では，借主が契約に基づいて目的物の引渡を請求できることになり問題が生じる（本試案では無利息消費貸借の場合は書面のある場合のみ）。ドイツではこのような請求を認めているようである[133]。改正委員会提案ではこの点につき明らかにされていな

---

(130) 東京弁護士会法友全期会債権法改正プロジェクトチーム編・民法改正を知っていますか121〜127頁［大山雄健］参照。
(131) 民法（債権法）改正検討委員会編・債権法改正の基本方針339頁。
(132) ただし，貸主が事業者であり，借主が消費者である消費者契約に該当する場合に，利息の有無を問わず，融資の実行前における借主からの解除権を定めることを提案する乙案とこれを認めない甲案の対立がある。
(133) Palandt, Komm. z. BGB., 67. Aufl., S. 671 [Weidenkaff]; Bamberger/Roth (Hrsg.), Komm. z. BGB., Bd. 1, 2. Aufl., S. 2274 [Rohe] など。

第II部　日本の債権法改正の論点

い(134)。

　加藤グループ試案では，消費貸借は，賃貸借や使用貸借の含まれる有体物利用契約（第3節）から分離され，その他の典型契約（第5節）に分類されるが，改正委員会試案と同様諾成契約とされ（試案608条），担保責任の規定も現行法が基本的に維持されるのに対して（試案611条），貸主の引渡義務の強制履行の可否については触れられていない。その他は現行規定と基本的に同一である。もっとも金銭を目的とする消費貸借における利息の契約について利息制限法の適用を受けるというレファレンス規定が置かれる（試案612条）。

(4) 役務提供契約

　民法（債権法）改正委員会は，請負，委任等役務提供型契約については役務提供契約という上位概念を置いて，これらの契約に共通のルールを抽出して整序することが企図されている［3.2.8.01～03］(135)。このようなやり方は，現在進行中のヨーロッパ民法草案（代表者：フォン・バール）でみられるところであるが(136)，同草案は，それに属する各種の契約で同旨の規定が繰り返されており，必ずしも成功したとはいえない。改正委員会の試案では，役務提供者の義務［3.2.8.02］，報酬請求権［3.2.8.04］，報酬の支払方式［3.2.8.05］(137)，報酬支払時期［3.2.8.07］，役務提供が途中で終了した場合の既履行部分の報酬請求権［3.2.8.08］，役務受領者，役務提供者の任意解除権［3.2.8.10，11］などが規定される。無償役務提供をその中に含めるかどうかについて議論があるが，役務提供契約は，当事者が契約で定めた目的または結果を確実に実現することを約した場合を除いて手段債務とされ，在学契約や医療契約などの無名契約についても総則規定として適用されることが予定される［3.2.8.02］。次に，役務提供契約の各論に移ると，請負では，目的物の引渡しを観念しえない無形請負には請負規定は適用されず，役務提供契約の総則規定のみが適用される(138)。請負人には仕事完成義務が，注文者には受領義務（注文者

---

(134) 民法（債権法）改正検討委員会編・債権法改正の基本方針339頁。
(135) 民法（債権法）改正検討委員会全体会議（第7回）（2008年9月23日），民法（債権法）改正検討委員会編・債権法改正の基本方針357～358頁。
(136) P. シュレヒトリーム編・ヨーロッパ債務法の変遷（2007）349頁以下。
(137) 成果完成型（定額報酬方式）と段階分割履行型（履行割合報酬方式）とが区別される。
(138) 民法（債権法）改正検討委員会編・債権法改正の基本方針364頁。

第2章 第1節 民法（債権法）改正委員会の立法提案

が事業者である場合は更に確認義務）が課される [3. 2. 9. 01, 02]。また現行法と同様に，仕事の瑕疵について，注文者は請負人に担保責任を追求できる [3. 2. 9. 04]。担保責任の効果は，瑕疵修補請求権，解除権および瑕疵修補に代わるまたは修補とともにする損害賠償請求権である。報酬減額請求権を認めるかどうかについては争いがある [3. 2. 9. 04]。注文者は仕事に瑕疵があったことを知ったときから（注文者が事業者であるときは，瑕疵があることを知ることができたときから）合理的期間内に当該瑕疵の存在を請負人に通知することによって権利を保存する [3. 2. 9. 05]。建物その他の土地の工作物の建設工事については，瑕疵担保期間に関する特則（性質保証期間）が置かれる [3. 2. 9. 06]。民法（債権法）改正委員会の試案は，建物建設工事請負契約約款のルールをかなり反映したものとなっている。また土地工作物の建設請負における解除の禁止規定は削除される。下請負に関する規定を置くかどうかは留保されている。

改正委員会試案のうち，請負，委任などの契約をサービス（役務）提供契約として総則規定を置いて対処することは支持されうる[(139)]。手段債務，結果債務の議論をサービス（役務）提供契約に特化させたことは，評価に値するものの，筆者はこれらの概念に振り回されることには反対の立場をとっている。請負については注文者に目的物の受領義務を課すことはドイツ民法でも認められているところで（ド民 640 条），買主の引取義務を定める売買との兼ね合いからも支持されうるが，注文者が瑕疵に基づく請求権を保全するために，注文者に瑕疵を知ったとき（事業者の場合は知ることができたとき）から合理的期間内に瑕疵の存在を請負人に通知する義務を課したことには反対したい。売買の場合も，既述の如く改正委員会は遅滞なき通知義務を課しているが，特に請負の場

---

(139) これに対して，多種多様な役務提供契約から一般的な要素を抽出するのは困難であり，規定の外形等から無理に抽出し，それを広く一般的に役務提供契約に適用した場合，不当な結論も招きかねないという批判も寄せられている（東京弁護士会法友全期会債権法改正プロジェクトチーム編・民法改正を知っていますか 152 頁 [小野知史・吉里かおり]）。この立場からは，①報酬額の決定方式については，総ての役務提供契約が成果完成型と段階分割履行型に明確に区分できない，②具体的報酬請求権については，改正委員会の意図を超えて一人歩きするおそれがある，③役務提供が中途で終了した場合の既履行部分の報酬請求については，請負契約を超えてあらゆる役務提供総てにあてはまるとは限らない，④役務受領者の任意解除権については，委任，請負以外の総ての役務受領者に認めることは疑問であると批判が加えられている（同書 157～160 頁 [小野・吉里]）。

第II部　日本の債権法改正の論点

合は，それが建物その他土地工作物である場合，瑕疵が次第に拡大したり，瑕疵といえるかどうかわからなかったりする場合も多いから，瑕疵発見後合理的期間内に（非専門家たる注文者に）瑕疵の存在を示して請負人に通知することを義務づけることは注文者の保護に反する場合が多いと考えられるからである（請負についてもこのような期間制限は請負人のための免罪符になる）。

　加藤グループも，請負契約の新しい試案を提示している。その特徴は，①約定数量および品質に適合した仕事の完成，引渡し義務および注文者の協力義務を明記したこと（試案556条2項，3項），②下請負に関する規定を置き，一定の範囲で下請負人の注文者に対する直接請求権を認めたこと（試案558条），③請負の目的が土地の工作物である場合の解除権の排除に関するルールを削除したこと，④仕事に瑕疵がある場合の請負人の追完の方法の選択権（試案559条2項）および注文者の報酬減額請求権を明示したこと（試案560条）などである[140]。それ以外は基本的に現在の民法の請負規定と同様である。上記①から④までいずれも支持に値するが，③については，土地工作物の建築請負で注文者の解除が認められるためには，修補では契約を締結した目的を達しえないなど厳しい要件が課されるべきであろう。

　民法（債権法）改正委員会の試案では，役務提供契約の中に請負の他，委任，媒介契約，取次契約（問屋契約）（現行法上はいずれも商行為法に含められている），寄託，雇用が含まれるが[141]，仲立契約は含まれない［3.2.10.A］。

---

(140)　加藤編「日本民法改正試案条文案一覧」判タ1281号（2009）126～127頁（民法改正研究会・民法改正と世界の民法典633～634頁所収）参照。
(141)　役務提供契約，請負，委任の改正試案（第4準備会報告）（2008年9月23日），民法（債権法）改正検討委員会編・債権法改正の基本方針357頁以下。

第2節　日本の債権法の改正とドイツ民法からの示唆

1　はじめに

　前節で日本の民法（債権法）改正委員会が当面論議の対象としてきた問題点とそれに関する委員会内での議論および立法提案ならびに加藤グループの試案とそれに関する説明を紹介した。それらからは，新しい債権法の機軸となる原理やこれまでの法制度を大きく変革する新しい制度の導入もまた問題になっていることが浮かび上がってくる。本節ではこれらの原理ないし新制度と前章で検討したドイツ新債務法における議論との関連について，①契約責任に関する過失主義に代わる無過失責任主義（ブリーチオブコントラクト）の導入と②消費者契約に関する規律の民法典への統合の二つの論点に絞って検討を進めたい。

2　契約責任の無過失責任化の問題

(1)　わが国のこれまでの議論

　現在進められている民法（債権法）改正委員会の改正作業では，立法参加者の多くが現在までのドイツ法的な過失責任主義（日民415条）[1]に代えて英米法的な無過失責任主義の考え方を導入しようとしていることは前述した。その論拠として挙げられているのは，以下の事実である。①日本では明治時代の末以来債務不履行責任は過失責任だと解されているが，日本の学者の中には債務不履行の場合，当事者の合意ないし当事者の意思により無過失責任（保証責任）を認めうることを主張するものがあった。②フランスでは古法，ポティエを通じて契約不履行に基く損害賠償を等価物による履行手段として捉える立場が採られており，このような構想は19世紀を通じて，また今日においても脈々として受け継がれている（履行方式としての契約不履行に基く損害賠償）。これはイギリス法の契約違反と同様の立場といえる[2]。③ドイツ新債務法は，債務不

---

(1)　過失責任主義を採用している立法例としてドイツの他，イタリア，オランダ，更には（異なった見方もあるものの，伝統的には）フランスも挙げることができる（リーゼンフーバー（渡辺達徳訳）「不履行による損害賠償と過失原理」ジュリ1358号（2008）147〜148頁（民法改正研究会・民法改正と世界の民法典253〜254頁所収））。

第II部　日本の債権法改正の論点

履行に基づく損害賠償請求権につき，故意，過失を要件とする場合の他に，より厳格なまたは緩和された責任が規定され，または債務関係のその他の内容，特に担保または性質危険の引受から引き出される場合を明示し（ド民276条1項），複線的な構造となっている。④日本でも古くは債務不履行責任は無過失責任と考えられていた。例えば，民法の起草者は，債務不履行における過失相殺について，債権者の過失による不履行の場合も債務者は不履行に陥るから，現行416条（原案412条）は，裁判所は損害賠償の額だけでなく，責任をも斟酌するとしたが，これは債務者の責めに帰すべからざる事由による不履行も，債務不履行となると考えられていたことを示すと指摘されている[3]。⑤特に潮見教授は，債務不履行責任についてどうして責任原因としての故意，過失を要件とするのか明らかでないとされ，当事者が契約締結にあたって対象の存否ないし給付の可能性につきどのような表象を抱き，どのようなリスク負担を想定して契約を締結したのか，および契約内容を実現するための履行過程で当事者としてどのような行動をとることが契約に照らして要請されるのかを吟味することが出発点に置かれるべきだという立場から，過失責任が妥当しない保証責任（結果責任）の妥当する範囲を広く解する見解に足がかりを与えられる[4]。⑥更には，20世紀後半から現在にかけて立法（作成）されたウィーン統一動産売買法（CISG），ヨーロッパ契約法原則（PECL），ユニドロワ契約原則（PICC），共通準拠枠（DCFR）のいずれも厳格責任の原則をとっていることも指摘されうる（CISG　45条1項b号，61条1項b号，74条〜77条，PECL　8：101条，PICC　7.4.1条，DCFR　Ⅲ-3：701条）。

（2）　白石友行「契約不履行に基づく損害賠償に関する理論モデルの変遷」（慶応大学）法学政治学論究74号（2007）259頁以下。結果において同旨：小野秀誠「給付障害の体系――給付障害の一元化，解除と危険負担」一橋法学4巻3号（2005）747〜748頁（不履行が不可抗力または偶然による場合に損害賠償義務が生じないと規定するフ民1147条，1148条を根拠とする）。現在のフランスの民法学者レミィは，債務不履行による損害賠償と称されているものは，契約上の債務の効果であり，等価物（金銭）による履行の強制だから，そこで帰責事由（フォート）や責任を語ることは誤りだという（レミィ（平野裕之訳）「契約責任，誤った観念の歴史」法律論叢74巻2，3号（2001）271頁以下，今野正規「フランス契約責任論の形成」北大法学論集54巻4号（2003）1410頁，5号1824頁，6号（2004）2414頁，白石友行「契約不履行に基く損害賠償の対象」（慶応大学）法学政治学論究75号（2007）284頁以下参照」。

（3）　小野・前掲論文一橋法学4巻3号749頁注1.
（4）　潮見・契約責任の体系（2000）2頁以下。

第 2 章　第 2 節　日本の債権法の改正とドイツ民法からの示唆

　これに対して，このような英米法的な無過失責任主義の立場に批判的な見解も主張されている。下森教授は，債務不履行があった場合に，債権者に生じた損害の救済手段である債務者の損害賠償責任を過失責任とするか，無過失責任とするかは国家の政策判断に属する問題であり，現代社会においては過失責任の原則を原則的に維持しつつ，債権者保護の要請が強い新しい紛争類型（消費者保護，安全配慮義務など）につき，特別の規定を設けて無過失責任を課せばよいと主張され，債務不履行の存在は帰責事由の存在と同義である，または債務不履行が発生すれば，結果としての無過失責任が賦課されるという一元的な立場に反対される[5]。筆者（半田）もこのような立場に立ちたいと考えている。このような過失主義（を原則とする）立場からは，上記の無過失責任主義の論拠のうち，①は，恐らく債務者の過失だけがその賠償義務の論拠ではないという趣旨であり，これは現行民法420条が損害担保特約の余地を認めていることからも問題ないものと思われる。しかし，日本の民法学者がこれまで英米法的なブリーチオブコントラクトの法理を日本に導入すべきだと考えてきたわけではない。②のフランス民法の立場については，フランス契約法は伝統的にフォートの原理（過失責任主義）に従っていて，レミィのような立場だけでなく，契約不履行による損害賠償を契約から生じる当初の債務とは異なる新たな債務だとする見解（ジュルダン，ヴィネーなど）も今なお有力であるだけでなく[6]，むしろ今日の実務は手段債務と結果債務を区別し，前者を過失責任主義に，後者を厳格責任主義（フ民草案1149条）に服せしめていると指摘されている。結果債務は不可抗力が唯一の免責事由であるが，手段債務では債務者は一定の目的に到達するために通常必要とされる注意を払う義務を負い，債務者がこうした注意を尽くさなかったことにつき責任があれば賠償義務を負担するというのである[7]。③は，ドイツの新債務法で新たに導入されたものではなく，過失責任を原則としながら，債務者の担保責任（無過失責任）の特約を合意することも妨げないとしたもので，新法以前からこのように解されていたことに変わりはなく，新法ではCISG, PECL, それにフーバーの当初の考え方な

---

[5]　下森・前掲論文成蹊法学64号71頁。
[6]　萩野奈緒「フランスにおける不可抗力の予見可能性要件をめぐる最近の動向」同志社法学59巻3号（2007）255頁，268頁以下。
[7]　リーゼンフーバー（渡辺訳）・前掲論文ジュリ1358号147頁（民法改正研究会・民法改正と世界の民法典253頁所収）。

第II部 日本の債権法改正の論点

どに触発されて，このことが明確化されたにすぎないというのが実情である。わが国でも無過失責任を含む損害担保特約の余地が認められていること（日民420条）は同様である。改正委員会試案でそれが原則化されることに問題があるのである。④は，債務者の履行が債権者の責めに帰すべき事由により実行できなくなった場合も不履行に加えられていたことや債務不履行に基く損害の発生または拡大につき債権者に過失があった場合に債務者の責任を免除することも認めること（日民418条）を債務不履行責任が無過失責任であることの論拠とするものであるが，この場合の不履行は，文字通り債務が履行されていない場合を指すのみで，債務不履行責任が無過失責任であることを積極的に示すものではないと考えられる。⑤は，まさに改正委員会が債務者の一般的な担保責任（無過失責任）を導入する論拠とされているものであるが，リスク負担というだけでは，どのような内容の債務不履行の要件，効果を盛り込むことも可能なのであり，特に改正委員会が，当事者（主に債務者）として抽象的な合理人を想定していて，具体的な（社会的経済的弱者である消費者や労働者を含む）人間を視野に置いていないのではないかと思われるところに危惧を感じている。また平均的な人間を想定する場合でも，債務不履行の場合に債務者の故意，過失またはそれに準じる事由を賠償の要件とすることは極めて合理的で妥当な解決であると考えられる。⑥については，一般的には確かにその通りであるが，英米法同様不可抗力免責が認められ，また損害賠償額が制限される（一定の場合を除いて契約締結時の債務者の予見可能な範囲の損害のみが賠償される（PECL 9:503条，PICC 7.4.4条，DCFR Ⅲ-3:703条)），その他PICCは，結果債務と手段債務を区別し，後者を最善努力義務と定義する。またPICCでも，PECLでも，黙示の条件を用いたりして，過失の要素を当事者が包含させる余地があるとされている[8]。またなによりこれらの新しいルールは，いずれも消費者や労働者が当事者である場合を除いた，事業者間の商取引に適用される取引ルールとして作られたものであり，弱者保護（消費者，労働者保護）が問題となる一般民法典では，過失主義を原則とする必要性が大きいと考えられる。

---

(8) リーゼンフーバー（渡辺訳）・前掲論文ジュリ1358号148〜149頁（民法改正研究会・民法改正と世界の民法典256〜257頁所収）。

第 2 章　第 2 節　日本の債権法の改正とドイツ民法からの示唆

(2)　検　　討
(イ)　厳格責任法の問題点
　近時のわが国の学説は，債務不履行の場合に債務者にそれについて帰責事由のある場合でなければ賠償義務を課さないドイツ民法の立場を斥け，英米契約法的な契約違反（breach of contract）の場合，債務者は無過失で債権者に生じた損害の賠償義務を負い，ただ不可抗力の場合に賠償義務を負わないとする者が多い。その論拠として説かれるのは，債務者は債権者との間で締結された契約において債務者が負担して給付の実現を確保する（保証する）立場にあるのが一般だということである。（保証責任）。これを債務者に帰責事由がある場合に含める立場もある。このような考え方の根底には，取引当事者が一旦履行義務を負った以上は，たとえその給付義務の負担が当該債務者にとって軽率であり，またはその履行が債務者にとって過重なものであっても，結果責任を負わせることが取引の信頼を高める上でも好ましいし，取引に関与する債務者に対しても自己責任の観点から許容されうるという考え方があると考えられる。債務者が債務不履行による損害賠償責任を免れるのは，（具体的にはどういう場合なのか明らかでないが）それが当事者によって想定されたリスク負担の範囲内でない場合に限られる。しかし，このような債務者に一般的に結果責任（保証責任）を課する立場を取り入れることは妥当でないと考える。まず債務者の債務不履行によって給付が実現できなかった場合に，債務者に債権者がそれによって被った損害賠償責任を一般的に債務者の過失（帰責事由）を要件とすることなく課すことは債務者にとって苛酷な結果を生じうることが挙げられる。例を挙げて考えてみたい。
　一家の主人であるAは，生活の資を得るために事業者Bの広告している商品配送事業に加入することにした。Bは，応募者との間で労働契約を締結するのではなく，契約者を独立事業者とし，商品運送の実績に応じて事業委託料を支払うというものであった。そのためAは社会保険にも入れず，また運送用車輛の維持費や管理費，燃料も自前である。ある日顧客Cからの商品の運送の依頼があり，Bを通じてAが業務を担当したが，指定期間内に商品を届けられなかったためCに多額の損害が発生した［ケース19］。
　この事例においてAがその運送を完遂した場合に得られる報酬が1万5000円だったとしよう。近時の学説（保証責任説）の立場では，Aは運送の遅延につき過失がなかった場合でもCにその被った多額の賠償をしなければならな

369

い。損害賠償額の範囲に関する制限規定（日民416条など）や期限内に届かなければ多額の損害が発生することをAに伝えていなかったことによる過失相殺規定（日民418条）が適用されて賠償額が軽減されることがあったとしても基本的にこのことは変わらない。契約違反による損害賠償責任の要件として債務者に過失（帰責事由）を要求するのは，まさにこのような場合を考慮したためではないかと考えられる。経済的合理人であれば，様々なリスクを考慮して適正な価格（報酬）で債務を引き受けるのが通常であろう。しかし，生活に追われて十分なリスク計算をしないまま取引をする場合も数多く存在するのである。債務を負担した者が契約上定められた（要求された）給付をすることができなかった場合でも，それについて故意，過失その他の帰責事由がなければ（取引上要求される注意を尽くしていれば），それによって債権者に生じた損害を賠償する義務は負わないというのが現在までの過失主義の立場であり，債務を契約により一旦引き受けた以上，無過失でも賠償責任を負うのが原則だとするのは問題が多いと考えられる。その意味では，過失責任主義を廃してリスク負担に基く無過失責任主義を導入する改正委員会の立場を，契約において債務者が引き受けていなかった事由に基く債務不履行については，債務者は損害賠償責任を負わないとするもので，債務者の責めに帰すべき事由の有無を評価しようとしている従前の処理方法を明確にすることこそあれ，これと矛盾するものではないとする説明[9]は，むしろ無過失責任主義が本質的に有する社会的経済的弱者にとっての危険性を曖昧にするものであって，誤導的であるとすらいうる。

　給付（義務）と（不履行によって債権者に生じた）損害の等価を説く者もあるが，これは正しくない。なぜならば，ケース19で挙げているように不履行により債権者が受ける損害はしばしば給付の価額を上回るからである。給付額の数倍，数十倍に上ることも少なくない。したがって，英米契約法のように債務者に保証責任（結果責任）を負わせることは，債務者にとって苛酷な結果を将来することが多くなって好ましい制度とはいえないと考えられる。

　それではどうして英米法でこのような結果責任（保証責任）の制度が生成したのであろうか。筆者は，①イギリスは伝統的に判例法の国であり，しかも契約法理論体系はもともと大陸法におけるほど発達していなかったところから，

　（9）　民法（債権法）改正検討委員会編・債権法改正の基本方針137頁参照。

第2章 第2節 日本の債権法の改正とドイツ民法からの示唆

契約責任について無過失責任（保証責任）の立場に立った判決が個別的な事件の解決として登場し，爾後それが先例拘束性の原則によって後世に伝えられた[10]，②イギリスでは13世紀以来敗訴者弁護士費用負担の原則がとられており，そのために財産を持たない者が訴訟を起こすことが困難であったため，裁判官が基本的に弱者保護を考慮に入れる必要がなかったという二つの点に論拠が求められるのではないかと考えている。

しかし，英米で，サービス提供契約に関して「サービスを提供する契約においてサービス提供者が事業を遂行する中で行動する場合には，当該サービス提供者は合理的な注意および技術を用いてサービスを行うという黙示の条件がある」と規定され（1982年イギリス物品供給およびサービス提供法13条），これが過失責任主義を定めていると解されているような例外的な場合があるにせよ，契約責任（保証責任）が一般的に債務者にとって苛酷だから，過失責任主義を採用すべきだという声があまり聞かれないのはどういう理由によるのであろうか。その理由をリーゼンフーバー教授は，①英米法では不履行による損害賠償が原則として契約締結時に予見可能な損害に制限されること，および②コモンローでは大陸法で一般に認められている給付義務の履行（特定履行）が通常の法的救済方法として認められていないことに求める[11]。筆者は，このような事情と並んで，③英米では債務者の免責を認める寄与過失の法理が存在するほか，債権者に一般的に損害軽減義務が課されていること，および④日独におけ

---

(10) 中世のイギリスでは，私的被害を受けた当事者が裁判上の救済を受けるためには，令状（writ）の方法によるしかなかった。Humber Ferry Case（1348）では，被告が原告の馬を舟でハンバー川を渡って運ぶ義務を負ったが，舟が沈んで馬が溺死したため，所有者が損害賠償を求めた。この時までに契約上の請求権は捺印証書令状（writ of covenant）と金銭債務令状（writ of debt）しか知られておらず，損害賠償令状としては侵害訴訟令状（writ of trespass）があるのみであった。そこで領主（裁判官）は，侵害訴訟を類推して場合訴訟（action on the case）を認めた。被告が顧客の財産を対岸まで傷つけないで運ぶ義務を公衆に対して引き受けた（assumpsit）というのである。この判決を基礎として引受訴訟令状（writ of assumpsit）が15～16世紀に他の契約不履行の事例に拡大された（Zweigert/Kötz, Einführung in die Rechtsvergleichung auf dem Gebiete des Privatrechts, 3. Aufl., 1996, S. 182 f.）。

(11) リーゼンフーバー（渡辺訳）・前掲ジュリ1358号146～147頁（民法研究会・民法改正と世界の民法典252頁所収）。英米法における契約違反の場合に認められる賠償責任の範囲が狭いという指摘として，広瀬久和「ヨーロッパ民法典への動向が語るもの」ジュリ1361号158頁（民法研究会・民法改正と世界の民法典473頁所収）。

371

第II部　日本の債権法改正の論点

る過失責任主義に相応する債務者のための責任緩和装置（フラストレーション法理，不可抗力（vis major）概念）が存在することを挙げたい。③の寄与過失の法理は，厳格責任のもとで始めて理解される法理であるが，債権者の損害回避義務は，内田教授が日本の民法の解釈論としても主張され，近時日本の最高裁にも影響を及ぼし始めたものである[12]。④はまさに英米法のブリーチオブコントラクトを大陸法の過失主義と実際上ほとんど区別なくさせる概念である。不可抗力（フラストレーション）の概念を柔軟に捉える限り，（零細な）債務者を契約責任に基づく損害賠償責任から免除すべき場合に，この法理を活用して免責の結果を導くことが可能となる。日本でも不可抗力という概念は法律上も明示されており（日民419条3項など），以前から認められている概念であるが，両者の異同については必ずしも一致した理解は存しない。もともと明治時代の民法起草者において債務者に帰責事由がないことと不可抗力との関係について必ずしも意見が一致していなかったといわれるし[13]，今日日独で認められている過失責任主義も，必ずしも厳密な意味での過失がある場合に責任を限定するのではなく，履行補助者に過失があるに過ぎない場合や責任の原因が債務者側にあるに過ぎない場合（領域説）も含み，不可抗力免責との違いは相対的である[14]。しかし，不可抗力免責とは，債務者にとって履行できないことがその責任だといえない場合に，賠償義務を免除するというものであり，過失主義との違いはわずかである。わが国でも無過失による免責の方が，不可抗力免責よりも範囲が広いとするのが多数説とされてきたが，その違いはわずかだといえる。次にフラストレーション法理との関係であるが，特にわが国では，既述のように事情変更の原則について戦前から厳格な立場を採用してきたため，新債務法で契約責任につき結果責任説を採用すると法の断絶という問題が起こってしまい，また不法行為法で認められている過失責任主義と契約責任の分野での事情変更の原則（フラストレーション法理）の採用という体系的に不調和な

---

(12) 内田貴・民法Ⅲ［第3版］（2005）124頁，167頁。最判平成21・1・19判時2032号45頁，判タ1289号65頁。

(13) 広中・星野編・民法典の百年Ⅲ 10頁［中田裕康］。

(14) DCFRⅢ-3：104条(1)，ヨーロッパ民法草案（2004）4：305条(1)の規定する不可抗力免責の範囲と日本民法の帰責事由の認められない範囲がほぼ同じであることを指摘するものとして，石崎泰雄「債務不履行の要件をどのように考えるか」椿他編・前掲書199頁がある。

第2章 第2節 日本の債権法の改正とドイツ民法からの示唆

理論を招来するという問題が生じる。これらは，過失責任主義に代えて，不可抗力免責の法理を採用する場合も同様にあてはまる。

(ロ) ドイツでの近時の議論

ドイツの2001年新債務法は，既述のように，債務不履行による損害賠償責任につき過失を要件とする立場を原則としながら，保証責任（結果責任）もまた当事者間の合意により発生させることを明示した。しかしドイツでも，主に英米法に造詣の深い学者や英米契約法の影響を強く受けた学者によって保証責任を原則とする立場が説かれているし[15]，フランスの不可抗力免責法理を研究してドイツ法との比較を論ずる論者も現れている[16]。更に，日本法にも造詣が深いドイツのリーゼンフーバー教授がこの問題について近時論文を発表している[17]。それによれば，①過失原則は厳格責任の原則よりも倫理的である。また意思自治の原則や信頼責任の原則が両主義によって論拠として引き合いに出されるが，ドイツの過失責任の原則は純粋な過失原則ではなく，特殊な契約類型での例外則，遅滞中の厳格責任，担保の推定，客観的な過失概念，過失の推定などによって示されるように折衷的な体系であるから，これらの論拠は相対的である。英米法の厳格責任の論拠として説かれる pacta sunt servanda についても同様である。②厳格責任の方が経済的な効率性を増進させるともいわれるが，純粋なモデルケースを考えればともかく，実際上は寄与過失，当事者の危険評価能力，その他の様々な事例ごとの変異などを考えると必ずしも決定的ではない。もっとも，争訟になる確立は厳格責任の方が少ないといわれる。

---

(15) ド民280条1項の解釈論としてイギリス法やウィーン統一動産売買法（45条1項 b, 61条1項b）の立場（保証責任（Garantiehaftung））を採用すべしという見解も説かれ始めている（W. Schur, Leistung und Sorgfalt, 2001, S. 81 f.; H. Sutschet, Garantiehaftung und Verschuldenshaftung im gegenseitigen Vertrag, 2006, S. 1 f.（契約の本来的給付に代わる債権者の利益の填補は，履行請求権と同じ内容を意味する）; W. - T. Schneider, Abkehr vom Verschuldensprinzip? 2007, S. 289 f.（債務者が無過失の立証をすることも，義務違反がなかったこと（損害の引受をしていないこと）の立証をすることも変わらない））。ドイツ契約法の原理として保証責任を説いたものとしてつとに，Rheinstein, Die Struktur des vertraglichen Schuldverhältnisses im anglo-amerikanischen Recht, S. 158 が挙げられる。

(16) W.-T. Schneider, a. a. O., S. 5 f.

(17) K. Riesenhuber, Damages for Non-Performance and the Fault Principle, ERCL 2008, p. 143 f. リーゼンフーバー（渡辺訳）・前掲論文ジュリ1358号141頁以下（特に150頁以下）（民法改正研究会・民法改正と世界の民法典241頁以下所収）。

第II部　日本の債権法改正の論点

③いずれの法系でも債務者に最善の努力義務を課す条項（a best efforts-clause）が許容されているし，厳格責任には予見しうる損害の賠償への制限条項や過失相殺条項が伴なうことが多い。また過失責任をとっているところでも，金銭債務の場合や遅滞中は厳格責任がとられているし，無償契約の場合や使用者の（労働者に対する）責任も修正が加えられている。過失だけが賠償責任を認めるための唯一の要件であるのではなく，英米の法律家も黙示の条件で責任を認めるに足りることを認めている。④倫理的な思考をする限り，過失主義（ド民307条2項1号）をとるしかない。また私的自治に基づく法体系においては過失原則が当事者の類型的意図を最もよく反映するルールと考えられる。（国際）商取引や金銭債務のような場合は例外となる。過失原則から厳格責任の原則に転換することは可能であるが，それは確立された（商業上の）実務を破壊し，または少なくとも移行のためにかなりの費用を要することになろう。⑤これまで過失責任によって支配されていた体系に保証責任の原則を導入するとどういう結果を生じるのであろうか。これは法の移植の問題である。ドイツではブリーチオブコントラクトの法理は，過失原則と相容れないと考えられている。ドイツ法では付随義務が債権者の完全性利益を守っているが，これは不法行為法と同じ機能を果たす。過失という要件を外すだけでは実務の要求を満足させることはできず，責任の適度な制限のための代わりの手段をどうするかが問題となるであろう。過失責任から保証責任への転換（またはその逆）は，責任制限のための新たな要素が責任の望ましい水準に導くかどうかの徹底的な検討を必要とする。コモンローは過度の損害における完全な相殺（寄与過失）のルールと結びついた厳格責任を想定しているのかもしれないし，ドイツ法では過失責任と（賠償範囲に関する）予見可能性ルールとの結びつきは，制限的でありすぎるのかもしれない。またコモンローが特定履行を一般的な救済手段と認めていたとすれば，厳格責任を認めるべき事例は少なくなったかもしれない。逆にドイツ法で特定履行が一般的に認められていなければ，過失原則は説得力を持たなかったであろう。この問題は日本でも同様のはずである。⑥近時の多くの国際統一法ないしヨーロッパ統一ルールでは，契約責任の原則として厳格責任を採用する傾向が強い。しかし，過失責任から厳格責任へ（またはその逆）という転換により契約責任の確立した体系および確立した商取引の実務を破壊することは好ましくない。「壊れていないものは修理するな（If it ain't broke, don't fix it）」というのが最も健全な立法にあたっての箴言であろう。

第 2 章　第 2 節　日本の債権法の改正とドイツ民法からの示唆

(ハ)　結　　論

　以上に述べたリーゼンフーバーの見解によると，ドイツの過失責任の原則も，英米の厳格責任の原則も，各々固有の歴史と文化の中で生成してきたものであって，特定履行を一般に認めるか，損害賠償の範囲について完全賠償の原則をとっているか，制限賠償の原則をとっているか，寄与過失の法理を認めているか等の問題と密接に絡んでおり，契約責任について厳格責任を導入しただけでは問題は解決せず，他の関連する法制度についても変更ないし改訂を余儀なくされるため，一方の原則から他方の原則に転換するためには莫大な費用と問題解決の努力をしなければならないのであり，得策でないから，過失主義を採り続けることに特に支障がないのであれば，従来通りの原則に従うのが無難だということになろう。しかし現在のわが国の厳格責任導入説は，契約責任の厳格責任化と並んで英米契約法的な特定履行の適用制限や賠償範囲の制限，債権者の損害回避義務もまた導入しようとするから，かようなリーゼンフーバーの指摘だけではなおこれらの近時のわが国の立法化の動きを抑えることはできない。

　近時のわが国における契約責任厳格化の動きは，これまで長い間日本の契約法の模範となってきたドイツ法を去ってアメリカ契約法に再編しようとするものともみることができる[18]。このような立場では，アメリカ契約法の原理を導入することによって最初は様々な軋轢を生じるかもしれないが，そのうち人々はそれに慣れ，またそれに対応することを助ける判例や学説も展開されて，次第にそれに同化していくことを期待することになろう。しかし，筆者は，過失責任を厳格責任に置き換えることは，このような法技術的な問題を超えた，我々の日常生活に直接影響を及ぼすもっと大きな根本的な問題をはらむと考える。上記(イ)でも触れたが，契約責任を厳格責任とする，すなわち人が債務を負担した場合に過失なしに債権者が被った損害の賠償義務を負わせることは，債務者のそれについての予見可能性（日民 416 条 2 項）や過失相殺（日民 418 条）といった歯止めが用意されるとしても，債務者に苛酷な負担を負わせ，債務者の家産を失わせ，破産を余儀なくさせる場合も大いに考えられるからである[19]。日々の生活に窮している者は，十分なリスク計算をすることなく生活の資を得

---

[18]　鈴木仁志「民法（債権法）改正の問題点」自由と正義 60 巻 2 号（2009）101 頁参照。

第II部　日本の債権法改正の論点

るために事業者との間で不利で，不安定な内容の契約を締結し（締結させられ），しかもその契約に基づく債務がその責めに帰すべきでない事情により履行できず，または不完全に履行した場合でも，（それが不可抗力によることを証明できない限り）債権者が被った損害の賠償義務を負わされる。その額に制限はない。この点が厳格責任をとった場合の最も重要な問題なのである。ドイツの学説は，これを過失主義の方が倫理的だというだけであるが，その持っている意味はもっと深い。潮見教授は，契約責任に基づく損害賠償義務につき過失を要件とする理由がわからないと主張されるが，（零細な債務者を含む）債務者が，その責任なく債務の履行ができない場合に苛酷な損害賠償責任を負担することを防ぐために，債務者の過失（帰責事由）が要件とされると答えられる。大企業と中小企業の間の契約についても同じことがあてはまる。事業者や大企業が消費者（労働者）や中小企業に対して債務を負担する場合には，厳格責任を採用してもよいかもしれないが，この場合でも過失主義を採用する方が合理的であろう（企業は合理的な費用計算ができる）。ドイツ法主義（過失責任主義）の立場でも，債務者側に債務を履行できなかったことにつき過失または信義則上それに相当する事由があれば債権者に生じた損害を賠償する義務を免れないが（日民415条，416条），この場合は債務者としては弁解の余地はない。近年この過失（帰責事由）の客観化や拡大の傾向が顕著であるが，これは主に専門家や事業者の責任について認められているのであり，ここで問題としている零細な債務者の保護の問題とは平面を異にする（矛盾しない）。

　しかし，上記の議論は重要な一つの論点を度外視した議論であり，その限度で正確でない。それは英米法でも債務者は不可抗力（ないしフラストレーション）の抗弁が認められているということである。不可抗力の抗弁は，その言葉の字義通りに捉えれば，既述のように債務者の責めに帰すべきでない事由よりもその範囲は狭い。もっとも，わが国の判例には不可抗力と債務者の責めに帰すべきでない事由をほとんど同義に用いているものも少なくない[20]。不可抗

---

(19)　現在では債務者の負う義務は，給付義務と付随義務（誠実義務）に分けられることが広く認められている。英米法で認められている厳格責任はもともと前者に関わるものである。後者についても厳格責任を認めることも可能であるが，不法行為責任との均衡論からするとこの立場はとりえないであろう。しかし，そのように解するとしても，なす債務の場合は（個々の事例でどの範囲まで含まれるかという問題があるものの），給付義務に含まれる限りで厳格責任の原則があてはまることになる。

第 2 章　第 2 節　日本の債権法の改正とドイツ民法からの示唆

力を狭く解するとしても，フラストレーションを加えると，英米法においても債務者の履行不能等の場合の免責の範囲は，帰責事由のない場合に免責を認めるドイツやこれまでの日本の立場とほとんど違いはないことになる。そこで契約責任について厳格責任の原則の導入を説く学者の一人である内田教授は，フラストレーション法理に相当するわが国の事情変更の原則の適用範囲を拡大することによって，厳格責任の原則の導入によって生じる不都合を是正することを提案される。しかし，わが国では判例は伝統的に事情変更の原則の適用を極めて制限的に解してきた。このような立場は戦前戦中に日本政府が発行した各種の債券や日本軍の発行した軍票の償還請求訴訟でも一貫して採用してきたところであり，英米法的な契約責任原則を導入するのと引き換えに事情変更の原則の拡大を図るというのでは法的一貫性を欠くことになって，好ましくないと考える。

　過失責任から厳格責任の原則に移行することは，偶々（運悪く）債務者の責めに帰すべからざる事由と不可抗力ないしフラストレーションとの間の僅かな隙間に落ちた零細な債務者を保護することができなくなるという消極的な作用を有するにとどまらない。契約責任（損害賠償責任）の一般原理として厳格責任主義を採用し，不可抗力ないしフラストレーションによる免責を例外とする立場を民法典の中で宣明する以上，以後の実務はそれを前提として組み立てられていくことになる。現在の日独の民法典でも当事者間の特約で債務者に過失（帰責事由）がない場合にも債務者に債権者が不履行により被った損害の賠償責任を課すことは可能であるが（損害担保特約）（ド民 276 条 1 項，日民 420 条），過失責任が原則であり，当事者間で特約によりかような合意をなしうるにすぎない。事業者としては零細な債務者が相手である場合は，契約条項ないし約款に損害担保特約を挿入することがはばかられて（企業は社会的非難を浴びる），これまで事実上零細な債務者が無過失損害賠償責任を免れてきたと考えられる。しかし，民法典中に厳格責任の原則が宣明されれば，事業者が約款に過失責任であることを明記しない限り，相手方は当然に無過失責任（結果責任）を負うことになる。事業者は契約条項ないし約款に無過失責任である旨を宣明する必要はない。契約条項中に債務者の義務の範囲をできるだけ詳細に（網羅的に）記述しておけば，債務者がそのいずれか一つに違反し，それによって債権者に

---

　(20)　平井宜雄・債権総論［第 2 版］80 頁参照。

第II部　日本の債権法改正の論点

損害が発生すれば，債務者は理論的に無制限にその賠償義務を負わなければならない（場合によっては債務者はそれにより家産を失い，破産者に転化する）。厳格責任主義を採用する場合の最大の問題点は実にこの点にある。しかし，事業者が債務者で，零細な庶民が債権者である場合もこの原則は平等に適用される。この意味では，厳格責任の立場をとってもその苛酷さは当事者双方に平等に関わるのだから，構わないという論も成り立ちうることになる。しかしながら，事業者が当事者である場合は，契約条項ないし約款中の条項の書き方を工夫して，自己に有利な内容の契約文言にしておくことが比較的容易になされうる。したがって，契約責任の厳格責任化によりほとんど専ら不利益を被るのは，労働者，消費者といった零細な庶民や（大企業に対する関係での）中小の事業者である。商人間の取引においては，合理的な資本計算に基いてそれがなされる限りにおいて，厳格責任の原則をより受け入れやすいといえるかもしれないが，それは当事者間の力関係が均衡している場合であるか，または公平な取引慣行が生成している場合だということになろう。イギリス法で厳格責任の原則がコモンローによって導入されたのも，商人間取引が前提になっていた可能性もある。またウィーン統一動産売買法（2条(a)）やユニドロワ契約原則が厳格責任の原則を採用していることも，英米法の影響のほか，消費者取引には適用されない（商人間取引に適用される）ことと相関的に考慮されるべきかもしれない[21]。

以上要するに，過失責任の原則は，少なくとも当事者の一方が労働者，消費者等の零細な庶民である場合に，約旨に反する結果として給付の価額に比してしばしば巨額になる賠償義務を負担させることを制限するという経済的弱者にとっての安全装置であり，立法主義として厳格責任よりも優れていると考えられる。厳格責任の立場に変えようとすると事情変更の原則その他数多くのルールもまた手直しする必要がでてきて得策でないという指摘もあり，その事自体その通りだと考えられるが，筆者は，過失責任主義から厳格責任主義への転換は，単に移行措置だけの問題にとどまらない，もっと大きな意味を持っていると考える。日本民法がフランス民法やドイツ民法の影響のもとに成立したこと

---

(21) ユニドロワ契約原則（およびヨーロッパ契約原則）についても同様である（広瀬久和・前掲論文ジュリ1361号158頁，内田貴「今なぜ債権法改正か？」NBL 872号（2008）73頁参照）。

は誰しも否定しないところであり，過失責任としての契約責任も民法典制定後のドイツ民法学の圧倒的な影響を抜きにしては語れない。しかし民法典制定後110年を経過し，その間学者，裁判官，弁護士等の先人の努力によって築かれた柔軟な解釈によって変質を遂げ，成文法主義に立脚しながらも，実質的には判例法主義に近い独自の法体系を形成してきた。それはまさに日本がこれまでに形成してきた誇るべき文化遺産といえる。基本構造を改めるには相当な慎重さが要請される[22]。契約責任を一般的に過失責任と捉えることによってこれまで実務，理論になんらかの支障を生じたのであろうか。答えは否である。その意味でリーゼンフーバーのいう「壊れていない機械を修繕するな」との箴言がまさにこの場合についてあてはまる。過失概念が（債務者が専門家，事業者である場合など）緩和されてきたことも確かである。しかし，英米法的に無過失責任主義をとるべきだとまではいえない。なぜならば，厳格責任に変える場合は他の関連する制度もまたそれに合わせて改訂する必要があるだけでなく，基本原則を変えることにより理論，実務上の混乱が（長期間にわたり）生じるし，なにより債務者が零細な場合など弊害が生じるおそれが大きいからである。

3　消費者契約に関する規定の民法典への統合

(1)　消費者契約規定の民法典への統合の可能性

2001年制定のドイツ債務法現代化法の著しい特徴点の一つは，訪問行為取消法，消費者信用法，約款規制法，通信販売法，一時的居住権法などを民法典に統合したことである。これはドイツ債務法現代化法の起草者によれば，数多くの特別法を制定するとルールがどのように定められているか一般の人々が知ることが困難になること（見通しの悪さの是正）に求められるが，債務法改正に大きなインパクトを与えたECの消費者関係指令の国内施行の要望の実現にとってEC指令に沿った改正を民法典の枠内で行う方がその目的をより達成しやすいと考えられたこと，および数多くの消費者保護規定を特別法で定めると私法の中核となる法典としての民法典の地位が完全なものとはならないと考えられたことにもその根拠が求められる[23]。ドイツ新債務法の消費者関係特別

---

(22) 川井健「債権法改正のあり方について」椿他編・前掲書9頁。
(23) 潮見・契約法の現代化391〜392頁。R. Zimmermann, Schuldrechtsmodernisierung? JZ 2001, S. 178.

第II部　日本の債権法改正の論点

法の統合の概要を以下に示そう。①訪問行為撤回法や通信取引法が規定していた消費者の撤回権，物品返還権が契約総則中に一括して規定された（ド民312条，312d条など）。②訪問販売と通信販売に関する規定は，討議草案では電子商取引に関するものを除き売買の箇所に置かれていたが，整理草案以降は電子商取引に関する規律の一部をも取り込んで契約総則に置かれた（整理草案311d条以下，ド民312条～312f条）。これは撤回権，物品返還権，契約内容の開示，事業者の説明，情報提供義務が契約締結過程に関するルールと解されたためである。③約款の組入れと内容規制に関するルールは，討議草案から一貫して債務法総則に組入れられている（ド民305条以下）。④EC消費用動産売買指令のルールが民法典の売買に関する部分に組入れられた[24]。

　潮見教授は，消費者契約に関する法律を民法典に統合することについてドイツであまり批判が出ていないのは，もともと対等市民間の契約に適用されることを前提としている民法典の中に経済的社会的力の懸隔のある当事者間への適用を念頭に置いている消費者保護法を組入れることは，異質なものを同じ法典に取り込むというのではなく，従前の対等当事者間の取引をモデルとした民法上の規律を所与としたうえで，これを破壊することなしに消費者契約に関する規律を統合しようとしているからだと主張される。ドイツ民法の現代化は，近代民法典の基本原理である，契約者自らの意思に基く自己決定，自己責任の原則を崩さないで，消費者も自己決定主体として位置づけられ，自己決定結果に対する自己責任を負担すべき主体と性格づけられたうえで，自己決定のプロセスを支持し確保するために現代社会で必要と思われる補強が民法典に統合された規律によりなされているというのである。これはいわば近代のうえに構築された現代であり，近代民法の基本原理や価値レベルでのパラダイム転換は必要でなかった。ここで統合される消費者契約に関する規律は，借地借家法や労働法に代表されるような社会的弱者保護に出た立法とは違ったスタンスによる。ドイツ債務法現代化の動きを一言でいえば，消費者契約関連の特別立法の方法により民法を現代化するのでなく，過去の成果を取り込んで民法典そのものを現代化することである[25]。

　上記のように潮見教授は，消費者関係特別法ないし消費者保護に関する特別

---

(24)　潮見・契約法理の現代化393～394頁。
(25)　潮見・契約法理の現代化396～397頁。

第2章　第2節　日本の債権法の改正とドイツ民法からの示唆

ルールが民法典の中に組入れられた論拠を，これらのルールが消費者の自己決定，自己責任の原則を否定するものではなく，事業者に情報提供義務を課したり，クーリングオフ規定を設けたりすることを通じて自己決定プロセスを単に支援し確保するにすぎないことに求めている。しかし，筆者は単にこのことだけで消費者関係法規の民法典への組入れが説明できるとは考えない。借地借家特別法は，日本では民法典の外に出されているが，ドイツでは民法典中に置かれているものが多い（ド民549条以下）[26]。労働関係法規は，ドイツでも日本でも特別法が民法典の外に規定されている（イタリアやオランダでは民法典中に含まれている）。日本では近時労働契約法（平成19年法律128号）が単行法として規定されたが，労働契約法はむしろ，使用者と労働者とが対等な立場にあることを前提とする法律だと読むこともできる（特に3条）。また製造物責任法は，ドイツでも日本でも特別法とされているが，ドイツでは2001年の債務法現代化法制定に際して，製造物責任は民法の一般的責任原理である過失責任とは異なる無過失責任を定めているという理由で，民法典への組入れは見送られたといわれている。

その他の消費者保護関係法規に目を転じてみると，消費者契約法（平成12年法律61号），特定商取引法（昭和51年法律57号（平成12年法律120号により改称）），割賦販売法（昭和36年法律159号）などはいずれも民事特別法として規定されているが，それらの多くは一方の当事者が事業者であり，他方当事者は消費者であるか（消費契約1条）またはその者にとって商行為でない等の要件が課されている（割賦4条の4, 8項2号，5条3項，29条の3の2, 2項，29条の3の3, 8項2号，30条の2の2, 2項，30条の2の3, 8項2号，30条の2の4, 3項，30条の4, 4項2号，特定商取引26条1項1号，50条1項1号，59条2項）。金融商品販売法（平成12年法律101号），金融商品取引法（昭和23年法律25号（平成20年法律28号により改称））は，一方の当事者は金融商品販売業者等の事

---

(26) 磯村教授は，借地借家特別法の民法賃貸借規定への取り込みにつき，日本では借地権については地上権も含むため問題は複雑であり，少なくとも借家権については民法典に取り込むことも十分可能とされる（磯村保「民法と消費者法，商法の統合についての視点」ジュリ1356号186頁（民法研究会・民法改正と世界の民法典200頁所収））。これに対して内田勝一教授は，建物所有目的の地上権を賃貸借契約と統合する（債務法に解消する）ことを通じて，不動産賃貸借特別法に含まれる私法的規定を民法の賃貸借の節に組み込むべきだと主張される（内田勝一「賃貸借契約の全体的な見直しは必要か」椿他編・前掲書208頁以下）。

第II部　日本の債権法改正の論点

業者であり，他方当事者は顧客とされているだけで，法文上は特に制限はない。このような現行規定をみると，金融商品販売法と金融商品取引法は，金融商品が取引の対象となっていることを特徴とする特別法で保護の対象は消費者に限定されていないが[27]，他の消費者保護特別法は，いずれも概ね消費者保護を目的とするものということができる。この点はドイツでも同様であるが，ドイツでは1998年に民法典に事業者，消費者に関する定義規定（ド民13条，14条）が置かれたことを梃子として，2001年には消費者信用法，割賦販売法等の一連の消費者関連特別法が民法典中に組入れられた。潮見教授は，前記のようにこれを捉えてドイツ民法典に組入れられたこれら民事特別法は，平等な立場にある契約当事者関係ないし各当事者の自己決定，自己責任原則という近代民法典の基礎を維持しながら事業者に説明義務その他の行為義務を課すという補助ルールの修正であるがゆえに可能となったものだと説明されるが，それは必ずしも事態を十全に説明するものではない。消費者保護関係法は，確かに優越した取引に関する知識，経験を有する当事者（事業者）に撤回権についての説明義務その他の行為義務ないし不実告知を行った場合の制裁に関する数多くの規定を含むが，それと並んで当事者間の契約内容が一方にとって不利な場合の約款規制（消費契約8条〜10条）や片面的強行規定であることを明示する規定も含む（割賦4条の4, 7項，5条2項，29条の3の3, 7項，30条の2の3, 7項，30条の2の4, 2項，30条の4, 2項，特定商取引9条8項，24条8項，40条4項，40条の2, 6項，48条7項，58条4項）。平等な当事者関係を前提とする民法のアンチテーゼとして主に20世紀になって展開した各種の社会経済法，借地借家法は，概ね特定の種類の契約についてその効力の全部または一部を強行法的に無効とし，または一定の基準を遵守しない場合に当事者の一方に制裁を課することを特徴とする（独禁3条，7条，7条の2, 1項，9条，20条など，労基13条，借地借家9条，16条，21条，30条，37条，労契12条，13条）。これらの民事特別法と消費者保護関係特別法との違いは，前者が社会的経済的弱者の保護法で

---

(27)　ドイツの金融市場における投資家保護については，金融商品市場指令の実施細則案（Anforderungen der Richtlinie 2004 / 39 /EG über Märkte für Finanzinstrumente, ABl. EU 2004 L 145 / 1 （samt den Durchführungsbestimmungen in Richtlinie 2006 / 73 /EG, ABl. EU 2006 L 241 / 26, und Verordnung 1287 / 2006. ABl. EU 2006 L 241 / 1）参照。金融商品市場指令は，投資家への助言についての統一的な基準を定める。BGH, HJW 2007, S. 1876 をも参照。

第2章 第2節 日本の債権法の改正とドイツ民法からの示唆

あるのに対して，後者が対等の当事者間に適用されるルールとしての市民法の原理の特徴を維持していることに求めるよりも，いずれも一般的には社会的経済的弱者の保護に向けられた特別法であるが，各々の規制目的を最もよく達成するために個別的な規制の仕方が異なっていると見る方がうまく説明できるのではないかと考える。労働関係法や借地借家法では，契約締結に際して使用者，貸主に情報提供義務やその他の行為義務を課するよりも端的に契約内容を規制する方が立法目的に適すると考えられるのに対して，消費者保護特別法では，事業者は多種多様の商品，サービスを消費者に供給して利益を挙げることを目的としており，一定の基準に達した商品，サービスが適性価格で提供される限り問題は生じない。問題となるのは，セールスマンによる不適切かつ過剰な説明を受けて，不必要な商品，サービスや一定の基準に達していない商品，サービスを無理やり買わされる場合や商品，サービスを不相当な価格で買わされる場合である。このような取引類型では，一律に契約の効力の全部または一部を無効にするのではなく，事業者に重要な情報の提供や各種の説明の義務を課したり，不実告知を禁止したり，一定の冷却期間を置いて無条件の契約の解消権を消費者に与えたりすることが消費者保護には適切であるとともに，このような規制の方法は商取引活動の拡大とも矛盾しない。もちろんクーリングオフ期間や事業者の解除権，予定賠償額の制限，第三者が融資（立替払）する場合の抗弁の接続等一定の場合には，強行規定として消費者は保護される。消費者契約法には，任意規定に反して消費者に不利益を与える契約条項が信義則に反する場合にその効力を否定する規定も設けられている（10条）。他方において，社会経済法，借地借家法にも，債務者，貸主の情報提供その他の行為義務（に相当する）義務も見出せないわけではない（労働基準法上の労働条件明示義務（15条），解雇予告義務（20条），安全衛生のための措置を講ずべき義務（96条），法令等を周知させる義務（106条），労働契約法上の安全配慮義務（5条），借地借家法上の定期建物賃貸借に際しての説明義務（38条2項））。このようにみてくると消費者保護関係特別法では自己決定，自己責任の原則が維持されており，それ以外の社会経済法ではそれが維持されていないとみることにどれだけの合理性があるか疑問である。ただ消費者保護関係法規では，当然無効としないで取消権を付与するにとどまっている場合が少なくないこと（クーリングオフや不実告知，断定的判断の提供等の場合）は，確かに消費者の自己決定の余地を残したものといえるが，これも商品，サービスの販売，提供という取引類型の特性に求

第II部　日本の債権法改正の論点

められないであろうか。また近時制定された労働契約法は，既述のように使用者と労働者が対等の当事者関係であるという前提で立法された特別法であるが，そうだとすると同法は潮見教授の立場では，民法典中に組入れられるべきことになるのであろうか。

　確かに契約当事者が自由に契約を締結できるという立場をとることを原理としている民法典の中に，不公正な取引をしたり，価格協定を結んだりした事業者の行為に規制を加える独禁法のルールを導入することは，異質なルールを持ち込むことになり，適切とはいえないが，それ以外の民事特別ルール，特に消費者保護関係特別法を民法典に取り込みうるかについては，それが事業者対消費者またはそれに準ずる立場にある者に適用されるという構造ないし適用範囲の限定を内含する限り，伝統的な立場ではこれを否定的に解すべきであろう。しかし，そもそも民法とは一般の人々に適用される私法であり，市民革命により成立したブルジョア階級に妥当していた一般私法という歴史的な経緯から離れ，今日のような大量生産，大量消費，大衆文化の時代の一般市民に適用される法というように定義すると，一般人が広い範囲で当事者となる取引においては，今問題になっている消費者が日常的に商品，サービスを購入する契約，一般人が企業等との間で締結する雇用契約，市民が居住のために土地や建物を借りる契約も，一般市民が日常的に当事者として関与しうる限りは，一般私法としての民法に組入れることは大いに可能であり，またそうすべきだといえるのである。ただ労働関係法規は，民法の雇用契約の規定に出発点が求められるとはいえ（日民623条以下，ド民611条以下），今日では民法ならびに民事特別法と比肩しうるくらいの膨大な法文数を有しており，民法の専門家がもはや労働法の専門家を兼任しえないくらいの情報量を有しているため，労働関係法規を民法典に組入れることは物理的に不可能だといえる。これに対して消費者保護関係法規は，雇用契約や居住用の土地，建物賃貸借契約と同様に（あるいはそれ以上に）庶民にとって日常的な法体系だといえる。2001年ドイツ新債務法は，事業者，消費者概念をその数年前に民法総則中に規定することによってそれを梃子として消費者保護特別法を民法典中に取り込んだ。筆者は，ドイツ民法が事業者対消費者という経済的社会的力関係が対等でない者の間にも適用されるルールを導入することによっていわば複線的な法体系に転換したと考える。これはまさに21世紀的な法典編纂の試みであり，歴史の展開を踏まえたものといえる。消費者保護関係法規を民法典の外に消費者法典として一括するフラン

スと対蹠的な立場である。消費者保護関係法規を対等当事者間に妥当する法律と捉える立場と民法典の複線的構造を認める立場では，法解釈にあたって少なからぬ違いが生じる。前者の立場では，消費者保護法といえども自己責任の原則が貫徹されるのだから，法令が定めていない事柄は原則に戻って，すなわち消費者の自己責任という視点で解決されることになる。これに対して弱者保護ルールだと捉えると，たとえ法文が明記していないことでも，個々の事件の解決に際してできうる限り解釈論を用いて事業者の専横を許さない解決を引き出すべきことになる。すなわちこの立場では，消費者の自己責任が認められる範囲は，前者の立場よりかなり狭く捉えられるべきことになる[28]。

(2) **民法改正作業と消費者保護法の組入れに関する現在の議論**

日本の債権法の改正作業でドイツ新債務法のように消費者保護法規を民法典に組入れる立場を採用すべきか，それともフランス法のように消費者法典として独立させる立場を採用すべきか。現在日本に存在する消費者保護関係法規の総てを民法典に組入れることは物理的に不可能に近い。消費者関係法規には，公法的法規のほか，所定の事項を記載した書類の提供とか，説明すべき事項の列挙など，数多くの形式的手続き的ルールが含まれるからである。したがって，一つの選択肢として実体的なルールを定める規定だけを民法典に組入れることが考えられる。ドイツ新債務法は，それを超えて（情報提供義務の内容を定める規定などを除いて）手続的規定もまた民法典の中に規定している。実体的な消費者関係法規だけを民法典に規定する立場をとった場合でも，ドイツ新債務法のように民法典の相貌が大きく様変わりする。しかし，これは（伝統的な）民法典のルールを化石化しないために効果的であると思われる。フランスでは，数多くの特別法典が生成したため，（伝統的な）民法典は不磨の大典である代わりに，あまりかえりみられなくなっている（人々の意識から遠くなっている）といわれる。

---

[28] 十分な取引情報が与えられている場合でさえ顧客が合理的な意思決定を行うことができないことを指摘するもの：村本武志・適合性原則と民法理論（2009年千葉大学大学院社会文化科学研究科博士論文）329頁。しかし，これとは逆に，消費者にとっての不均衡な状態，意思形成の際の不利益の全てを保護することが大きな犠牲を惹き起こし，市場経済の基本的な制御原理を形成する競争を究極的に捨て去る結果をもたらすことがロェスラーによって指摘されている（ハネス・ロェスラー（中田邦博訳）「ヨーロッパ私法および消費者法における弱者保護」民商137巻3号（2007）270頁）。

第Ⅱ部　日本の債権法改正の論点

わが国でも従来ドイツ新債務法のような消費者関係法規を民法典中に組入れることを支持ないし示唆するものが少なからずみられた[29]。ドイツ国内でも，その民法典への組入れについて消費者保護法の広がりや発展によって伝統的でリベラルな民法が片側に押しやられると指摘する者もないわけではなかったが[30]，ドイツの多くの民法学者は組入れを支持しているといってよい。ロェスラー教授は，民法典に消費者保護を組み込む利点として，個別の法律を分散化したままにするのではなくて，法を簡略なものにし，重複を避けて，法的安定性および法の効率性を高めて取引費用を低減化することに役立つこと，更に意思表示の瑕疵に関する法と過失による説明義務違反，その他の弱者保護との関係を理論的に明確に構築することを実現することを挙げる[31]。これに対してわが国のフランス学派の多くは，フランスのように消費者法典を民法典の外に置くことを支持する[32]。近時河上教授も，消費者契約の多くは民法の基本原理と深い関わりを持ち，また誰もが消費者となりうることを考えれば，広い意味での民法が消費者法の受け皿の一つとなることは不自然ではないが，私法領域の問題に限った場合にも，多様なレベルで，しかも体系横断的に問題となる消費者契約上の特別ルールについて民法典が全てを扱うには限界があり，却って消費者法を分断するおそれもあるから，消費者契約法をいわば中二階の中核に据えて，消費者基本法を軸にした消費者法という特別法を包括的にまとめるのが現実的な行き方ではないかとされる（フランス消費者法典が参考となる）[33]。これらを受けて加藤グループ試案も，民法が消費者法を包含しないという立場をとった。その理由は，技術的に困難であること，および変動が激しい消費者法を取り込むことにより民法典の安定性が損なわれ，民事の基本法としての正確が失われることに求められている[34]。もっとも加藤教授は，民法

---

(29) 岡孝「瑕疵ある目的物に対する買主の救済」取引法の変容と新たな展開　川井健先生傘寿記念論文集（2007）103頁，中田邦博「ドイツ債務法改正から日本民法改正をどのようにみるか」椿他編・前掲書29〜30頁，窪田充見「電子商取引指令のドイツ国内法化」NBL 762号（2003）25頁。加賀山教授は，割賦販売についてであるが，民法典への統合を主張される（加賀山茂「クレジット契約についての規定を民法に組み込むことを考えるか」椿他編・前掲書326頁）。

(30) マルティネック（小西飛鳥訳）「2002年のドイツ債務法改正に対する批判」平成法政研究11巻1号（2006）192頁，197頁。

(31) ハネス・ロェスラー（中田訳）・前掲論文民商137巻3号274頁参照。

(32) 山本他・債権法改正の課題と方向（別冊NBL 51号）［鎌田薫］。

第2章 第2節 日本の債権法の改正とドイツ民法からの示唆

の空洞化を避けるために民法の中に複合的な規律を持ち込む必要があるという指摘もしておられ[35]，平成21年1月の改正試案では，民法典に民事特別法へのレファレンス機能をもたせることを明らかにされたうえで[36]，民法典中に事業者，消費者および商人という用語が出てくることから，民法総則中にこれらについての定義規定を置くことを明らかにする（試案38条）[37]。磯村教授は，市民の日常的に関わる私法的取引の大部分が消費者契約ともいえることから，これらに関する規定を民法に取り込むことに大きな意義があることを認めながら，借家関連規定が賃貸借の中でも一部の領域を成すにすぎないのに反して，消費者契約法は民法総則の意思表示に関する特別規定や債権総則や典型契約の中に置かれるべき不当条項規制，消費者売買に関する特別規定，消費者への役務提供契約に関する特別規定などを含み，民法の中にこれらを取り込むと消費者関連規定の分断をもたらし，民法典の著しい肥大化を招く危険をはらむのみならず，消費者保護関連法のうち，私法的ルールと連動してきた業法的ルールの規定の仕方についても検討しなければならなくなると指摘される[38]。消費者関係法規と民法との関わりについては，①ドイツ新債務法のように消費者関係私法の大部分を（可能な限り）民法典に統合する，②消費者関係私法の中で基本的および共通的な制度だけを民法典に取り込む（拙案），③フランスのように消費者関係法規を一括して民法の外に置き，消費者法典を別に設ける（加

---

(33) 河上正二「消費者の撤回権・考」ジュリ1360号（2008）141頁（民法改正研究会・民法改正と世界の民法典219頁所収）。村教授も，消費者法を民法とは別に統合を図るべきことを主張されるが，消費者法が業規制に関する法規を含むことないし業法でも近時は民事効果を定める流れになってきていることを論拠とされるようである（村千鶴子「民法と消費者法の関係をどう考えるか」椿他編・前掲書21頁以下）。

(34) 加藤雅信・前掲論文ジュリ1362号15頁，同・前掲判タ1281号10頁（民法改正研究会・民法改正と世界の民法典24頁所収），加藤他「日本民法典財産法編の改正」私法71号（2009）10頁〔加藤〕。

(35) 加藤他編・現代民法学と実務（中）267頁〔加藤雅信〕。

(36) 加藤・前掲判タ1281号9～10頁（民法改正研究会・民法改正と世界の民法典25頁所収）。

(37) 加藤・前掲判タ1281号13頁（民法改正研究会・民法改正と世界の民法典25頁所収）（加藤グループ試案では民法典中に商事売買や商事代理などの商法上の特則に関するレファレンス規定も置かれている）。

(38) 磯村・前掲コメントジュリ1356号186～187頁（民法研究会・民法改正と世界の民法典201頁所収）。磯村教授は，情報格差をキー概念とした消費者法とともに，商人概念をもキーワードとする商法の民法への取り込みにも言及される。

387

第II部　日本の債権法改正の論点

藤グループ試案，河上教授，磯村教授）の三つが考えられよう。

　現在民法（債権法）改正委員会によって進められている民法改正作業では，消費者契約が現在の契約法の中で占めるウェイトあるいは契約法の議論の発展において果たした役割が非常に大きいこと，および総ての市民が常に消費者として登場せざるを得ないことに鑑みて[39]，また消費者法が頻繁な改正を受けるという点については，今日では総てのタイプに妥当する基本ルールが頻繁に改正されるような政策的ルールではなく，むしろ契約法の基本原理になっているという理由で[40]，消費者契約を民法の中に取り込む立場がとられ，民法第1編総則，第5章法律行為，第1節総則において，消費者，事業者概念の定義［1.5.07］，消費者の定義［1.5.08］[41]に関する各規定が，第3編債権，第1節契約および債権一般，第1章契約に基づく債権，第2節契約の成立，第1款契約の締結，第2目交渉当事者の義務において，交渉当事者の情報提供義務，説明義務［3.1.1.10］が，そして第4目約款による契約において，約款の定義［3.1.1.25］，約款の組入れ要件［3.1.1.26］に関する各規定が置かれることになっている[42]。不意打ち条項に関する規定は設けられない［3.1.1.A］。また第1編総則，第5章法律行為，第1節意思表示には，不実表示に関する規定［1.5.15］が提案され，断定的判断の提供に基づく誤認による取消（消費者契約に関する特則1）［1.5.18］，困惑による取消（消費者契約に関する特則2）［1.5.19］に関する規定が，第3編債権，第1部契約および債権一般，第1章契約に基づく債権，第2節契約の成立，第2款契約の無効および取消［契約の有効性］，第2目契約条項の無効には，現行消費者契約法10条を受けた不当条項の効力に関する一般規定［3.1.1.32］，現行消費者契約法8条，9条を受けた不当条項とみなされる条項の例［3.1.1.33］，不当条項と推定される条項の例［3.1.1.34］，消費者契約に関して不当条項とみなされる条項の例［3.1.1.35］，消費者契約に関して不当条項と推定される条項の例［3.1.1.36］，更には，条項の1部が無効となる場合の扱い［3.1.1.37］，条項が無効となる場合の効果

---

(39)　民法（債権法）改正検討委員会編・債権法改正の基本方針433頁［鎌田薫］。
(40)　民法（債権法）改正検討委員会編・債権法改正の基本方針435頁［内田貴］。
(41)　1.5.08（2項）は，消費者契約に関する規定が労働契約に適用されないことを明示する。
(42)　民法（債権法）改正検討委員会編・債権法改正の基本方針23頁，96頁，105頁以下。

第2章　第2節　日本の債権法の改正とドイツ民法からの示唆

[3.1.1.38]，生じた損害の賠償責任［3.1.1.39］に関する各規定が置かれる。これらのうち消費者，事業者概念の民法典への導入は，ドイツ新債務法と同様に民法の適用される当事者の範囲を①平等な当事者間（消費者同士，事業者同士），②事業者，消費者間に複線化するものであり，この措置によって民法の適用領域が消費者保護法をも取り込むことを可能にするものといえる。交渉当事者に情報提供義務を課すること，約款規制をも民法典に規定すること，不実告知や断定的判断の提供，困惑による意思表示の取消を民法典中に置くこともまた，上記の措置と相俟って実体的な消費者保護法の民法典への組入れを意味するものと考えられる。これらの規定は，現行法上は平成12年制定の消費者契約法，その他の民事特別法（特定商取引9条の3，24条の2，40条の3，49条の2，58条の2など）にすでにみられるものであり，それを民法典の中に組入れて一般化するものといえる。このような民法典の規定の仕方は，消費者保護法を民法典とは別の消費者保護法典として一括して規定しないで，民法典の中に取り込むドイツ法主義をとるものといえるが，民法典の中にどの範囲まで消費者保護法規を取り入れるかは，手続的（形式的）ルールもかなり詳しく民法典に規定するドイツ民法の立場から加藤グループ試案で採られているようなレファレンス機能を持たせるにとどめる立場まで様々なものがある。筆者は，消費者保護ルールとして一般化できる情報提供義務や説明義務違反，適合性原則，約款の組入れなどを民法典に取り入れる改正委員会の提案を支持したい。このような立場からは，現行消費者契約法から民法典に抽出したルールを除いた残りの部分は，消費者団体訴訟法として再編すべきことになろう[43]。また商行為法の基本的な特則を民法典に組入れること，消費者取引に関する特則，事業者取引に関する特則をまとめて配置するのではなく，民法典の体系に従って配列された一般的民法ルールに付随する形で配置する方針をとることも許容されうるであろう[44]。

---

(43)　民法（債権法）改正検討委員会編・債権法改正の基本方針18頁参照。
(44)　2009年1月24日全体会議用資料。商事売買に関する特則（事業者間売買における売主の供託権，競売権，任意売却権（商524条）[3.2.1.36]，事業者間の定期売買（商525条）[3.2.1.26]，事業者買主の検査，通知義務（商526条）[3.2.1.19]）の民法典への取り込みにつき，民法（債権法）改正検討委員会編・債権法改正の基本方針267頁参照。

結　び

1　本書は，ドイツ新債務法が施行されて 6 年余が経過した現在において，この新しいドイツの債務法がドイツ国内で一般に受け入れられ，多くの人々の利益に帰しているといえるのか，ドイツ新債務法施行後のドイツの民法学者および実務がこの新法にどのように対応しているのか，更に，このドイツ新債務法のルールに基づいてどのような判例法が形成されてきたのか，問題があるとしたらそれはどのような問題点に関するものであるのか，ドイツ新債務法施行前と施行後のドイツの民法理論に一貫性，継続性は認められるのか，またこの新しいドイツの債務法がヨーロッパの他の国々，更にはそれ以外の地域の国々の民法学ないし民法典の編纂にどのような影響を与えているのかをテーマとし，それらの論点をドイツで発行された文献，論文を中心とした資料によって明らかにすることを目的として執筆が開始されたものである。しかし，本書の執筆過程で，日本の民法（債権法）改正委員会が準備しつつある日本債権法改正のための指針ないし原案が明らかにされ，これらに関する比較法的な考察をも併せて論じることにした。ドイツの新債務法の研究もとどのつまるところ日本の新しい債権法のための素材作りに他ならないためである（本書第 II 部）。

日本の新債権法に関する立法の方針は，まず最初に 2006 年 1 月のジュリスト誌上で一般の人々の目に触れるところとなった。そしてドイツの新債務法において改正の対象となった部分を含む日本の債権法試案のアウトラインは，主に 2008 年 11 月以降商事法務研究会のホームページ上公表されている資料によって明らかになった。これらによると，日本の来るべき新しい債権法（特に履行障害法）は，条来のようにドイツ民法の影響下に立法されるというよりも，むしろドイツ法を代表とする伝統的な大陸法系の民法体系から離れて，英米法的な契約法体系に転換するものと性質づけることができる。その最大の論拠は，提案されている日本の新債権法が債務不履行の場合に債務者の帰責事由を要件とすることなく一般的に債務者に債権者の被った損害の賠償責任を課する立場（ブリーチオブコントラクト）およびそれとともに特定履行を一般的に認めない立場を採用しようとしていることに求められる（後者は最新の試案では取り下げられたようである）。この二つの論点だけでこのような特徴づけをすることは行

391

結　び

き過ぎであるという人がいるかもしれないが，実はそうではない。なぜならば，伝統的な大陸法系の民法と英米の民法理論を分ける最大のポイントがこれらの点にあると考えられるからである。英米法の特徴とされてきた制限賠償の原理（債務不履行による賠償の範囲を契約の目的や債務者の予見可能性によって制限する法理）や寄与過失の法理（債権者に過失がある場合は債務者の免責をも認める理論），債権者の損害回避義務も，過失責任主義をとらないことに端を発すると考えられるし，瑕疵担保責任（ワランティ）もまた英米法では無過失責任とされ，大幅なルールの書き換えが避けられない。このような意味では，現在日本の民法学者に必要とされているのはドイツ新債務法の研究ではなく，英米法あるいはその影響を受けているヨーロッパの新しい契約ルール（CISG, PECL, PICC, DCFR）だといえるかもしれない。

しかし，筆者はこのような動きの総てを支持することはできない。過失責任主義から無過失責任主義への転換は，民法学の分野で次元を異にする法系に移るといえるくらいの大きな意味を持つと考えるからである。過失主義の下では（履行補助者の過失や領域説があてはまる事例のように周辺部分はかなり曖昧であるとはいえ），債務者はたとえ給付を約束していても，その責めに帰すべきでない事由により履行ができないときは，賠償義務を負わない。これに対して，債務者が約束した給付については，性質上それが許容されないような場合を除いて，債権者は一般的に強制執行をなしうる。債務者はもともとそれを給付する約束をしたのだから，強制履行が認められることは債務者にとってそんなに負担とはならない。このような法制が社会経済的な弱者が債務者である場合に，その保護法制として作用することはすでに述べた通りである。これに反して英米法主義のもとでは，債務者は，履行できないことが不可抗力によること（またはフラストレーションが発生したこと）を立証しない限り，賠償義務を免れない。いずれにせよこのような法制のもとでは，債務者は一旦契約で履行を約束した限り，その資力，能力その他の個々の事情を考慮することなく，原則的に不履行の場合にその固有財産でもって賠償の責めに任じることを避けられない。その上日本ではこれまでフラストレーション（事情変更）は，例外的にしか認められなかったという事情もある。

このような法制は，契約の両当事者が十分な資産を有し，社会経済的な能力が拮抗している場合はあまり問題はないといえるかもしれないが，今日顕著であるように契約当事者（事業者対消費者，大企業対中小企業）の間に社会的経済

結　び

的格差がある場合は，経済的強者による経済的弱者に対する支配，搾取の道具と化してしまう。かかる法制のもとでは，契約の締結に際して当事者がどのような文言，約束を契約書（約款）中に盛り込んだかが勝負を分けることになる。企業同士の間ではいわゆる書式合戦となることであろう。いずれにせよ庶民にとっては，事業者や法人との間の契約で，気づかないままに（あるいは気づいていても生活のためにやむを得ず）給付の約束をする（あるいはさせられる）というのが実態であろう。しかし，その結果は庶民にとって悲惨なものである。多額の賠償義務を負った債務者は，家産をもって賠償の責めに任じるか，破産するしかない。現行法上も英米法的な賠償責任の負担を合意することは可能である（損害担保約束（日民420条））。契約当事者が債務者の責めに帰すべき事由によらないで債務者が履行できない場合に（一定額の）賠償義務を負うことを特約した場合，その効力は有効である（ただし，不可抗力の場合は一般的には債務者はかような特約があっても免責されると解する余地もある）。当事者がこのような特約を結べば，英米法主義と同断となるが，わが国では（敷金返還義務からの賃借人の使用収益に伴なう価値の減耗分の控除のような特殊な場合を除いて），一般的にはこのような損害担保特約は多くないようである。筆者はこのような実務の状況を過失責任主義の原則が支配しているからだとみる。すなわち，過失主義が一般にとられているところで，企業が理由なく無過失賠償の特約をさせることは社会的非難の対象になる。民法（債権法）改正委員会試案は，このような損害担保特約を当事者の如何を問わず（債務者が零細な庶民や中小企業者である場合も含めて）恒常的に契約に内在させようというのである。これは立法政策としていかにも問題の余地があると筆者は考える。提案者は，契約当事者は，消費者や労働者も含めて自己責任で契約を締結すべきだという一般論に立脚するものの如くである。しかし，これは明らかに正しくない[1]。事業者と消費者（庶民），使用者と労働者，大企業と中小企業との間には超えがたい社会的経済的な格差が存在しているのであって，前者に様々な行政法上，特別法上の規制をかけたとしても契約締結の前後を通じて格差は解消しない。しかも，

---

(1) 同旨：S. Kirsten, Verschuldensunabhängige Schadensersatzhaftung für Sachmangel beim Warenkauf? 2009, S. 133 f. キルステンは，過失主義を維持しつつ，ヨーロッパの域内市場に着眼した，有責主義と保証責任の両者を結合した新たな帰責モデルの構築を提言する。この場合具体的には最も安価に費用を回避できる者は誰か，最も安く付保できるのは誰かなどの指標が問題となる。

結 び

この度の日本の債権法の改正試案は、これまで庶民、労働者などのための保護手段として機能してきた過失責任主義をも放擲して、一般的に賠償責任を負担させようというのである。このような立法主義は、今日の格差社会を益々推し進めて貧富の差の拡大に拍車をかけることになるであろう。提案者は、過失主義放棄の理由として表向きはリスクの配分、分担というのみであるが、リスク配分であれば、もっと社会的経済的強者と弱者に着眼したリスク配分を考えるべきなのであって、それを一般的に無視した(仮想上の)対等当事者間のリスク配分をいうのであれば、実社会には一般に当てはまらない謬見というしかない。

2 消滅時効の問題に移りたい。ドイツ債務法現代化法でも、また日本の民法(債権法)改正提案でも、消滅時効の制度が大きな変容を受けている。ドイツでは30年の債権の一般的消滅時効期間が(起算点に関する調整規定を除いても)3年というきわめて短い期間とされた。その代償として時効停止事由の拡大がなされているが、その極端な改訂は目を見張るばかりである。しかもこのような新しい時効法は、ドイツ国内で概ね支持されているようである。その論拠は、改正前にすでにかなりの種類の債権が短期消滅時効(2年または4年)の対象とされていたことなどに求められている。わが国の新しい時効法の提案でも5年間(加藤グループ試案および金山グループ提案)の一般的な債権の消滅時効期間が提案されている(民法(債権法)改正試案は更に3年または4年の時効期間を選択的に提示する)。現在はわが国では一般の民事時効期間は10年(日民167条1項)、商事時効は5年(日商522条)であり、それ以外にも近代のヨーロッパ諸国の民法典に倣って幾つかの短期時効規定を設けている(日民169条以下)。筆者はかつて民事、商事の一般的時効期間はそのままにして短期時効制度については整理して2つか3つくらいに統合することを提案した。現在でもこの基本的考え方は変わっていないが、現代の世界の時効法の趨勢が債権の一般的時効期間の短縮化を避けられないものとするならば、せめて金山グループ提案のように5年の時効期間の起算点を厳格にしたうえで、10年という一般的時効期間をかぶせるという立場に与したいと考える。もちろん生命、身体等の侵害による損害賠償請求権などについてはもっと長期間の時効を用意すべきであるし、ADR手続や調停手続、更には交渉手続の開始などにも時効停止(中断)制度を拡大すべきことはいうまでもない。債務者が交渉に入ることを避け続け

結 び

る場合は，債権者は早期に他の時効停止（中断）手続に入ることを決断することになるであろう。しかし，短期時効期間の起算点をドイツ新時効法や民法（債権法）改正委員会試案のように，債権者が債務者が誰であるか，および債権の発生原因を知ったときとすることには反対したい。なぜならば，不法行為や一部の不当利得の場合を除き，債務者や債権発生原因が明らかでないという場合はかなり稀な場合に限られるからである[2]。

　この時効期間の一般的な短縮化，契約責任における過失主義および一般的強制履行制度の放棄（英米法主義の採用）という，今般の債権法改正提案で唱えられているアウトラインは，いずれも消費者，労働者等の庶民ではなく，事業者や法人に有利であることが特徴的である。時効期間を短縮することは，債権者が事業者，法人である場合その不利益に帰することは当然であるが，事業者，法人には債権管理のための機関ないし人員が設けられているのが一般であり，時効期間を短縮することによる不利益の程度は，庶民が債権者である場合とは比べものにならない。おそらく時効期間が5年といった短期間になることによって最も利益を得るのは，金融機関，証券会社，投信会社などであろうと考えられる。庶民がへそくりをして預金し，そのまま相続が開始した場合，その預託金の存在は当該金融機関以外知らないのが普通であろう。へそくりでない預託金の場合も，相続が開始した場合，相続人はその預託金の存在にすぐには気づかない場合も多い。このような視点からは，このような場合にも短期時効期間を適用するとすれば，改正委員会の提案するような時効進行が開始するための要件を特別に設ける等の必要があろう。

3　最後にドイツ新債務法が成功裏に推移しているかどうかの問題の検討に移りたい。消滅時効法についてはすでに触れたが，ドイツで日本ではとても考えられないような短期時効規定が受け入れられているのは，日独両国民の間で裁判所に対する意識などに違いがあることを反映しているようにも思われる。履行障害法については，ドイツ新債務法ではそれまでの法律とは異なり，不完全履行責任や付随義務，契約締結上の過失，事情変更の原則が明示に規定された。

---

[2] 同旨：W. Zöllner, Das neue Verjährungsrecht im deutschen BGB——Kritik eines verfehlten Regelungssystems, Besonderes Vertragsrecht-aktuelle Probleme, Festschrift für H. Honsell zum 60. Geburtstag, 2002, S. 173.

結 び

これらの制度はドイツの判例，学説によって展開されたものであり，それを制定法化したという意味合いを持つ。ユニドロワ契約原則などでは履行不能，履行遅滞，不完全履行の三分法をやめて，義務違反に一本化するという立場がとられ，それがドイツのフーバーによって一時主張されたが，ドイツの新債務法には取り入れられなかった。ローレンツは新債務法がむしろ履行不能，遅滞，不完全履行を区別する立場を鮮明にしているとすら主張する。義務違反という大概念は，それ自体として誤った用語であるのではないが，それは履行遅滞，履行不能，不完全履行（更には付随義務違反）に3(4)分類されるのであって，それらの義務違反の類型に応じた細目規定を設ける必要がある。基本的にドイツ新債務法の立場に賛意を表したい。日本でも本旨不履行または義務違反によって履行障害の各場合を一本化すべしとの見解が有力であるが，本旨不履行では安全配慮義務その他の付随義務を包含するのかどうかはっきりしないし，また遅滞，不能，不完全履行等に応じた類型化をなし，または個々的な細則規定を設けなければほとんど実用に耐えないであろうと思われる。

履行請求や追完請求と損害賠償請求を区別し，損害賠償請求については従来通り債務者の帰責事由（またはそれに準じる事由）を必要とするドイツ新債務法の立場も支持したい。英米法的な考え方を取り入れる改正委員会の立場では，この場合の論理構成がこれとは異なることは当然である。原始的不能給付を目的とする債務も一般的に有効とするド民311a条1項の規定は，施行後必ずしも評判がよくないといわれるが，筆者は，履行約束や担保約束があるような場合にのみ有効とすべきだという立場である。担保責任ルールについては，ドイツ新債務法は不完全履行（履行障害法）に解消して規定する。これは日本の民法（債権法）改正委員会でも支持されている。ドイツでは，追完請求権を第一義的な請求権とするが，立法論としては売主に追完権を認めるだけにして，買主には代金減額（請求）権，解除権，損害賠償請求権のみを付与する立場も考えられる。特定物（新古車）についても代物請求権を認めうるとする近時のドイツの判例に対しては，筆者は特定物の場合に代物請求権を許容する論拠を当事者の意思に求める立場を支持したい。次に，担保請求権の消滅時効期間は，引渡後3年とか5年（更にはもっと短い期間）とすることが産業界からは要望されるであろうが，瑕疵ないし損害発見後3年ないし5年とする方が買主の保護に厚い。この場合でも更に引渡後10年といった二重の期間制限を置くことが合理的であろう。

事項索引

あ 安全配慮義務 321, 367, 383, 396
い 慰謝料請求権 118, 119
　異種物給付 13, 180, 199
　一時的不能 63-, 88
　逸失利益 30-31, 33, 76-77, 171, 330
　違約罰 269-270
う 請負契約 3, 9, 17, 42, 57, 61
　請負契約法 33, 58, 97, 103, 109, 114-115, 181, 206, 243, 246-
　運送約款 264, 268
え ADR 手続 275-276, 285, 299, 301, 306-307, 394
　英米法 22, 35, 325, 330, 347, 365, 367, 373, 377-379, 390, 396
　役務提供契約 362-
お 大きな行為基礎 78-79
　大きな損害賠償 50-51, 252
　オプリーゲンハイト 171
か 解除権の消滅時効 290-
　解除の効果 63, 66, 134, 136, 147, 176, 355-
　解除法 34, 133-
　買主の選択権 106
　拡大損害 294
　隠れた瑕疵 199, 326-327
　瑕疵惹起損害 17, 30, 34, 38, 45, 114-115, 171, 179, 181, 202, 216-217, 221, 233, 239, 248, 330
　瑕疵修補請求権 216, 292, 328, 363
　瑕疵除去請求権 158, 329
　瑕疵除去の不能 102-104
　瑕疵損害 17, 30, 173, 180, 248
　瑕疵担保請求権の時効 219-
　瑕疵担保責任 16-17, 186, 218, 222-226, 235, 326-, 358, 392
　果実 134, 145, 147, 170, 176, 189, 251, 252
　瑕疵通知義務 198, 295, 298
　過失相殺 121, 347, 366, 370, 374-375
　瑕疵の推定 229, 236-
　過少給付 187, 200
　過大給付 187
　割賦販売法 257, 262
　間接効果説 147-148
　間接代理人 233
　完全性利益 17, 27-28, 38, 374
　鑑定費用 33, 155
き 企業の売買 16, 223
　危険負担 66, 135, 138, 147-148, 180, 201, 260, 343, 349-
　期限前の履行拒絶 150-151
　帰責事由 23-, 49, 53-, 63-64, 67, 69, 71-75, 98, 100, 102, 104, 107, 110, 113, 115, 133, 156-157, 168-169, 174-175, 181, 195, 202, 210-211, 213-214, 216-219, 225, 234-235, 247-248
　基礎的瑕疵 238
　義務違反 9, 21-, 54-, 67-68, 96, 106-109, 113-116, 119, 129-, 154, 169, 174, 215-216, 218, 225, 252
　客観的瑕疵 180, 186, 196, 326
　客観的行為基礎 78
　客観的不能 61, 70, 72, 88
　給付困難 65, 86, 92-93
　給付障害法の二極分解 22, 112
　給付とともにする損害賠償 29-, 104-105
　給付に代わる損害賠償 29-, 49-, 63-64, 67, 69, 71-, 75, 98, 100, 102, 104, 107, 110, 113, 115, 133, 156-157, 168-169, 174-175, 181, 195, 202, 210-211, 213-214, 216-219, 221, 225, 234-235,

397

事項索引

247-248
給付保持力 331
寄与過失 371-375, 392
供給者への償還請求 43, 228, 239
共通錯誤 79
共通的動機錯誤 83, 90
協働過失 30, 33, 76-77
競売 231-
挙証責任の転換 26, 228
く クーリングオフ 257, 260, 381, 383
け 経済的不能 86, 88, 91-92, 94
継続的供給契約 95
継続的債権関係 83, 88
契約義務違反 324
契約拘束の原則 43
契約商議 73, 115, 117-120, 122-123, 125-126, 129
契約責任説 326
契約締結上の過失 6, 13, 16, 70, 73-74, 103, 116-126, 179, 186, 210, 216, 220, 223-225, 233, 244, 319-320, 395
契約適合請求権 84, 94
契約の自由 7
契約の熟度論 316
契約の中途挫折 319-320
契約の適合 79, 82, 86, 92-94
契約前の義務違反 116
結果関係的給付義務 23-
結果債務 27, 336-337, 339-340, 342, 363, 367-368
減額権 98-99
厳格責任 157, 367-
原始的客観的不能 22-23, 69-70, 75, 319
原始的主観的不能 23, 37, 61, 72, 74-75, 266
原始的不能 36, 60, 69-72, 74-76, 88, 172, 175, 217, 245, 266, 317-318, 320, 350, 395

原状回復請求権 292
原状回復的損害賠償 344
権利の売買 69
権利保存期間 293
こ 行為基礎喪失 65, 77-
行為基礎論 37, 78, 81
合意原則 315-317, 321, 344
交換 150
交渉による時効停止 19, 299, 304-
交渉の継続 18, 299, 303, 305
コーズアプローチ 323
後続損害 220
後発的客観的不能 39
後発的不能 25, 35, 68, 70, 72, 74, 76, 88-89, 175, 318, 348
抗弁権の永久性 290, 310
告知 83, 91, 242, 250
さ サービス供給（提供）契約 230, 342, 371
債権以外の財産権の消滅時効 288-
債権時効 278, 288
債権時効の効果 310-
債権者の損害回避義務 372, 392
再交渉義務 96, 356-
歳末時効 275, 277-
差額説 52, 76-77, 133, 148-150
詐欺 148, 223
錯誤 27, 74, 84, 86, 90, 148, 159, 172, 174-176, 198, 230, 320
し 事業者 43, 182-183, 199, 228-, 234-236, 256-, 267-268, 277, 279, 281, 308-309, 317, 336, 338, 341-342, 354, 358-359, 368, 376-, 389
時効援用説 310
時効完成の猶予 303
時効起算点 11, 276-, 285
時効に関する合意 11, 307-
時効の更新 18, 299-, 304
時効の進行停止 298-

事項索引

時効の中断　11-, 18, 285, 298-
時効の停止　11-, 18-19, 275, 285, 298-, 394
時効の満了停止　240, 275, 298-
時効の満了の延期　300-
時効法　9-, 42, 273-
自己責任　44, 66-67, 262, 337-338, 369, 380, 381-383, 385, 393
仕事の瑕疵　247-248
自己の事務について用いるのと同様の注意　134, 136, 142-147, 163-165, 168, 170, 348, 355
事実上の不能　61-, 86, 92
事情変更の原則　6, 80, 93, 356-, 372, 377-378, 395
下請負　121, 363-364
私的自治　42-, 228, 234, 240, 320
自動解除　351
事物管理者責任　123-124
事物危険　228
市民ホール事件　152
収益可能性の推定　152-153, 155-156
就業規則　269
終身賃貸借　360-361
主観的瑕疵　185-186, 224, 234-235, 326
主観的行為基礎　78, 82, 90
主観的（時効）起算点　276-
主観的不能　36, 70, 72, 75, 98
手段債務　27, 336, 339-340, 342, 362-363, 367-368
出費賠償　69, 110, 134, 151-, 172, 175, 241, 243, 245, 345
受領拒絶の威嚇（を伴った期間指定）　28, 31, 49, 219
受領遅滞　50, 52, 99, 102, 111, 188, 196, 203, 343
種類売買　13, 37-38, 160, 181, 197-201, 208, 332
準消費貸借契約　361

小額債権　280-281
償還請求権　44, 105, 134, 239-240
償還請求権の時効　239
商行為　257, 364, 381
商事時効　273-274, 279, 281, 285, 393
商事売買　358-359, 387, 389
商人　198, 229-230, 281-282, 298, 359, 378, 387
消費者　2, 43-44, 144, 182-184, 186, 188, 193, 194, 199, 201, 203, 205, 228-, 235-236, 246, 255-, 268, 277, 279, 308-309, 317, 338, 368, 380-
消費者消費貸借契約　259, 262-
消費者信用法　258, 261-263, 379, 382
消費者保護法　7, 255-, 380, 385, 389
消費貸借　15, 230-231, 361-
消費用品売買　228-, 254, 267
情報提供義務　225, 255-256, 261-263, 319-321, 380-383, 385, 388-389
使用利益　138, 145, 147, 190-192
書式合戦　393
除斥期間　256, 269-270, 294
所有権の消滅時効　289-
自力救済　332
自力執行　247, 251-253
新古車　207-209, 235, 396
侵食的瑕疵　16, 18
人的な不能　61-, 91
信頼損害　74-75
信頼利益の賠償　243-244, 317-318, 345
す　数量不足（給付）　180, 187, 196-197, 199, 293, 296
せ　請求権競合　18, 176
性質錯誤　175, 198
性質保証　223, 225-226
製造物供給契約　70, 88, 181, 188, 246
積極的契約（債権）侵害　21, 114
説明義務　225, 319, 382, 386, 388-389
選択債務　49, 51, 110

399

事項索引

専門家　128, 173, 336, 341 – 342, 376, 379
そ 相続　13, 270, 283 – 284, 299, 335, 395
　相当因果関係　114 – 115, 343
　送付売買　229
　双方的動機錯誤　175
　贈与契約　348
　損害担保約束（特約）　45, 226, 338, 367 – 368, 377, 393
　損害賠償の範囲　343 –
　損害賠償の免責事由　335 –
た 第一次的給付義務　22, 24 –, 37, 43, 60 –
　代金減額権　106, 215 –, 396
　第三者のための保護効を伴う契約　118 – 122, 124 – 128
　代償請求権　75 –, 160, 241, 348
　代償説　52, 149 – 150
　代替的特定物　197, 208
　第二次損害賠償改正法　131, 157
　代物請求権　106, 201, 208, 292, 329, 396
　代理行為　232 –
　諾成契約　317, 361 – 362
　建物賃貸借　242
　他人の権利の売買　358
　短期（消滅）時効制度　274, 280
　担保（Garantie）　225 –
　担保責任期間　4, 293 –, 304
　担保責任法定責任説　21
ち 小さな行為基礎　78 – 79
　小さな損害賠償　252
　遅延損害　28 – 29, 32 – 34, 49 –, 53 –, 65, 88, 104, 149, 195, 216, 330
　中古品の売買　231 – 232
　注文者の解除権　246
　注文者の自己修補権　247
　調達危険　35, 37 – 40, 72, 266
　直接効果説　147
　直接訴権　7
　賃貸借契約　242 –, 360 –
つ 追加期間　34, 49, 51 –, 110 –, 150

追完給付（履行）期間　57, 109
追完権　329, 396
追完（履行）請求権　23, 44, 98, 105 – 108, 110 – 111, 158 – 159, 161, 164, 179 – 182, 188 – 189, 191 – 192, 201 – 202, 204, 207 – 208, 211, 213 – 214, 248, 250 – 251, 253, 329
追完履行（請求権）の優位　23, 203
通信販売　260, 379 – 380
て 定期金債権　279
　定期賃貸借契約　242
　定期取引　50
　撤回権　44, 136, 141, 143 – 144, 165 – 167, 256 –, 380, 382
　撤回の効果　44
　電子商取引　264, 380
　填補（購入）行為　52, 70, 73, 333
と 動機錯誤　85, 90, 198
　同時履行の抗弁権　340
　特定物ドグマ　326
　特定物売買　159 – 160, 181, 197 – 200, 207, 208, 332
　特定履行　325, 333, 371, 374 – 375
　独立的雇用　257
　独立的助言契約　14
　取消権の消滅時効　290
　取引的不法行為　290
に 二重期間制限　273
は ハードシップ　356 –
　ハイニンガー事件　182 – 184, 260
　売買契約　3, 246, 358 –
　パクタスントセルヴァンダ　78, 373
　バナナ皮事件　131
　パンデクテンシステム　1, 45, 322, 325
ひ 非財産的損害　157, 346
　非債弁済　66
　必要費の償還請求　136
　表見証明　238

事項索引

表明保証条項　327
ふ　ファイナンスリース　259-260, 263
　不安の抗弁　340, 356-
　不意打ち条項　315
　不可抗力　54, 80, 136, 144, 147, 200, 299, 302-303, 336-337, 339, 341, 346-347, 351-352, 368-369, 372-373, 376-377, 392-393
　不完全履行　21, 57, 197, 292, 323-324, 352, 359, 396
　不作為義務　286
ほ　保護義務　21, 27, 68, 103, 114, 119, 121, 125-128, 130, 168
　保証責任　35-37, 45, 72, 366, 369-371, 373-374, 393
ま　巻き戻し説　147-148
む　無過失責任　2, 45, 336, 338, 345, 365, 367-368, 370, 392
　無形請負　362
　矛盾行為禁止の原則　51-52, 101
　無利息消費貸借　361
め　免責事由　335-
も　黙示の条件　371
や　約定解除　133-, 169

約束的禁反言　117
約款規制法　6, 264-, 317, 379
ゆ　融資援助　259
よ　用益賃貸借　97
　より近い瑕疵惹起損害　13, 114
　より遠い瑕疵惹起損害　13, 248
ら　ラスカー法　47
り　リース契約　234
　履行期前の解除　354-
　履行補助者　27, 117, 131, 157, 207, 268, 336, 341-342, 372, 392
　履行利益の賠償　318, 344
　リスクの引受　336
　領域説　130, 372, 392
れ　令状（writ）　371
　レファレンス規定　359, 362, 387
　レメディアプローチ　322-
ろ　労働協約　269-270
　労働契約　268-, 369, 388
　労働者　256, 260, 269-270, 317, 368, 374, 378, 384, 393
　労働法　66, 268-, 380

401

条文索引

ドイツ民法

13 条　229, 232, 256, 382
14 条　229, 256, 382
81 条 5 項　66
100 条　145, 191
112 f 条　380
119 条　84, 132
119 条 1 項　85
119 条 2 項　74, 85, 90, 174 – 175, 198
122 条　74, 175 – 176
122 条 2 項　170
123 条　148, 176, 222
126 条　263
130 条 1 項　257
133 条　84, 126
138 条　8, 265
157 条　37, 38, 45, 84, 126, 265
164 条 2 項　233
183 条　257
188 条 2 項　257
195 条　11, 14, 132, 221, 225, 249, 285
196 条　289
197 条 1 項　13, 15, 289
199 条　249
199 条 1 項　13, 285
199 条 2 項　14, 16, 220, 249, 286
199 条 3 項　220, 249, 286
199 条 4 項　249
202 条　11, 42, 309
202 条 2 項　308
203 条　11, 12, 18, 221, 306
204 条　12
205 条　12, 19
206 条　12
207 条　12
208 条　12

210 条　12
211 条　12
212 条 1 項　18, 221
218 条　60, 220, 249
218 条 1 項　220, 249
241 条　24
241 a 条　199
241 条 1 項　24
241 条 2 項　16, 21, 27, 29, 52, 73, 76 – 77, 113 – 116, 119 – 120, 122, 125, 129, 138, 142, 145, 168 – 170, 187, 233
242 条　8, 50 – 51, 67, 79, 81, 84, 87, 89, 93, 126, 134, 137, 230, 236, 265, 270 – 271
243 条 2 項　200 – 201
249 条　113, 138, 155 – 156
253 条 2 項　119, 157
254 条　76 – 77
254 条 1 項　76 – 77
254 条 2 項　33
262 条　110
263 条 2 項　51
264 条 2 項　49, 110
266 条　105, 107, 196, 199
273 条 1 項　212
275 条　64 – 65, 83, 86, 88, 93, 138, 182, 200, 210
275 条 1 項　24 – 26, 29, 43, 58, 60, 62 – 63, 68, 76, 91, 98, 111, 137, 159, 161, 173, 196, 209
275 条 2 項　29, 42 – 44, 58, 60 – 62, 67 – 69, 75, 91, 93 – 94, 98, 100, 111, 137, 210, 211, 247
275 条 3 項　29, 44, 58, 60 – 61, 67 – 69, 91, 98, 100, 210 – 211
275 条 4 項　25, 76
276 条　35 – 39, 45, 71, 75, 102, 107, 110, 168,

403

条文索引

202, 225, 328
276条1項　72, 170, 266, 366
276条2項　169
278条　118, 129, 131, 157, 168
280条　24, 28-30, 172, 203, 213, 223, 243, 325
280条1項　16, 21, 23-26, 28, 30, 33-35, 41, 49, 51-58, 63, 66-68, 70-71, 76-77, 100, 104-105, 108, 110, 113-116, 118-119, 131, 138, 145, 151, 155, 157, 162, 168-172, 187, 195, 209, 217-219, 233, 248, 252, 373
280条2項　31-34, 41, 53-58, 63, 104, 113, 145, 151, 217-218, 244, 247-248
280条5項　54, 66-68, 70-71, 76-77, 100, 105, 110, 113, 151, 248
281条　30, 35, 49, 54-56, 58, 63, 65, 68, 105, 110, 150-151, 203, 213, 217, 219, 251
281条1項　35, 56, 68, 95, 162, 174, 199-200, 204, 212, 252
281条2項　63, 108-109, 204-205, 217
281条4項　29, 49, 52, 58, 110, 111, 150
281条5項　35, 135
282条　29, 35, 113-114, 131, 151
283条　35, 41, 60, 64-68, 71, 76-77, 138, 145, 218
284条　69, 73, 110, 151-156, 214
285条　60, 75-76, 138, 241, 325
286条　31-34, 53-55, 58, 63, 104, 212
286条2項　31, 53, 55
286条4項　53-54
287条　53-55, 57, 110, 164, 166
288条　53
305条　265, 380
305条2項　264-265, 269
305条3項　269
305a条　265-266
306条　84
307条　37, 222, 239, 241, 255, 266-267
307条1項　234, 265, 267, 370
307条2項　271, 374

307条3項　265, 267
309条　267-269
310条　265
310条2項　270
310条4項　256, 269-270
311条　122
311条1項　119
311条2項　16, 115-116, 118-120, 123, 125-126, 174, 233, 320
311条3項　16, 115, 118-119, 122-126, 233, 320
311a条　64, 71-72, 74, 174, 217, 223, 243
311a条1項　60-61, 69, 73, 75, 319, 396
311a条2項　26, 41, 65, 69-74, 76, 103-105, 115, 162, 172-176, 217, 244-245
312条　380
312a条　183
312d条　380
312d条2項　259
313条　44, 62, 65, 81-83, 86-87, 90-94
313条2項　94
313条3項　95, 143
314条　83, 148
314条3項　110
315条　270-271
321条　84
323条　22, 29, 34, 49, 54, 63, 65, 67, 98, 106, 141, 162, 182, 184, 193, 199, 243, 247, 251, 325
323条1項　49, 51, 110, 212, 215, 251-252
323条2項　63, 193, 247
323条3項　22
323条4項　102, 150-151, 354
323条5項　67, 95-96, 98, 162, 172, 194, 199, 215, 241, 252
323条6項　98-103, 105, 136-137, 188, 206, 216, 247
324条　22, 29, 113, 195
325条　52, 149-150, 156, 176
326条　22, 60, 64-65, 182, 325, 350

条文索引

326条1項　65-67, 76-77, 98-99, 138, 161
326条2項　76, 101-102, 203-207
326条4項　63, 66-67, 87, 135, 203-204
326条5項　67, 98-99, 102, 136-137, 161-162, 167, 172, 243, 247
328条　124-125
346条　63, 66-67, 86, 133-136, 162, 172, 176, 247
346条1項　102, 138, 145-147, 161-162, 168-169, 172, 189-190, 204, 214, 251-252
346条2項　44, 100, 136-141, 145, 162, 167-169, 216
346条3項　44, 141, 143, 165-167, 355
346条4項　144-145, 162, 165-168, 170-171
347条1項　134, 146, 169
347条2項　136, 154-155
348条　161, 172, 174
350条　50, 110-111
351条　102
355条　257-258
355条1項　259
356条　257-258
357条　136, 257, 259-260
357条1項　167
357条3項　44, 141, 143-144, 147, 163-168, 170-171
361a条1項　259
363条　196
383条3項　231
433条　182, 184, 239
433条1項　32, 38, 45, 97-98, 104-109, 114, 161, 179, 182, 216, 218, 224
434条　180, 195, 206, 234
434条1項　112, 159, 185-186, 196, 223-225
434条2項　17, 180, 195, 205, 209, 214, 360
434条3項　187, 197
435条　239
437条　57, 103, 106, 158, 161, 172, 174, 176, 184, 195-196, 199, 201, 203, 205, 213, 215, 219-220, 236, 239, 243, 266
437条2項　204
438条　17, 106, 115, 181-182, 219, 221, 293, 295
438条1項　253-254
438条3項　220
438条4項　253
438条5項　253
439条　57, 60, 98, 105-106, 182, 187, 239
439条1項　33, 98, 105, 107, 157-158, 161, 207
439条2項　239
439条3項　98, 100, 109, 189, 201, 209-212, 244
439条4項　100, 135, 189, 191-192, 213-214
439条5項　66
440条　108-109, 193, 195, 205, 212-213, 215, 217
441条　203, 212
441条1項　98-99, 101, 106, 172, 188, 193, 215
441条3項　142, 172, 215
441条4項　66, 135, 172
442条　179
442条1項　16, 188, 235
443条　182, 238-239
444条　226-227
445条　228
446条　143, 200, 350, 352
447条　228-229
459条　84, 86, 259
474条　182, 228, 232, 234, 236
474条1項　231
474条2項　192, 228-229
475条　43, 228, 232, 234-235
475条1項　228, 232-233, 235-236, 267
475条2項　234-235, 267
475条3項　267
476条　190, 217, 228-229, 236-239, 357

405

条文索引

478条　43, 105, 228, 239–240, 254
478条1項　105, 240
478条2項　105, 239–240
478条4項　240
479条　43, 105, 182, 228, 239–240, 254
479条2項　240
491条　263
492条　263
494条　263
497条3項　15
499条1項　263
500条　260, 263
501条　260, 263
502条　263
505条2項　263
535条　242
535条1項　244
536条　243
537条　87
536a条1項　243–245
546条　245
549条　381
554a条　243
558条　243
563条　242
564条　242
571条　245
573条　242
573c条1項　242
574条　242
575条1項　242
577a条　242
578条　242
619a条　25
626条　84
632条3項　246
633条1項　32, 97, 246
633条2項　246, 250
634条　57, 243, 247–252

634a条　17, 115, 246, 248, 293
634a条1項　249
634a条2項　249
634a条3項　249
635条　57
635条1項　246, 250
635条3項　244, 247
635条4項　135, 190
636条　246, 251
637条　247
637条1項　251
637条2項　247
637条3項　251
638条1項　247, 252
638条2項　247
638条3項　142, 248
638条4項　135, 252
639条　227
649条　249
651条　188, 246, 250, 253
653条　60
655b条　263
658条　257
670条　209
671条　257
690条　164, 257
812条1項　66
818条3項　66, 148
823条　174
823条1項　17, 118, 174, 220
823条2項　8
831条　118
989条　135, 166
990条　135, 166
1137条　70

ドイツ民法旧規定
195条　273
196条　273

条文索引

197 条　15, 273
201 条　275
225 条　307
246 条　146
275 条　22, 60, 88, 92, 244
275 条 1 項　60
279 条　36–37, 39, 75, 266
283 条　64
284 条 1 項　156, 214
286 条 1 項　28, 156, 214
286 条 2 項　245
287 条　56
306 条　61, 69–70, 88–89, 243
309 条　70, 243
323 条　65–66, 88
323 条 1 項　244
324 条　65, 207
325 条　28, 36, 54, 66, 113, 133
325 条 1 項　29
326 条　28, 34, 56, 113, 133, 219, 251
326 条 1 項　28, 49, 201
327 条　133, 135, 143
346 条　133, 135
346 条 3 項　134
347 条　134–135
350 条　148
351 条　100–101, 133, 135–137, 163, 355
352 条　214
353 条　355
355 条　50
356 条　133
434 条　179, 223
437 条　69, 146
440 条 1 項　36
459 条　69, 196, 222
462 条　215
463 条　69, 152, 223, 225
467 条　156, 214
477 条　13

480 条 1 項　201
490 条　222
558 条　127
618 条　121
631 条 1 項　207
633 条 3 項　251
635 条　57, 219
824 条　273
847 条　157
852 条　15
852 条 1 項　306
852 条 2 項　306

旧割賦販売法
1 b 条 1 項　258

旧消費者信用法
1 条 1 項　258
2 条 2 項　261
4 条 1 項　185

旧訪問行為撤回法
1 条 1 項　258
2 条 2 項　261

旧約款規制法
23 条 1 項　256, 268–269

旧一時的居住権法
5 条 2 項　261

ドイツ民法施行法
229 条 para .6, 4 項　14
229 条 para .8　131

製造物責任法
4 条 1 項　180
4 条 2 項　180

407

条文索引

差し止め請求法（UKlaG）
4条 191

通信教育法
4条1項 258

民法に基づく情報提供および証明義務に関する指令
14条 261-262

ドイツ商法
1条 229-230
1条2項 257
323条1項 128
376条1項 50
377条 239

ドイツ商法旧規定
377条 198
378条 197-198

営業規則（GewO）
34b条 231-232

証明法
2条 269
2条1項 269

ヨーロッパ経営協議会法（EBRG）
8条 43

フランス民法
1147条 366
1148条 366
1647条 144
2224条 276
2226条1項 286
2226条2項 286
2227条 289
2232条 308
2232条1項 276, 286
2232条2項 286
2234条 299
2238条1項 300, 307
2238条2項 300
2241条 300
2254条 308
2254条1項 308
2254条2項 308
2254条3項 308

フランス消費者法典
137-1条 308
137-2条 277
211-1条 7

フランス公衆衛生法
1126-7条 286
1142-28条 286

フランス保険法典
111-2条 308
114-3条 308

イタリア民法
1467条 80
1492条 144

オランダ民法
258条 80

スイス民法
旧14条2項 46

ギリシャ民法
388条 80

条文索引

イギリス動産売買法（SGA）
48 B 条 2 項　194
48 C 条 2 項　194

イギリス物品供給およびサービス提供法
13 条　371

国際統一動産売買法（CISG）
2 条　378
5 条　185
35 条 1 項　187
45 条 1 項　366, 373
46 条 2 項　201
46 条 3 項　201
49 条 1 項　351
52 条 2 項　187
61 条 1 項　212, 366, 373
66 条　351
69 条 1 項　352
74 条　366
77 条　366

ヨーロッパ共同体設立条約（EGV）
3 条 1 項　255
153 条 1 項　255
234 条　184 - 185
249 条 2 項　46
249 条 5 項　46

民事および商事事件における裁判の管轄および裁判の強制執行に関する条約（EuGVU）
13 条　230

消費用品売買指令
2 条　187
2 条 1 項　185
2 条 2 項　185 - 187
2 条 3 項　187
3 条　192
3 条 2 項　191, 201
3 条 3 項　189, 191, 201, 213
3 条 5 項　192, 194 - 195
3 条 6 項　194
5 条 1 項　220
5 条 3 項　237
7 条 1 項　43
8 条 2 項　188, 203, 238

消費者信用変更指令
1 条　185

PECL
1 : 201 条　6, 117
2 : 301 条　6, 117
2 : 302 条　6, 117
4 : 102 条　6, 319
4 : 103 条　90
4 : 110 条　6
4 : 119 条　224
6 : 111 条　96
8 : 101 条　366
8 : 103 条　324
9 : 101 条　334
9 : 102 条　61, 334
9 : 301 条　353
9 : 304 条　354
9 : 309 条　355
9 : 503 条　368
14 : 203 条 1 項　286
14 : 203 条 2 項　276, 286
14 : 203 条 2 項　276
14 : 301 条　276, 286, 294, 298
14 : 302 条　294, 299
14 : 303 条　299
14 : 303 条 2 項　299
14 : 304 条　299

409

条文索引

14：305条　294
14：305条1項　299
14：306条　299
14：307条　276, 286
14：401条　299
14：402条　299
14：601条1項　308
14：601条2項　308

PICC
2.1.15条　118
2.1.16条　118
3.3条1項　319
3.4条　90
5.5条　340
6.2.2条　41, 356
6.2.3条　356
6.2.3条2項　91
7.3.3条　354
7.3.6条1項　355
7.4.1条　366
7.4.4条　368
10.2条　276
10.3条　308
10.4条　299
10.5条　299
10.7条　299
10.8条1項　299
10.8条2項　299

DCFR
Ⅲ-3：104条1項　372
Ⅲ-3：701条　366
Ⅲ-3：703条　368

ヨーロッパ民法草案
4：305条1項　372

日本民法
126条　290
161条　302
166条1項　277, 281, 296
167条1項　273, 277, 284, 319, 394
169条　393
176条　289
195条　320
199条　320
199条4項　276
203条　275
204条　275
326条2項　204
400条　321
402条　321
403条　322
406条　321
412条　343
414条　325, 332
415条　319, 325, 335
416条　319, 325, 345-346, 366, 370
416条1項　343
416条2項　343, 375
418条　368, 375
419条2項　335
419条3項　347
420条　347, 368, 393
483条　321
484条　321
534条　349
536条2項　204
540条　325
541条　333
545条3項　333
548条　325, 355
548条1項　355
559条　293
563条　358
564条　293, 296

条 文 索 引

565条 293
566条1項 353
566条3項 293, 296, 304
570条 293, 304, 353
571条 359
591条 361
592条 361
609条 360
610条 360
637条 293
638条 293
724条 273, 285, 306

日本商法
522条 273, 394
524条 358–359, 389
525条 358–359
526条 389
528条 359

消費者契約法
1条 381
8条 382
10条 382–383

借地借家法
9条 382
10条 360
16条 382
21条 382
30条 382
37条 382
38条2項 383

割賦販売法
4条の4, 7項 382
4条の4, 8項 381
5条2項 382
5条3項 381

29条の3の2, 2項 381
29条の3の3, 7項 382
29条の3の3, 8項 381
30条の2の2, 2項 381
30条の2の3, 7項 382
30条の2の3, 8項 381
30条の2の4, 2項 382
30条の2の4, 3項 381
30条の4, 2項 382
30条の4, 4項 381

特定商取引法
9条8項 382
9条の3 389
15条の2 260
24条8項 382
24条の2 389
26条1項 381
40条の2, 6項 382
40条の3 389
48条7項 382
49条の2 389
50条1項 381
58条4項 382
58条の2 389
59条2項 381

労働基準法
5条 383
13条 382
15条 383
20条 383
96条 383
106条 383

労働契約法
3条 381
12条 382
13条 382

条文索引

独占禁止法
3条 382
7条 382
7条の2 382
9条 382
20条 382

裁判外紛争解決手続きの利用の促進に関する法律（ADR法）
25条1項 307

個別労働関係紛争の解決の促進に関する法律
16条 307

公害紛争処理法
36条の2 307

会計法
30条 281

地方自治法
236条1項 281

〈著者紹介〉

半田吉信（はんだ・よしのぶ）

　　昭和23年　広島県呉市に生まれる
　　昭和45年　京都大学法学部卒業
　　昭和49年　京都大学大学院法学研究科（博士課程）中退
　　昭和49年　千葉大学人文学部専任講師
　　平成 2 年　千葉大学法経学部教授
　　現在に至る

〈主要著作〉

　『担保責任の再構成』（三嶺書房，昭和61年）
　『売買契約における危険負担の研究』（信山社，平成11年）
　『ドイツ債務法現代化法概説』（信山社，平成15年）
　『契約法講義（第2版）』（信山社，平成17年）

学術選書
32
民　　法

❀ ❀ ❀

ドイツ新債務法と民法改正

2009年（平成21年）9月30日　第1版第1刷発行
5432-7:P424　￥8800E-012-040-025

著　者　半　田　吉　信
発行者　今井 貴　渡辺左近
発行所　株式会社 信山社
〒113-0033　東京都文京区本郷 6-2-9-102
Tel 03-3818-1019　Fax 03-3818-0344
henshu@shinzansha.co.jp

エクレール後楽園編集部 〒113-0033 文京区本郷 1-30-18
笠間才木支店 〒309-1600 茨城県笠間市才木 515-3
笠間来栖支店 〒309-1625 茨城県笠間市来栖 2345-1
Tel 0296-71-0215　Fax 0296-72-5410
出版契約2009-5432-7-01010 Printed in Japan

Ⓒ半田吉信, 2009　印刷・製本／亜細亜印刷・渋谷文泉閣
ISBN978-4-7972-5432-7 C3332　分類324.000-a006民法
5432-0101:012-040-025《禁無断複写》

広中俊雄 編著

日本民法典資料集成 全一五巻

第一巻 民法典編纂の新方針

【目次】
『日本民法典資料集成』(全一五巻)への序
全巻凡例　日本民法典編纂史年表
全巻総目次　第一巻目次(第一部細目次)
第一部　新方針(=民法修正)の新方針　総説
　民法典調査会の作業方針の基礎
　甲号議案審議前に提出された乙号議案とその審議
　民法目次案とその審議
　甲号議案審議以後に提出された乙号議案
第一部 Ⅰ Ⅱ Ⅲ Ⅶ Ⅷ Ⅴ Ⅵ
あとがき〈研究ノート〉

来栖三郎著作集 Ⅰ～Ⅲ

各 12,000円(税別)

《解説》
安達三季生・池田恒男・岩城謙二・清水誠・須永醇・瀬川信久・田島裕
利谷信義・唄孝一・久留都茂子・三藤邦彦・山田卓生

Ⅰ 法律家・法の解釈・財産法　財産法判例評釈(1)〈総則・物権〉
1 法律家について　2 法の解釈適用と法の遵守　3 法の解釈における法律家　4 法の解釈における慣習 5 法の解釈におけるフィクション・慣習フィクション論につらなるもの　6 法における慣習　7 いわゆる事実たる慣習　8 民法における慣習　A 法律家・法の解釈・慣習・フィクション論につらなる法令の意義　9 民法における慣習を擬制したもの　10 立木取引における明認方法について　B 民法・財産法全般〈契約法を除く〉
学界展望・民法　9 民法における擬制と身分法　11 債権の準占有と免責証券　12 損害賠償の範囲および方法に関する日独両法の比較研究　13 契約法と不当利得法　C 財産法判例評釈(1)〈総則・物権〉
契約法・財産法判例評釈(2)〈債権・その他〉　14 契約法　15 契約法の歴史と解釈
16 契約法における契約　17 第三者のためにする契約　18 日本の手付法　19 小売商人の瑕疵担保責任　20 民法上の組合の訴訟当事者能力　＊財産法判例評釈(2)〈債権・その他〉
Ⅲ 家族法・家族法判例評釈〈親族・相続〉　D 親族法に関するもの　21 内縁関係に関する学説の発展と戸籍の訂正　22 養子縁組と種々の制度についての二三の問題について　23 穂積陳重先生の自由離婚論と種類重視の離婚制度の研究〈講演〉　24 婚姻の無効について　25 日本の養子法　26 中川善之助『日本の親族法』紹介　E 相続法に関するもの　27 共同相続財産の性質　28 相続順位　29 相続税と親族相続法　30 遺言の取消　31 遺言の解釈　32 Dower について　F その他(家族法に関する論文)　33 戸籍法と親族相続制度　34 中川善之助『身分法の総則的課題——身分権及び身分行為』〈新刊紹介〉　＊家族法判例評釈〈親族・相続〉付　略歴・業績目録

信山社

民法改正と世界の民法典

民法改正研究会(代表 加藤雅信)

第Ⅰ部 日本民法典の改正
- 第1章 「日本民法改正試案」の基本枠組〔加藤雅信〕
- 第2章 民法改正の国際的動向
  - 第1節 ドイツ債務法〔岡 孝〕
  - 第2節 フランス法〔松岡久和〕
  - 第3節 ドイツ物権法――BGB906条1項2文・3文における私法と公法との調和をめぐって〔山野目章夫〕
- 第3章 物権変動法制のあり方〔椿寿夫〕
- 第4章 新しい土地利用権体系の構築――用益物権・賃借権・特別法の再編成をめぐして〔大塚 直〕
- 第5章 差止と民法改正試案の諸問題

第Ⅱ部 日本民法改正試案の準備のために〔加藤雅信〕
- 第1章 日本民法改正試案提示の例示的検討〔加藤雅信〕/第2節 日本民法改正試案の基本方向:民法財産法・冒頭と末尾
- 第6章 民事総合法典としての民法と市民法について〔加藤雅信〕
- 第7章 民法(不法行為)の例示的検討

第Ⅲ部 消費者及び消費者法・カタラ=野澤正充訳/第2節 民法と消費者法〔加藤雅信〕
- 第1節 民法、消費者法とEU法〔ピエール・カタラ=野澤正充訳〕
- 第2節 民法と消費者法・商法の統合ないしの視点・カタラ論文に寄せて〔機村 保〕
- 第3節 消費者保護の撤回権・韓国法の視点から〔尹真秀=金祥洙訳・考・尹真秀論文に寄せて〕〔河上正二〕
- 第4節 消費者保護
- 第5節 中国の物権法制

第Ⅳ部 物権変動法制
- 第1節 物権変動法制定立法のあり方・粟須論文と日本法〔横山美夏〕
- 第8章 台湾の物権変動法制――比較法的検討〔齋森林=池田真朗〕/第2節 物権変動法制立法のあり方・粟須論文と日本法〔横山美夏〕

第9章 債務不履行による損害賠償と過失
- 原理――ハリーゼンフーバー論文と日本法〔渡辺達徳〕
- 第1節 債務不履行による損害賠償と過失原理〔カール・リーゼンフーバー=宮下修一訳〕/第2節 契約解除法制のあり方・粟津論文と日本法〔鹿野菜穂子〕
- 第10章 契約解除法制――比較法的検討〔齋森林=鹿野菜穂子訳〕/第2節 契約解除法制と帰責事申・齋森林論文と日本法〔鹿野菜穂子〕
- 第11章 世界における民法典の改正
- 第12章 日本民法典の編纂と西洋法の導入〔加藤雅信〕
- 第13章 ドイツ民法典,その背景と発展および今後の展望〔カール・リーゼンフーバー=渡辺達徳訳〕/第2節 債務法改正と日本法〔廣瀬久和〕
- 第14章 フランス民法典,債務法改正草案への動きと今後〔ピエール・カタラ=野澤正充訳〕
- 第15章 オランダ民法典の公布〔アーサー・S・ハートカンプ=平林美紀訳〕
- 第16章 中国民法典の制定(梁慧星=栗津徐訳)
- 第17章 台湾における民法の改正(黎慶星=宮下修二訳)
- 第18章 韓国における民法典の改正・急展開を迎えた2009年を中心に〔中野健保〕
- 第19章 ヨーロッパ民法典へのハーモナイゼーションを目指して〔アーサー・S・ハートカンプ=廣瀬久和訳〕
- 第20章 ヨーロッパ民法典の動向〔アーサー・S・ハートカンプ=廣瀬久和訳〕
- 第21章 ヨーロッパ連合における民法典論議――統一性と多様性の相克と調和〔北居 功〕

第Ⅴ部 資料編
日本民法改正試案
① 平成20年日本私法学会提出案:資料1 日本民法改正試案(民法改正研究会・暫定仮案(平成20年10月13日案))
  資料2 日本民法改正試案(民法改正研究会・暫定仮案(平成20年10月13日仮提出)) 第2分冊(債権法)
② 平成21年新年案:資料3 日本民法改正試案(民法改正研究会・仮案(平成21年1月1日案))

信山社

◇学術選書◇

1	太田勝造	民事紛争解決手続論(第2刷新装版)	6,800円
2	池田辰夫	債権者代位訴訟の構造(第2刷新装版)	続刊
3	棟居快行	人権論の新構成(第2刷新装版)	8,800円
4	山口浩一郎	労災補償の諸問題(増補版)	8,800円
5	和田仁孝	民事紛争交渉過程論(第2刷新装版)	続刊
6	戸根住夫	訴訟と非訟の交錯	7,600円
7	神橋一彦	行政訴訟と権利論(第2刷新装版)	8,800円
8	赤坂正浩	立憲国家と憲法変遷	12,800円
9	山内敏弘	立憲平和主義と有事法の展開	8,800円
10	井上典之	平等権の保障	続刊
11	岡本詔治	隣地通行権の理論と裁判(第2刷新装版)	9,800円
12	野村美明	アメリカ裁判管轄権の構造	続刊
13	松尾 弘	所有権譲渡法の理論	続刊
14	小畑 郁	ヨーロッパ人権条約の構想と展開〈仮題〉	続刊
15	岩田 太	陪審と死刑	10,000円
16	安藤仁介	国際人権法の構造〈仮題〉	続刊
17	中東正文	企業結合法制の理論	8,800円
18	山田 洋	ドイツ環境行政法と欧州(第2刷新装版)	5,800円
19	深川裕佳	相殺の担保的機能	8,800円
20	徳田和幸	複雑訴訟の基礎理論	11,000円
21	貝瀬幸雄	普遍比較法学の復権	5,800円
22	田村精一	国際私法及び親族法	9,800円
23	鳥谷部茂	非典型担保の法理	8,800円
24	並木 茂	要件事実論概説	9,800円
25	椎橋隆幸	刑事訴訟法の理論的展開	続刊
26	新田秀樹	国民健康保険の保険者	6,800円
28	戸部真澄	不確実性の法的制御	8,800円
29	広瀬善男	外交的保護と国家責任の国際法	近刊
30	申 惠丰	人権条約の現代的展開	近刊
31	野澤正充	民法学と消費者法学の軌跡	6,800円
32	半田吉信	ドイツ新債務法と民法改正	8,800円

◇総合叢書◇

1	甲斐克則・田口守一編	企業活動と刑事規制の国際動向	11,400円
2	栗城壽夫・戸波江二・古野豊秋編	憲法裁判の国際的発展Ⅱ	続刊
3	浦田一郎・只野雅人	議会の役割と憲法原理	7,800円
4	兼子仁・阿部泰隆編	自治体の出訴権と住基ネット	6,800円
5	民法改正研究会編(代表 加藤雅信)	民法改正と世界の民法典	12,000円

◇法学翻訳叢書◇

1	R.ツィンマーマン 佐々木有司訳	ローマ法・現代法・ヨーロッパ法	6,600円
2	L.デュギー 赤坂幸一・曽我部真裕訳	一般公法講義	続刊
3	D.ライポルド 松本博之編訳	実効的権利保護	12,000円
4	A.ツォイナー 松本博之訳	既判力と判決理由	6,800円
9	C.シュラム 布井要太郎・滝井朋子訳	特許侵害訴訟	6,600円

半田吉信 著・編・訳書

◆ヨーロッパ債務法の変遷 ペーター・シュレヒトリーム編
　半田吉信・笠井修・石崎泰雄・遠藤研一郎・田中志津子・舟橋秀明・角田光隆・藤原正則・滝沢昌彦訳
◆ドイツ債務法現代化法概説　半田吉信著
◆契約法講義〔第2版〕半田吉信著　◆売買契約における危険負担の研究　半田吉信著

価格は税別